Gudai Hanyu

第三版　上　册　朱振家　主编

高等教育出版社·北京

内 容 提 要

本书原为卫星电视培训中学师资的中文专业教材之一。自 1986 年出版以来，经过 1994 年的修订，本书已多有改进。为使教材精益求精，常用常新，我们又进行了新一轮修订工作。

第三版全书仍分上、下册。上册为文选，精选了 40 篇文言文，均为语言典范、思想健康的传世佳作。此次修订，选文有增有删，作了适度调整；各篇"说明"详加斟酌推敲，"注释"逐项审改，"本篇选词概述"也逐词考核修订，使书稿质量有了新的提高。

本书适合综合性院校、师范本专科院校及师资培训、函授、自学使用。

修 订 版 序

本教材已使用很长时间,1993年曾进行过修订,但于今已时隔十五年,学术在进步,教材也应随时改进,有必要再次进行修订。

本次修订,根据教育部指示,在高等教育出版社的组织下,经过充分酝酿准备,确定了修订方案,明确了修订方向与重点。选文部分进行了较大调整,有增有减,仍保持总体四十篇。原版没有《尚书》选篇,这次选入《无逸》篇。为了增强传统儒学的篇目,《论语》增至十则。其他增减不一一论列。知识通论部分也逐项加以修订,反复斟酌考量,补改面不小,对文字、词汇、语法、音韵和综合运用等都作了相当调整。从知识概述、语例、练习等方面都进行了补足与加工,纠正了原版一些错误,从而提高了书稿质量。

本书稿由原编写组成员执笔修订,分工如下:

朱振家教授执笔修订部分选文和知识通论第一、二章,即文字、词汇部分,并统纂全稿。

于富章教授执笔修订部分选文和知识通论第三、四章,即语法(一)、语法(二)部分。

阎玉山教授执笔修订部分选文和知识通论第五、六章,即音韵、综合运用部分。

本次修订,由编辑袁晓波同志负责具体组织工作,积极奉献修订思路,使修订工作进展顺利。在此,致以深切谢忱。

这套书稿,虽经修订,肯定还会存在疏漏与不足,恳切希望同行与广大读者提出宝贵意见,以不断改进提高。

教材修订组
2008 年 11 月

编 写 通 则

一、本教材分上、下两册,上册是文选,下册是知识通论。文选部分,包括"本篇选词概述";通论部分,包括"思考与练习"。在教学与学习过程中,为使文选、选词和通论三者能有机结合,可灵活安排。

二、选文力求是思想健康、语言典范的名篇。选文的编排,大体以时代先后为序。组织教学时,可以灵活,兼顾由浅入深的原则,将篇幅短小的放在前面讲授,如《伯乐荐九方皋》等;《滕王阁序》因是骈文,放在书末。

三、每篇选文前写有"说明",评介作者或专书,提示文章内容,帮助理解全篇。同一作者或专书的选文,评介放在第一篇,以下从略。

四、每篇选文后撰有"本篇选词概述",就篇选词,使选文与常用词密切结合,成为一体,既免于孤立记词,又深化选文学习。全书40篇,选述近400词,着重区分古今义,扼要阐述本义变义。为揭示本义,必要时附以古字形。每词文字力求简明,义项不求全责备。全词采取叙述方法,不分条列项。

五、注文体例,通常是先串句,后释词;先整体,后分述。为便于自学,尽量多串句。遇有歧说,择善而从,有时也数说并陈。

六、注文力求体现古代汉语文选注释的特点,着意从语言角度通句释词,与知识通论相呼应。原则上直译,译文若生涩难明,可灵活变通。凡在特定语言环境下的词义,一般采用"这里是"、"相当于"等说法来表述。

七、注明作品出处,采取如下原则:所引语例属本书篇章的,就用本书篇名;属中学语文教材的,就径引教材篇名;在此之外的,要列书名。

八、注音一般采用普通话读音,但遇有区分词义的异读,或传统上在群众中有影响的旧读,予以标注。

九、文选的正文采用善本,遇有校勘,在注文中采用据某说改、据某说删或据某说补的表述方式;遇有古今字,说明某为某的古字;异体字,说明某同某字。

十、古代汉语知识通论,力求选择应用率较高的基础知识,如书中撰写的有关文字、词汇、语法和音韵等章节,还包括学习古代汉语必备的一些知识,如工具书及其使用、古书注释、古书句读、古文今译等。每章前撰有"学习提示",概括所学重点;通论后撰有"思考与练习",通过实践,加深理解,巩固所学的知识和技能。

目　　录

膏　誉　宜　昭

绪　　论

　　古代汉语是一门基础课,是实践性很强的语言工具课。为继承我国古代优秀的文化遗产,应该具有踏实的古代汉语知识的功底。学习古代汉语,先要明确三个问题,即古代汉语的性质和对象,为什么要学习古代汉语以及怎样学习古代汉语。

　　古代汉语的性质和对象　　古代汉语的含义是很广的,凡是"五四"以前与现代汉语相对的汉民族语言都可称为古代汉语。它既包括口语,也包括书面语。而古人的口语,今天显然是听不到了,我们今天所能看到的是写在文献、著作上的书面语。这种书面语,从殷商时代的甲骨文算起,已有三千多年的历史。在其漫长的发展过程中,形成两大分支,一是以先秦口语为基础而形成的文言文,一是以北方话为基础而形成的古白话。

　　先秦时代的书面语,是记录当时口语的,是以口语为基础产生的,可以说"言"与"文"是一致的。只要读一读春秋以前的《诗经》、《论语》和战国时期的《孟子》、《庄子》等著作便会明了。这些著作当时并不需要注释,也没有先行文字可供模仿,为了表述口语,同音假借的现象相当普遍。这些情况表明,那时的书面语与口语是很接近的,只是书面语经过一定加工,使文字俭省精练些罢了。

　　秦汉以后,由于口语的发展变化,人们读先秦作品已窒碍难通,口语与书面语逐渐脱节,客观上要求对古书进行注释,这样,《尔雅》、《说文解字》之类诠释先秦字词的字典、辞书才应运而生。当时读书人写文章,多模仿先秦书面语,这种状况代代相因,成为传统,所以汉以后的大量文献资料多半是以它为规范写成的。加之封建统治阶级提倡，科举考试要求用它做文章，于是这种书面语便取得了正统的地位，被认为是高雅的语言，形成了相对独立的体系。所谓相对独立，是说它与口语并非全然无涉，历代使用它的作家不可避免地常把当代口语中的新鲜词语带进传统的书面语，使它不断丰富和发展。这种书面语便是通常所说的"文言文"或"古文"。

六朝以后，特别是宋元以后，随着城市的繁荣和发展，新的文体崛起，市民文学盛行，在民间得到广泛流传。这些诗词、话本和小说，多用口吟诵，用口说唱，颇接近口语，于是在长期发展中形成了以北方话为基础、与文言并行的新的书面语，即古白话。这种古白话，虽然也属于古代汉语范畴，但它并不难懂，用它所写成的作品也不像文言文那么多，所以它不是古代汉语课学习研究的对象，我们所指的古代汉语是前者，是以先秦口语为基础，历时最长，积累最丰富，并不断从口语中吸收营养的文言文。

为什么要学习文言文　文言文既然是一种过时的书面语，那么今天我们为什么还要学习它呢？主要有两个目的：一是为了阅读和研究古代文献、文学作品，并批判地继承我国古代优秀的文化遗产；二是为了丰富、研究和更好地掌握现代汉语。

我国有悠久的文明史，留下了极其丰富的文化典籍，其中有许多珍品。批判地继承古代文化遗产，是建设社会主义精神文明、发展社会主义文化事业的需要，是一项长期而艰巨的任务。这些遗产包括政治、经济、军事、哲学、历史、文学、艺术、天文、地理、医药、卫生等各个领域。它们大多数都是用文言写成的。我们要继承它，就要学习它，研究它，为此，就要扫除语言文字障碍，掌握这种语言工具，熟悉文言文的词汇和语法规则，过语言文字这一关。否则，不得其门而入，只能望洋兴叹。

就语言自身而论，学习文言文，还可以丰富现代汉语，更好地研究和掌握现代汉语，提高驾驭语言的能力。因为现代汉语不是凭空产生的，它是从古代汉语发展而来的，它的前身是古代汉语。

所以说古代汉语是源,现代汉语是流,源和流一脉相承。现代汉语的词汇和语法构造是从古代汉语演变来的,其中的成语和典故是从古代汉语直接继承来的。由此可见,不熟悉古代汉语,就不能深刻认识现代汉语,就只能知其然而不知其所以然。经验表明,学习过古代汉语再学习现代汉语,就会驾轻就熟。而且现代汉语的丰富和发展,要从古代汉语中吸收营养,不断充实现代汉语,所以,毛泽东同志提出要向古人学习语言,吸收"古人语言中有生命的东西",以增强现代汉语的表现力。可见,为了更好地掌握现代汉语,学习古代汉语有其极为重要的意义,不仅可以丰富历史、文学以及文化史、思想史等方面的知识,也能打好坚实的语言基础。

怎样学习文言文 学习文言文一般要防止两种倾向:既不能像旧时文人那样死记硬背,忽视掌握语言规律;也不能片面追求系统知识,轻视学习具体篇章,不掌握丰富的语言材料。正确的方法是理论联系实际,把感性认识和理性认识有机结合起来。

其一,要重视学习文言作品,接触第一手材料,熟读那些思想健康、语言典范的历代名篇。有的不仅要精读,还要背诵。对篇章的文意,要追根问底,字句落实,切忌囫囵吞枣。在数量上不可过少,最好用三五十篇的文章打底,储备较多的语言材料,才能真正培养起独立阅读的能力。

其二,要学好有关词汇、语法、音韵和文字等方面的基础知识,并运用这些知识指导阅读实践。只有这样,才能收到举一反三的效果。掌握基础知识,要突出重点和难点,选择那些应用率高的部分。古代汉语语法体系比较严整,在全面学习的基础上,要着重掌握文言特有句式和常用虚词,而且要熟练,不熟练不管用。为此,不能死记条条。要在单项的综合的训练中去把握。要勤作语法分析,在反复分析中才能逐步熟悉语法功能和特点。词汇,是学习的重心,要努力掌握常用词。必须掌握一千个左右古今义异的常用词,才基本上符合要求。这和学外语必须掌握单词的道理一样。掌握常用词,主要是词义问题,而词义的关键是古今义的问题。在古今传承词中,古今义异词占绝大多数,必须善于区分古今义,防止以今代古,穿凿附会。要熟悉本义变义,核心是掌握本义,才能以简驭繁,提纲挈领。还要辨析同义词之间的细微差别,以准确地揭示词的意蕴。掌握常用词,离不开具体的语言环境,所以本书采取就篇选词的体制。要随篇记词,日积月累,持之以恒。

其三,要学会运用工具书,熟悉常用工具书的体例和用法。工具书为我们准备了各个方面的知识,可供随时查检。要充分发挥工具书的效能,就要勤翻勤查。掌握工具书是阅读古书必备的条件,所谓独立阅读的能力,从某种意义上说,就是善于运用工具书解决疑难问题的能力。

总之,学习的方法不限于以上这些,还要因人而异,要在读书实践中不断摸索和总结。只要好学深思,具有铁杵磨针的精神,就能获得成功,达到预期的目的。

1 无 逸

《尚书》

【说明】

本文选自《尚书·周书》。"无逸",是不要贪图安逸的意思。周公还政于成王之时,告诫成王不可贪图享乐,荒废政事。提出"君子所其无逸",强调必须"先知稼穑之艰难","知小人之依"。这些思想在当时具有一定的进步意义。

史官记录了周公的诰词,名为《无逸》。

《尚书》是夏商周时期的档案资料汇编。先秦时称为《书》,因其为上古时期的文献资料,所以汉以后称它为《尚书》。又因其为儒家经典之一,所以又称《书经》。

相传《尚书》最初有三千余篇。孔子以它为教学课本时,曾对它进行过调整编排,定为百篇。秦始皇焚书时,秦博士伏生曾在居室壁中藏《尚书》百篇。秦末战乱之后,伏生从壁中搜得《尚书》,仅存二十九篇,其余都在战乱中亡佚。汉代,伏生曾以此二十九篇传授生徒,于是《尚书》始传于世。这就是后人所说的今文《尚书》。

汉景帝时,鲁恭王从孔子故宅壁中得经书、文献数种,其中《尚书》是用古籀文写成,所以这个版本的《尚书》叫做古文《尚书》。孔安国悉得其书,并为之作传注,后因生变故,未能列为学官,古文《尚书》未能流传于世,至西晋永嘉之乱时已经全部亡佚。

东晋时,有梅赜献古文《尚书》五十八篇及孔传,其中包括伏生所藏二十九篇,其余各篇皆为梅氏伪托之作(阎若璩《尚书古文疏证》),但当时朝野都对梅氏所献《尚书》及孔传深信不疑。唐太宗诏国子祭酒孔颖达撰《五经义疏》,其中《尚书》即以此本为据。此本遂为学者所诵习、流传。后世有孙星衍续为《尚书古今文注疏》三十卷。

周公曰[1]:"呜呼!君子所其无逸[2]!先知稼穑之艰难[3],乃逸[4],则知小人之依[5]。相小人[6],厥父母勤劳稼穑[7],厥子乃不知稼穑之艰难,乃逸乃谚[8],既诞[9]。否则侮厥父母[10],曰:'昔之人无闻知[11]!'"

【注释】

[1]周公:名旦,周武王之弟。武王去位之后,其子成王年幼不经事,周公不避流言,专心辅治国政,平定国内叛乱。成王年长后,周公即将政权移交给成王,对巩固和发展姬姓政权作出重要贡献。

[2]君子做官不要贪图安逸享乐。 君子:指有官位的贵族。 所:用作动词,这里指居其官位。 无逸:不要贪图安逸。 无:通"毋",表示禁止或劝阻,不要。

[3]首先了解耕种收获的艰辛。 稼穑(sè):指农业劳动。 稼:种植谷物。 穑:收获谷物。

[4]乃逸:然后才能考虑安逸。

[5]小人之依:普通百姓的内心痛苦。 小人:与"君子"相对,指社会下层百姓。 依:通"悠",隐痛,深藏内心的苦痛。

[6]相小人:看看那些老百姓。 相:察看。

[7]他们的父母勤劳地耕种收获。 厥:同"其",他们的。

[8]〔而他们的子女〕却只考虑安逸、享乐。 乃逸:只考虑安逸。 乃:表限止副词,只,仅仅。 谚:汉石经作"宪",欣喜,享乐。

[9]诞:言词虚夸,荒诞不经。

[10]否则:通"丕则",《尚书》常见词语,于是。

[11]昔之人:过去的人,指上了年岁的人。 无闻知:什么事都不知道,指老人们没有知识。

......

周公曰:"呜呼!继自今嗣王[1],则其无淫于观、于逸、于游、于田[2],以万民惟正之共[3]。无皇曰[4]:'今日耽乐[5]。'乃非民攸训[6],非天攸若[7],时人丕则有愆[8]。无若殷王受之迷乱[9],酗于酒德哉[10]!"

......

【注释】

[1]继自今:意思是从今往后。 嗣(sì)王:继承王位的人。 嗣:继承,接续。

[2]无淫于观(guàn):不要过分地沉醉于台榭之乐。 观:名词,台榭,指高大华丽的建筑。 〔无淫〕于逸:〔不要沉溺于〕安逸。 〔无淫〕于游:〔不要沉溺于〕游玩嬉戏。 田:"畋"的古字。田猎。

[3]意同"以万民共惟正",为百姓恭谨地考虑办理政事。 共:通"恭"。 惟:考虑。 正:通"政",政事。

[4]皇:通"惶",急促,匆忙。

[5]耽(dān)乐:沉溺在享乐中。 耽:沉溺,因喜好而沉浸其中。

[6]非民攸训:不是百姓所能顺从的。 攸:所。 训:通"顺",顺从。

[7]若:与"训"义同,顺从。

[8]这样人就有了过错。 时:通"是",这样。 丕则:于是。 愆:过错,罪过。

[9]若殷王受之迷乱:像殷商的君王受那样迷惑昏乱。 受:纣王名。

[10]沉湎在饮酒的行为中。 酗(xù):毫无节制地饮酒。 酒德:指酒后的行为表现,这里指酒后昏乱。

本篇选词概述

1. 逸　2. 稼　3. 穑　4. 淫

5. 观　6. 训　7. 德　8. 诞

〔逸〕 本义指逃走。《说文》："逸，失也。从辵兔。"兔善逃，所以字从兔。如《左传·桓公八年》："随侯逸。"指随侯逃走。引申为跑得快。如《齐晋鞌之战》："马逸不能止。"又引申为隐遁。《论语·尧曰》："举逸民。"即选拔隐遁山野的人才。逃走自然逸失，所以历史上散失的文章叫"逸文"，如《逸周书》。又可写做"轶"或"佚"，如"轶闻"、"轶事"。由逃逸义又引申出不一般、卓越义。杜甫《春日忆李白》诗："清新庾开府，俊逸鲍参军。"

逸还表示安逸、安乐的意思。本文"无逸"，即不要图安乐。引申为放纵。如《孟子·滕文公上》："逸居而无教，则近于禽兽。"这个意义也可以写做"佚"。今成语有"骄奢淫逸"。

〔稼〕 本义为种植五谷，《说文》："稼，家事也。"徐灏注笺："禾苗既长，移而种之，故谓之稼，如嫁女然也。故曰稼，家也。"所以"稼"是"家"的同源派生词，如本文："不知稼穑之艰难。"《论语·子路》："樊迟请学稼。"朱熹集注："稼种五谷曰稼。"

由种植五谷引申为泛指田中的作物。清郑燮《喜雨》："共说今年秋稼好，碧湖红稻鲤鱼肥。"

〔穑〕（穑） 本义为收获庄稼。《尚书·洪范》："土爰稼穑。"孔安国传："种曰稼，敛曰穑。"《诗经·魏风·伐檀》："不稼不穑。"毛传："种之曰稼，敛之曰穑。"本文："先知稼穑之艰难。""稼穑"连用，泛指农事活动的全过程。引申为从事农业活动的意思，《尚书·盘庚》："若农服田力穑，乃亦有秋。"孔安国传："穑，耕稼也。"

〔淫〕 常用义是过分，没有节制。《尚书·大禹谟》："罔游于逸，罔淫于乐。"本文"无淫于观、于逸、于游、于田"的"淫"都是此义。

由过分、没有节制引申为放纵义。《周礼·天官·宫正》："去其淫怠与奇衺之民。"郑玄注："淫，放滥也。""放滥"，即放纵、放肆。引申为过分沉溺。如本文"则其无淫于观"。

淫还有雨下了很久的意思，《尔雅·释天》："久雨谓之淫。"

《左传·庄公十一年》："无作淫雨，害于粢盛，若之何不弔？""淫雨"即久下不停的雨。这个意思后来写作"霪"。

〔观〕（觀） 本义是审视，即仔细地看。段玉裁曾引《穀梁传》的行文说："常事曰视，非常曰观。"一般的视力活动为"视"，不一般的眼睛动作，即仔细地看是"观"，这就是"视"和"观"的区别。《荀子·议兵》："观敌之变动。""观敌"即仔细地看敌情。

作为眼睛的动作，"观"还指观赏，即一面看，一面欣赏，是以欣赏的态度去看。《三国志·诸葛亮传》："琦乃将亮游观后园。"

作为名词，观读作 guàn，指宫门外高台上的望楼，也叫"阙"。《尔雅·释宫》："观谓之阙。"郭璞注："宫门双阙"。邢昺疏："雉门之旁名观，又名阙。"《诗经·郑风·子衿》："挑兮达兮，在城阙兮。"孔颖达引孙炎《尔雅注》："宫门双阙，旧章悬焉，使民观之，因谓之观。"这是宫阙又称观的缘由。高大华丽的建筑也称观。本文"无淫于观"之"观"，即指此。《左传·哀公元年》："昔阖庐食不二味，居不重席，室不崇坛，器不彤镂，宫室不观，舟车不饰。"杜预注："观，台榭。"也是此义。

〔训〕（訓） 《说文》释作"说教也"。段玉裁解释说："说教者，说释而教之，必顺其理。"就是讲道理使别人信服，所以教导、教诲是其本义。《左传·桓公十三年》："训诸司以德。"其中"训"即教诲义。引申为解释词义、训释词义的意思，《汉书·艺文志》："汉兴，鲁申公为《诗》训故。"《史通·言语》："夫上古之世，人惟朴略，言语难晓，训释方通。""训释"为同义连用。

朱骏声《说文通训定声》："训，段借为顺。"《尚书·康王之诰》："皇天用训厥道。""训厥道"即"顺其道"。本文"非民攸训"，即"非民攸顺"。

〔德〕 《说文》释作"升也"。段玉裁以为"升当作登"。桂馥《义证》："古升、登、陟、得、德五字义皆同。"此义于古代文献中有证：《淮南子·天文训》："日冬至……德已去矣。"庄逵吉引《太平御览》注云："德已去，生气尽也。""生气"即上升之气。徐中舒

《甲骨文字典》中甲骨文作𢔌。解释为"象目视悬锤以取直之形……此字当会循行视察之义"。这和"得"义相通,《说文》:"得,行有所得也。"《荀子·解蔽》:"宋子蔽于欲而不知得。"俞樾《诸子平议》:"古得、德字通用。"

德最常用的是品行、操守义。《易·乾卦》:"君子进德修业。"孔颖达:"德,谓德行。业,谓功业。"引申有"行为"义,本文"酒德"即"酒行",与饮酒有关的行为。

德另有恩惠义。《韩非子·解老》:"有道之君,外无怨雠于邻敌,而内有德泽于人民。"引申为感激义。《韩非子·外储说下》:"以功受赏,臣不德君。"

〔诞〕(誕) 《说文》:"诞,词诞也。"意即说大话,夸大其词。《史记·扁鹊仓公列传》:"先生得无诞之乎? 何以言太子可生也?"意思是:先生该不会说大话吧? 根据什么说太子能起死回生呢? 这是虢国中庶子对扁鹊表示可以使虢太子死而复生所说的话。引申有"大"的意思。《汉书·叙传下》:"国之诞章,博载其路。"颜师古注:"诞,大也。"由说大话又引申有欺诈、虚妄之义,如本篇:"〔厥子〕乃逸乃谚,既诞。"

诞又有生育、出生的意思。《后汉书·襄楷传》:"昔文王一妻,诞致十子。"是说文王的一位妻子,竟生了十个孩子。

2 郑伯克段于鄢^[1]

《左传》

【说明】

本篇选自《左传·隐公元年》，标题是后代选篇而加的，取自《春秋·隐公元年》中一句。

《左传》是《春秋左氏传》的省称，原名《左氏春秋》。它本为一部独立的史书，但西汉后期古文经学家认为《左传》是解释鲁《春秋》的，而改称《春秋左氏传》。到了晋代，杜预把它分年附在《春秋》后边。《左传》的作者相传是春秋晚期鲁国史官左丘明，后代学者根据《左传》的内容考证，认为成书的时间当在战国中期，由儒家后学写成。

《左传》是我国第一部叙事详细的编年体历史著作，记载的历史年代和《春秋》大致相当。同起于鲁隐公元年（前722），《春秋》止于鲁哀公十六年（前479），《左传》止于鲁哀公二十七年（前468），实际记事到鲁悼公十四年（前453），相差28年。书中比较详细地记载了诸侯国之间的争霸或侵夺的斗争及各诸侯国内部贵族之间的争权斗争。对于统治者的凶恶残暴、骄奢淫逸以及神权观念有一定的否定。但在宣扬和维护当时统治阶级的措施、道德观念等方面还是极尽其力的。书中的记载，有较大的历史真实性，是研究中国古代社会的有价值的历史文献。

通行的旧注本有晋杜预注、唐孔颖达疏的《春秋左传注疏》，今注本有当代杨伯峻编著的《春秋左传注》。

本篇记叙了春秋初年郑国公室内部母子兄弟之间的尔虞我诈、互相倾轧的争夺权力的斗争。母亲姜氏的偏心狠毒,公叔段的贪婪,庄公的阴险狡诈等都跃然纸上。

初,郑武公娶于申[2],曰武姜[3]。生庄公及共叔段[4]。庄公寤生[5],惊姜氏[6],故名曰寤生,遂恶之[7]。爱共叔段,欲立之[8],亟请于武公[9]。公弗许[10]。

【注释】

[1]郑伯:指郑庄公。郑国属伯爵,故称郑伯。 克:战胜。 段:共(gōng)叔段。 鄢:地名,在今河南鄢陵境内。

[2]初:当初。是追述往事的习惯用词。 郑武公:姓姬,名掘突,郑国第二代国君。"武"是他死后的谥号,"公"是诸侯的通称。 娶于申:从申国娶妻,即娶申国国君的女儿为妻。 申:国名,姜姓,在今河南南阳。

[3]称作武姜。

[4]共叔段:庄公的弟弟,名段。他在兄弟间排行在末,所以叫"叔段",叔段后来失败出逃共国,因称"共叔段"。 共:国名,在今河南辉县。

[5]寤生:倒着生,即胎儿出生时脚先出来。 寤:通"牾",逆,倒着。

[6]使姜氏受了惊吓。 惊:动词使动用法。

[7]遂恶(wù)之:就厌恶他。

[8]欲立之:想要立共叔段为太子。 立之:使之立。 立:动词使动用法。

[9]屡次向武公请求。 亟(qì):副词,屡次,一再。

[10]弗:否定副词,不。

及庄公即位,为之请制[1]。公曰:"制,岩邑也[2],虢叔死焉[3]。佗邑唯命[4]。"请京,使居之,谓之京城大叔[5]。祭仲曰[6]:"都城过百雉,国之害也[7]。先王之制,大都不过参国之一,中五之一,小九之一[8]。今京不度,非制也[9],君将不堪[10]。"公曰:"姜氏欲之,焉辟害[11]?"对曰[12]:"姜氏何厌之有[13]!不如早为之所,无使滋蔓[14]。蔓,难图也[15]。蔓草犹不可除,况君之宠弟乎[16]?"公曰:"多行不义[17],必自毙[18],子姑待之[19]!"

【注释】

[1]及:介词,到,等到。　即位:天子或国君就职叫即位。　为之请制:姜氏替共叔段请求制作为封邑。　为(wèi):替,给。　之:指代共叔段。　制:地名,在今河南荥阳东北,地势险要。东虢为郑武公所灭,"制"就成为郑地。

[2]岩邑:险要的城邑。　邑:人群聚居的地方,大小不定。

[3]虢叔:东虢国君。　死焉:死在那里。　焉:作用相当于"于是",作补语,指示代词兼语气助词,表陈述语气。

[4]佗邑:别的城邑。　佗:同"他",旁指代词。　唯命:是"唯命〔是听〕"或"唯命〔是从〕"的省略说法。"唯……是……"是宾语前置的一个常见句式。

[5]姜氏请求京邑,庄公让共叔段住在那里,称他作京城大叔。　使居之:是"使〔共叔段〕居之"的省略。　京:邑名,在今河南荥阳东南。　大:同"太"。

[6]祭(zhài)仲:郑国大夫。

[7]都邑的城墙超过百雉,是国家的祸害。　城:指城墙。　雉:量词,长三丈,高一丈。　国:上古有两义,国家和国都。这里和下文"国不堪贰"的"国"是指国家,下文"参国之一"的"国"是指国都。

[8]大的都邑不超过国都的三分之一,中等都邑不超过五分之一,小的都邑不超过九分之一。　参国之一:是"参〔分〕国之一"的省略,可直译为"把国都分成三份中的一份",即国都的三分之一。　五之一:是"五〔分国〕之一"的省略,即国都的五分之一。　九之一:是"九〔分国〕之一"的省略,即国都的九分之一。　这是古代分数表示法中的两个变式。当时的制度,侯伯的国都,城墙为三百雉。参国之一,是百雉。五之一,是六十雉。九之一,是三十三雉。

[9]不度:不合法度。　度:法度,制度,这里用作动词。　非制:不是先王的制度。

[10]您将受不了。　堪:承担。

[11]欲:想要,希望。　焉:疑问代词,哪里,怎么,用于动词前作状语。
　　辟:"避"的古字,躲避。

[12]对:回答。常用于回答在上的提问。有时是一般的对话,不是真正
　　回答问题,也用"对"。如下文:"公语之故,且告之悔。对曰:'君何
　　患焉?……'"但都用于下对上。

[13]姜氏有什么满足的!　何厌:是"有"的前置宾语。　厌:满足。
　　之:助词,是前置宾语的标志。

[14]不如早点安排他个地方,不要让他发展。　为:动词,这里有"安
　　排"、"给予"的意思。　之:指代共叔段,是"为"的间接宾语。
　　所:名词,处所,作"为"的直接宾语。　无使滋蔓:是"无使〔之〕滋
　　蔓"的省略。　无:否定副词,不要。　省略的"之":指代共叔段。
　　滋蔓:滋长、蔓延。这里指不断发展扩大势力。

[15]图:图谋。这里指想办法对付。

[16]蔓延的野草还不能除掉,何况是您宠爱的弟弟呢!　犹:副词,还,
　　尚且。　况:连词,何况,况且,表示逼进一层。

[17]不义:指不义之事。

[18]自毙:自己摔跟头。　毙:仆倒,倒下去。这里指失败,垮台。

[19]姑:姑且,暂且。　之:指代共叔段自毙之事。

　　既而大叔命西鄙北鄙贰于己[1]。公子吕曰[2]:"国不堪贰,君
将若之何[3]?欲与大叔,臣请事之;若弗与,则请除之[4]。无生民
心[5]。"公曰:"无庸,将自及[6]。"大叔又收贰以为己邑,至于廪
延[7]。子封曰:"可矣。厚将得众[8]。"公曰:"不义不昵[9],厚
将崩[10]。"

【注释】

[1]既而:不久。常在一件事过去不久又发生另一件事时使用。　鄙:
　　边境城邑。　贰于己:意思是使原来属于郑庄公的西部和北部的边
　　境城邑也同时臣属于自己,即两属。

[2]公子吕:郑国的大夫,即下文中的"子封",子封是他的字。

[3]国家受不了两属的情况,您将对这种情况怎么办?　"若……何":

是一种常用格式,可译为"对……怎么办(怎么样)"。

[4]想要把国家交给大叔,我就请求去侍奉他;如果不给,那么就请求除掉他。 事:侍奉,服侍。

[5]不要使人民产生贰心。"生"是动词使动用法,"民心"是宾语,应该理解为"无使民心生"。

[6]无庸:不用。 自及:自己到达灾祸,即自取灭亡。 及:到达。

[7]共叔段又把两属的地方收去作为自己的领邑,达到了廪延。 贰:指两属的地方。 廪(lǐn)延:地名,在今河南延津北。

[8]可矣:"可〔除之〕矣"的省略。 厚:本义指山陵之高大,这里指土地扩大。 得众:得到百姓,即百姓归服。

[9]不义不昵:指对君不义对兄不亲。 昵(nì):亲近。 一说:多行不义,人们就不亲近他。这样理解,"不义"和"不昵"之间是条件关系。

[10]崩:山塌,这里指崩溃。

　　大叔完聚[1],缮甲兵[2],具卒乘[3],将袭郑[4]。夫人将启之[5]。公闻其期[6],曰:"可矣。"命子封帅车二百乘以伐京[7]。京叛大叔段[8],段入于鄢[9]。公伐诸鄢[10]。五月辛丑[11],大叔出奔共[12]。
　　……

【注释】

[1]完:修葺(qì),指维修城墙。 聚:聚集,指聚集百姓。

[2]修整铠甲和武器。 兵:武器。

[3]准备好步兵和兵车。 具:备,准备。

[4]袭:偷袭。 郑:这里指郑国的都城。

[5]夫人:指姜氏。 启之:为共叔段开城门,即作内应。 启:开门。这里是为动用法。

[6]其期:指共叔段袭取郑国都城的日期。

[7]帅:率领。 车二百乘:二百辆兵车。春秋时都是车战,兵车一乘有甲士(带盔甲的兵士)三人,在车上;车下有步卒七十二人。二百乘,共有甲士六百人,步卒一万四千四百人。

[8]京:指京邑之士众。

[9]入于鄢:进入鄢地。

[10]诸:"之于"的合音,其中的"之"指代共叔段,作"伐"的宾语;"于"是介词,和"鄢"组成介宾词组,作补语。

[11]鲁隐公元年五月二十三日。　辛丑:古代用干支纪日,这一天是五月二十三日。

[12]出奔共:出逃到共国。　出奔:指逃亡在外。　奔:快跑。

　　遂寘姜氏于城颍[1],而誓之曰[2]:"不及黄泉,无相见也[3]。"既而悔之[4]。

【注释】

[1]寘(zhì):同"置",放置,安置。这里有"放逐"的意思。　城颍:地名,在今河南临颍西北。

[2]誓之:对她发誓。这里是为动用法。

[3]不到死后不要相见。　黄泉:地下泉水,这里指墓穴。　无:不。

[4]之:指代"寘姜氏于城颍,而誓之"的事。

　　颍考叔为颍谷封人[1],闻之,有献于公[2]。公赐之食[3]。食舍肉[4]。公问之。对曰:"小人有母,皆尝小人之食矣[5],未尝君之羹[6]。请以遗之[7]。"公曰:"尔有母遗,繄我独无[8]!"颍考叔曰:"敢问何谓也[9]?"公语之故[10],且告之悔。对曰:"君何患焉[11]?若阙地及泉,隧而相见,其谁曰不然[12]?"公从之。公入而赋[13]:"大隧之中,其乐也融融[14]。"姜出而赋:"大隧之外,其乐也泄泄[15]。"遂为母子如初[16]。

【注释】

[1]颍考叔:郑国大夫。　颍谷:郑国边境城邑,在今河南登封西南。封人:管理疆界的官。　封:疆界。

[2]向庄公有所进献。　献:指进献的东西。

[3]赐之食:赏赐给他吃的。 食:食物。

[4]舍:"捨"的古字。现在"捨"又简化为"舍"。这里指放着不吃。

[5]我的食物她都吃过了。 尝:辨别滋味,这里是"吃"的意思。 小
　　人:颍考叔自我谦称。

[6]羹:带汁的肉食。

[7]请求让我把这送给她。 以:是"以〔之〕"的省略,介宾词组作状语。
　　遗(wèi):赠送,送给。

[8]尔:代词,你。 繄(yī):句首语气助词,无义。

[9]冒昧地问问您说的是什么意思。 敢:表谦敬,可译为"冒昧"、"大
　　胆"。 何谓:谓何,直译当为"说什么",疑问代词作宾语,一般前置
　　于动词。下文"何患",结构同此。

[10]语(yù):告诉。 故:缘故。

[11]您对这件事还忧虑什么呢? 患:忧虑,担心。

[12]如果挖地挖到地下水,在隧道中相见,难道谁能说不是这样? 阙
　　(jué):挖掘。 隧:隧道,名词用在动词"见"前作状语,"而"表连
　　接。一般解为用作动词,挖隧道。这样理解,与前文"阙地及泉"重
　　复,不取此解。 其:语气助词,有加强反问的作用。 然:指示代
　　词,这样,这里指代黄泉相见。

[13]赋:赋诗。

[14]融融:形容其和睦欢快。

[15]泄(yì)泄:形容其欣欣舒愉。

[16]从此恢复了母子关系,像当初一样。

本篇选词概述

1. 恶	2. 即	3. 都	4. 城	5. 厌	6. 毙
7. 崩	8. 完	9. 甲	10. 兵	11. 封	12. 语

〔恶〕(惡) 面貌丑。《战国策·赵策》:"鬼侯有子(女儿)而
好(美),故入之于纣。纣以为恶,醢鬼侯。"引申为不好。《晋灵公
不君》:"赵盾,古之良大夫也,为法受恶。"作动词,是"讨厌"、"不

喜欢”的意思，读 wù。如本篇：“故名曰寤生，遂恶之。”后两个意义，现代汉语仍在使用。

〔即〕 走近，走向，接近。动词。甲骨文写作，以走近食物前就餐的事象表示走近，走向。《齐晋鞌之战》：“擐甲执兵，固即死也。”这个意义现代汉语很少用，今成语有“若即若离”。古时还特指登上天子或诸侯的位置。如本篇：“及庄公即位，为之请制。”这里的“即”也是动词，和上述动词意思无别。又常用作副词，可语译为“就”、“马上”。《史记·项羽本纪》：“公徐行即免死，疾行则及祸。”

〔都〕 次于国都而等级高于一般邑的叫“都”。《左传·庄公二十八年》：“凡邑有宗庙先君之主曰都。”《史记·廉颇蔺相如列传》：“指从此以往十五都予赵。”“都”的大小也不一，如本篇：“先王之制，大都不过三国之一，中五之一，小九之一。”又用作动词，指建都。如扬雄《解嘲》：“都于洛阳。”汉以后大的城市都可以称“都”，京城称“首都”、“京都”。又指总，汇聚。如《后汉书·张衡传》：“中有都柱。”“都柱”指总柱子。又黄庭坚《题落星寺》诗：“岩岩正俗先生庐，其下宫亭水所都。”“水所都”指水所汇聚处。

〔城〕 今义指城镇，城市；古义指都邑用为防御的高大围墙。如本篇：“都城过百雉，国之害也。”又《齐桓公伐楚》：“以此攻城，何城不克！”又用作动词，指筑城。《韩非子·说林上》：“靖郭君将城薛，客多以谏者。”应该注意：古代“城”一般不指政治区域，没有“城镇”、“城市”的意思。

〔厌〕(厭) 用于饮食上有“饱足”的意思。《韩非子·解老》：“服文采，带利剑，厌饮食。”这个意义后来写作“餍”。《孟子·离娄下》：“其良人出则必餍酒肉而后反。”用于其他方面有“满足”的意思。如本篇：“姜氏何厌之有！”这一意义现代不用了。“厌”还有“讨厌”、“憎恶”的意思。《论语·乡党》：“食不厌精，脍不厌细。”

〔毙〕(斃) 倒下去。《齐晋鞌之战》：“射其右，毙于车中。”

用于抽象意义有"失败"、"垮掉"的意思。如本篇："多行不义，必自毙。"这都没有"死亡"的意思，"死亡"义当是后代发展的。

〔崩〕 本义为山陵崩塌。如《左传·成公二年》："山崩川竭。"现在也还说"山崩"。用于抽象意义为"崩溃"。如本篇："不义不昵，厚将崩。"又比喻引申为天子之死。如《左传·隐公三年》："平王崩。"又《前出师表》："故临崩寄臣以大事也。"

〔完〕 用作形容词，指完整无缺，没有损坏。《五蠹》："短褐不完者不待文绣。"又《劝学》："巢非不完也，所系者然也。"现代有复音词"完整"、"完好"、"完美"等。用作动词时表示"使之完整"。如《廉颇蔺相如列传》："臣请完璧归赵。"本篇中"大叔完聚"的"完"用作动词，也应该是"使之完整"，即"使城郭完整"，故一般语译为"修葺"。

〔甲〕 古代军人穿的皮制护身衣。如本篇："缮甲兵，具卒乘。"引申为披甲的人，《晋灵公不君》："伏甲将攻之。"用作动词，指披上铠甲。如《段太尉逸事状》："晞一营大噪，尽甲。"俞樾《儿笘（shān，习字竹片）录》中说："鳞甲字为甲本义……引申之，人之被（披）以自卫者亦谓之甲。"又指干支的第一位。古代以干支纪日，纪年。如《楚辞·哀郢》："甲之鼌（zhāo，通'朝'）吾以行。"这里"甲"指甲日那一天。

〔兵〕 指兵器。《说文》："兵，械也。"甲骨文写作 𠂤，像双手举斤（兵器）。如本篇："缮甲兵，具卒乘。"又指用兵器的人。《左传·隐公四年》："诸侯之师，败郑徒兵。""徒兵"就是步卒。用兵器之人的集体也叫"兵"。《左传·宣公三年》："观兵于周疆。"引申为军事活动，战争。《左传·襄公二十五年》："兵可以弭（mǐ）。"是说战争可以止息。

〔封〕 本义是培土植林。甲骨文作 𡉚，金文作 𡊨，像以手将树栽植土中。如《左传·昭公二年》："宿敢不封殖此树。"上古封诸侯，在所封的土地边界上要植树作界标，"封"就有了"边界"的意思。《烛之武退秦师》："既东封郑，又欲肆其西封。""西封"就是西部边界。"封郑"的"封"是处动用法,即"以郑为边界"。本篇中的"颍谷封人"就是颍谷管理边界的官。上古"封"与土地、授爵位是联系在一起的,后来授爵位也叫"封"。《史记·魏其武安侯列传》:"七国兵已尽破,封婴为魏其侯。"

〔语〕(語) 古代多用为动词。指说话,谈论。如《论语·乡党》:"食不语,寝不言。"引申为告诉,读 yù。如本篇:"公语之故,且告之悔。"也有用为名词的,但要少一些。如《左传·襄公三十一年》:"仲尼闻是语也。""语"是"言论"、"话"的意思。古书中常有"语云","语"是"俗语"的意思。

3 齐桓公伐楚

《左传》

【说明】

本篇选自《左传·僖公四年》,标题是后人选篇而加的。文中记叙了齐楚两个强国在春秋初期的一场斗争。

齐桓公在控制了华夏诸国之后,为了称霸天下,寻找借口,在侵略蔡国之后又向楚国进军。楚国以其实力为后盾,同齐国展开了尖锐的外交斗争。最后达成妥协,齐国退兵。

四年春[1],齐侯以诸侯之师侵蔡[2]。蔡溃,遂伐楚[3]。楚子使与师言曰[4]:"君处北海,寡人处南海,唯是风马牛不相及也[5]。不虞君之涉吾地也,何故[6]?"管仲对曰[7]:"昔召康公命我先君大公曰[8]:'五侯九伯,女实征之,以夹辅周室[9]。'赐我先君履[10]:东至于海[11],西至于河[12],南至于穆陵[13],北至于无棣[14]。尔贡包茅不入[15],王祭不共[16],无以缩酒[17],寡人是征[18];昭王南征而不复[19],寡人是问。"对曰:"贡之不入,寡君之罪也[20],敢不共给[21]?昭王之不复,君其问诸水滨[22]。"

师进,次于陉[23]。

【注释】

[1]四年:鲁僖公四年,即公元前 656 年。

[2]齐侯:齐桓公,春秋五霸之一,齐属侯爵,故称齐侯。 以:介词,表凭借,可语译为"率领"。 诸侯之师:指参与这次军事行动的鲁、

宋、陈、卫、郑、许、曹等诸侯国的军队。　侵:进攻,特指没有钟鼓的
进攻。　蔡:蔡国,姬姓,在今河南上蔡一带。

[3]溃:溃败。　伐:进攻,攻伐者要有理由,并且有钟鼓,以示其行动是
公开的。

[4]楚君派遣使者同诸侯的军队说。　楚子:楚成王,楚属子爵,故称楚
子。这只是写史书人的写法,实际上楚君已自称王了。　使:派遣。
后省略了兼语"使者"。　与:介词,同,和。　师:指以齐国为首的
军队。

[5]这句意思是:您住在北方,我住在南方,相距很远,本来互不相干。
处(chǔ):居住。　寡人:君王自称,是谦词,意思是"寡德之人"。
北海、南海:指北方、南方。齐临北海(即今渤海),但楚境不到南
海,这里只是极言其远。　唯:句首语气助词。　是风马牛不相及
也:这是马牛虽奔跑迅速和遥远也不能达到的。意思是说互不相
干。成语"风马牛不相及"出自此。　风:放逸奔跑。

[6]没料到你们进入了我国的领土,这是什么缘故?　虞:意料。　涉:
蹚水过河,这里指进入。不说"侵"而说"涉",是委婉的说法。　何
故:是"〔此〕何故"的省略。

[7]管仲:齐国的大夫,名夷吾,字仲。辅佐齐桓公治理齐国,称霸诸侯。

[8]召(shào)康公:周成王太保召公奭(shì),"康"是他的谥号。　先
君:对本国已故君王的称呼。　大公:姜太公,名尚。齐国始受封的
国君。

[9]五侯九伯:泛指天下的诸侯。　五侯:指公、侯、伯、子、男五等爵位
诸侯。　九伯:九州之长。　女(rǔ):你。　实:句中语气助词,表
期望语气。　征:征伐,讨伐。　以:连词,可译为"来"或"用来"。
夹辅:辅佐。　这句是说给予太公征讨天下有罪诸侯的权力。

[10]履(lǚ):践踏,指足迹所践之处,即行使征伐权力的范围。

[11]海:指渤海、黄海。

[12]河:黄河。

[13]穆陵:地名,今山东临朐(qú)南的穆陵关。

[14]无棣(dì):地名,今山东无棣北。

[15]你们应该进贡的成捆的菁茅没有交纳。　包茅:成捆的菁茅。
茅:菁茅,楚国特产。　入:纳,指贡纳。

［16］周王祭祀用品供给不上。　祭:指祭祀用品。　共:通"供",供给。

［17］没有什么用来缩酒。　无以……:是常用的句式,可译为"没有什么用来……"。　缩酒:渗酒。古代祭祀时,把酒倒在包茅上,渗下去,象征鬼神喝了。

［18］我来责问这件事。下文"寡人是问"的结构和意思同此。　是:指代包茅不入的事情,用作动词"征"的前置宾语。　征:责问。

［19］昭王:周昭王,名瑕。周昭王晚年荒于国政,人民怨恨他,传说他到汉水时,当地人让他坐一艘用胶粘的船,行至江心,胶化船沉而死。　南征:到南方巡行。　征:远行。　复:返回。

［20］寡君:臣子对别国人谦称自己国君。

［21］敢:由于用在反诘句中,可以语译为"岂敢……"。

［22］其:语气助词,表委婉语气。　诸:"之于"的合音。其中的"之"指代昭王不复之事。　水滨:水边。

［23］次:临时驻扎。　陉(xíng):楚国山名,在今河南郾城东。

　　夏,楚子使屈完如师[1]。师退,次于召陵[2]。齐侯陈诸侯之师[3],与屈完乘而观之[4]。齐侯曰:"岂不穀是为? 先君之好是继[5]。与不穀同好,如何[6]?"对曰:"君惠徼福于敝邑之社稷,辱收寡君,寡君之愿也[7]。"齐侯曰:"以此众战,谁能御之[8]! 以此攻城,何城不克[9]!"对曰:"君若以德绥诸侯[10],谁敢不服? 君若以力,楚国方城以为城,汉水以为池[11],虽众,无所用之[12]。"
　　屈完及诸侯盟[13]。

【注释】

［1］屈完:楚国大夫。　如:动词,往,到……去。

［2］召(shào)陵:楚地名,在今河南郾城东。

［3］陈:陈列。陈列诸侯之师,是向楚国示威。

［4］与屈完乘(chéng):齐侯和屈完同乘一辆车。　观:细看,观察。

［5］难道为了我? 是为了继承先君的友好。　岂:副词,表反问,难道。　不穀:不善,国君自我的谦称。　是:助词。这里分别标志"不穀"、"先君之好"为前置宾语。

[6]同好(hǎo):共同友好。　如何:怎么样。

[7]您施恩惠向我国社稷之神求福,您承受耻辱收容我们国君,这是我
　们国君的愿望。　惠:表敬副词,有"施惠"的意味。　徼(yāo):
　求。　敝邑:谦称自己的国家。　社稷:土神和谷神。　辱:表谦副
　词,有"承受耻辱"的意味。

[8]众:士众,指众将士。　御:抵御,抵挡。

[9]此:指代众,即众将士。　克:攻下。

[10]若:如果。　绥(suí):安抚。

[11]您若凭借武力威胁,我们楚国就用方城作城墙,用汉水作护城
　河。　以力:介宾词组,后省略了主要动词,当是因含蓄而省
　略。　方城:山名,在今河南叶县南。在句中作前置兼语,"以……
　为……"是兼语句的一个句式。下句"汉水"也是前置兼语。　池:
　护城河。

[12]您的将士虽然众多,也没有用他们的地方。

[13]盟:订立盟约。

本篇选词概述

1. 侵	2. 伐	3. 攻	4. 克	5. 征
6. 次	7. 复	8. 邑	9. 社稷	10. 池

〔侵〕　进攻、侵犯,指没有钟鼓的进攻。如本篇:"齐侯以诸
侯之师侵蔡。"又为侵夺,欺凌,侵占。《孟子·梁惠王下》:"昔者
大王居邠,狄人侵之,去之岐山之下居焉。"这里指氏族之间的"侵
夺"。又《韩非子·解老》:"上侵弱君而下伤人民。"这里指臣对君
的"欺凌"。又《韩非子·难一》:"历山之农者侵畔。"这里指"侵
蚀","侵占"。

〔伐〕　进攻,攻伐。《说文》:"伐,击也。从人持戈。"甲骨文
写作**忮**,像以戈击入人的脖颈,以此表示攻伐。进攻的一方会找
个理由,并要有钟鼓,以示公开。《左传·庄公二十九年》:"凡师
有钟鼓曰伐,无曰侵,轻曰袭。"本篇中先说:"齐侯以诸侯之师侵

蔡。"接着说："蔡溃，遂伐楚。""侵"和"伐"的分别使用，说明有差别，前者是不宣而战，后者是所谓公开的"兴师问罪"。"伐"还有"砍伐"的意思。如《钴鉧潭西小丘记》："剷刈秽草，伐去恶木，烈火而焚之。"

〔攻〕 攻击，攻打。如本篇："以此攻城，何城不克！"引申为责备。《论语·颜渊》："攻其恶，无攻人之恶，非修慝(tè)与？"意思是：责备自己的坏处，不去责备别人的坏处，不是消除无形的怨恨的方法吗？用于某些工作有"营造"、"雕琢"、"医治"等意思。如《诗经·大雅·灵台》："经始灵台，经之营之，庶民攻之，不日成之。"这里的"攻之"是营造它。《左传·襄公十五年》："使玉人为之攻之。"这里的"攻之"是雕琢它。又《韩非子·喻老》："良医之治病也，攻之于腠理。"这里的"攻之"是医治它。

〔克〕 常用为"攻破"、"战胜"、"成功"的意思。如本篇："以此攻城，何城不克！"这里"克"指攻破。又《春秋·隐公元年》："郑伯克段于鄢。"这里"克"指战胜。《左传·哀公十年》："此事克则为卿，不克则烹。"这里"克"指成功。又引申为克制。《左传·昭公十年》："夫子知度与礼矣，我实纵欲而不能克也。""克"在动词前常用为能愿动词，可译为"能"。《晋灵公不君》："诗曰：'靡不有初，鲜克有终。'"又《赤壁之战》："如其克谐，天下可定也。"

〔征〕 古义指远行。如本篇："昭王南征而不复。"用于军事上则指上伐下，"有道"伐"无道"。如本篇："五侯九伯，女实征之。"又《孟子·梁惠王下》："今燕虐其民，王往而征之，民以为将拯己于水火之中也。"又指收税，征敛。《韩非子·外储说右上》："吾弛关市之征而缓刑罚，其足战民乎？"又《促织》："宫中尚促织之戏，岁征民间。"由于汉字简化，"征"还分担了"徵"的部分意义，如征召——《左传·僖公十六年》："齐征诸侯而戍周。"征求——《左传·哀公七年》："吴来征百牢（牛、羊、豕各百头）。"责问——如本篇："尔贡包茅不入，王祭不共，无以缩酒，寡人是征。"

〔次〕 指按次序排列。《左传·桓公十年》："齐人饩(xì,馈送食物)诸侯,使鲁次之。"是说让鲁国把各诸侯排列个次序。又《史记·陈涉世家》："陈胜吴广皆次当行,为屯长。""次当行"是按照次序编列在谪戍的行列中。又引申为次第在后。《毛遂自荐》："王当歃血而定从,次者吾君,次者遂。"又表示行军中的临时驻扎。动词。《左传·庄公三年》："凡师一宿为舍,再宿为信,过信为次。"如本篇:"师进,次于陉。"又:"师退,次于召陵。"

〔复〕(復) 用作动词,指回来,返回。是"往"的反面。如本篇:"昭王南征而不复。"又《晋灵公不君》:"宣子未出山而复。"这一意义在现代汉语"往复"中还用。引申为回复。《孟子·梁惠王上》:"有复于王者曰:'吾力足以举百钧,而不足以举一羽……'"用作副词,相当于现代汉语的"再"、"又"。《五蠹》:"兔不可复得,而身为宋国笑。"这个意义,古代说"复",不说"再"。古代的"再"是两次,不同于现代的"再"。

〔邑〕 上古人口聚居之处,不在大小或人口多少。甲骨文写作 ，像有人居于邑中。如《穀梁传·庄公九年》:"十室之邑,可以逃难;百室之邑,可以隐死。"国可以称邑。《说文》:"邑,国也。"《左传·桓公十一年》:"郧(yún)人军其郊,必不诫。且日虞四邑(指随、绞、州、蓼四国)之至也。"是说郧国国人驻扎在他们的郊区,一定缺乏警戒,并且天天盼望四国军队来到。称别人为"大国",自称为"敝邑"。如本篇:"君惠徼福于敝邑之社稷。"卿大夫的封地也称邑。《左传·庄公二十八年》:"凡邑有宗庙先君之主曰都,无曰邑。"《郑伯克段于鄢》:"制,岩邑也。"

〔社稷〕 社,指土神。《说文》:"社,地主也。"即大地的主宰,又名后土。稷,指谷神。《说文》:"稷,五谷之长。"即五谷的主宰。如本篇:"君惠徼福于敝邑之社稷。"因"社稷"象征国家,"社稷"就有了国家的意义。如《左传·成公十三年》:"又欲阙翦我公室,倾覆我社稷。"

〔池〕 古今常用义不同,今指池塘,古代常用义是护城河。

如本篇:"楚国方城以为城,汉水以为池。"又《孟子·公孙丑上》:"城非不高也,池非不深也。""城"指城墙,"池"指护城河。上古汉语"池"一般多指护城河。又指池塘。《左传·昭公四年》:"今藏川池之水,弃而不用。"又《孟子·万章上》:"子产使校人畜之池。"园林中人工挖掘的也叫"池"。如《韩非子·难势》:"桀纣为高台深池以尽民力。"

4　宫之奇谏假道

《左传》

【说明】

本篇选自《左传·僖公五年》,有删节。标题是后人选篇而加的。

本篇记叙的是晋国又一次向虞国借道伐虢国。虞国大夫宫之奇看出晋国的阴谋,力谏虞公,分析并辩驳了虞公妄想依靠宗族关系和神权图存的思想。谏而无效,宫之奇只好率其族人出走。虞国果然被晋国灭亡。

晋侯复假道于虞以伐虢[1]。宫之奇谏曰:"虢,虞之表也[2]。虢亡,虞必从之[3]。晋不可启,寇不可翫[4]。一之谓甚[5],其可再乎[6]?谚所谓'辅车相依[7],唇亡齿寒'者,其虞虢之谓也[8]。"

【注释】

[1]晋侯:晋国属侯爵,故称晋侯,这里指晋献公。　复假道:又一次借道。上一次借道伐虢在鲁僖公二年,灭了虢国的下阳。　虞:虞国,周武王所封,为大(tài)王之子虞仲的后代。　虢(guó):虢国,又名北虢。周文王封其弟仲为西虢,北虢是虢仲的别支。

[2]谏:指规劝君主、尊长等。　表:外面,这里指屏障。

[3]从之:跟从虢国,指灭亡。

[4]启:开,这里指开启晋之野心。　寇:指入侵的敌军。　翫(wán):因习以为常而生轻视、懈怠,等于说放松警惕。

[5]一次就很厉害。

[6]难道可以来第二次吗？　其：语气助词，这里有加强反问语气的作用。

[7]通行的理解，辅是面颊，车是牙床骨，二者相互依存。另一解认为大车载物，用辅支持，车与辅有相依关系。

[8]大概是说虞国和虢国的关系吧。　其：语气助词，这里有揣度的语气。　之：前置宾语的标志。

公曰：“晋，吾宗也[1]，岂害我哉？”对曰：“大伯虞仲，大王之昭也[2]。大伯不从，是以不嗣[3]。虢仲虢叔，王季之穆也[4]，为文王卿士[5]，勋在王室[6]，藏于盟府[7]。将虢是灭，何爱于虞[8]？且虞能亲于桓庄乎[9]？其爱之也[10]？桓庄之族何罪，而以为戮[11]？不唯偪乎[12]？亲以宠偪[13]，犹尚害之[14]，况以国乎[15]？”

【注释】

[1]宗：宗族。晋、虞、虢都是姬姓，同一祖先。

[2]大(tài)伯、虞仲是大王的两个儿子(长子、次子)。　昭、穆是古代在宗庙或墓地的位次，左昭、右穆，昭生穆，穆生昭。大王在周为穆，他的儿子就是昭。

[3]大伯不从父命，所以没有继承王位。据记载：大伯知道大王要传位给他的小儿子王季，就和虞仲一起出走了。宫之奇认为“大伯不从”，因此“不嗣”。　是以：因此。　嗣(sì)：继承〔王位〕。

[4]虢仲、虢叔是王季的两个儿子(次子和三子)。王季的位次既然是昭，昭生穆，所以虢仲、虢叔就是穆。

[5]卿士：执掌国政的大臣。

[6]对周王室有功勋。

[7]受封的典策收藏在盟府。　盟府：主管盟誓的部门。

[8]〔晋〕将要灭亡虢国，对于虞国还爱什么呢？论及同宗的关系，虢是周的功臣，而且在姬姓中的地位要比虞高，虢晋之间比虞晋之间亲近，虞公说“晋，吾宗也”，不可靠。所以宫之奇指出晋将要灭亡虢国，虞国还算什么呢。　是：标志“虢”是前置宾语的助词。　何：是“爱”的宾语，疑问代词作宾语而前置。

[9]而且虞对晋能比桓叔、庄伯亲近吗？桓叔是晋献公的曾祖,庄伯是
　　　献公的祖父。桓庄之族是献公的同祖兄弟。虞为大伯之后裔,相隔
　　　已多代。当然不如桓叔、庄伯亲近。

[10]是对前一分句的补充。　其:指代晋。　之:指代虞。

[11]以为戮:是"以之为戮"的省略,把他们作为杀戮的对象。鲁庄公二
　　　十五年,晋献公尽杀同族群公子。

[12]不仅仅是威胁吗？　偪:同"逼",这里有威胁的意思。

[13]近亲因宠势相威胁。　宠:在尊位。

[14]犹尚:同义联属,还。

[15]"况以国逼乎"的省略。意思是国与国更不讲"亲"了。

　　　公曰:"吾享祀丰絜[1],神必据我[2]。"对曰:"臣闻之[3]:鬼神
非人实亲,惟德是依[4]。故《周书》曰:'皇天无亲,惟德是辅[5]。'
又曰:'黍稷非馨,明德惟馨[6]。'又曰:'民不易物,惟德繄物[7]。'
如是,则非德民不和[8],神不享矣[9]。神所冯依[10],将在德矣。若
晋取虞,而明德以荐馨香[11],神其吐之乎[12]?"

【注释】

[1]享祀:祭祀。　丰:丰盛。　絜:通"洁"。

[2]据我:依附于我,等于说保佑我。

[3]之:指代下文所说的话,可译为"这样的话"。

[4]鬼神不亲人,只是依德。　实、是:都是助词,前置宾语的标志。

[5]《周书》:是逸书。　皇天:大天,即上天。　无亲:没有亲近疏
　　　远。　惟德是辅:只辅佐有德的人。　是:前置宾语的标志。

[6]〔《周书》〕又说:"黍稷不馨(xīn)香,只有光明的德行才是馨香。"
　　　黍:黄黏米。　稷:谷子。　这里"黍稷"泛指五谷,为祭品。　馨
　　　香:芳香。　馨:特指散布很远的香气。

[7]〔《周书》〕又说:"人们不改变祭祀的物品,只有有德行人的祭品才
　　　是祭品。"　繄:句中语气助词,无义。

[8]如是:像这样。　和:和谐。

[9]享:享受。

[10]冯(píng)依:指保佑。 冯:后来写作"凭"或"凭",简化为"凭"。

[11]明德:使德明,让德行明朗。 荐馨香:向神奉献馨香的供物。

　　荐:向神奉献。 馨香:指黍稷。

[12]其:句中语气助词,表反问语气。

　　弗听,许晋使[1]。宫之奇以其族行[2]。曰:"虞不腊矣[3]。在此行也,晋不更举矣[4]。"

　　冬,十二月丙子朔[5],晋灭虢,虢公醜奔京师[6]。师还,馆于虞[7]。遂袭虞,灭之。

【注释】

[1]应允晋国使者。

[2]以:率领。 行:出走。

[3]腊:年终祭百神叫腊。

[4]不更(gèng)举:不再举兵。 更:副词,再。

[5]丙子:月初一正逢干支计日的丙子。 朔:农历每月的第一天。

[6]奔:逃跑。 京师:周的京城。

[7]馆:活用为动词,住宾馆。

本篇选词概述

1. 谏　　2. 寇　　3. 室

4. 盟　　5. 享　　6. 祀

〔谏〕(諫)　规劝,使改正错误,多用于下对上。如本篇:"宫之奇谏曰:'虢,虞之表也。……'"又《孟子·万章上》:"宫之奇谏,百里奚不谏,知虞公之不可谏而去(离开)之(去)秦。"这是臣对君谏。《论语·里仁》:"事父母几(委婉)谏,见志不从,又敬不违,劳而不怨。"这是子女对父母谏。《左传·哀公十一年》:"〔陈辕颇〕曰:'何不我谏?'对曰:'惧先行(恐先被逐)。'"这是下级对

上级谏。

〔寇〕 匪盗。《孟子·离娄下》:"君之视臣如土芥,则臣视君如寇雠。"又指侵扰者和侵扰行为。《庄子·让王》:"今臣之知不足以存国而勇不足以死寇。"是说如今自己的才智不足以保存国家而勇敢也不足以歼灭敌寇。又如本篇:"晋不可启,寇不可翫。"寇指入侵者。《孟子·离娄下》:"子思居卫,有齐寇。或曰:'寇至,盍(何不)去诸(之乎)?'"前一"寇"为入侵,动词;后一"寇"为入侵者。一说:兵作于内为乱,作于外为寇。

〔室〕 房屋。《孟子·梁惠王下》:"孟子见齐宣王,曰:为巨室,则必使工师求大木。工师得大木则王喜。"也指办公的地方。《论语·雍也》:"有澹台灭明(人名)者,行不由径,非公事未尝至于偃(子游自称名)之室也。"

又指住处,家。《孟子·尽心下》:"孔子曰:'过我门而不入我室,我不憾然者,其惟乡原(好好先生)乎!'"词义缩小,指居住之室或贮财物之室。《孟子·万章上》:"男女居室,人之大伦也。"这是指住一室。《庄子·胠箧》:"夫妄意(猜想)室中之藏,圣(聪明智慧)也。"这里指藏物之室。引申为住在内室之人——妻。《孟子·滕文公下》:"丈夫(男孩)生而愿为之有室,女子生而愿为之有家。父母之心,人皆有之。"又特指王之家。如本篇:"勋在王室,藏于盟府。""王室"指周王室。用比譬方法命名,刀剑之鞘也称室。《史记·春申君列传》:"刀剑室以珠玉饰之。"

〔盟〕 古代于神前缔约为盟。唐代孔颖达说:"盟者,杀牲歃血誓于神前也。"如本篇:"勋在王室,藏于盟府。""盟府"是周天子管理盟誓典策的部门。《左传·隐公三年》:"冬,齐、郑盟于石门,寻卢之盟也。""寻盟"是当时常语,温修旧好。《左传·桓公十二年》:"楚人坐其北门,而覆诸山下,大败之,为城下之盟而还。"是说楚军坐等在北门,设伏兵于山下,大败绞(古国名)军,缔结城下之盟而还。战败者缔结城下之盟是奇耻大辱。盟所用之牲:"天子诸侯以牛豕,大夫以犬,庶人以鸡。"

〔享〕　用食物供奉神鬼。如本篇:"吾享祀丰絜,神必据我。"
"享"、"祀"同义联用。引申为宴享。《左传·襄公十年》:"宋公
享晋侯于楚丘。"神鬼接受供奉也称享。如本篇:"如是,则非德民
不和,神不享矣。"引申为享受。《左传·僖公二十三年》:"保君父
之命而享其生禄。"晋公子重耳说,依靠了国君父亲的命令才享有
养生的俸禄。《公羊传·僖公十年》:"桓公之享国也长,美见(现)
乎天下,故不为之讳本恶也。""享国",享有其国,指统治其国。

〔祀〕　祭祀。如本篇:"吾享祀丰絜,神必据我。"又《左传·
成公十三年》:"国之大事在祀与戎(军事)。"古人既祀神也祀鬼,
祭祀祖先就是祀鬼。《左传·隐公八年》:"郑伯请释(舍弃)泰山
之祀而祀周公。""泰山之祀"是祀神。"祀周公"是祀鬼。古人年
终有一次祭祖,于是祀又引申为年。《左传·宣公三年》:"桀有昏
德,鼎(国家政权的象征)迁于商,载祀六百。商纣暴虐,鼎迁于
周。""载"、"祀"都是年的意思。《尔雅·释天》:"夏曰岁,商曰
祀,周曰年,唐虞曰载。"《尚书·洪范》:"惟十有三祀。"就是十
三年。

5 晋灵公不君

《左传》

【说明】

本篇选自《左传·宣公二年》，题目是后人根据文章内容拟加的。

晋灵公是一个暴君。他滥杀无辜，生活奢侈无度。晋国大夫赵盾等人不顾个人安危，冒死强谏，期望灵公改弦更张，放弃暴政，不再奢侈。但是他执迷不悟，一面声称知过必改，一面又暗下毒手，企图除掉敢于直言的赵盾，结果自己却遭到被杀的可悲下场。本文从一个侧面写了灵公的残暴和晋大夫赵盾敢于直言的精神。

晋灵公不君[1]。厚敛以彫墙[2]。从台上弹人[3]，而观其辟丸也[4]。宰夫胹熊蹯不孰[5]，杀之，寘诸畚[6]，使妇人载以过朝[7]。赵盾、士季见其手[8]，问其故而患之[9]。将谏，士季曰："谏而不入[10]，则莫之继也[11]。会请先[12]，不入，则子继之[13]。"三进及溜[14]，而后视之[15]。曰："吾知过矣，将改之。"稽首而对曰[16]："人谁无过？过而能改[17]，善莫大焉[18]。诗曰：'靡不有初，鲜克有终[19]。'夫如是[20]，则能补过者鲜矣。君能有终，则社稷之固也[21]，岂惟群臣赖之[22]。又曰：'衮职有阙，惟仲山甫补之[23]。'能补过也。君能补过，衮不废矣[24]。"

【注释】

[1]晋灵公不行君道。　晋灵公：名夷皋，公元前620—前607年在位，

是晋文公重耳的孙子。 君:这里用作动词,行君道。

[2]厚敛:加重盘剥。 厚:重。 敛:聚敛,指征收赋税。 以:连词,用法同"而"。 彤:彤饰,画,这里指彩饰。

[3]弹(tán):用弹弓射击。

[4]观:观赏。 辟丸:躲避弹丸。 辟:"避"的古字,躲避。 丸:弹子。

[5]宰夫:这里指厨夫。 胹(ér):燉,用温火煮熟。 熊蹯(fán):熊掌。 孰:"熟"的古字。

[6]把尸首放在筐子里。 寘:放置。 诸:"之于"的合音词。"之",代尸首。"于",介词,在。 畚(běn):用草编织成的筐子。

[7]载以过朝:用车装载经过朝廷。 以:连词。

[8]赵盾:晋国的正卿,谥号"宣子"。 士季:名会,字季,晋国大夫。

[9]询问宰夫被杀的原因,并为这类事忧虑。 患之:为之忧虑。 患:忧虑。 之:指随意杀人及以杀人威吓人一类的事。

[10]入:纳,指采纳意见。

[11]就没有谁接续你进谏了。 莫之继:意同"莫继之"。 莫:否定性无定代词,没有谁。 之:前置宾语,这里指赵盾。

[12]士会我请求先进谏。古人自称时称名,士季在这里请求赵盾让他自己先进谏,所以说"会请先"。

[13]子继之:你接续我进谏。 之:指士季自己。

[14]三进:往前走进三次。 三:这里表示动作的量。 及溜(liù):到达屋檐下。 及:到达。 溜:又写作"霤",本指从房檐流下的雨水,这里指雨水从房檐落下的地方。 按照君臣之礼,大夫见君要先伏地行礼,君要以目相接,然后才可谏奏。士季入朝施礼,灵公意料到他是来进谏的,便故意不理睬,所以士季只好"三进",直到屋檐之下。灵公再无回避余地,才理士季。

[15]视:看。 之:指士季。

[16]稽(qǐ)首:古人的一种最恭敬的跪拜礼。行这种大礼时,要先拜,然后拱手按地,头要伏在双手前的地上并稍作停留。

[17]人谁无过:人谁没有错误。 过:名词,过错。 过而能改:犯了错误而能改正。 过:动词,犯错误。

[18]没有什么善事比这个更大了。 焉:相当于"于之"。这里是"比这

个……"的意思。

[19]意思是说,行善事没有谁没有个开头,但很少能坚持到底。 靡(mí):无定代词,没有谁。 初:起始,开头。 鲜:通"尠",少。克:能。 这两句诗引自《诗经·大雅·荡》。

[20]夫(fú):句首语气助词,表示要发表议论。 如是:像这样。 如:动词,像。

[21]您做善事能坚持到底,这就是国家的保障啊! 社稷之固:国家的保障。这是以"固"为中心词的名词性词组,在句子中充当判断句的谓语。 固:坚固,这里有"保障"的意味。

[22]哪里只是群臣依靠这种好品德(指做善事"有终")呢! 岂:哪里。赖:依赖,依靠。

[23]意思是说,周宣王治国有了过失,只有仲山甫来弥补。 衮(gǔn)职:天子的职责。 衮:本指天子或上卿穿的绣有卷曲的龙的纹样的礼服,这里指穿龙袍的人,即周天子。 阙:与"缺"义通,缺失,过失。 仲山甫:周宣王的大夫。 这两句诗引自《诗经·大雅·烝民》。

[24]您能弥补过失,您的衮袍就不会被废弃了。意思是说知过而能改正,君位便能保得住。

　　犹不改[1]。宣子骤谏[2]。公患之[3],使钽麑贼之[4]。晨往,寝门辟矣[5]。盛服将朝[6],尚早,坐而假寐[7]。麑退,叹而言曰:"不忘恭敬,民之主也[8]。贼民之主,不忠;弃君之命,不信[9]。有一于此[10],不如死也。"触槐而死[11]。

【注释】

[1]犹:仍然,还。

[2]骤:副词,多次。

[3]灵公讨厌他。 患:厌恶。 之:指赵盾。

[4]派钽麑杀害他。 钽麑(chú ní):晋国的武士。 贼:杀害。

[5]寝门:内室的门。 辟:"阖"的古字,开门。

[6]盛服:整饰好衣冠,即穿戴好衣帽。 朝:动词,登朝。

[7]假寐(mèi):和衣瞌睡。

[8]民之主:老百姓的主心骨。

[9]信:诚实,守信用。

[10]在这两样(指不忠、不信)中有一样。

[11]触:碰,撞。

　　秋九月,晋侯饮赵盾酒[1],伏甲将攻之[2]。其右提弥明知之[3],趋登曰[4]:"臣侍君宴[5],过三爵[6],非礼也[7]。"遂扶以下。公嗾夫獒焉[8]。明搏而杀之[9]。盾曰:"弃人用犬,虽猛何为[10]!"斗且出[11]。提弥明死之[12]。

【注释】

[1]晋侯:指灵公,因晋国属侯爵,所以晋君也可称晋侯。　饮(yìn)赵盾酒:给赵盾酒喝。　饮:使……喝,给……喝。

[2]伏甲:埋伏下武士。　甲:本指铠甲,这里指穿铠甲的兵士。　攻:攻杀。

[3]右:指车右。按照古代车骑礼制,一车乘三人,平时位尊者居左,御者居中,卫士居右,所以古人把随车的警卫之士叫车右。车右又叫骖乘。　提弥明:人名,复姓提弥,名明。

[4]趋:快步行走,类似今天的小跑。趋是一种礼节,臣见君,在下位的人见在上位的人,要行"趋"礼。　登:指登堂。

[5]臣陪伴国君宴饮。　侍:陪从地位尊贵的人。

[6]过:超过。　爵:古代多用青铜铸造的饮酒器,就是形状似雀形的酒杯。

[7]非礼:不符合礼制。

[8]灵公嗾使那条狗咬赵盾。　嗾(sǒu):使狗的声音,这里用作动词,嗾使。　夫(fú):指示代词,那。　獒(áo):猛犬。

[9]搏:徒手厮打。

[10]何为:做什么。这里有"顶得了什么"的意思。　何:疑问代词,作动词"为"的前置宾语。

[11]一边搏斗,一边走出。　且:连词。一边……一边……。

[12]死之:为之而死。　死:为动用法,为……死。　之:指赵盾。

　　初,宣子田于首山[1],舍于翳桑[2]。见灵辄饿[3],问其病[4],曰:"不食三日矣。"食之[5],舍其半[6]。问之,曰:"宦三年矣[7],未知母之存否。今近焉,请以遗之[8]。"使尽之[9],而为之箪食与肉[10],真诸橐以与之[11]。既而与为公介[12],倒戟以御公徒[13],而免之[14]。问何故,对曰:"翳桑之饿人也。"问其名居[15],不告而退。遂自亡也[16]。

【注释】

[1]田:"畋"的古字,打猎。　首山:又叫首阳山,在今山西永济南。

[2]舍:用作动词,住宿。　翳(yì)桑:古地名。

[3]灵辄:在宴会上倒戟救赵盾的武士名。　饿:饥甚。

[4]病:疲惫劳乏。

[5]给他东西吃。　食(sì):给……吃。

[6]舍:"捨"的古字,舍弃,这里有"留下"的意思。

[7]宦:做贵族的奴仆。

[8]请允许把这些肉送给她。　以:介词,把,后面省略宾语"之"。　遗(wèi):给予。

[9]"使〔之〕尽之"的省略。第一个"之",指灵辄。　尽之:吃光这些肉。

[10]给他预备一筐饭和肉。　为:动词,给。　"之"、"箪食与肉"是动词"为"的双宾语。　箪:盛饭用的圆形竹筐。

[11]橐(tuó):一种不缝底儿,需要两头结系袋口的口袋。　与(yǔ):动词,给予。

[12]既而:不久。　与(yù)为公介:参加做了灵公的甲士。　与:动词,参与,参加。　为:做。　介:甲士,即警卫人员。

[13]倒戟:倒转过兵器。　戟:一种刺杀的兵器。　御:抵御。　徒:兵众。

[14]使赵盾免于难。　免:使……避免。

[15]名居:名字和居处。　居:住处。

[16]遂:于是,就。　亡:逃亡,逃走。

　　乙丑[1],赵穿攻灵公于桃园[2]。宣子未出山而复[3]。大史书曰[4]:"赵盾弑其君[5]。"以示于朝[6]。宣子曰:"不然[7]。"对曰:"子为正卿[8],亡不越竟[9],反不讨贼[10],非子而谁?"宣子曰:"乌呼[11]!'我之怀矣,自诒伊慼[12]',其我之谓矣[13]!"

【注释】

[1]乙丑:上古人们用干支相配纪日,这里的"乙丑"是鲁宣公二年九月二十六日。

[2]赵穿:赵盾的同族兄弟,晋国的大夫。　攻:攻杀。　桃园:灵公专用的猎场。

[3]出山:走过晋国边境的山。　复:回来。

[4]大(tài)史:官名,掌管记录国家大事的史官。后世写作"太史"。这里指大史董狐。　书:动词,写,记录。

[5]弑(shì):按照旧的礼法,在下位的杀死在上位的叫弑。

[6]把他写的赵盾弑君的话在朝廷上公布。　示:昭示,公布。　于朝:在朝廷。　于:介词,在。

[7]然:代词,这样。

[8]正卿:卿当中地位最高的,就是宰相。

[9]逃跑不超越晋国的国境。　竟:"境"的古字,国境。

[10]反:"返"的古字,返回,指返回都城。　讨贼:声讨所谓大逆不道的人,指赵穿。　讨:声讨。

[11]乌呼:又写作"呜呼",感叹词。

[12]这两句诗的意思是:因为我怀念祖国,反倒给自己找来了忧患。这两句诗不见于现在通行的《诗经》。　怀:怀念。　诒(yí):通"贻",给。　伊:指示代词,那个。　慼:忧患。

[13]大概说的是我吧!　其:语气助词,表示揣测的语气。　我之谓:"谓我","我"是前置宾语。"之"是标志宾语前置的助词。

　　孔子曰:"董狐,古之良史也,书法不隐[1]。赵盾,古之良大夫也,为法受恶[2]。惜也,越竟乃免[3]。"

【注释】

[1]书法:记录史实的原则。 法:法则,原则。 隐:隐讳。

[2]为了大史的记事原则受到恶名。 为(wèi):介词,为了。 法:记事法则。 恶(è):指恶名。

[3]按照孔子的看法,董狐根据传统的记事原则记录灵公的被弑,赵盾负有责任,这是对的;而赵盾也确实没参与攻杀灵公,只是因为赵盾"亡不越竟,反不讨贼"而背上恶名,如果他或"越竟"、或"讨贼","弑君"的恶名就不会落到他的头上了。 免:指免受恶名。

本篇选词概述

1. 厚	2. 患	3. 贼	4. 触	5. 趋
6. 田	7. 与	8. 饿	9. 越	10. 讨

〔厚〕 在薄厚的意义上古今义没有区别。如《劝学》:"不临深谿,不知地之厚也。"但古代汉语"厚"的意义要比现代汉语宽泛,含有"众多"、"深重"等意义。如本篇:"晋灵公不君,厚敛以彫墙。""厚"指多而重。《战国策·秦策》:"大王又并军而致与战,非能厚胜也。""厚"是巨大义。又《韩非子·扬权》:"厚酒肥肉。""厚"又指浓,浓烈义。这些意义一般已不见于现代汉语。

〔患〕 担忧,忧虑。《说文》:"患,忧也。"如本篇:"赵盾、士季见其手,问其故而患之。"又《论语·学而》:"不患人之不己知,患不知人也。"今成语有"患得患失"。用作名词,文言中常指灾害,祸患。《韩非子·内储说下》:"苟成其私利,不顾国患。"又《后汉书·张衡传》:"阉竖恐终为其患。"今成语有"有备无患"。

〔贼〕(賊) 伤害、毁坏,故字从戈。《论语·先进》:"子路使子羔为费宰,子曰:'贼夫人之子。'"引申为杀害。如本篇:"公患之,使鉏麑贼之。"这些意义已不见于现代汉语。用作名词,"贼"

指对社会造成危害的人。如《孟子·告子下》："今之所谓良臣,古之所谓民贼也。"《童区寄传》："贼二人得我,我幸皆杀之矣。"特指所谓犯上作乱者。如本篇:"反不讨贼。"应该注意:上古"盗"、"贼"与现代义正好相反。今义所谓"贼",上古称"盗";今义的"强盗",上古称"贼"。作为动词,盗是偷窃,如《荀子·修身》:"窃货曰盗。"贼是危害、伤害义。如《韩非子·内储说下》:"二人相憎,而欲相贼也。"上古盗窃不称贼。

〔触〕(觸)　本义是用角顶撞。《说文》:"触,抵也。"《易·大壮》:"羝(dī,公羊)羊触藩(fān,篱笆)。""触藩"就是用角顶篱笆。引申为碰撞。如本篇:"〔鉏麑〕触槐而死。"又引申为接触,触犯。《庖丁解牛》:"手之所触。"这是指手所接触的地方。又《汉书·元帝纪》:"去礼义,触刑法。"这是指触犯刑法。

〔趋〕(趨)　快步走。如本篇:"其右提弥明知之,趋登。""趋登"是快步登堂。按照古代的礼仪,在位尊者或长者面前,不能慢走,而要"趋",即快步走。因此"趋"又成为一种表示恭敬的方式。《触龙说赵太后》:"入而徐趋,至而致谢。"又《史记·萧相国世家》:"赐带剑履上殿,入朝不趋。"这个意义随着封建等级制的灭亡而消失。在趋向、奔向义方面古今一致。《论积贮疏》:"今背本而趋末,食者甚众。""趋末"是指趋向工商业。

〔田〕　本义是田地,古今相同。甲骨文作田,像阡陌纵横的田地。《说文》:"田,陈也。树谷曰田。象形。"《五蠹》:"宋人有耕者,田中有株,兔走触株。"农猎是古人赖以生存的基本手段,所以古人把在田地上耕种叫"田"。如《史记·高祖本纪》:"皆令人得田之。"古人把在田野狩猎也叫"田"。如本篇:"宣子田于首山,舍于翳桑。"这后一意义,后来写作"畋"。

〔与〕(與)　给予。金文写作与,像一方双手给予,一方双手接取。以此事象表示给予。读作 yǔ。如本篇:"……为之箪食与肉,寘诸橐以与之。"又有"参与"的意思,读作 yù。如本篇:"既而与为公介。"引申为对付、对当义。如《孙膑》:"今以君之下驷与彼上驷,取君之上驷与彼中驷,取君之中驷与彼下驷。"

〔饿〕（餓） 古今义差别显著。古代的"饿"指饥饿得很厉害,是长时间未进食。不同于现代汉语的饥饿。如本篇:"见灵辄饿,问其病。"如果是一般的肚里发空,没按时进食,是很难让人发现的,更谈不上要"问其病"。《孟子·梁惠王上》:"庖有肥肉,厩有肥马,民有饥色,野有饿莩。"饿而至死,可知"饿"并不是一般的没按时进食。又如《韩非子·饰邪》:"家有常业,虽饥不饿。"这里"饥"、"饿"的区分十分明显。

〔越〕 本义指越过,所以字从"走"。如本篇"惜也,越竟乃免"中的"越竟",指越过国境。引申为超出,超过。柳宗元《断刑论》:"必使为善者不越月逾时而得其赏。""越"、"逾"都是"超出"的意思。"越"又指坠落。《齐晋鞌之战》:"射其左,越于车下。"

〔讨〕（討） 本义指声讨,所以字从"言"。如本篇:"子为正卿,亡不越竟,反不讨贼,非子而谁?""讨贼"即声讨反叛者。引申为征伐。如《史记·秦始皇本纪》:"皇帝哀众,遂发讨师。""讨师"即征伐的军队。"讨"还有"讨论"、"研究"的意思。《商君书·更法》:"讨正法之本。"指研究端正法制的根本。

6 齐晋鞌之战

《左传》

【说明】

本篇选自《左传·成公二年》,标题是后加的,记述了春秋时期齐晋在鞌地进行的一场争霸战争。

鞌之战是春秋时期著名的四大战役之一。其他三大战役是:晋楚城濮之战、晋楚邲之战和晋楚鄢陵之战。诸侯间的角逐都是为了争夺霸权。

邲之战中晋败楚胜,晋的霸权逐渐衰落,东方齐国欲争霸中原。公元前589年,首先向晋的与国鲁、卫进攻,鲁、卫战败,向晋求救。晋为了重整霸业,借口鲁、卫与晋同为姬姓国家,与齐在鞌地开战。《左传》记述这场战争文字比较长,本文截选部分段落。

文中生动地展现了战争的整个过程,揭示了战争胜负的原因。写齐军始占优势,但由于骄傲轻敌而归于失败;晋军则同仇敌忾,团结一致,相互劝勉,顽强坚持,终于扭转战局,转败为胜。文中对一些战役细节的记述和对各种人物的生动描写,具有很高的文学价值。至于文中宣扬"忠君舍己"的思想及那些占卜或做梦应验之类的迷信鬼神的描写,则是反映了时代的局限。

癸酉[1],师陈于鞌[2]。邴夏御齐侯[3],逢丑父为右[4]。晋解张御郤克[5],郑丘缓为右[6]。齐侯曰:"余姑翦灭此而朝食[7]!"不介马而驰之[8]。郤克伤于矢[9],流血及屦[10],未绝鼓音[11]。曰:

"余病矣[12]!"张侯曰[13]:"自始合[14],而矢贯余手及肘[15];余折以御,左轮朱殷[16]。岂敢言病?吾子忍之[17]。"缓曰:"自始合,苟有险[18],余必下推车。子岂识之[19]?——然子病矣[20]!"张侯曰:"师之耳目,在吾旗鼓,进退从之[21]。此车一人殿之[22],可以集事[23]。若之何其以病败君之大事也[24]?擐甲执兵[25],固即死也[26];病未及死,吾子勉之[27]!"左并辔[28],右援枹而鼓[29],马逸不能止[30],师从之[31]。齐师败绩[32]。逐之,三周华不注[33]。

【注释】

[1] 癸酉:古代用干支纪日,这一天是成公二年(前589)6月17日。

[2] 师:指齐晋两国的军队。 陈:"阵"的古字,摆开阵势。 鞌(ān):同"鞍",齐地名,在今山东济南附近。

[3] 邴(bǐng)夏给齐侯赶车。 邴夏:人名。齐大夫,以邴为氏。 御:驾驶车马。 齐侯:指齐顷公,桓公之孙,名无野。

[4] 逢(páng)丑父:齐大夫。 右:车右,又称骖乘(cān shèng)。春秋时代是车战,其车制,一般每辆兵车乘三人,尊者居左,御者居中,骖乘居右;但君王或战时主帅乘的车,君王或主帅居中,御者居左,而骖乘的位置不变。骖乘都是由有勇力的人担任,执干戈御敌,保卫尊者,或者车受阻不能前进时下来推车。

[5] 解(xiè)张:晋臣,以解为氏。下文又称"张侯"。 郤(xì)克:又称郤献子,晋大夫,是这次战役中晋军的主帅。

[6] 郑丘缓:晋臣,"郑丘"是复姓。至此可知,齐国是齐侯亲自出征,居车中间;御者邴夏居左;骖乘是逢丑父。晋国由郤克担当主帅,居中;御者解张居左;车右是郑丘缓。

[7] 姑:姑且。 翦(jiǎn)灭:剪除,消灭。 此:指晋军。 朝(zhāo)食:吃早饭。

[8] 不介马:不给马披上甲。 介:甲,这里用作动词,披甲。古代车战马也要披甲,齐侯不等给马披甲便出击,表现出他骄傲轻敌。 驰之:指驱马攻击晋军。 驰:使劲赶马。这里指驱车进击。 之:指代晋军。

[9] 伤于矢:被箭射伤。

[10] 血一直流到鞋上。 及：到。 屦（jù）：由麻、葛、丝等质料制成的鞋。

[11] 仍然没有中断击鼓的声音，即一直坚持击鼓。古代车战，主帅居车当中，自掌旗鼓，指挥三军，鼓声乃前进的号令。

[12] 病：古代凡是病势很重、极度劳累或伤势很重都叫"病"，这里指伤势很重。郤克自言伤重，表示自己难以坚持。

[13] 张侯：即解张。张是其字，侯是其名。

[14] 从一开始交战。 合：会合，这里指两军接触，交锋。

[15] 箭就射穿了我的手和胳膊肘。 贯：穿通。 及：连词，和。《史记·齐太公世家》："其御（即张侯）曰：'我始入，再伤，不敢言疾，恐惧士卒，愿子忍之。'遂复战。"其中的"再伤"分明指两次受伤：一箭贯手，一箭贯肘。

[16] 左边的车轮被血染成了深红色。 朱：红色。古代朱色为正红色。 殷（yān）：红中带黑。

[17] 吾子：是对人的尊称，比称"子"更亲热些。

[18] 苟：如果。 险：指地势高低不平，这里指难以通行的路。

[19] 你难道知道这些吗？ 岂：反诘副词，难道。 识：知道，了解。 之：指郑丘缓遇险推车的事。

[20] 然：然而，但是。 子：指郤克。 郑丘缓发现郤克的伤势确实很重，已不能坚持击鼓，对此十分惋惜。

[21] 全军（士卒）的眼睛注视着我们的旌旗，耳朵听着我们的鼓音，是前进还是后退都从它的指挥。 之：指旗和鼓。

[22] 殿：镇守。

[23] 集事：成事，即取得军事上的胜利。

[24] 若之何：奈何，怎么能。 其：句中语气助词。 以：介词，因为。 败：败坏，毁坏。 君：指国君。 大事：古代指祭祀和战争，这里是把战争的胜负称作大事。

[25] 擐（huàn）甲：穿上铠甲。 擐：穿。 执兵：拿起武器。 执：握。

[26] 本来就是去赴死，意思是本来就抱定了必死的决心。 固：副词，本来。 即：动词，走向。

[27] 勉：勉力，努力。

[28] 张侯左手并握双手的缰绳。御者本来是双手执辔的，因郤克伤重，

· 45 ·

张侯为了代替他击鼓,所以把辔并在左手。　并:动词,并握。
辔(pèi):缰绳。

[29]援:引,拽过来。　枹(fú):同"桴",鼓槌。　鼓:动词,击鼓。

[30]马狂奔而不能停止。　逸:狂奔。

[31]军队跟随主帅的车赶上去。　之:指代主帅的战车。

[32]败绩:指军队溃败。

[33]晋师追赶齐军,围着华不注山绕了三圈。　逐:追赶。　周:动词,
绕圈。　华不注(huà fú zhù):山名,在今济南东北。

　　韩厥梦子舆谓己曰[1]:"且辟左右[2]。"故中御而从齐侯[3]。
邴夏曰:"射其御者,君子也[4]。"公曰:"谓之君子而射之,非礼
也[5]。"射其左,越于车下[6];射其右,毙于车中[7]。綦毋张丧
车[8],从韩厥曰:"请寓乘[9]。"从左右[10],皆肘之[11],使立于
后[12]。韩厥俛定其右[13]。

【注释】

[1]韩厥:晋大夫,担当司马(掌管祭祀、赏罚等军政)的职位。　子舆:
韩厥已经故去的父亲。

[2]第二天早晨避开左右两侧。意思是明晨出兵不要站在兵车左右两
侧。这两句是插叙头天夜里的事。　且:早晨。　辟:"避"的古字。

[3]中御:在车的中间赶车。　中:方位名词作状语,在中间。按韩厥的
军职,应居车左,御者居中,因为要避开左右,所以代替御者在中间
驾车。　从:跟从,这里是"追赶"的意思。

[4]〔驾车的人〕是个君子啊。判断句主语"御者"承前省略。　君子:指
贵族。邴夏观察韩厥不是一般御者,而是将领,所以用"君子"称呼。

[5]说他是君子还射杀他,这不合乎礼。统治者们所发动的战争就是互
相残杀,而齐侯却讲什么"礼",这是很虚伪的,况且与古人戎事以杀
敌为礼不合。

[6]越:坠。

[7]毙:倒下。先秦时的"毙"义不指"死亡"。《左传》中像这类做梦应
验的记述,是作者出于迷信思想所作的附会。

[8]綦毋(qí wú)张:晋大夫,"綦毋"是复姓,名张。　丧车:在战斗中失掉了兵车。

[9]请寓乘(shèng):请允许我搭乘你的兵车。　寓:寄托。

[10]綦毋张站在韩厥的左边或右边。　从:随从。因为綦毋张是搭乘,站的位置偏后,所以这里用"从"。

[11]〔韩厥〕都用胳膊肘触他。韩厥双手执辔,只能用肘触。这是不让他站在左右〔因为左右两人都中箭〕,而让他立于自己身后,以免再发生危险。　肘:名词用作动词,是"用肘触"的意思。　之:指綦毋张。

[12]使〔之〕立于后,省略兼语"之",指綦毋张。意为让綦毋张站在自己的身后。

[13]俛:同"俯",低下身子。　定:放稳当。　右:指上文"毙于车中"的车右。

　　逢丑父与公易位[1]。将及华泉[2],骖絓于木而止[3]。丑父寝于辖中[4],蛇出于其下,以肱击之[5],伤而匿之[6],故不能推车而及[7]。韩厥执絷马前[8],再拜稽首[9]。奉觞加璧以进[10],曰:"寡君使群臣为鲁、卫请[11],曰:'无令舆师陷入君地[12]。'下臣不幸[13],属当戎行[14],无所逃隐[15],且惧奔辟而忝两君[16]。臣辱戎士[17],敢告不敏[18],摄官承乏[19]。"丑父使公下,如华泉取饮[20]。郑周父御佐车[21],宛茷为右[22],载齐侯以免[23]。韩厥献丑父,郤献子将戮之[24]。呼曰:"自今无有代其君任患者[25],有一于此,将为戮乎[26]?"郤子曰:"人不难以死免其君[27],我戮之不祥[28]。赦之[29],以劝事君者[30]。"乃免之[31]。

【注释】

[1]公:指齐侯。　易位:换了位置。逢丑父为防备齐侯被俘,所以趁韩厥俯身时与齐侯交换了位置。古代兵服,国君与将佐相同,加之韩厥从未见过齐侯,辨认不出谁是国君,只能根据位置来判断。

[2]及:到达。　华泉:泉名,在华不注山下,流入济水。

[3]骖:古代用四匹或三匹马驾车,夹着车辕(当时是单车辕)的两匹马

称"服",服马以外的马称"骖"。　绁(guà):通"挂",又作"掛"。
绊住。　木:树。

[4]辗(zhàn):即"栈",棚车,用竹木条横排编成车厢的轻便车子。

[5]肱(gōng):手臂从肘到肩的部分。这里泛指胳膊。

[6]伤:指逢丑父手臂被蛇咬伤。　匿:隐瞒。从"丑父寝于辗中"到"伤
而匿之"是作者插叙头天晚上的事,逢丑父愿意当车右,便隐瞒了手
臂被蛇咬伤一事。

[7]及:追赶上,这里指被韩厥追赶上。是说逢丑父因伤不能推车而被
韩厥追赶上,"及"的主语是韩厥。

[8]韩厥拿着绊马索站在齐侯马前。　絷(zhí):绊马索。

[9]拜两拜,然后稽(qǐ)首,这是比稽首更重的一种礼节。　稽首:古代
一种最恭敬的跪拜礼,近似磕头,要先拜然后双手合抱按地,头在手
前至地,并停留一会儿,整个施礼动作比较缓慢。

[10]奉(pěng):"捧"的古字。　觞(shāng):古代盛酒器。　加:把一
物放在另一物的上面,这里指把玉放在觞上。　璧:一种中间有孔
的圆形玉。　进:进献,奉献。　执絷、再拜稽首、奉觞以及加璧是
韩厥对被俘的齐侯修臣仆之礼。

[11]我们国君打发群臣替鲁国、卫国请求。鞌之战的前奏是齐伐鲁,卫
侵齐,鲁、卫败,向晋求救,所以韩厥才说"为鲁、卫请"。寡君:是
古代在别国人面前对本国君主的谦称。　为鲁、卫请:替鲁、卫两
国请求,意思是请齐侯不要进攻鲁、卫。　为:介词,替。

[12]不要让军队深入您的国土。无:通"毋",副词,不要。　舆(yú)
师:军队。　陷入:指深入。　君地:您的国土,即齐地。

[13]下臣:韩厥自称。这是人臣对别国国君的自谦之词。

[14]属(zhǔ):恰巧。　当:正对着,这里指遇上。　戎行(háng):军
队,一说兵车的行列。两说都指齐军。

[15]没有逃避隐藏的地方。　隐:躲藏。

[16]而且害怕因为逃跑躲藏会给两国国君带来耻辱。作战逃避,自然
给晋君带来耻辱;事齐君当如晋君,显然也给齐君带来耻辱。　忝
(tiǎn):辱。

[17]我在军队里使战士受辱。这是自谦之词,言外之意是说自己充当
个战士,很惭愧,玷辱了这个称号。　辱:玷污。　戎士:战士。

[18]我冒昧地向您禀告,我迟愚不会办事。 敢:表敬副词,冒昧地。
敏:聪明。 不敏:谦词,相当于"不才"。

[19]代理官职,是由于缺乏人才自己承担个缺位。 摄:代理。 承:
承担。 乏:人才缺乏,这里指缺位。"承乏"当时也是谦词。 从
"无令舆师陷入君地"至此,都是委婉的外交辞令。实际是说,我要
履行职责,俘虏你这个齐侯!

[20]到华泉去打水。 如:动词,到……去。 饮:指喝的水。

[21]郑周父:齐臣。 佐车:诸侯的副车。

[22]宛茷(fèi):齐臣。

[23]车载齐侯逃走而免于被俘。 免:免除,这里指免于被俘获。

[24]郤献子:即郤克。

[25]从今以后没有能代替自己的国君承担患难的人。《史记·齐太公
世家》:"晋郤克欲杀丑父。丑父曰:'代君死而见僇,后人臣无忠其
君者矣。'克舍之,丑父遂得亡归齐。"可证。 自今:从今以后。
任患:承担患难。

[26]为戮:被杀。

[27]人不把"以死免其君"看成难事。 难:意动用法,以……为难,
把……看成难事。 以死免其君:用死使他的国君免除祸患。
免:免除,解脱。

[28]不祥:不吉利。 祥:吉祥,吉利。

[29]赦免了他。 赦:免罪。 之:指逢丑父。

[30]劝:勉励,鼓励。

[31]免之:释放了他。 免:释放。

本篇选词概述

1. 右	2. 驰	3. 病	4. 殿	5. 从
6. 执	7. 援	8. 及	9. 再	10. 当

〔右〕 右边。在表方位的意义上古今一致。如《孙子兵法·
虚实》:"备左则右寡。"但古人多以右为尊。《汉书·高帝纪》:

"无能出其右者。"是说没有人能胜过他的。引申为重视,崇高。刘禹锡《天论》:"右贤尚功。""左右"指近臣。《孟子·梁惠王下》:"左右皆曰贤,未可也。"又不直接称呼对方,而称其左右办事的人,以表示尊敬。司马迁《报任安书》:"以晓左右。"是说使左右知晓,这"左右"实际是称对方,即任安。因为古代陪乘的人在车的右边,所以"骖乘"称"车右"或简称"右"。如本篇:"晋解张御郤克,郑丘缓为右。"套在右边的马称"右骖",也省作"右"。《楚辞·国殇》:"左骖殪兮右刃伤。"

〔驰〕(馳)　古今汉语"驰"都指马跑得快。《孙膑》:"既驰三辈毕。"现代有复音词"奔驰"。但古代汉语"驰"的本义是使劲赶马。如《木兰诗》:"愿驰千里足。"又特指驱马进击。如本篇:"不介马而驰之。"又泛指疾行。《左传·昭公十七年》:"啬夫驰,庶人走。"应该注意:上古汉语"驰"是指人的动作,到后代才指马的行为。

〔病〕　现代义指一般的疾患,古代义一般指重病。《说文》:"病,疾加也。"段玉裁注:"苞咸注《论语》曰:'疾甚曰病。'"是说在古代病情严重了才叫病。《论语·述而》:"子疾病。"是指孔子病了,而且病势很重。战争中受了伤,伤势很重也叫"病"。如本篇:"余病矣!"引申为疲劳,困苦。《孟子·公孙丑上》:"今日病矣,予助苗长矣。"这是劳累。又《捕蛇者说》:"向吾不为斯役,则久已病矣。"这是困苦。再引申为担心,害怕。《论语·卫灵公》:"君子病无能焉,不病人之不己知也。"应该注意:古代汉语"病"和"疾"有区别,"病"指重病,"疾"指一般的病。

〔殷〕　盛大。《诗经·郑风·溱洧(wěi)》:"士与女,殷其盈矣。"引申为富足。如《三国志·诸葛亮传》:"民殷国富。""殷"又指情意重,"殷勤"是情意很重的样子。《报任安书》:"未尝衔杯酒,接殷勤之馀欢。"现代汉语有复音词"殷勤",指热情而周到。"殷"还指红中带黑的颜色。如本篇:"左轮朱殷。""朱殷"便指血凝结后红中带黑。这个意义读作 yān,今天已废止不用。

〔从〕（從）　古今义都指跟随，跟从。金文作 𠈂，像一个人跟在一个人的后面。如本篇：“从左右，皆肘之。”又“马逸不能止，师从之”。引申为顺从，听从。《曹刿论战》：“小惠未徧，民弗从也。”又为随从，侍从。《史记·廉颇蔺相如列传》：“乃使其从者衣褐，怀其璧，从径道亡。”又读 zòng，跟“横”相对。南北的方向叫“从”，东西方向叫“横”。“合从”特指战国时期山东六国联合反对秦国的联盟。

〔执〕（執）　古今义都指拿着，握持。如本篇：“韩厥执絷马前。”“执絷”指手拿着绊马绳。而古代汉语“执”的本义是拘捕，捉拿。甲骨文写作 𡌪，像双手束于刑具。《左传·僖公五年》：“执虞公及其大夫井伯。”“执虞公”即拘捕虞公。现代汉语没有这个意义。古书里常见“执事”，指服役的人。为了对对方表示尊敬，不直接称呼本人，而用称呼他左右的服役者来代替。如《左传·僖公三十年》：“若亡郑而有益于君，敢以烦执事。”这里提的“执事”，实际指秦伯本人。

〔援〕　本义是拉，牵引。《说文》：“援，引也。”马中锡《中山狼传》：“援乌号之弓。”“援”是拉开。引申为拿，拿过来。如本篇：“右援枹而鼓。”又引申为援救，帮助。《三国志·诸葛亮传》：“此可以为援而不可图也。”这个意义古今相同。现代有复音词“援助”、“支援”等。

〔及〕　本义是追赶上。《说文》：“及，逮也。”甲骨文写作 𠬝，像后面的人用手逮住前面的人。如本篇：“故不能推车而及。”是说逢丑父因受伤而不能推车，所以韩厥才追赶上。引申为到，达到。如本篇：“流血及屦。”又“将及华泉”。用于抽象意义，表示到那个时候。如本篇：“病未及死。”又为趁这个时候。《触龙说赵太后》：“愿未及填沟壑而托之。”

〔再〕　古今义差别显著。现代义“再”指重复，相当于古代的“复”。古代义“再”是两次，第二次。副词。《说文》：“再，一举而二也。”《曹刿论战》：“一鼓作气，再而衰，三而竭。”“再”用在

"一"、"三"之间,表示第二次。如本篇:"再拜稽首。"也是表示两次。又《宫之奇谏假道》:"一之为甚,岂可再乎?""再"仍表示第二次,所以不可以今律古。如《孙膑》:"田忌一不胜而再胜。"不是第一次没胜,再一次便胜利了;而是败了一次,胜了两次。应该注意:古人表示动作的量,"两次"用"再",而不用"二"。

　　〔当〕(當)　现代汉语多用于能愿动词,应该,应当,而古代汉语"当"的本义是相抵,抵当。《说文》:"当,田相值也。"意为田与田相对当。柳宗元《捕蛇者说》:"募有能捕之者,当其租入。"引申为抵挡,抵御。《史记·项羽本纪》:"楚战士莫不一以当十。"古代没有"挡(擋)"字,"当"是"挡"的古字。又为面对,对着。如本篇:"下臣不幸,属当戎行。"特指罪合于某刑,罪与刑相当。动词。《史记·廉颇蔺相如列传》:"臣知欺大王之罪当诛。"用作能愿动词,应该,必定。这个意义古今相同。《中山狼传》:"固当窥左足以效微劳。"

7 召公谏弭谤

《国语》

【说明】

本文选自《国语·周语上》,标题是后代人加的。

《国语》是我国第一部国别体历史著作,全书二十一卷。从周穆王至鲁悼公上下五百余年,分别记叙了周、鲁、齐、晋、郑、楚、吴、越等八国的一些史实,而这些史实各国很不平衡,有多有少。它和《左传》所载基本都是春秋时代的历史,它们有互为补充的作用。《国语》是研究上古史的重要著作。

《国语》的作者,众说纷纭。西汉以来,有人认为它是左丘明所作,但有人怀疑此说,经多方考证,认为它是各国史官的原始记录,经史官加工整理,约在战国初期成书。

《国语》在一定程度上反映了当时的社会现实,揭露了统治阶级的荒淫残暴。对当时政治、经济以及社会生活状况提供了较为可靠的历史资料,但也杂有不少天命鬼神的迷信思想。

《国语》文字简朴,记言生动,说理性强。对某些人物的描写,个性鲜明,形象生动。

本文记叙了周厉王暴虐无道,大肆盘剥财货,使人民不堪重负,而遭到国人的谴责。他指使神巫监视谤者,任意杀戮。

在这严峻形势下,召公力谏,而周厉王不但不改,反而变本加厉,用高压手段,封禁民口,逼得人们"道路以目",从而激起国人的强烈反抗,终于在公元前842年被起义的人民放逐。

这一史实,引出深刻教训,治国必须顺应人民的愿望,倾听百姓的呼声。是"宣之使言",还是"防民之口",事关国家的治乱兴衰。召公提出的"防民之口,甚于防川",是那个时代历史经验的深刻总结。

厉王虐[1],国人谤王[2]。召公告王曰[3]:"民不堪命矣[4]!"王怒,得卫巫[5],使监谤者[6],以告则杀之[7]。国人莫敢言[8],道路以目[9]。王喜,告召公曰:"吾能弭谤矣[10],乃不敢言。"召公曰:"是障之也[11]!防民之口,甚于防川[12]。川壅而溃[13],伤人必多。民亦如之[14]。是故为川者决之使导[15],为民者宣之使言[16]。

【注释】

[1]厉王:周厉王,名胡。公元前878—前842年在位,是周代最凶暴的统治者。   虐(nüè):暴虐,残暴。

[2]国人:西周春秋时对居住在国都的人的通称。   谤王:议论周厉王的过错。   谤:古义指公开议论别人的过失。因为厉王暴虐,国人才议论,没有贬义。

[3]召(shào)公:又作"邵公",姓姬,名虎,周厉王的卿士,后辅佐周宣王。

[4]民不堪命:百姓忍受不了你的政令了。   堪:经受,忍受。   命:政令。这里指周厉王暴虐的政令。

[5]卫巫:卫国的巫者。   巫:古代以求神、占卜为职业的人。

[6]使监谤者:即"使〔之〕监谤者"的省略。省略的兼语"之"指代"卫巫"。   监:监察,监视。   谤者:"者"字词组,指议论厉王过失的人。实际是听凭卫巫以巫术决定谁是谤者。

[7]以告:即"以〔之〕告",把谤者禀告给周厉王。   之:指卫巫决定的谤者。   告:告诉,报告。特指告上,所以是"禀告"、"禀奏"义。

[8]莫敢言:没有谁敢讲话。   莫:否定性无定代词,指国人中没有谁,意为所有的国人。   言:言语,说话。这里指议论厉王过失。

[9]道路以目:〔熟人〕在道路上相遇,只能用眼神示意。   道路:名词作状语,在道路上。   以目:即"以目〔视〕",用眼神示意。

［10］弭（mǐ）谤：制止众人议论。　弭：制止，消除。

［11］这是堵塞他们的嘴啊。　是：代词，指弭谤这件事。　障：筑堤防水，这里是堵塞的意思。

［12］甚于防川：比堵塞河流还厉害。"于防川"是介宾词组作补语，表所比。　防：堵塞。

［13］川壅（yōng）而溃（kuì）：河流因堵塞而冲破堤坝。　壅：堵塞。《论衡·感虚》："夫山崩壅河。"二"壅"义同。　溃：水冲破堤坝。

［14］民亦如之：是说防民之口也有像堵塞河流一样的后果。　之：指川壅而溃的后果。

［15］为川者：治理河水的人。　为：动词，治理。　决之：将淤塞疏浚。之：指阻碍河水的淤塞。　使导：即"使〔之〕导"的省略，使水流畅通。　之：指水流。　导：疏导，畅通。

［16］为民者：治理百姓的人。　宣之使言：开导他们，使他们敢于讲话。宣：开导，疏通。　使言：即"使〔之〕言"的省略，让他们讲话。

"故天子听政[1]，使公卿至于列士献诗[2]，瞽献曲[3]，史献书[4]，师箴[5]，瞍赋[6]，矇诵[7]，百工谏[8]，庶人传语[9]，近臣尽规[10]，亲戚补察[11]，瞽史教诲[12]，耆艾脩之[13]，而后王斟酌焉[14]。是以事行而不悖[15]。

【注释】

［1］听政：处理政事。　听：治理，处理。

［2］让公卿直到众士都来献诗。周王室的官职分公、卿、大夫、士各级。公卿：属朝廷中的高级官吏。　士：下级官吏，分上士（元士）、中士、下士三个等级。　诗：特指采自民间的讽谏的诗。

［3］瞽（gǔ）献曲：盲乐师献上乐曲。　瞽：本指目盲，这里指掌管音乐的乐官。古代乐官一般由有音乐专长的盲人充任。　曲：乐曲。多为民间歌谣，能反映人民的意愿，可以考察政治上的得失。

［4］史献书：史官献上古代文献。　史：史官。　书：古代典籍。从中可以吸取历史上的经验教训。

［5］师箴（zhēn）：少师进献箴言。　师：少师，低于太师的乐官。　箴：

箴言。指规劝的文辞。

[6]瞍(sǒu)赋:盲人朗诵。 瞍:眼睛没有瞳人的瞎子。 赋:朗诵。指朗诵公卿列士所献的诗。

[7]矇(méng):有瞳人而看不见东西的盲人。 诵:诵读,朗读。指朗读劝诫的文章。

[8]百工:指管理各种工奴的工官。一说"百工"即百官。 谏:用言语规劝君主或尊长改正错误。

[9]庶人:春秋时代对农业劳动者的称呼,这里泛指平民百姓。 传语:传递百姓的话语。百姓的意见不能直接告知,街谈巷议,辗转流传,最后上达朝廷。

[10]近臣尽规:王左右的臣尽力规劝。 近臣:指周王左右近侍的臣。规:规劝,劝诫。

[11]亲戚补察:宗室姻亲补过纠偏。 亲戚:古代指包括父母兄弟在内的族内外亲属。 补:弥补过失。 察:督察是非。

[12]瞽史教诲:乐师、太史用献曲、献书教导王。这里是说"瞽献曲"、"史献书"所起的作用。

[13]耆(qí):古称六十岁的人。 艾:古称五十岁的人。 "耆艾":指年高有德的人。这里泛指王的师傅及元老重臣。 脩:通"修",警戒,劝诫。

[14]上述种种情况最终由王裁定。 斟(zhēn)酌:指反复衡量,以定取舍。 焉:相当于"于是",表示对上述种种规谏。

[15]因此,政事施行起来而不违背情理。 悖(bèi):违背。

"民之有口也,犹土之有山川也[1],财用于是乎出[2];犹其有原隰衍沃也[3],衣食于是乎生[4]。口之宣言也[5],善败于是乎兴[6];行善而备败[7],所以阜财用衣食者也[8]。夫民虑之于心而宣之于口[9],成而行之[10],胡可壅也[11]?若壅其口[12],其与能几何[13]?"

【注释】

[1]人民有口,就像土地上有山河一样。 之:用于主谓之间的结构助

词,取消句子独立性,使之成为分句。　犹:就像,如同。

[2]财富、器用从这里生产出来。　于是:介宾词组作状语,从这里。
　　是:代词,指山川。　乎:语气助词。

[3]还像土地上有高原、洼地、平川和沃野一样。　其:指土地。　原:
　　高而平坦的土地。　隰(xí):低下而潮湿的土地。　衍:低下而平
　　坦的土地。　沃:有河流灌溉的肥沃土地。

[4]衣服、食物从这里产生。　是:代词,指原隰衍沃四类土地。

[5]人民用口发表言论。　之:结构助词,标志此句为分句。　宣言:古
　　代汉语中是词组,发表言论。　宣:发表,表达。

[6]善败:指政事的好坏。　兴:兴起,这里指表现,反映。

[7]行善而备败:施行好的政事,防范坏的政事。　备:防备,防范。

[8]〔这〕是用行善备败来增加财富、器用和吃穿的好办法。这是判断
　　句,主语承前省略。谓语是"者"字词组,表示"……的办法"。"所"
　　是代词,"以"是介词,不同于现代汉语连词"所以"。　阜:增加,
　　增多。

[9]人民在心里想的就从嘴里把它讲出来。　之:指思考的事。

[10]〔他们〕考虑成熟以后,就自然流露出来。　成:形成,成熟。　行:
　　这里有自然流露的意思。

[11]怎么能堵住他们的嘴呢?　胡:疑问代词,怎么。　壅:堵塞,这里
　　指堵塞民口。

[12]如果堵塞他们的嘴。　若:假设连词,如果,假设。　其:指代平民
　　百姓。

[13]跟随的人还能有几个呢?　其:语气助词,表示一种委婉语气。
　　与:偕同,这里指跟随的人。　几何:用作谓语,询问数量,表示不
　　定数。

王弗听[1]。于是国人莫敢出言。三年[2],乃流王于彘[3]。

【注释】

[1]弗(fú):否定副词。不。

[2]三年:指过了三年。

[3]流王于彘(zhì):把周厉王流放到彘地。 流:流放,放逐。 彘:地名,在今山西霍州。

本篇选词概述

1. 谤　　2. 监　　3. 防　　4. 决
5. 宣　　6. 史　　7. 庶　　8. 阜

〔谤〕(謗) 在感情色彩上古今义差别很大。现代义指恶意中伤,是个贬义词。上古汉语指议论别人的过失,是个中性词。如本篇:"厉王虐,国人谤王。"周厉王暴虐,国人议论他,这不是造谣诽谤,没有贬义。《后汉书·杨震传》:"臣闻尧舜之时,谏鼓谤木,立之于朝。""谤木"就是让人在上面写谏言。又如《战国策·齐策》:"能谤讥于市朝,闻寡人之耳者,受下赏。"谤讥受到赏赐,足见不是恶意诽谤。本篇中"监谤"、"弭谤"的"谤"都是这个意义。后来逐渐演化为贬义,指恶意中伤。如《史记·屈原列传》:"信而见疑,忠而被谤,能无怨乎?"《说文》:"谤,毁也。"说明到了汉代"谤"已是"毁谤"的意思了。

〔监〕(監) 本义是照面的水盆,功用相当于镜子。金文写作𥁀,像人张目俯身对水盆照面状。字的下面便是水盆。读作 jiàn。如贾谊《新书·胎教》:"明监所以照形也。"后来有了铜镜,于是写作带"金"字边的"鉴"或"鑑"。如《诗经·邶风·柏舟》:"我心匪鉴,不可以茹。"是说"我的心不是镜子,有忧愁不能像尘垢一样擦去"。用作动词,则指照影。如《尚书·酒诰》:"人无(wù,通'毋')于水监,当于民监。""水监"指对着水盆照面。照面时要审视,察看,所以引申为监视,监督。如本篇:"王怒,得卫巫,使监谤者。"现代有复音词"监视"、"监察"。由人鉴引申为借鉴,总结历史上的经验教训。如《论语·八佾》"周监于二代",是说周王朝的礼乐典章是以夏、商两代作为借鉴而制定的。人俯身照影,居高

· 58 ·

临下,所以引申为自上视下,临视。读作 jiān。如《诗经·大雅·皇矣》:"监观四方。"是指天帝从上往下监察四方。

〔防〕 本义是堤岸,堤坝。名词。如《周礼·地官·稻人》:"以防止水。"用堤坝挡住水。"以防"是介宾词组作状语,"防"是堤坝义。用作动词,则有堵塞义,如本篇:"防民之口,甚于防川。""防川"即堵塞河水。韩愈《子产不毁乡校颂》:"川不可防。"这句的"防"也是堵塞义。还泛指一般的堵塞,"防民之口"的"防"就指堵塞百姓的嘴。堤坝用于挡水,以预防水患,引申为防备,戒备。如《易·小过》:"弗过防之。"高亨注:"当人未有过失之时,宜预防之。"由堤坝与水的关系又引申出相抵、相当义。如《诗经·秦风·黄鸟》:"维此仲行,百夫之防。"郑玄注:"防,犹当也。言此一人当百夫。"又比喻引申为关防,要塞。如白居易《与仕明诏》:"卿久镇边防。"这"边防"便指边疆的军事要塞。

〔决〕(決) 本义是清除淤塞,导引水流。如本篇:"是故为川者,决之使导。"又《五蠹》:"泽居苦水者,买庸而决窦。"引申为洪水冲开堤岸。如《左传·襄公三十一年》:"大决所犯,伤人必多。"用作名词,又指堤坝溃破之处,即决口。如《史记·河渠书》:"天子乃使汲仁、郭昌发卒数万人塞瓠(hù)决。"决口必通,于是引申为穿透,穿通。如《淮南子·说山训》:"决鼻而羁(jī)。""决鼻"即穿通牛鼻子。水冲溃堤岸,堤岸必断裂,于是引申为断,断裂。同篇:"故决指而身死。""决指"即断指。用于抽象义,则指分清是非,作出决断。如《毛遂自荐》:"从之利害,两言而决耳。今日出而言从,日中不决,何也?""决"又与"诀"同源,诀初写作"决"。如《史记·外戚世家》:"姊去我西时,与我决于传舍中。"是说姐姐离开我到西方去时,和我在旅舍中诀别。

〔宣〕 古代帝王的大室。《说文·宀部》:"宣,天子宣室也。"引申为一般的广大。《易林·井之恒》:"方喙宣口。""宣口"即大口。由广大引申为周遍,普遍。如《管子·小匡》:"公宣问其乡里而有考验。"尹知章注:"宣,遍也。遍问其乡里之人。"由广大空间向广大空间传布,传播。如《尚书·皋陶谟》:"日宣三德。"每天传布九德中的三德。特指公开说出。如本篇:"夫民虑之于心而宣之于口。""宣之于口"就是从嘴里说出来。又指疏通,疏导。如本篇:"为民者宣之使言。"就是疏导百姓让他们讲话。

这里再谈谈"宣言"。现代汉语"宣言"是复音词,指进行宣传、号召的文告;古代汉语"宣言"是词组,指发表言论,表达意见。如本篇:"口之宣言也,善败于是乎兴。"所以"宣言"又可以拆开。如《史记·廉颇蔺相如列传》:"廉颇宣恶言。"

〔史〕 指古代文职官员。其中主要指在王左右的史官,他们担任祭祀、星历、占卜、记事等职。《说文·史部》:"史,记事者也。"据文献记载还有分工。如《礼记·玉藻》:"〔天子〕动则左史书之,言则右史书之。"于是有左史记行、右史记言之称。本篇"史献书"的"史"便指史官。西汉司马迁便是史官的杰出代表。"史"还指历史,这是历代史官所记载的内容。《史记·太史公自序》:"自获麟以来,四百有余岁,而诸侯相兼,史记放绝。"其中的"史记"是指关于历史的记载。记载的成果便是书,如《春秋》、《左传》、《国语》、《战国策》、《史记》等,历代都有史籍,如相传的二十四史等。《新唐书·艺文志一》:"至唐始分为四类:曰经、史、子、集。""史"便指史书。本篇"史献书"中的"书"也是史书,史官献史书,是让周厉王吸取历史上成败兴衰的经验教训。

历史的记载要避免繁浮,要求恰到好处,引申为文多质少。《仪礼·聘礼》:"辞多则史,少则不达。"于是"史"又引申出虚饰、浮夸义。《论语·雍也》:"质胜文则野,文胜质则史。"

〔庶〕 常用义指多,众多,繁多。如《论语·子路》:"子适卫,冉有仆,子曰:'庶矣哉!'"孔子周游来到卫国,看到卫国的百姓而发出感叹:"好稠密的人口!"现代有复音词"富庶"。百姓众多,所以称百姓、众民为"庶"。如《史记·秦始皇本纪》:"庶心咸服。""庶心"指百姓的心。这个意义常称"庶人"、"庶民"。如本篇:"庶人传语。"又《论语·季氏》:"天下有道,则庶人不议。"是说要是国家政治清明,百姓便不会议论。又《诗经·大雅·灵台》:"庶民攻之,不日成之。"在这个意义上,"庶民"相当于"庶人"。

古代一般称非正妻所生的孩子为"庶子",又称"众子"。"庶"就是"众"的意思。正妻所生的长子为"嫡子",与"庶子"相对,简称为"嫡庶"。按先秦礼制:"嫡子"只有一人,享有继承之权。当时凡非嫡子都是"庶子",包括正妻所生长子以外之子,妾所生之子。后代以正妻所生为"嫡子",妾所生为"庶子"。

"庶"又指将近,差不多。如《论语·先进》:"回也其庶乎!"是说颜回差不多达到道德标准了!也说"庶几",与"庶"同,指差不多,大约。如《孟子·梁惠王下》:"吾王庶几无疾病与?"

〔阜〕 本义是土山。《说文·阜部》:"阜,山无石者。"甲骨文写作𠂤,横视则为⛰,像起伏的山峦。《释名·释山》:"土山曰阜。"又《诗经·小雅·天保》:"如山如阜。"词义扩大,又指一般的山。左思《蜀都赋》:"山阜相属。"是说山与山相连。由山高比喻引申为强健,肥壮。《诗经·小雅·吉日》:"田车既好,四牡(mǔ)孔阜。""田车"指打猎用的车。"四牡"指四匹公马,古代以四马拉车。"孔阜"指很健壮。又引申为丰厚,盛多。如本篇:"所以阜财用衣食者也。""阜财用"指增加财富器用。又《后汉书·刘陶传》:"夫欲民殷财阜,要在止役禁夺。""民殷财阜"指百姓殷实,财富丰盛。又特指民俗敦厚,淳朴。如《北史·周纪上论》:"俗阜人和。"是说风俗淳厚,人民和睦。

8 齐姜劝重耳勿怀安

《国语》

【说明】

本文选自《国语·晋语四》中的二、三章。二、三章标题《齐姜劝重耳勿怀安》和《齐姜与子犯谋遣重耳》都是后人加的。本文采用了前一标题。

本文选取的内容是：重耳逃亡到齐国后，齐桓公待之较好，重耳产生了"安齐而有终焉之志"。跟从他的人，商量如何改变重耳的想法。齐桓公之女、重耳的妻子齐姜为他分析齐国政情，分析晋国形势，极力劝说重耳离开齐国，准备回晋国掌管政权。最后劝说不成，便与子犯设计，使重耳离开。表现出齐姜深明大义，尽力帮助丈夫成就事业的思想品德。

文公在狄十二年……遂适齐[1]。齐侯妻之[2]，甚善焉[3]。有马二十乘[4]，将死于齐而已矣[5]。曰："民生安乐，谁知其他？"

【注释】

[1]文公：晋文公，晋献公之庶子重耳。避骊姬之难，于鲁僖公五年奔狄，至十六年离开，计十二年。 适：到。

[2]齐桓公把女儿嫁给他为妻。 妻(qì)：用为动词，把姑娘嫁给人为妻。

[3]桓公对他很好。 焉：于是，对他。

[4]二十乘(shèng)：一乘四匹马，二十乘为八十匹。

[5]文公重耳满足于在齐国的生活,觉得一直这样到死也可以了。 而已矣:句尾语气助词连用,罢了。

桓公卒,孝公即位。诸侯叛齐[1]。子犯知齐之不可以动[2],而知文公之安齐而有终焉之志也[3],欲行,而患之[4],与从者谋于桑下[5]。蚕妾在焉[6],莫知其在也。妾告姜氏,姜氏杀之[7],而言于公子曰[8]:"从者将以子行[9],其闻之者[10],吾以除之矣[11]。子必从之[12],不可以贰[13],贰无成命[14]。《诗》云[15]:'上帝临女,无贰尔心[16]。'先王其知之矣[17],贰将可乎?子去晋难而极于此[18]。自子之行,晋无宁岁[19],民无成君[20]。天未丧晋,无异公子[21],有晋国者[22],非子而谁?子其勉之[23]!上帝临子,贰必有咎[24]。"

【注释】

[1]齐桓公称霸天下,各诸侯国都和齐国有盟约。现在桓公一死,诸侯都背叛了盟约,不听从齐国了。

[2]子犯:名狐偃,是文公的舅父,跟随文公逃亡在外。 齐之不可以动:指孝公掌权的齐国不可能帮助文公回国为君。 动:变动,改变。

[3]安齐:安于齐,安心留在齐国。 终焉之志:老死于齐国的心愿。志:志向,心愿。

[4]患之:担心此事,即文公不愿意离开。

[5]从者:指文公的其他随从,如赵衰等。 桑下:桑树之下。

[6]蚕妾:养蚕的女奴。 在焉:在桑树上。

[7]养蚕的女奴把偷听到的话告诉了齐姜。为了保密,齐姜把那个女奴杀了灭口。

[8]言于公子:对公子说。 公子:指文公重耳。

[9]您的随从人员将要陪同您走。 以:介词,这里可译为"带领"、"陪同"。

[10]那个听到这话的人。 其:指示代词,那。

[11]以:同"已",已经。 除:去掉,即杀掉。

[12]从之:跟从他们。 之:指代那几个随从文公的人。

［13］贰:有二心,指迟疑。

［14］迟疑就不能成就天命。 命:天命,指文公回晋国做国君。

［15］《诗》:指《诗经·大雅·大明》。

［16］上天保佑你们,不要让你们的心不坚定。 上帝:上天,天帝。
临:从上监视着,这里有"保佑"的意思。 女:你们,指周武王率领
的灭纣的士众。 贰:使动用法,使……贰。

［17］先王:指周武王。 其:句中语气助词,表示委婉的语气。

［18］去晋难:避开晋国的灾难。 去:离开,这里指避开。 极于此:到
我们这里。

［19］宁岁:安定之年。 宁:安宁,安定。

［20］无成君:没有稳定的国君。献公之后,奚齐、卓子被杀,惠公虽立为
晋君,但国内外都反对,所以说"无成君"。

［21］没有别的公子了。晋献公九个儿子,这时,除不得人心的惠公外,
只剩下文公重耳一人。

［22］领有晋国的人,即统治晋国的人。

［23］勉之:自勉。

［24］如果还迟疑,必有灾祸。 咎:灾祸。

　　公子曰:"吾不动矣,必死于此。"姜曰:"不然。《周诗》曰[1]:
'莘莘征夫,每怀靡及[2]。'夙夜征行,不遑启处,犹惧无及[3]。况
其顺身纵欲怀安,将何及矣!人不求及,其能及乎?日月不处,人
谁获安[4]?西方之书有之曰[5]:'怀与安,实疚大事[6]。'《郑诗》
云[7]:'仲可怀也,人之多言,亦可畏也[8]。'昔管敬仲有言[9],小妾
闻之[10],曰:'畏威如疾,民之上也[11]。从怀如流,民之下也[12]。
见怀思威,民之中也[13]。畏威如疾,乃能威民[14]。威在民上,弗
畏有刑[15]。从怀如流,去威远矣[16],故谓之下。其在辟也,吾从
中也[17]。《郑诗》之言[18],吾其从之[19]。'此大夫管仲之所以纪纲
齐国[20],裨辅先君而成霸者也[21]。子而弃之,不亦难乎[22]?齐
国之政败矣[23],晋之无道久矣[24],从者之谋忠矣[25],时日及
矣[26],公子几矣[27]。君国可以济百姓[28],而释之者[29],非人也。

· 64 ·

败不可处^[30]，时不可失，忠不可弃，怀不可从^[31]，子必速行。吾闻晋之始封也^[32]，岁在大火^[33]，阏伯之星也，实纪商人^[34]。商之飨国三十一王^[35]。瞽史之纪曰^[36]：'唐叔之世，将如商数^[37]。'今未半也^[38]。乱不长世^[39]，公子唯子，子必有晋。若何怀安^[40]？"公子弗听。

【注释】

[1]《周诗》:指《诗经·小雅·皇皇者华》。

[2]众多在外奔波的人，每次想起来都没有完成任务。 莘(shēn)莘:众多。 征夫:行人，在外奔波的人。 靡及:没有达到，即没有完成任务。

[3]昼夜奔忙，无暇安息，还怕无所成就。 夙:早。 遑:闲暇。 启:跪坐。 处:居。 及:达到，指达到目的。

[4]时光流逝，人们谁能得到安逸？ 获:得。

[5]西方:指周。

[6]疚:病。这里有"危害"的意思。

[7]《郑诗》:指《诗经·郑风·将(qiāng)仲子》。

[8]仲子可以想念，但人们多有闲言，也应该惧怕。引用此诗句在于说明，见到可怀思的，就应该想到可畏的。 仲:排行第二。

[9]管敬仲:名夷吾，字仲，敬是死后的谥号。他曾辅佐齐桓公称霸诸侯。

[10]小妾:古代妇女自我谦称。

[11]惧怕国家政令的威严，就像惧怕疾病一样，是上等百姓。

[12]从心所欲，像水一样随波逐流，是下等百姓。 怀:心意。

[13]见到心所欲而想到政令的威严，不轻举妄动，是中等百姓。

[14]威民:施威严于百姓。

[15]就不怕那有罪刑的。

[16]距离政令威严远。

[17]在执行刑法上，我遵循"民之中"。 辟:刑法。 从:跟从，遵从，遵循。

[18]指上文"仲可怀也……"。

[19]其:句中语气助词，表舒缓委婉的语气。

[20]纪纲:治理。

[21]裨(bì)辅:补益辅佐。 先君:指齐桓公。 成霸:成就霸业。

[22]您如果抛弃它,要治理好国家不也困难吗? 之:指代上文管仲
的话。

[23]败:衰败,指桓公死后齐政衰败。

[24]指骊姬之祸以来。

[25]谋:指"将以子行"之谋。 忠:尽力做好分内的事情。

[26]时机来到了。指回国夺取政权的时机。

[27]几:近。指为晋君之时近了。

[28]君国:主宰统治国家。 济:救助。

[29]释之:放弃百姓。 释:置,放。

[30]衰败的政权下不可以久居。 败:指齐政。

[31]怀:指文公重耳的"怀安"。

[32]晋之始封:武王之子叔虞始封于唐,也称唐叔或唐叔虞,后改为晋。

[33]这一年,岁星运于大火星次。

[34]大火星是阏(è)伯之星,记载着商朝吉凶。阏伯是唐尧时的火正,
居住在商丘,祀大火星。商朝因袭下来,以大火星为商星。

[35]自商汤至纣共三十一王。 飨:通"享",享有。

[36]瞽(gǔ)史之纪:上古由盲人当史官,叫瞽史。 瞽:指盲人。 纪:
所记之事称"纪"。

[37]唐叔的世代将像商的世代数。认为晋的统治应该和商一样长,这
是迷信,无稽之谈。 世:世代。

[38]晋至今还不足商的一半。自唐叔至惠公共十四世,所以说"未半"。

[39]社会动乱不会延长几世。

[40]若何:用为状语,为什么。

姜与子犯谋,醉而载之以行。醒,以戈逐子犯[1],曰:"若无所
济[2],吾食舅氏之肉,其知厌乎[3]!"舅犯走[4],且对曰:"若无所
济,余未知死所[5],谁能与犴狼争食[6]?若克有成[7],公子无亦晋
之柔嘉[8],是以甘食[9]。偃之肉腥臊[10],将焉用之[11]?"遂行。

【注释】

[1] 戈:古代兵器,青铜制有尖锋和横刃,安装在长柄上,可以直刺和横击钩援。

[2] 若:如果。 济:成功。

[3] 厌:吃够了。这里表示怨恨之深。

[4] 走:跑。

[5] 所:地方,处所。

[6] 谁能和豺狼争食。意思是自己将成为豺狼所吃的臭肉。 豺狼:两种凶恶的野兽。 豺:同"豺"。

[7] 克:能。

[8] 公子不也是晋国的温和而美善之人。 无:不。

[9] 甘食:吃甜美的饮食。

[10] 偃:子犯自称名,表谦恭。

[11] 焉:用为状语,哪里。 之:指代腥臊之肉。

本篇选词概述

1. 善	2. 安	3. 贰	4. 成
5. 极	6. 岁	7. 济	8. 释

〔善〕 好。《战国策·秦策》:"齐楚之交善。"现在说"友善"。又指擅长,有本事。《孟子·告子上》:"奕秋,通国之善奕者也。"《孙膑》:"善战者因势而利导之。"现在也还说"善战"。又指有道德。《墨子·尚同中》:"得善人而赏之,得暴人而罚之。""善"与"暴"相对为义。又指令人满意。如本篇:"齐侯妻之,甚善焉。"韦昭注:"遇之甚善。"

〔安〕 平安,安定,跟"危"相对。《左传·襄公十一年》:"书曰:'居安思危。'"又《季氏将伐颛臾》:"盖均无贫,和无寡,安无倾。"引申为舒适。如本篇:"民生安乐,谁知其他?"又:"若何怀安?"也用为疑问代词,哪里,怎么。苏轼《教战守策》:"夫当今生民之患,果安在哉?"《韩非子·难二》:"此乱之本也,安可以雪耻哉?"

〔贰〕 表示不专一、不是唯一的意义时,古代经常写作"贰"。《诗经·卫风·氓》:"女也不爽,士贰其行。"这指爱情不专一。《左传·昭公十三年》:"好学而不贰。""不贰"即专一。又特指两属,事二主。《郑伯克段于鄢》:"既而大叔命西鄙北鄙贰于己。"又指有疑虑,有二心。如本篇:"子必从之,不可以贰,贰无成命。"重复,重叠。《论语·雍也》:"有颜回者好学,不迁怒,不贰过。""贰过"指犯同一错误。

〔成〕 成就,完成。《韩非子·初见秦》:"用一国之兵而欲成两国之功。"如本篇:"子必从之,不可以贰,贰无成命。"又:"此大夫管仲之所以纪纲齐国,裨辅先君而成霸者也。"引申为成全。《穀梁传·隐公元年》:"《春秋》成人之美,不成人之恶。"又为成功,与"败"相对。《韩非子·八经》:"成败有征,赏罚随之。"常用为"和平"义。《左传·襄公二十六年》:"秦伯之弟铖如晋修成。"《左传·文公十七年》:"晋巩朔行成于郑。""修成"、"行成"都指媾和。常见"请成"、"求成",是求和。《左传·隐公六年》:"往岁,郑伯请成于陈,陈侯不许。"又《桓公三年》:"公会杞侯于郑,杞求成也。"

〔极〕(極) 本义是屋脊的檩。引申为屋顶。《庄子·则阳》:"其邻有夫妻臣妾登极者。"《后汉书·蔡茂传》:"极上有三穗禾。"又引申为顶点。最高限度。《史记·留侯世家》:"此布衣之极,于良足矣。"(良:张良自称。)《世说新语·文学》:"不知便可登峰造极不?"又引申为终极,末尾。《史记·韩长孺列传》:"且强弩之极,矢不能穿鲁缟。"又为至,到达。如本篇:"子去晋难而极于此。"《国语·鲁语下》:"齐朝驾,则夕极于鲁国。"

〔岁〕(歲) 本义指岁星,即木星。如本篇:"吾闻晋之始封也,岁在大火。"古人把周天分为十二个星次,木星每年行经一个星次,十二年行一周天,所以用以纪年。由此引申出"年"义。如本篇:"自子之行,晋无宁岁,民无成君。"又《左传·僖公十五年》:"是岁晋又饥。"北方农业大抵一年收获一次,所以"岁"又表示年景,收成。《孟子·梁惠王上》:"王无罪岁,则天下之民至焉。"

〔济〕(濟) 本义是水名,济水。《左传·隐公三年》:"庚戌,郑伯之车偾(音 fèn,指倾覆)于济。"用为渡过江河意义。《烛之武退秦师》:"朝济而夕设版焉,君之所知也。"《庄子·山木》:"方舟而济于河。"由此引申为救助、周济、助人于危难的意思。如本篇:"君国可以济百姓,而释之者,非人也。"又《论语·雍也》:"如有博施于人而济众何如?"现在说"济困救贫"。又引申为成功。《左传·昭公四年》:"霸之济否,在此会也。"如本篇:"若无所济,余未知死所,谁能与豺狼争食?"

〔释〕(釋) 《说文》:"解也。"包括解开、放下、放弃、解除等义。《左传·僖公六年》:"武王亲释其缚,受其璧而祓之。"《五蠹》:"因释其耒而守株,冀复得兔。"本篇:"君国可以济百姓,而释之者,非人也。"《韩非子·存韩》:"夫秦必释赵之患而移兵于韩。"引申为释放。《左传·成公三年》:"两释累囚以成其好。"又为溶解。《庄子·庚桑楚》:"是乃所谓冰解冻释者。"又为解说,解释。《国语·吴语》:"乃使行人(使者)奚斯释言于齐。"

9 冯谖客孟尝君

《战国策》

【说明】

本篇选自《战国策·齐策四》,标题是后加的。

战国时期各诸侯国割据称雄,相互间进行了频繁的兼并战争,与此同时在政治、经济、外交等各个领域展开了错综复杂的斗争。为了赢得斗争的胜利,各诸侯国都集结了一批长于谋划、善于辩论的策士。《战国策》主要就是记录这些策士的言行的。

《战国策》汇集了丰富的史料,是研究战国历史的重要文献。它不是作于一时,成于一手,而是经西汉末年的刘向编订定名。全书按国别编排,分为东周、西周、秦、齐、楚、赵、魏、韩、燕、宋、卫、中山 12 国策,33 篇。东汉高诱为它作注释,北宋曾巩补修失佚。1973 年在长沙马王堆三号墓中出土了类似《战国策》性质的帛书,名为《战国纵横家书》,可以补校今本《战国策》。

《战国策》记载了战国时期 240 多年间的一些史实,广泛地反映了各诸侯国在政治、军事和外交方面的情况,揭示了这一时期尖锐复杂的社会矛盾。由于它是通过策士们的言行反映历史的,所以多有夸大策士作用和曲解历史之处。

本篇通过冯谖为孟尝君凿就"三窟"的描写,着意表现策士在战国时期政治生活中的重要作用。冯谖去薛收债焚券,为孟尝君市义以及"复凿二窟",充分说明他深谋远虑,终于使"孟尝君为相数十年,无纤介之祸"。当然孟尝君养士的实质,是利用策士来巩固自己的相位;冯谖的效力也不单是感恩图报,而是通过依附于一定的政治势力来获取功名利禄;至于养士三千,乘车食鱼,也都是建筑在高利贷盘剥的基础上,真正得到好处的并不是薛地百姓。

齐人有冯谖者[1],贫乏不能自存[2],使人属孟尝君[3],愿寄食门下[4]。孟尝君曰:"客何好[5]?"曰:"客无好也。"曰:"客何能?"曰:"客无能也。"孟尝君笑而受之,曰:"诺[6]。"

左右以君贱之也[7],食以草具[8]。居有顷[9],倚柱弹其剑,歌曰:"长铗归来乎[10],食无鱼!"左右以告[11]。孟尝君曰:"食之,比门下之客[12]。"居有顷,复弹其铗,歌曰:"长铗归来乎,出无车!"左右皆笑之,以告。孟尝君曰:"为之驾[13],比门下之车客[14]。"于是乘其车,揭其剑[15],过其友曰[16]:"孟尝君客我[17]!"后有顷,复弹其剑铗,歌曰:"长铗归来乎,无以为家[18]!"左右皆恶之[19],以为贪而不知足。孟尝君问:"冯公有亲乎[20]?"对曰:"有老母。"孟尝君使人给其食用[21],无使乏。于是冯谖不复歌。

【注释】

[1] 冯谖(xuān):孟尝君的门客。 谖:鲍彪注本作"爰",《史记·孟尝君列传》作"驩"。

[2] 贫乏:贫穷。 贫:相当于现代汉语的穷。 乏:吃用竭尽。 存:存在,这里指生活。

[3] 属(zhǔ):"嘱"的古字,嘱托。 孟尝君:姓田,名文,齐国的贵族,封于薛(故城在今山东滕县东南),孟尝君是他的封号。据《史记》记载,孟尝君门下食客三千多人,他与魏国的信陵君、赵国的平原君、楚国的春申君都以养士而闻名,为战国四公子之一。

[4] 寄食门下:即"寄食〔于〕门下"之省。 寄食:指靠别人吃饭,这里指在孟尝君门下作食客。

[5] 何好(hào):等于说"好何",爱好什么。 何:疑问代词作宾语而前置。

[6] 诺(nuò):应答的声音。

[7]左右:指孟尝君左右为他办事的人。 以:介词,因为。 贱之:以之为贱,看不起他。 之:指冯谖。 贱:形容词的意动用法。

[8]"食〔之〕以草具"的省略,给他粗劣的饭食吃。 食(sì):给他吃。 草具:粗劣的饭食。 草:粗糙,不精。 具:饮食的东西。《礼记·内则》注:"具,馔(zhuàn,吃喝)也。"

[9]过了不久。

[10]长铗啊,咱们还是回去吧! 铗(jiá):剑把,这里指剑。 来:语气助词。

[11]以告:即"以〔之〕告","以"是介词。省略介词宾语"之",指代冯谖依柱唱歌的事。意思是〔左右〕把冯谖唱歌的事告诉了孟尝君。

[12]一本作"比门下之鱼客",与下文之"比门下之车客"相应。据《史记·孟尝君列传》载,孟尝君分客为三等,分别居于传舍、幸舍和代舍之中。传舍之客,食无鱼;幸舍之客,食有鱼;代舍之客,出入乘车。 比:比类,叫左右把冯谖当中客看待。

[13]给他准备车马。双宾语结构。 驾:车马。

[14]比照门下坐车的食客,和他们一样对待。这是上客的待遇。

[15]揭:高举。

[16]过:这里指拜访。

[17]客我:以我为客,把我当客看待。 客:用作动词,当客看待。

[18]没有什么用来养家,即无法养家。 为家:指养家。 为:动词。 上文的"乎"与"鱼"、"车"、"家"同属鱼部字。

[19]恶(wù):厌恶。

[20]公:表示敬重的称谓。 亲:指父母双亲。

[21]给(jǐ)其食用:供给冯谖老母吃的用的。 给:供给,使足。 其:这里指代冯谖老母。

后孟尝君出记[1],问门下诸客:"谁习计会[2],能为文收责于薛者乎[3]?"冯谖署曰[4]:"能。"孟尝君怪之。曰:"此谁也?"左右曰:"乃歌夫'长铗归来'者也[5]。"孟尝君笑曰:"客果有能也!吾负之[6],未尝见也。"请而见之,谢曰[7]:"文倦于事[8],愦于忧[9],而性懧愚[10],沉于国家之事[11],开罪于先生[12]。先生不羞[13],乃有意欲为收责于薛乎[14]？"冯谖曰："愿之[15]。"于是约车治装[16]，载券契而行[17]。辞曰："责毕收[18]，以何市而反[19]？"孟尝君曰："视吾家所寡有者[20]。"

【注释】

[1] 记：古时的一种文告。

[2] 习：熟悉。　计会(kuài)：即会计，计算财物的出入。

[3] 文：孟尝君的名，古人自称名，表示谦卑。　责："债"的古字，指债款，债物。　薛：孟尝君所承袭的其父靖郭君的封邑。当时他住在齐国的都城临淄。

[4] 署：签名。

[5] 就是唱那"长铗归来"的人啊。"者"字词组，表示"……的人"。乃：副词，就是。　夫(fú)：指示代词，那。

[6] 负：对不住，慢待。

[7] 谢：道歉。

[8] 倦于事：被琐事弄得很疲劳。　事：琐事。

[9] 被各种忧虑搞得心烦意乱。　愦(kuì)：心里烦乱。

[10] 性忨(nuò)愚：性情懦弱愚笨。　忨：同"懦"，懦弱。

[11] 沉：沉溺，陷入。

[12] 开罪：等于说"得罪"。

[13] 不羞：不以为羞，即不感到羞辱。

[14] 竟有心思要替我到薛地来收取债款吗？　乃：却，竟。　为(wèi)：介词，替。其后省略宾语"文"。

[15] 之：代词，指"为收责于薛"这件事。

[16] 约车：套车。　约：束，套车时要将马束于车前。　治装：整理行装。　治：整治，整理。

[17] 券(quàn)契：借债的契约。用竹木做成，旁边刻有细齿，剖成两半，借贷双方各执一份，以便合契验证，所以下文说到"合契"。

[18] 毕收：全部收完了。　毕：完全。

[19] 即"以〔之〕市何而反"，意思是说，用收回的债款买些什么东西回来？　以：介词，后面省略宾语，即债款。　何：疑问代词作宾语而

前置。　市:买。　反:"返"的古字。

[20]看我们家里所缺少的东西。　寡有者:指少有的东西。

　　驱而之薛[1],使吏召诸民当偿者[2],悉来合券[3]。券徧合[4],起[5],矫命[6],以责赐诸民[7],因烧其券[8],民称万岁。

　　长驱到齐[9],晨而求见[10]。孟尝君怪其疾也[11],衣冠而见之[12],曰:"责毕收乎? 来何疾也?"曰:"收毕矣。""以何市而反?"冯谖曰:"君云'视吾家所寡有者',臣窃计君宫中积珍宝[13],狗马实外厩[14],美人充下陈[15],君家所寡有者以义耳[16]。窃以为君市义[17]。"孟尝君曰:"市义奈何[18]?"曰:"今君有区区之薛[19],不拊爱子其民[20],因而贾利之[21]。臣窃矫君命,以责赐诸民,因烧其券,民称万岁,乃臣所以为君市义也[22]。"孟尝君不说[23],曰:"诺,先生休矣[24]!"

【注释】

[1]赶着车往薛邑去。　驱:赶马拉车。　之:动词,往。

[2]〔冯谖〕让邑吏召集百姓当中应该偿还债款的人。"诸民"与"当偿者"为部分复指关系。　当偿者:应当还债的人。

[3]悉:范围副词,全,都。　合券:将双方所持的券契合对,看是否合齿。

[4]徧合:普遍地合对过了。　徧:同"遍"。

[5]〔冯谖〕站起身来。

[6]矫命:假托孟尝君的命令。　矫:假托。

[7]把债款赐给那些老百姓。

[8]因:于是,就此。

[9]长驱:一直赶着车,指毫不停留。　齐:指齐的都城临淄。

[10]一清早就求见孟尝君。　晨:时间词作状语,在清晨。

[11]怪其疾:对冯谖回来得这么快感到奇怪。　疾:快。

[12]衣冠:用作动词,穿好衣服,戴好帽子,以表示恭敬。

[13]窃:谦词,私下,私自。　计:考虑。　宫:居室。上古房屋无论尊卑都叫宫,秦汉以后专指帝王居住的地方。

[14]实:充实,充满,与下句的"充"义同。 厩(jiù):马房。

[15]充下陈:站满堂下。 下陈:堂下。《尔雅·释宫》:"堂涂谓之陈。"指堂阶到门中间的步道,因其位于堂下,所以称"下陈"。

[16]以:疑似衍文。 义耳:是义罢了。 耳:语气助词,等于说"罢了"。

[17]以为君市义:即"以〔之〕为君市义",用债款替你买了义。 以:介词,用。后省略宾语"之",债款。 为(wèi):介词,替。

[18]奈何:怎么样。

[19]区区:小小的。形容地方不大。

[20]拊(fǔ)爱:义同"抚爱"。 子其民:以其民为子,把薛地百姓当作自己的子女。 子:用作动词。以……为子。

[21]贾(gǔ)利之:像商贾那样从薛地百姓身上谋利。 贾:名词作状语,像商贾那样。 利:用作动词,谋利,取利。 之:代词,指薛地百姓。

[22]这就是我用来替你买义的方式。 乃:副词,就是。 所:代词。 以:介词。 "所以":表示"用来……的方式",不同于现代汉语的"所以"。

[23]说:"悦"的古字,高兴,喜悦。

[24]休矣:歇息去吧。 休:休息。

　　后朞年[1],齐王谓孟尝君曰[2]:"寡人不敢以先王之臣为臣[3]!"孟尝君就国于薛[4]。未至百里[5],民扶老携幼,迎君道中[6]。孟尝君顾谓冯谖[7]:"先生所为文市义者,乃今日见之[8]!"

【注释】

[1]朞(jī)年:一周年。在表示周年的意义上,"朞"是"期"的异体字。

[2]齐王:齐湣(mǐn)王,名地,齐宣王的儿子,公元前300—前284年在位。

[3]我不敢把先王的臣作为自己的臣。这是齐王废除孟尝君相职的委婉辞令。《史记·孟尝君列传》记载此事说:"齐〔湣〕王惑于秦楚之毁,以为孟尝君名高其主,而擅齐国之权,遂废孟尝君。" 先王:指

齐宣王。

[4] 就国:前往自己的封邑。　就:走近,引申为前往。　国:诸侯的封地。战国时代诸侯称王,所以称其大臣的封地为国。

[5] 离到薛邑还差百里。

[6] 即"迎君〔于〕道中",在道上迎接孟尝君。

[7] 顾:回头看。

[8] 先生替我买义的道理,今日才见到了它。　乃:副词,才。

　　冯谖曰:"狡兔有三窟[1],仅得免其死耳[2];今君有一窟,未得高枕而卧也[3]。请为君复凿二窟!"孟尝君予车五十乘[4],金五百斤[5],西游于梁[6],谓惠王曰[7]:"齐放其大臣孟尝君于诸侯[8],诸侯先迎之者,富而兵强。"于是梁王虚上位[9],以故相为上将军[10],遣使者黄金千斤[11],车百乘,往聘孟尝君[12]。冯谖先驱[13],诫孟尝君曰[14]:"千金,重币也[15];百乘,显使也[16]。齐其闻之矣[17]。"梁使三反[18],孟尝君固辞不往也[19]。

【注释】

[1] 狡猾的兔子有三个洞口(即比具有两个洞口的一般兔窝多一条出路)。

[2] 仅:副词,才。　耳:语气助词,相当于"而已",等于现代汉语的"罢了"。

[3] 还不能把枕头垫得高高地躺着。　高:形容词的使动用法,使……高,即垫高。比喻无忧无虑。

[4] 予:给予。　乘:古时一车四马为一乘。

[5] 金:指战国时的一种铜质货币。　斤:战国时的货币单位,与今天的"斤"不同。

[6] 向西到魏国游说。　梁:就是魏国,惠王时迁都大梁(今河南开封市),所以又称梁。

[7] 惠王:即梁惠王,名莹,魏武侯的儿子,公元前369—前319年在位。

[8] 齐国放逐其大臣孟尝君到诸侯国去。　放:放逐。　于诸侯:到诸侯国去。

[9] 虚上位:把最高的职位空出来,以待孟尝君就任。　虚:形容词的使动用法,使……虚。　上位:这里指相位。

[10]把原来的宰相调任上将军。　故:原来的。

[11]"黄金"前省略了介词"以"。

[12]聘(pìn):聘请,招请。

[13]先驱:先赶车回去。

[14]诫:告诫,用话提醒。

[15]千金:等于说金千斤。　重币:厚重的礼物。　重:厚。　币:这里指聘币,是古代聘请人的时候所送的礼物。

[16]意为跟随百辆车子的使臣是显赫的使臣。　显使:显赫的使臣。

[17]齐国大概听到这种情况了。　其:句中语气助词,表示测度,可译为"大概"。

[18]三反:往返三次。　三:表示动量。　反:"返"的古字。

[19]固辞:坚决推辞。

　　齐王闻之,君臣恐惧。遣太傅赍黄金千斤[1],文车二驷[2],服剑一[3]。封书谢孟尝君曰[4]:"寡人不祥[5],被于宗庙之祟[6],沉于谄谀之臣[7],开罪于君。寡人不足为也[8];愿君顾先王之宗庙[9],姑反国统万人乎[10]!"冯谖诫孟尝君曰:"愿请先王之祭器[11],立宗庙于薛[12]!"庙成,还报孟尝君曰[13]:"三窟已就[14],君姑高枕为乐矣!"

　　孟尝君为相数十年,无纤介之祸者[15],冯谖之计也。

【注释】

[1]太傅:官名,齐国大臣。　赍(jī):同"齎",拿东西送人。

[2]文车:绘有彩饰的车。　二驷(sì):四马拉的车两辆。　驷:四马拉的车。

[3]服剑:佩剑。　服:佩带。

[4]封书:封好了书信。　书:信。　谢孟尝君:向孟尝君道歉。

[5]不祥:不善。

[6]遭受到祖宗降下的灾祸。　被:遭受。　宗庙:古代帝王、诸侯祭祀祖宗的庙宇。这里借指祖宗。　祟(suì):神祸。

[7]被谄媚阿谀的臣子所惑。　沉:沉溺,迷惑。　谄谀(chǎn yú):谄

77

媚阿谀,巴结逢迎。

[8]不足为:不值得帮助。　为:指帮助。

[9]顾:顾念。

[10]姑:姑且。　统:治理。　万人:约数。指全国百姓。

[11]希望你向齐王请求先王传下来的祭器。　祭器:祭祀先王或神祖的器具。

[12]在薛地建立齐王的宗庙。古人把祭器和宗庙看得很重,薛地有了宗庙,就会巩固孟尝君的地位,这是冯谖给他凿的"第三窟"。

[13]还报:回报。指薛庙既成,冯谖回临淄向孟尝君报告此事。

[14]就:完成。

[15]纤(xiān)介:细小,微小。　纤:细丝。　介:通"芥",小草。

本篇选词概述

1. 食	2. 比	3. 乘	4. 揭
5. 给	6. 市	7. 责	8. 就

〔食〕　本义当是吃,吃的。甲骨文写作𩚀,上面是变形的口,像人张口吃饭。《郑伯克段于鄢》:"食舍肉。"是说吃饭时把肉挑出来。本篇中"使人给其食用"的"食"则指饭食,名词。古义中值得留意的是给食、使之食的意义。如本篇"食以草具"、"食之,比门下之客"的"食"是动词,是给冯谖吃的意思。这个意义读 sì。

〔比〕　古今义都指比较,较量。屈原《九章·涉江》:"与天地兮比寿。"今成语有"寿比南山"。但古代汉语"比"的本义是并列在一起。《说文》:"比,密也。二人为从,反从为比。"金文作𠨡,像二人比并。《核舟记》:"其两膝相比。""相比"不是相比较,而是并排一起。引申为把某人、某事当同类看待。如本篇:"比门下之客。"又"比门下之车客"。就是把冯谖当中客、上客看待。

〔乘〕　登上,驾上,特指驾车,乘车。甲骨文写作𠅘,像人登上树木,以此事象表示"乘"义。如本篇:"乘其车,揭其剑。""乘其车"是指登上车。又指兵车，读 shèng，名词。《郑伯克段于鄢》："缮甲兵，具卒乘。"又表示车的量，"一乘"是一辆。如本篇："孟尝君予车五十乘。"又"百乘，显使也"。因为一车用四匹马拉，所以又引申为"四"，数词。《左传·僖公三十二年》："以乘韦先牛十二犒师。"是说先用四张牛皮，后用十二头牛犒劳秦国军队。

〔揭〕 今义是揭开，用于抽象义是揭发，揭露。而古义是高举，这是本义。《说文》："揭，高举也。"如本篇："揭其剑。"指高高地举起他的剑。又贾谊《过秦论》："斩木为兵，揭竿为旗。"引申为拿，拿着。《汉书·冯衍传》："揭节奉使。""揭节"指手拿着符节。又指扛在肩上。《庄子·胠箧》："负匮揭箧（qiè）担囊而趋。"

〔给〕（給） 古今义距离很远。今义是给予；古义指丰足，富裕，形容词，读 jǐ。《说文》："给，相足也。"《西门豹治邺》："至今皆得水利，民人以给足富。"引申为供应，使足，动词。如本篇："孟尝君使人给其食用。"是孟尝君派人供应冯谖母亲的食用，不可讲成给予食用。今熟语有"保障供给"。

〔市〕 古今义都指市集，市场。《木兰诗》："东市买骏马，西市买鞍鞯（jiān，马鞍的垫子）。"引申为城市，市镇。《促织》："市中游侠儿得佳者笼养之。"市场是交易场所，引申为交易活动，买。如本篇："责毕收，以何市而反？"又"窃以为君市义"。

〔责〕（責） 本义是索取所欠的债款。《说文》："责，求也。"所以从贝。引申为债务，名词。如本篇："谁习计会，能为文收责于薛者乎？"后写作"债"。由索取债务，引申为责求，要求。韩愈《原毁》："古之君子，其责己也重以周。"又引申为对人品德上的要求，以言语责备，批评。王安石《答司马谏议书》："如君实责我以在位久。"

〔就〕 古代常用义为接近，走近，趋向等，和"去"相对。《荀子·劝学》："金就砺则利。"这是接近。本篇："就国于薛。"这是走向，走近。《劝学》："施薪若一，火就燥也。"这是趋向。今成语有"避重就轻"。古义还指成功。如本篇："三窟已就。"

10　触龙说赵太后

《战国策》

【说明】

本篇选自《战国策·赵策四》，标题是后人加的。

文中记叙了赵国重臣触龙为了国家利益委婉而巧妙地说服威后，使她能从大局出发而消除偏私之见的事迹。公元前265年，赵惠文王死，其子孝成王继位，年幼，由赵太后摄政。秦趁赵国政权交替之机，大举攻赵，形势危急。赵向齐求援，齐必以长安君为人质方肯出兵，威后褊狭爱子，执意不肯，并拒绝劝谏，致使危机日深。触龙就是在这种严重的情势下说服了威后而终于解除了赵国危机的。文中生动地描述了触龙说服赵太后的全部过程，情节曲折，语言简练，绘声绘色，有很强的文学表现力。

文章结尾通过子义之口点出了主旨：人君尚不能无功而享尊位，人臣更不能无功而受禄。像长安君这样有所谓高贵的血统，"不及今令有功于国"，也不能安保其位，这是由于战国时期深刻的社会经济变革而废除了世卿世禄制的必然趋势。

赵太后新用事[1]，秦急攻之[2]。赵氏求救于齐[3]。齐曰："必以长安君为质，兵乃出[4]。"太后不肯，大臣强谏[5]。太后明谓左右[6]："有复言令长安君为质者[7]，老妇必唾其面[8]！"

【注释】

[1]赵太后：即赵威后，赵惠文王的妻子，赵孝成王的母亲。　太后：指

帝王的母亲。　新用事:刚刚掌权。　用事:指当权,掌管国事。

[2]秦国加紧攻打赵国。事在周赧(nǎn)王五十年,赵孝成王元年,即公元前265年,秦攻占了赵国三座城市,赵国形势危急。

[3]赵氏:即赵国。赵的祖先造父在周缪王时封于赵城,因以赵为氏。周幽王时,叔带在晋国始建赵氏,事晋文侯。于赵烈侯六年,即公元前403年,赵氏正式立为诸侯。

[4]一定把长安君作为人质才派出军队。　长安君:惠文王少子,封于长安(赵地),封号为长安君。　质:本指以财物抵押,这里指人质。　乃:副词,才。

[5]强(qiǎng)谏:竭力谏诤。　强:竭力,极力。　谏:古代臣对君、下对上的直言规劝。

[6]明谓:明白地告诉。　明:明白地、公开地。　左右:指太后身边的侍臣。

[7]有再说让长安君作人质的人。"者"字词组,表示"……的人"。

[8]老妇:赵太后自称。　唾(tuò)其面:朝他脸上吐唾沫。

　　左师触龙言[1],愿见太后[2]。太后盛气而揖之[3]。入而徐趋[4],至而自谢[5],曰:"老臣病足[6],曾不能疾走[7],不得见久矣,窃自恕[8],而恐太后玉体之有所郄也[9],故愿望见太后[10]。"太后曰:"老妇恃辇而行[11]。"曰:"日食饮得无衰乎[12]?"曰:"恃鬻耳[13]。"曰:"老臣今者殊不欲食[14],乃自强步[15],日三四里,少益耆食[16],和于身也[17]。"太后曰:"老妇不能。"太后之色少解[18]。

【注释】

[1]左师:官名。　触龙:旧本作"触詟(zhé)","詟"是"龙言"二字连写之误,今依马王堆三号汉墓出土《战国纵横家书》及《史记·赵世家》改。

[2]愿:希望,想要。　见:谒见,拜见。

[3]太后怒气冲冲地等着他。　盛气:怒气冲冲。　揖:《史记·赵世家》作"胥"。"胥"通"须",等待的意思。

[4]徐:慢慢地。　趋:小步快走。按古礼规定,臣见君一定要快步往前

走,否则便是失礼,但触龙因年迈病足,不能快走,又要作出"趋"的姿态,只能小步快走,所以说"徐趋"。

[5]到了太后跟前自己谢罪。 谢:古义是道歉、告罪。

[6]病足:脚有了毛病。 病:用作谓语,有病。

[7]曾(zēng):副词,竟,竟然。 疾走:快跑。 疾:跟"徐"相对,快。 走:古义为跑。

[8]窃:谦词,私自,私下。 自恕:自己原谅自己。

[9]担心太后贵体有不舒服的地方。 玉体:敬词,指贵体。古人重玉,所以用玉来比喻赵太后的躯体。 郄(xì):通"隙",空隙,引申为不舒服,有毛病。

[10]望见:这是一种表敬的说法,意思是不敢走近对方跟前,只能在远处望望。

[11]恃(shì):凭依,靠着。 辇(niǎn):指古代用人推挽的车。秦汉以后,特指君后所乘的车。

[12]每天饮食该不会减少吧。 日:时间名词作状语,每日,每天。 得无……乎:相当于现代汉语"该不会……吧"。"得无"常与"乎"相呼应,表示一种委婉的语气。 衰:这里指减少。

[13]鬻:同"粥"。 耳:句尾语气助词,罢了。

[14]近来特别不想吃东西。 今者:时间词,近来。 殊:程度副词,很,特别。

[15]强(qiǎng)步:勉强散散步。 步:这里指慢慢地走。

[16]渐渐地稍微喜欢吃些东西。 少(shǎo):副词,稍稍,略微。 益:副词,渐渐地。 耆(shì):"嗜"的古字,喜爱。

[17]周身感到舒适。 和:和谐,调谐,这里有"舒适"的意思。

[18]太后的怒气稍微消了一些。 色:面目表情。 解:缓解,和缓。

左师公曰:"老臣贱息舒祺[1],最少,不肖[2];而臣衰[3],窃爱怜之[4],愿令得补黑衣之数[5],以卫王宫。没死以闻[6]!"太后曰:"敬诺[7]。年几何矣[8]?"对曰:"十五岁矣。虽少,愿及未填沟壑而托之[9]。"太后曰:"丈夫亦爱怜其少子乎[10]?"对曰:"甚于妇人[11]。"太后笑曰:"妇人异甚[12]!"对曰:"老臣窃以为媪之爱燕后贤于长安君[13]。"曰:"君过矣[14],不若长安君之甚[15]!"

【注释】

[1]左师公:即左师触龙,称"公"是表示尊敬。　贱息:卑贱的儿子。这是对别人谦称自己的晚辈。　息:这里指儿子。　舒祺:触龙幼子的名字。

[2]不肖(xiào):原意是不像先辈,即不像先辈那样贤德。后来泛指儿子不成才,不成器。　肖:像。

[3]衰:指衰老。

[4]私下里疼爱他。　怜:疼爱。"爱"和"怜"在亲爱的意义上是同义词。

[5]希望让他能够补充卫士的数目。意思是让舒祺当一名王宫的卫士。"令"后省略兼语"之",指舒祺。　得:能够。　黑衣:这里指黑衣之士。王宫的卫士穿黑衣服,所以"黑衣"借代卫士。

[6]冒死罪把这话说给太后听。　没:通"冒"。《史记·赵世家》作"昧",即冒死。　闻:使动用法,使之听闻,即禀告,让太后知道。

[7]敬诺:应对之词。意为遵命。　敬:表示客气。　诺:表示答应。

[8]年龄多大了。　几何:多少。这里指年龄多大了。

[9]希望趁我没死的时候把他托付给您。　及:趁。　填沟壑(hè):这是对自己死亡的谦虚说法,意为死后无人掩埋,把尸骨扔到山沟里。　托:托付。　之:指舒祺。

[10]男人也疼爱自己的小儿子吗?　丈夫:古义泛指男性。

[11]比妇人〔爱得〕厉害。

[12]异:用作状语,特别,更加。

[13]以为:认为。　媪(ǎo):对老年妇女的敬称。　之:用于主谓词组的主谓之间的助词。　燕后:赵威后的女儿,嫁给燕王为妻子,所以称为燕后。　贤:超过,胜过。

[14]您错了。　过:动词,错。

[15]不若:不如,不像。

左师公曰:"父母之爱子,则为之计深远[1]。媪之送燕后也,持其踵为之泣[2]，念悲其远也[3]，亦哀之矣[4]。已行[5]，非弗思也，祭祀必祝之[6]，祝曰：‘必勿使反[7]。’岂非计久长，有子孙相继为王也哉[8]？"太后曰："然。"左师公曰："今三世以前[9]，至于赵之为赵[10]，赵主之子孙侯者[11]，其继有在者乎[12]？"曰："无有。"曰："微独赵[13]，诸侯有在者乎[14]？"曰："老妇不闻也[15]。""此其近者祸及身[16]，远者及其子孙[17]，岂人主之子孙则必不善哉[18]？位尊而无功[19]，奉厚而无劳[20]，而挟重器多也[21]。今媪尊长安君之位[22]，而封之以膏腴之地[23]，多予之重器，而不及今令有功于国[24]，一旦山陵崩[25]，长安君何以自托于赵[26]？老臣以媪为长安君计短也[27]，故以为其爱不若燕后[28]。"太后曰："诺，恣君之所使之[29]。"于是为长安君约车百乘[30]，质于齐[31]，齐兵乃出。

【注释】

[1]替他打算得深入而长远。　为（wèi）：介词，替。　之：指父母所爱之子。　计：打算，考虑。

[2]持其踵（zhǒng）：握着她的脚后跟。　持：握持。　踵：脚后跟。古代车体高，燕后登车，赵太后在车下，还要摸着女儿的脚后跟，非常舍不得她离去。　为之泣：为她远嫁而落泪。

[3]惦念并悲伤她嫁到远方去。

[4]为这件事也够伤心的了。

[5]已经走了以后。

[6]祝之：为燕后祷告。　祝：向鬼神祈祷。

[7]是"必勿使〔之〕反"的省略，一定别让她回来。所省略的"之"指燕后。　反："返"的古字。古代诸侯的女儿嫁到别国，除非被废黜或亡国，否则是不能无故返回父母之国的，所以赵太后才祷告她女儿不要回来。也就是说，既想她，又不希望她回来。

[8]难道不是打算得长远，希望她有子孙能世世代代做燕国的国君吗？　岂：反诘副词，表示反问，难道。　也哉：句尾语气助词连用，语气表达的重点在"哉"上。

[9]三世以前：当指赵肃侯（前349—前326）时。　世：代。古时父子相继为一代。

[10]上推到赵氏开始建立赵国的时候。赵国国君原是晋文公大臣赵衰的后代,周威烈王二十三年(前403)赵烈侯始建赵国。

[11]赵主子孙当中被封侯的。"赵主之子孙"与"侯者"为部分复指关系。　侯:用作动词,封侯。

[12]他们的继承者还有存在的吗?　继:用作名词,指继承侯位的人。

[13]不只是赵国。　微独:不仅,不单单。　微:否定副词,相当于"不"。

[14]是"诸侯〔之子孙侯者,其继〕有在者乎"在特定语言环境中承前省略。全句的大意是,不单是赵国没有,就是别的诸侯国上推三代,以至推算到他们立国的时候,他们子孙当中封侯的其继承侯位的人现在还有存在的吗?

[15]不闻:没有听说。

[16]这件事说明,那些封侯之家,离灾祸近的,它便降到他们自身。　此:指代上面说的三世以前封侯者的子孙没有继承者这件事。　其:代词,指赵主和诸侯之子孙侯者。　近者:距离灾祸近的。

[17]离灾祸远的,它便降到他们的子孙。　远者:距离灾祸远的。

[18]难道王侯的子孙就一定都不好吗?

[19]位尊:地位高贵。　尊:指地位高贵显赫。

[20]奉:"俸"的古字,俸禄。　劳:功劳。

[21]挟(xié):挟持,拥有。　重器:贵重的宝器,如钟鼎之类。古代有些钟鼎属传国的宝器,成为国家权力的象征,所以当国家灭亡,便毁其社稷,迁其重器。

[22]现在您使长安君的地位很高。　尊:形容词的使动用法,即"使……尊"。

[23]而且把肥沃的土地封给长安君。　封:古代帝王或诸侯把土地分给臣下作为其食邑或领地。　膏腴(yú):本指肥脂,这里比喻土地肥沃。

[24]而不趁现在让他为国建立功勋。　及:介词,趁。　令有功:是"令〔之〕有功"的省略。"之"指长安君

[25]山陵崩:古代用来比喻国君死,表明他们的死犹如山陵崩塌,不同寻常,是委婉语,这里指赵太后去世。

[26]长安君靠什么在赵国托身?　何以:即"以何",凭什么,靠什么。

何:疑问代词,介词"以"的前置宾语。 自托于赵:在赵国托身,指能在赵国立足,保住侯位。

[27]我认为您替长安君打算得太短浅了。 以:动词,认为。"媪为长安君计短"是主谓词组作"以"的宾语。 为:介词,给,替。

[28]所以我认为您对长安君的爱不如燕后。"其爱不若燕后"是主谓词组作"以为"的宾语。

[29]任凭您怎么支使他。意为您怎么支使他都行。 恣(zì):任凭。所使之:指支使他的方式。 所:指示代词,指代"……方式"。

[30]给长安君准备好一百辆车。 约车:套车,准备车。 约:用绳系。乘(shèng):指四马一车。

[31]质:用作动词,抵押。

子义闻之[1],曰:"人主之子也,骨肉之亲也,犹不能恃无功之尊[2],无劳之奉,而守金玉之重也;而况人臣乎!"

【注释】

[1]子义:赵国的贤士。

[2]还不能靠没有建功立业而获得的尊位。 犹:副词,尚,还。 尊:用作名词,尊贵的地位。

<table>
<tr><td colspan="6" align="center">本篇选词概述</td></tr>
<tr><td>1. 质</td><td>2. 谢</td><td>3. 走</td><td>4. 恕</td><td>5. 少</td><td>6. 和</td></tr>
<tr><td>7. 衰</td><td>8. 怜</td><td>9. 丈夫</td><td>10. 贤</td><td>11. 泣</td><td>12. 奉</td></tr>
</table>

〔质〕(質) 本义是以物抵押。《说文》:"质,以物相赘(zhuì)。"即以物质钱。引申为人作抵押品,即人质。如本篇:"必以长安君为质,兵乃出。"又指朴实无华,与"文"相对。《论语·雍也》:"文质彬彬,然后君子。"是说文采和朴实,配合适当,这才是个君子。

〔谢〕(謝) 现代常用义是感谢,上古汉语常用义是道歉。如本篇："入而徐趋,至而自谢。"用于感谢义上古罕见。如《史记·项羽本纪》："哙拜谢,起,立而饮之。"又为辞别、谢绝。《孙膑》："齐威王欲将孙膑,膑辞谢。"凋谢、衰退义是后起义。如范缜《神灭论》："形谢则神灭。"

〔走〕 古今义差别显著。今义是行走,古义指跑。金文写作 ，像人摆动双臂向前奔跑。如本篇："老臣病足,曾不能疾走。""疾走"就是快跑。又《战国策·楚策》："兽见之皆走。"也是跑义。《释名·释姿容》："徐行曰步,疾行曰趋,疾趋曰走。"

〔恕〕 古代一种道德标准,即用自己的心去度量别人的心。《论语·卫灵公》："其恕乎!己所不欲,勿施于人。"引申为宽恕,原谅。如本篇："不得见久矣,窃自恕。"这个意义古今相同。现代有复音词"宽恕"、"饶恕"等。

〔少〕 数量小,与"多"相对。读 shǎo。这个意义古今相同。如《墨子·公输》："义不杀少而杀众。"但作为副词,相当于现代的稍微,略微。如本篇："少益耆食,和于身也。"又指时间短暂。蒲松龄《狼》："少时,一狼径去。""少时"指片刻。但"少时"也指青少年时代,不能一律视为"片刻",要在语言环境中加以鉴别。如《史记·陈涉世家》："陈涉少时尝与人佣耕。""少"读 shào。又指年纪轻,与"老"相对。这个意义古今基本相同,但存在差别。古人称"少"包括今天的少年和青年,凡未满三十岁都称"少"。如本篇："虽少,愿未及填沟壑而托之。"又《汉书·张衡传》："衡少善属文。"

〔和〕 在"和谐"、"调和"的意义上古今相同。《论语·季氏》："和无寡。"又本篇："少益耆食,和于身也。"古代还指乐音调畅、和谐。《礼记·乐记》："其声和以柔。"用作动词,声音相应,特指和着唱,帮腔,读 hè。宋玉《对楚王问》："其始曰《下里》、《巴人》,国中属而和者数千人。"引申为依照他人的诗的格律或内容作诗酬答、应和,如白居易《寄刘禹锡诗》："诗成遣谁和?还是寄苏州!"

〔衰〕　古今义都指衰弱，衰微。古代汉语"衰"指力量减退，跟"盛"相对。《曹刿论战》："一鼓作气，再而衰，三而竭。"又特指体力减退，衰老。如本篇："而臣衰，窃爱怜之。"又为减少。如本篇："日食饮得无衰乎？"古代表示等差义的"衰"读 cuī。《左传·桓公二年》："庶人、工、商，各有分亲，皆有等衰。"是说庶人、工、商各有亲疏，都有不同的等级。

〔怜〕（憐）　现代常用义是怜悯，怜惜。古代除"怜悯"义外，很多时候指怜爱，爱惜。如本篇："而臣衰，窃爱怜之。"下文"丈夫亦爱怜其少子乎"中"爱"与"怜"同义并举。应该注意：古代汉语"可怜"二字连用，含义比现代汉语广泛。可以当"可爱"讲，如《乐府诗集·大子夜歌》："歌谣数百种，《子夜》最可怜。"可以当"值得怜悯"讲，如白居易《卖炭翁》："可怜身上衣正单。"可以当"可羡"讲，如白居易《长恨歌》："可怜光彩生门户。"

〔丈夫〕　现代一般指已婚女子的配偶，而古代"丈夫"是男子的通称。如本篇："丈夫亦爱怜其少子乎？"这里指包括触龙在内的成年男子。又《国语·越语上》："生丈夫，二壶酒，一犬。"这里指刚生下的男婴儿。

〔贤〕（賢）　本义是多财。《说文》："贤，多财也。"所以从"贝"。段玉裁注："引申之凡多皆曰贤。"在文献中主要指有道德有才能的。《荀子·王制》："尚（崇尚）贤使能。"引申为优良，善美。韩愈《谢自然诗》："人生处万类，知识最为贤。"因优良、善美而得到尊崇，器重。陆游《老学庵笔记》："神宗夜读《宋璟传》，贤其人。"又为胜过，超出。如本篇："老臣窃以为媪之爱燕后贤于长安君。"

〔泣〕　本义是无声而有泪的哭。《说文》："无声出涕（指眼泪，非指鼻涕，上古汉语鼻涕用"泗"来表示）者曰泣。"如本篇："持其踵为之泣。"今成语有"泣不成声"。又指眼泪。《史记·项羽本纪》："项羽泣数行下。"泣、哭、号是一组同义词，它们都指哭，但它们还有差别："泣"指有泪无声，"哭"是有泪有声，"号"指哭而有言。

〔奉〕 现代多指献给,侍候。有复音词"奉送"、"奉养"。古代"奉"指恭敬地用两手捧着。《齐晋鞌之战》:"奉觞加璧以进。"这个意义后写作"捧"。引申为进献。《周礼·大司徒》:"祀五帝,奉牛牲。"由进献义引申为供养。用作名词,则指俸禄。如本篇:"奉厚而无劳。"这个意义后来写作"俸"。

11 伯乐荐九方皋

《列子》

【说明】

本篇选自《列子·说符》,标题是后人加的。

《列子》是战国时代思想家列御寇的著作集。《汉书·艺文志》记载列御寇著《列子》八篇,但不知何时散佚。今本《列子》八篇,题为晋人张湛辑注,据考证,可能是魏晋时人搜集有关列御寇的材料编辑成书。书中表现了魏晋时代门阀士族地主阶级的世界观和人生态度,某些篇章还受了佛教思想的影响。但其中所保存的一些寓言故事和神话传说,则是一份有价值的文化遗产。

《列子》通行的注本有晋张湛注八卷,今人注本有杨伯峻的《列子集释》。

文中通过伯乐推荐相马能手九方皋的动人故事,称赞伯乐选拔人才的风格和识别人才的眼力。

当初秦穆公要伯乐从其子孙中推举接替他相马的人,而伯乐不徇私情,实事求是,从族外推荐"非臣之下"的九方皋,表现了他秉公举才的高尚风格。要善于举才,还要善于识别人才。穆公只注重表面的"牝而黄"、"牡而骊",轻率地否定九方皋的才力,而伯乐眼光锐敏,深知其相马能从马的"天机"着眼,并指出九方皋的非凡才能已超出相马的意义。

秦穆公谓伯乐曰[1]:"子之年长矣,子姓有可使求马者乎[2]?"

伯乐对曰:"良马可形容筋骨相也[3]。天下之马者[4],若灭若没,若亡若失[5]。若此者绝尘弭辙[6]。臣之子皆下才也[7],可告以良马[8],不可告以天下之马也。臣有所与共担缠薪菜者有九方皋[9],此其于马非臣之下也[10]。请见之[11]。"

【注释】

[1]秦穆公:春秋时秦国国君,名任好。公元前659—前621年在位。
　　伯乐:春秋中期秦穆公之臣,姓孙名阳,一说复姓孙阳,名伯乐。相
　　传是古代相马能手,所以用神话中掌天马的星名"伯乐"来称他。

[2]〔您的〕儿孙中有可以派出寻求千里马的吗?　子姓:指儿孙。《礼
　　记·丧大记》:"卿大夫父兄子姓立于东方。"郑玄注:"子姓,谓众子
　　孙也。"　马:这里指千里马。

[3]一般的好马可以从它的形体、毛色和筋骨上去观察。　良马:一般
　　的好马,区别于驽马和千里马。　形容:形体、毛色,指马的表象。
　　与"筋骨"同用作"相"的状语,表凭借。　相(xiàng):察看,观察。

[4]天下之马:指千里马。　者:语气助词,起提顿作用。

[5]若灭若没:像是消失,像是隐没。　灭、没:同义词并举,"亡"与"失"
　　与此同。意思是说,相看千里马就不能单凭借形体毛色考察,因其
　　似有似无,若存若亡,恍惚不定,难以捉摸,没有非凡的眼力将无法
　　识别。

[6]若此者:像这样的千里马。"者"字词组作句子主语。　绝尘:断绝
　　尘埃,指跑时不扬起灰尘。　弭辙(mǐ zhé):指跑过不留下足迹。
　　形容马跑得极快。　弭:消除,消失。　辙:足迹。

[7]下才:下等才能。

[8]能够教会他们识别一般的好马。　告:这里是"教给"的意思。　以
　　良马:用作补语。

[9]我有个同别人一起背绳打柴、名叫九方皋的朋友。　共:共同,一
　　起。　担缠(mò):挑着绳索。　缠:绳索。　薪菜:薪采,即采薪,
　　打柴。　菜:通"采"。俞樾说:"薪菜者,以给炊也。菜当作采,古字
　　通用。"　后一"有"字:涉上而衍。　九方皋(gāo):姓九方,名皋,
　　以地为姓,相马能手。

[10]这个人对于马的识别能力不比我差。　非臣之下:不在我的下面,
　　　即不比我差。

[11]见:召见。　之指九方皋。

穆公见之,使行求马[1]。三月而反报曰[2]:"已得之矣[3],在
沙丘[4]。"穆公曰:"何马也?"对曰:"牝而黄[5]。"使人往取之[6],
牡而骊[7]。穆公不说[8],召伯乐而谓之曰[9]:"败矣,子所使求马
者[10]!色物牝牡尚弗能知[11],又何马之能知也[12]?"

【注释】

[1]即"使〔之〕行求马",便派他去寻千里马。"使"后省略兼语"之",指
　　九方皋。　行求:出去寻找。　马:指千里马。

[2]过了三个月他回来报告。　三月:指在外寻马用了三个月时间。
　　　反:"返"的古字,指回到朝廷。

[3]已经找到千里马了。　得:获得,找到。

[4]沙丘:地名。

[5]黄毛的母马。　牝(pìn):雌性的鸟兽。这里指母马。

[6]派人到沙丘去取马。　取:牵取。　之:指九方皋找到的千里马。

[7]黑毛的公马。　牡:雄性的鸟兽。　骊(lí):纯黑色的马。

[8]说(yuè):"悦"的古字,高兴。

[9]谓之曰:对他说。　之:指伯乐。

[10]您所派遣(实际是推荐)求马的人失败了!　败:失败,指没有找到
　　　千里马。为强调谓语而前置。　子所使求马者:"者"字词组作句
　　　子主语。"所……者",表示"所……的人"。

[11]色物:《太平御览》引作"物色",这里指马的颜色。

[12]又怎么能识别千里马呢?　何:疑问代词作状语,怎么。　马:前
　　　置宾语。　之:助词,前置宾语的标志。　知:认识,识别。

伯乐喟然太息曰[1]:"一至于此乎[2]!是乃其所以千万臣而
无数者也[3]。若皋之所观,天机也[4]。得其精而忘其粗[5],在其
内而忘其外[6]。见其所见[7],不见其所不见[8];视其所视[9],而遗

其所不视^[10]。若皋之相者,乃有贵乎马者也^[11]。"马至,果天下之马也^[12]。

【注释】

[1]喟(kuì)然:叹息的样子,作"太息"的状语。 太息:即叹息。

[2]用心专一竟达到了这种地步啊! 一:专一。这里指九方皋相马用心专一。 此:这种地步,指九方皋相马忘形而得神。唐人卢重玄解:"皋之相马,相其神,不相其形也。形者,常人之所辨也。伯乐叹其忘形而得神。"

[3]这就是他所以比我强千万倍以至无数倍的地方啊。 是:代词,指九方皋相马忘形得神的本领。 其:指九方皋。 千万:用作动词,强千万倍。 无数:无数倍,比千万倍更进了一步。 其……者:"者"字词组作判断句谓语。

[4]若皋之所观:像九方皋所观察的。 天机:天然的机理,指千里马具有的禀赋。

[5]得到它的精华而不妨忽略它粗浅的表象。 精:精华,这里指决定千里马的本质属性,即卢重玄所提到的"神"。

[6]审察它的内核而不妨忽略它的外形。 内:内核,即精华。 外:外形。 "精"与"内"即上文所说的"天机","粗"与"外"即指牝牡、毛色等。

[7]他只去看他所要看的。 其所见:"所"字词组作"见"的宾语,指他所要看的,也就是"天机"。张湛(zhàn)注:"所见者,唯天机也。"

[8]他不去看不必看的。 其所不见:他所不必看的,也就是牝牡、毛色等。张湛注:"所不见,毛色牝牡也。"

[9]他只观察他所应观察的。

[10]而丢开他所不必观察的。 遗:丢开,舍弃。观察它的本质属性,对非本质属性就可舍弃,不必经意。

[11]像九方皋这种观察事物的方法,本来有比相马更加重大的意义。 贵乎马者:"者"字词组作"有"的宾语,指比相马更加重大的意义。 贵:重大。 乎:介词,表所比。作用相当于介词"于"。张湛注:"言皋之此术岂止于相马而已,神明所得,必有贵于相马

者,言其妙也。"

[12]果然是天下特出的千里马。　果:副词,果然。　马:这里指千里马。

本篇选词概述

1. 对　　2. 形容　　3. 相　　4. 亡

5. 见　　6. 报　　7. 败　　8. 遗

〔对〕(對)　古今汉语都指回答,对答。但古代汉语多用于下对上的回答。如本篇:"伯乐对曰:'良马可形容筋骨相也……。'"回答的对象是秦穆公。有时在上的说了,在下的接着说也叫对,如《郑伯克段于鄢》:"公语之故,且告之悔。对曰:'君何患焉?……'"古代汉语一般用于对上回答,对下回答则不用"对"。如《论语·先进》:"子贡问:'师与商也孰贤?'子曰:'师也过,商也不及。'""对"还指面对,对着。曹操《短歌行》:"对酒当歌"。

〔形容〕　现代汉语是复音词,指对人或事物的形象或性质加以描述;古代汉语是词组,指形体和容貌。如本篇:"良马可形容筋骨相也。""形"还可引申为表现。今成语有"喜形于色"。

〔相〕　本义是仔细看,审视。读 xiàng,动词。《说文》:"相,省视也。"所以从目。如本篇:"良马可形容筋骨相也。"旧时指通过察看人的形体、相貌来判断吉凶、预见未来的迷信活动。《左传·昭公元年》:"公孙敖闻其能相人也。"又指辅助,帮助。王安石《游褒禅山记》:"无物以相之。"引申为辅佐君主的人。如宰相,丞相。《资治通鉴·赤壁之战》:"操虽托名汉相,其实汉贼也。"用作副词,互相,读作 xiāng。《郑伯克段于鄢》:"不及黄泉,无相见也。"有时偏指一方。《愚公移山》:"杂然相许。"非指互相赞成,而是大家赞成愚公。

〔亡〕　现代常用义是死亡,古代常用义是逃亡。《说文》:"亡,逃也。"段玉裁注:"亡之本义为逃。"《史记·陈涉世家》:"今亡亦死,举大计亦死,等死,死国可乎?"足见"亡"不是死。引申为丢失,消亡。如本篇:"天下之马者,若灭若没,若亡若失。"又《天论》:"天行有常,不为尧存,不为桀亡。"又指死亡,灭亡。马中锡《中山狼传》:"馁不得死,亦必终亡而已。"又《史记·项羽本纪》:"此亡秦之续耳。"通"无",读作 wú。《愚公移山》:"河曲智叟亡以应。"

〔见〕(見) 本义是看见。甲骨文写作 ⚡,像人顶个大眼睛,以夸饰其目,表示看见的行为。《桃花源记》:"见渔人,乃大惊。"引申为召见,谒见,拜见。如本篇:"穆公见之,使行求马。"指召见九方皋。《墨子·公输》:"胡不见我于王。"指把"我"引见给王。上古汉语"见"包涵"显现"义,后分化出来,独立成词,读作 xiàn,写作"现"。《战国策·燕策》:"图穷而匕首见。"

〔报〕(報) 按罪判决。甲骨文作 ⚡,像逮捕罪人,双手束于刑具。《说文》:"报,当辠(罪)人也。"《五蠹》:"报而罪之。"引申为报答。《诗经·卫风·木瓜》:"投我以木瓜,报之以琼琚(qióng jū,佩玉)。"又为回报,报告。如本篇:"三月而反报。"现代有复音词"报答","报告"。

〔败〕(敗) 在胜负的意义上古今相同。如《曹刿论战》:"齐师败绩。"而古义"败"指毁坏,甲骨文字形以击贝示毁。《说文》:"败,毁也。"《左传·僖公十五年》:"涉河,侯车败。"是说秦伯的兵渡河,看见晋侯的车坏了。用于抽象意义,指成功的反面。如本篇:"败矣,子所使求马者!"又如《齐晋鞌之战》:"若之何其以病败君之大事也?"引申为食物腐败。《论语·乡党》:"鱼馁而肉败,不食。"

〔遗〕(遺) 古今义都指遗失,丢失。《韩非子·难二》:"齐桓公饮酒醉,遗其冠。"而古义又指忘掉,忽略。如本篇:"遗其所不视。"忽略不必观察的。又如《报任安书》:"次之又不能拾遗补阙。"又指遗留。《愚公移山》:"邻人京城氏之孀妻有遗男。"这个意义古今相同。"遗"又读 wèi,是"赠送"、"留给"的意思。《晋灵公不君》:"今近焉,请以遗之。"灵辄请求把饭菜留给他母亲。

12 论语十则

《论语》

【说明】

《论语》十则选自《论语》相关篇目,标题取自文章首句。

《论语》一书主要记载孔子的言论和行事,是由他的弟子或再传弟子编辑而成的。

孔子(前551—前479),名丘,字仲尼,春秋时鲁国曲阜(今山东曲阜)人。他是我国古代影响深远的思想家、教育家,是儒家学派的创始人。他出身没落的贵族世家,曾短期在鲁国做官,后周游列国,推行他的政治主张,但没有被采纳。后来从事教育工作和整理古代文献的工作。这是他一生中的主要活动。他开创私人讲学授徒之风,打破了学在官府的局面,扩大了教育范围,相传他有弟子三千人。他在长期教学实践中,总结了很多有益的经验,至今仍有借鉴意义。他学而不厌,诲人不倦,对我国古代教育的发展作出了很大贡献。孔子还搜集、整理我国古代文献,相传《诗》、《书》、《礼》、《乐》、《春秋》是经过他整理的,对古代文化的保存和发展作出了巨大贡献。

《论语》共二十篇,是研究孔子学说的基本资料,主要内容是孔子对仁义、礼乐以及一些相关问题的说明和阐释,被视为儒家的经典著作。《论语》为语录体,语言通俗简练,含意颇深,富于哲理,许多语句成为格言或成语。在封建社会,《论语》是每个读书人必读的经典,影响极为深远。

《论语》成书约在战国初期。汉初曾流传古论、齐论、鲁论三种本子。今天所见的《论语》二十篇，是汉代人在三种本子基础上整理而成的。它的注本很多，通行的注本主要有何晏的《论语集解》，朱熹的《论语集注》，刘宝楠的《论语正义》。今人杨伯峻的《论语译注》是初学者的较好注本。

吾日三省吾身[1]

曾子曰[2]："吾日三省吾身：为人谋而不忠乎[3]？与朋友交而不信乎[4]？传不习乎[5]？"

【注释】

[1]本章选自《学而》篇。曾子自述他每日经常反省，反躬自问有无过失，可以看出孔门弟子在进德修业方面严格要求自己的态度。

日：时间名词作状语，每日，每天。 三：多次。古代汉语于动词前加数词"三"一般表示动作的频率。 省(xǐng)：反省，检查。

[2]曾子：名参(shēn)，字子舆，孔子的弟子。

[3]为(wèi)：介词。 谋：谋划，策划。这里指考虑事情。 忠：尽心竭力。

[4]交：交往，往来。 信：信实，诚实。

[5]传(chuán)：传授，这里指老师传授的知识。

吾十有五而志于学[1]

子曰："吾十有五而志于学，三十而立[2]，四十而不惑[3]，五十而知天命，六十而耳顺[4]，七十而从心所欲[5]，不逾矩[6]。"

【注释】

[1]本章选自《为政》篇。孔子概述他一生成长、成熟的过程。每隔十年都达到他预期的奋斗目标，而刻苦研修是他进步的基础，如此才能立足社会，进而有渊博的学识而不迷惑，直至古稀之年老练成熟，使自己的思想行为都符合社会规范。 有：通"又"。用在整

数、零数之间。"十有五"表示十五岁。　志:立下志向。　学:学问,学业。

[2]三十:到了三十岁。　立:站立。这里指立足社会。立足社会的根基是必须懂得"礼"。《季氏》篇中孔子提出:"不学礼,无以立。"

[3]不惑:不迷惑。"不惑"的条件是掌握知识。《子罕》篇中孔子说:"知者不惑。"

[4]耳顺:意思是耳朵一听到别人的言语,便能分辨真假,判明是非。郑玄注:"耳顺,闻其言而知其微旨也。"　顺:顺理,合乎事理。

[5]从心所欲:顺从心里所想的念头。　从:顺从,顺随。　心所欲:"所"字词组,指心里所想的各种念头。

[6]不踰(yú)矩:不越出规矩。　踰:今作"逾",越出,超过。　矩:本指画直角或方形用的曲尺,引申为法度,准则。

见贤思齐焉[1]

子曰:"见贤思齐焉,见不贤而内自省也[2]。"

【注释】

[1]本章选自《里仁》篇。社会上有贤人,也有不贤的人。孔子激励人们向有德才的贤人看齐,看见不贤的人不但不要受其影响,而且应该反省自己有没有同他一样的毛病。　贤:指有德行有才能。这里指有德行有才能的人。　思齐:想要和他看齐。　齐:用作动词,看齐。　焉:相当于"于之",指"向他"。　之:指代贤者。

[2]内:内心。　自省(xǐng):自我检查。

饭疏食[1]

子曰:"饭疏食,饮水[2],曲肱而枕之[3],乐亦在其中矣。不义而富且贵[4],于我如浮云[5]。"

【注释】

[1]本章选自《述而》篇。表现了孔子安贫乐道的思想品格。他严守清廉正道,于心无愧,即使生活极度艰苦,也乐在其中;他对由歪门邪

道而得来的富贵,视如浮云,鄙夷不慕。 饭:用作动词,吃。 疏食:粗粮。古代以稻粱为细粮,以稷为粗粮。

[2]饮水:喝冷水。 水:古代"汤"与"水"相对而言,"汤"指热水,"水"指冷水。

[3]曲:弯曲,使动用法,使……弯曲。 肱(gōng):泛指胳膊。 枕(zhèn):以头枕物。成语有"枕戈待旦"。 之:指代胳膊。

[4]义:合乎正义的。 富:指财物多。 贵:指地位高。

[5]对我来说像浮云一般。 浮云:飘浮的云彩。孔子用"浮云"作比喻,表示他轻视、鄙视的态度。

叶公问孔子于子路[1]

叶公问孔子于子路,子路不对[2]。子曰:"女奚不曰[3]:'其为人也[4],发愤忘食[5],乐以忘忧,不知老之将至云尔[6]。'"

【注释】

[1]本章选自《述而》篇。孔子概述他一生发愤治学和乐以忘忧的态度。他志向高远而能刻苦攻读;他信守善道,乐观通达而能忘怀个人忧患;他不懈追求而竟不知道老期将近。 叶(旧读 shè)公:名诸梁,字子高,楚国大夫。 子路:姓仲,名由,字子路,一字季路。

[2]子路不对:子路不回答。 对:对答,回答。

[3]女奚不曰:你为什么不这样说。 女:第二人称代词。 奚:疑问代词,为什么。

[4]其为人:他为人。 其:指代孔子。

[5]发愤忘食:用起功来便忘记了吃饭。 发愤:为排除修业之艰而奋发努力。

[6]云尔:如此而已。

士不可以不弘毅[1]

曾子曰:"士不可以不弘毅,任重而道远[2],仁以为己任[3],不亦重乎[4]?死而后已[5],不亦远乎[6]?"

【注释】

[1]本章选自《泰伯》篇。曾子这段话,影响深远,起着极大的激励作用。他首先提出作为读书人不能不刚强而坚毅,这是事业有成的前提条件。后世概括为两条成语:一条是"任重道远",肩上担负的任务重,为之奋斗的路程遥远;另一条是"死而后已",终生奋斗,到死方休,贡献出一切,成为革命者的高尚情操。 士:古代读书人的通称。

弘:刚强。《说文》:"弘,弓声也。"此"弘"字即今之"强"字。

毅:坚毅,毅力。

[2]任重:担子沉重。 任:负担,担子。名词。下文"仁以为己任"的"任"与此义同。

[3]即"以仁为己任",把在天下实现仁德作为自己的任务。 仁:仁德。作介词"以"的宾语,为强调而提前。

[4]不亦重乎:〔这一负担〕不也够沉重吗? 亦:副词,作状语,也。

[5]死而后已:一直到死才停止,即到死方休。 已:停止,休止。 形容奋斗终生,贡献出一切。

[6]不亦远乎:〔这一路程〕不也很遥远吗?以路程作比喻,实际是指奋斗的时间久远。

子路、曾晳、冉有、公西华侍坐[1]

子路、曾晳、冉有、公西华侍坐。子曰:"以吾一日长乎尔[2],毋吾以也[3]。居则曰[4]:'不吾知也[5]。'如或知尔[6],则何以哉[7]?"

子路率尔而对曰[8]:"千乘之国[9],摄乎大国之间[10],加之以师旅[11],因之以饥馑[12]。由也为之[13],比及三年[14],可使有勇[15],且知方也[16]。"

夫子哂之[17]。

"求,尔何如[18]?"

对曰:"方六七十,如五六十[19],求也为之,比及三年,可使足民[20]。如其礼乐,以俟君子[21]。"

"赤,尔何如?"

对曰:"非曰能之[22],愿学焉[23]。宗庙之事[24],如会同[25],端章甫[26],愿为小相焉[27]。"

"点,尔何如?"

鼓瑟希[28],铿尔[29],舍瑟而作[30]。对曰:"异乎三子者之撰[31]。"

子曰:"何伤乎[32]?亦各言其志也[33]!"

曰:"莫春者[34],春服既成[35],冠者五六人[36],童子六七人[37],浴乎沂[38],风乎舞雩[39],咏而归[40]。"

夫子喟然叹曰[41]:"吾与点也[42]。"

【注释】

[1]本章选自《先进》篇。生动地记叙了孔子同四位弟子的一次谈话,表现了四位弟子不同的志趣和性格,也表明了孔子对相关问题的看法和态度,从中可以看出孔子的教育目的和教学方法。 子路:姓仲,名由,字子路,一字季路。 曾皙(xī):名点,曾参的父亲。 冉有:名求,字子有。 公西华:名赤,字子华,公西是复姓。 侍坐:陪伴长者坐着。 侍:本指立于尊者之旁。

[2]因为我比你们年纪大一些。 以:因为。 一日:一两天,表示时间短,是年岁大的一种谦虚说法。 长(zhǎng)乎尔:比你们年长。"乎尔"是介宾词组作"长"的补语。 乎:介词,表所比。 尔:第二人称代词,这里表示复数,你们。

[3]不要因为我〔而不敢讲话了〕。这句可能有所省略,训释不一,这里只取一说。 毋:不要,否定副词,表示阻止。 以:因为。"吾"是"以"的宾语,在否定句中代词宾语前置。

[4]〔尔〕居:你们平时。这句的主语当是"尔",你们。 居:平居,即平时,平常。

[5]不吾知:即"不知吾",不了解我。"吾"是"知"的前置宾语,在否定句中代词充当宾语而前置。 知:了解。

[6]如果有人了解你们。 如:连词,如果。 或:肯定性无定代词,有人,作句子的主语。

[7]那么〔你们〕用什么本事〔治理国家〕呢? 则:承接连词,那么。

何以:即"以何",用什么本事。 以:动词,用,拿。 何:什么,这里指什么本领。疑问代词作宾语而前置。

[8]率尔:不假思索、直率的样子。 尔:词尾,用在形容词的后面,增加形象化色彩,表示"……的样子"。

[9]具有一千辆兵车的国家。 千乘(shèng)之国:有一千辆兵车的国家,属于中等国家。 乘:兵车,包括一车四马。

[10]夹处在几个大国的中间。 摄:夹处。 乎大国之间:介宾词组作"摄"的补语,在几个大国之间。 乎:介词,表所在。

[11]即"以师旅加之",意为把军队加于千乘之国。 加:本指把一物放在另一物上面,这里指军队加在上面,即进攻,侵犯。 之:指代千乘之国,作"加"的宾语。 以师旅:介宾词组作补语,用军队。师旅:古代军队编制单位,二千五百人为一师,五百人为一旅,这里指大国来侵犯的军队。

[12]用饥荒来接续兵灾。 因:动词,继,接续。 之:指代大国军队侵犯。 以饥馑:介宾词组作"因"的补语,用饥荒。 饥馑:泛指荒年。《尔雅·释天》:"谷不熟为饥,菜不熟为馑。"这里不必细分。

[13]我仲由治理它。 由:古人自呼其名表示自谦。 也:句中语气助词,表示顿宕语气。 为:治理。 之:指代这样的千乘之国。

[14]比及:比至,等到。

[15]"可使〔之〕有勇"的省略,〔我〕能够让〔国家的人民〕有勇气。省略兼语"之",指代国家的人民。

[16]而且明了道义的方向。 方:这里指道义的方向。

[17]哂(shěn):字亦写作"吲",微笑,这里略含讥笑的意味。

[18]何如:怎么样,古汉语凝固结构。

[19]方六七十:指纵横六七十里。 方:见方,指面积。 如:连词,或者。下文"如会同"的"如"同。 五六十:指纵横五六十里。

[20]"可使〔之〕足民"的省略,〔我〕能够让〔这样的国家〕人民丰足。省略兼语"之",指代这样的国家。 足民:使民足,让人民丰足。足:使动用法,使……足。

[21]如其:至于那个。 如:若,至于,有表示转折的作用。 其:指示代词,那个。 礼乐:礼与乐的合称。《礼记·王制》:"春秋教以礼乐,冬夏教以诗书。" 俟:等待。

[22]〔我〕不敢说能做那样的事。　之:指代下面所说的一些事。

[23]〔我〕愿意学习这方面的事。　焉:指示代词兼语气词,相当于"于
是",指在这方面。

[24]关于宗庙的事情。　宗庙:祖庙,诸侯国有宗庙,这里指诸侯祭祀
祖先的事。

[25]会同:指古代诸侯朝见天子。　会:诸侯不定期朝见天子。后来两
君相见也叫会。　同:众诸侯一起定期朝见天子。

[26]端章甫:都用作动词,即穿着礼服,戴着礼帽。　端:玄端,古代用
整幅布做的礼服。　章甫:当时贵族戴的一种黑色礼帽。"甫"一
作"父"。

[27]在这方面活动中愿意做一名小相。　小相(xiàng):在祭祀或会盟
时,主持赞礼和司仪的人。主持赞礼的又分为大相和小相,卿大夫
主持赞礼的称大相,士主持赞礼的叫小相。公西华表示愿意做一
名小相,是谦词。

[28]弹瑟的声音稀疏。　鼓:动词,弹奏。　瑟:古代一种弦乐器,器身
是一种长方形的木质音箱,一般有二十五弦。　希:即"稀",稀疏。
弹瑟的声音稀疏,说明已接近尾声。

[29]铿(kēng)尔:象声词,状曾晳推瑟所发出的声音。

[30]放下瑟而站立起来。　舍:舍弃,这里是"推开"、"放下"的意思。
作:站起来。

[31]〔我〕同他们三位的才干不同,实际是说自己同他们三位的志向不
同。　撰:才具,才干。

[32]伤害什么呢? 意思是:有什么关系呢? 　何伤:伤何,伤害什么。

[33]也不过各人谈谈自己的志向罢了。　亦:副词,有"也不过"的意
思。　其:代词,自己。

[34]莫(mù)春:指三月。　莫:"暮"的古字。

[35]春天的衣服已穿定了。　春服:即夹衣。　既成:已经做好,这里
有"穿到身上"的意思。

[36]冠(guàn)者:古代男子到了二十岁要举行冠礼,表示已经到了成
年,所以用"冠者"表示成年人。

[37]童子:尚未成年的孩子,即十九岁以下的青少年。

[38]在沂水中洗洗澡。　乎沂:介宾词组作处所补语。　乎:介词,表

所在。 沂(yí):水名,发源于山东邹县东北,西流经曲阜与洙水会合,入泗水。

[39]在舞雩台上吹吹风。 风:用作动词,乘凉,吹风。 舞雩:古时求雨时的土坛,在曲阜东南。 雩(yú):本为求雨之祭,因雩祭时,还伴以舞蹈,所以称作舞雩。

[40]一面唱着歌,一面向回走。 咏:唱歌,动词作状语,表示行为的方式。

[41]喟(kuì)然:叹息的样子。

[42]与(yù):动词,赞同。

三子者出,曾皙后[1]。曾皙曰:"夫三子者之言何如[2]?"子曰:"亦各言其志也已矣[3]!"

曰:"夫子何哂由也?"

曰:"为国以礼[4],其言不让[5],是故哂之[6]。"

"唯求则非邦也与[7]?"

"安见方六七十或五六十而非邦也者[8]?"

"唯赤则非邦也与?"[9]

"宗庙会同,非诸侯而何[10]? 赤也为之小,孰能为之大[11]?"

【注释】

[1]后:动词,后出来。

[2]那三位同学所讲的怎么样? 夫:指示代词,那。

[3]也已矣:语气助词连用。含有强调的语气。因与"亦"字相呼应,可译为"罢了"。

[4]用礼仪来治理国家。 礼:儒家所提倡的礼仪制度。

[5]他的话不够谦让。 其言:指子路所说的话。 让:谦虚,谦让。

[6]是故:因此。

[7]难道冉求讲的就不是国家吗? 唯:句首语气词。 求:冉求。 邦:国家。 与:疑问语气词,这里表示反问语气。

[8]〔孔子回答:〕怎么见得纵横各六七十里或者五六十里的土地而就不够一个国家呢? 安:疑问代词作状语,怎么。

· 104 ·

[9]难道公西赤讲的就不是国家吗？　赤：公西华。　曾皙两次提问的意思是：子路谈的是治国方面的内容，冉求、公西赤谈的也是关于国家、治国方面的内容，那为什么老师笑子路，而不笑他俩呢？

[10]宗庙、会同一类的事，不是诸侯国又是什么呢？是说公西赤参与宗庙、会同活动也是国家的事。　宗庙会同：意思是有宗庙之事，有会同之事。　诸侯：这里指国家。

[11]〔孔子笑子路谈话的内容和态度不够谦让。公西赤很懂礼仪，说话也很谦虚，只说愿意做一个小相。〕如果他只做一个小相，又有谁来做大相呢？　为之小：给诸侯做小相。双宾语结构。　为：动词，做。　之：指代诸侯，间接宾语。　小：小相，直接宾语。　为之大：结构同前。这是说公西赤具有做大相的能力。

哀公问于有若[1]

　　哀公问于有若曰："年饥[2]，用不足[3]，如之何[4]？"有若对曰："盍彻乎[5]？"曰："二[6]，吾犹不足，如之何其彻也[7]？"对曰："百姓足，君孰与不足[8]？百姓不足，君孰与足？"

【注释】

[1]本章选自《颜渊》篇。鲁哀公为满足奢侈用度，不顾百姓死活，在荒年加重盘剥。有若的对话，反映了儒家的民本思想。　哀公：鲁哀公，名蒋，鲁定公之子。　于有若：介宾词组作补语，向有若，语译时提前作状语。　有若：孔子学生，姓有，名若，又尊称"有子"。

[2]年：年成，收成。　饥指谷物不熟，荒年。注意：上古"饥"与"饥"不同："饥"用于饥饿；"饥"用于饥荒，分别显著，到中古读音相同，才逐渐混用。

[3]用不足：国家的财用不足。　用：用度，财用。

[4]如之何：凝固结构，询问方式，作谓语，怎么办。

[5]盍(hé)彻乎：何不实行十分抽一的税率呢？　盍：何不。　彻：用作动词，实行彻制。"彻"是周代的田税制度，十分抽一的税率。《孟子·滕文公上》："夏后氏五十而贡，殷人七十而助，周人百亩而彻，

其实皆什一也。"

[6]二:指十分抽二的税率。

[7]如之何其彻:怎么能实行十分抽一的税率。

[8]百姓富足了,您跟谁不富足呢? 意思是说,您肯定也富足。

季氏将伐颛臾[1]

季氏将伐颛臾。冉有、季路见于孔子。曰[2]:"季氏将有事于颛臾[3]。"孔子曰:"求! 无乃尔是过与[4]! 夫颛臾,昔者先王以为东蒙主[5],且在邦域之中矣[6],是社稷之臣也[7],何以伐为[8]?"冉有曰:"夫子欲之[9],吾二臣者皆不欲也[10]。"孔子曰:"求! 周任有言曰[11]:'陈力就列[12],不能者止。'危而不持[13],颠而不扶[14],则将焉用彼相矣[15]? 且尔言过矣[16],虎兕出于柙[17],龟玉毁于椟中[18],是谁之过与[19]?"

【注释】

[1]本章选自《季氏》篇。颛臾是鲁国境内的小国,季氏要吞并它,是符合历史发展趋势的。孔子为维护周朝的礼制,对此持反对态度,反映了他在政治上的保守;但孔子反对乱事攻伐,主张"均无贫,和无寡,安无倾",是有一定积极意义的。 季氏:这里指季康子,名肥。是鲁国的三大贵族之一。 颛臾(zhuān yú):鲁国境内小的附庸国,传说是太皞(hào)氏的后裔,在今山东费(fèi)县。

[2]冉有:孔子的学生,名冉求,字子有,当时在季氏家族做家臣。 季路:孔子的学生,名仲由,字子路,当时也在季氏家族做家臣。 见(xiàn):谒见。

[3]有事:有军事行动。古代把国家的权力变更、军事行动等看做大事,所以古文中常用"有事"表示。 于:介词,对。

[4]冉求! 我恐怕要批评你了吧! 求:冉有的名。古人自称或地位尊贵的人称呼地位低的人称名,孔子在对自己的学生讲话,所以称冉有的名。 无乃……与:古汉语中表示反问语气的格式,可译作"恐怕……吧"、"该不会……吧"。 尔是过:责备你。 尔:第二人称代词,你。是"过"的前置宾语。 是:助词,标志"尔"是前置宾语。

过:动词,责备,批评。　　与:表感叹的语气助词,吧。后写作"欤"。

[5]夫(fú):指示代词,那。　　先王:已经去世的君主。这里指已经故去的鲁国君主。　　以为东蒙主:是"以〔之〕为东蒙主"的省略。　　之:指颛臾。　　东蒙:山名,即蒙山,在今山东蒙阴附近。　　主:主持祭祀的人。

[6]邦域之中:国境之内,指在鲁国境内。　　邦域:指国家。

[7]是:指代颛臾国,这里充当句子的主语。　　社稷:指国家,这里指鲁国。

[8]为什么要攻伐呢?"何以……为"是古代汉语中表示反问语气的固定句式,一般译作"为什么要……呢"。

[9]夫子:这里指季康子。春秋时对长者、老师以及大夫等都可以称作夫子。　　之:指攻伐颛臾的事。

[10]二臣:二人。　　者:语气助词。

[11]周任:古代的一名史官。

[12]陈力:施展才能。　　陈:摆布,这里是"施展"的意思。　　力:才力,才能。　　就列:承担职位。　　就:动词,接近,走向。这里有"承担"的意思。　　列:位置,这里是"职位"的意思。

[13]遇到不稳却不去扶持。　　危:倾侧不稳。　　持:扶持,搀扶。

[14]跌倒了却不去搀扶。　　颠:头朝下跌倒。　　以上两句是说盲人遇到危险〔搀扶的人〕却不去帮助。

[15]那为什么要用那个搀扶的人呢?　　焉:疑问代词,用作状语,为什么。　　相(xiàng):搀扶帮助盲者的人。

[16]尔言过:你的话错了。　　尔言:你的话,指"夫子欲之,吾二臣者皆不欲也"。　　过:过错,错误。

[17]兕(sì):一种独角的犀牛。　　柙(xiá):关猛兽用的笼子。

[18]龟玉:龟甲和美玉。古人对自然和社会的认识比较浅,对其中某些现象有一种神秘感,常用问卜的方法探问事情的吉凶,在问卜时要使用龟甲,所以龟甲就成了宝贵之物。　　椟(dú):木制的匣子。

[19]这是谁的过错呢?　　是:指示代词,这,指代前面提到的"危而不持……龟玉毁于椟中"。

冉有曰：“今夫颛臾，固而近于费[1]。今不取[2]，后世必为子孙忧。”孔子曰：“求！君子疾夫舍曰‘欲之’而必为之辞[3]。丘也闻有国有家者[4]，不患寡而患不均，不患贫而患不安[5]。盖均无贫[6]，和无寡[7]，安无倾[8]。夫如是，故远人不服[9]，则修文德以来之[10]；既来之，则安之[11]。今由与求也，相夫子[12]，远人不服而不能来也；邦分崩离析而不能守也[13]；而谋动干戈于邦内。吾恐季孙之忧不在颛臾，而在萧墙之内也[14]。”

【注释】

[1]夫：指示代词，那个。　固而近于费(旧读 bì)：城池坚固而且离费地很近。　固：城池坚固。　费：地名，在今山东费县。公元前 722 年，鲁僖公赐给公子友为采邑，成为季氏的根据地。

[2]取：强力占有。

[3]君子讨厌那种不讲自己有贪欲却定要给它寻求借口的态度。　疾：讨厌，疾恨。　舍曰“欲之”：不谈贪欲什么。　舍：“捨”的古字，舍弃。　为之辞：给它找借口。这是一个双宾语句。

[4]丘：孔子的名，这里是孔子自称。　也：句中语气助词。　国：诸侯的封地。　家：大夫的封地。

[5]这两句应作“不患贫而患不均，不患寡而患不安”。“贫”指财物的数量，和“均”呼应。“寡”指人口的数量(古人以为人多势众，利于发展生产)，和“安(国家安定太平)”有关。　患：担忧，忧虑。

[6]所以财物平均就没有贫困。　盖：连词，追述原因，原来是。

[7]百姓和睦就不怕人少。　和：和睦团结。

[8]国家安定就不会倾覆。　倾：倾覆，指被灭亡。

[9]远人：远方的人，这里指本国以外的人。

[10]修文德：实行礼乐德政。　修：实行。　文：指周先王所制定的礼乐制度。　德：仁德的政治措施。　来之：使远人来。　来：使动用法，使……来。

[11]安之：使远人安心。　安：使动用法，使……安。

[12]相(xiàng)：辅助，帮助。

[13]守：保守，保全。

[14]我担心季孙氏的忧虑不在颛臾,而是在鲁国国君身上。当时鲁国大权旁落于季孙氏,季孙氏担心颛臾是鲁君夺权的后盾,所以孔子说这样的话。 恐:怕,这里有"忧虑"、"担心"的意思。 萧墙之内:指鲁国国君。 萧墙:朝廷宫门内的照壁。

子路从而后[1]

子路从而后,遇丈人[2],以杖荷蓧[3]。子路问曰:"子见夫子乎[4]?"丈人曰:"四体不勤[5],五谷不分[6],孰为夫子[7]!"植其杖而芸[8]。子路拱而立[9]。止子路宿[10],杀鸡为黍而食之[11],见其二子焉[12]。

【注释】

[1]本章选自《微子》篇。反映了隐者对孔子周游列国、积极谋求官职以推行他的政治主张的鄙视;而子路则以儒家的政治思想、伦理观念批评隐者逃避现实、洁身自好的出世思想。 子路:孔子的学生,名仲由,字子路。 从:跟从。 后:用作动词,落在后边。

[2]丈人:年长的人,老者。

[3]用手杖将除草的农具扛在肩上。 荷:扛着。 蓧(diào):除草用的农具。

[4]夫子:古时对男子的尊称。这里指孔子,有"老师"的意思。

[5]四体不勤:手脚懒惰。 四体:四肢。 体:肢体。 勤:勤劳,勤苦。

[6]五谷:五种粮食作物,有人说这五种粮食是稻、菽、麦、稷、黍。另一说有"麻"无"稻"。

[7]谁是老师! 为:动词,认为是。

[8]植其杖:把自己的手杖立着插在地上。 植:这里有"立着插上"的意思。 芸(yún):通"耘",除草。

[9]拱:拱手,即双手在胸前相合,古人用这种方式表示恭敬。

[10]止:留止,挽留。

[11]为黍:做黄米饭。 黍:黄米。 食(sì)之:给子路吃。 食:

给……吃。

[12]让他的两个孩子拜见子路。　见(xiàn):使动用法,使……见。

　　明日,子路行。以告[1]。子曰:"隐者也。"使子路反见之[2]。至则行矣[3]。子路曰:"不仕无义[4]。长幼之节[5],不可废也;君臣之义,如之何其废[6]?欲洁其身,而乱大伦[7]。君子之仕也,行其义也[8]。道之不行,已知之矣[9]。"

【注释】

[1]以告:是"以〔之〕告"的省略,"之"指子路在路上所经历的事。

[2]反:"返"的古字,返回,指返回长者的住处。　见之:拜见长者。
　之:指长者。

[3]子路到长者家,而长者已经外出了。"至"的主语是"子路","行"的主语是"丈人"。

[4]不做官是不合宜的。　仕:做官。　义:合宜,合适。

[5]长幼之间的礼节。是说荷蓧丈人"见其二子",是没有废弃长幼之节。

[6]君臣之间的关系为什么要废弃呢?　君臣之义:君臣之间的关系,指臣应该尽力帮助国君治理国家,即应该做官。隐者不肯为官,就是不肯帮助国君治国,就是废弃了君臣之义。　如之何:为什么,古代汉语表示询问的一种固定结构。　其:句中语气助词,强化反问语气。

[7]乱:这里是破坏、废弃的意思。　大伦:指君臣之间的关系,因在人与人的关系中它是最重要的,所以称"大伦"。　伦:伦常,指人与人之间的道德关系。

[8]君子之仕也:有道德修养的人做官。"之"字是主谓之间的结构助词,取消句子独立性,成为词组,充当句子主语。　也:句中语气助词,表停顿。　行其义:作他应该做的事。

[9]道之不行:主谓之间插入助词"之"取消句子独立性。　道:这里指儒家实行礼制的主张。　知之矣:知道儒道不能推行。　之:代词,指"道之不行"这件事。

〔谋〕(謀)　古今汉语都指考虑,商议,谋划。如《诗经·卫风·氓》:"来即我谋。"是说"氓来我这里是商议婚事"。又《左传·庄公十年》:"肉食者谋之。"今成语有"不谋而合"。商议、谋划的结果便有了计策,计划。如《论语·卫灵公》:"小不忍则乱大谋。"今成语有"有勇无谋"。有时指算计,暗算。如《季氏将伐颛臾》:"而谋动干戈于邦内。"又特指谋求,营求。《论语·卫灵公》:"君子谋道不谋食。"

〔习〕(習)　本义是鸟反复地飞,频繁地飞。甲骨文作習,从羽从日(后讹作"白")。正像禽鸟在晴空里练习飞翔。《说文》:"习,数(shuò,多次,屡次)飞也。"《礼记·月令》:"鹰乃学习。""学习"即反复练习飞翔。由此引申为反复练习,钻研。如《吾日三省吾身》:"传不习乎?"老师传授的知识没有复习巩固吗?复习的结果是熟习,通晓。如《冯谖客孟尝君》:"谁习计会,能为文收责于薛者乎?"由于反复练习,反复接触某事物,于是形成习惯。如《论语·阳货》:"性相近也,习相远也。"今成语有"习以为常"。

〔愤〕(憤)　古今汉语有很大差别。"愤"字在上古汉语中是憋闷的意思。如《论语·述而》:"不愤不启。"是说不到学生想不明白而憋闷时不去开导他。这是孔子总结的教学经验。又《叶公问孔子于子路》:"发愤忘食。"也指为排除修业之憋闷而奋发努力。"愤"和"懑(mèn)"是同义词。《说文》:"愤,懑也。"如《报任安书》:"是仆终已不得舒愤懑以晓左右。""愤"和"懑"同义并举。

应该注意,上古汉语"愤"和"怒"的意义差别很大,它们的读音也不同。"发愤"和"发怒"的意义全不相同。现代汉语的"发愤"也不是"发怒"的意义。

〔固〕 坚固,牢固。特指城郭坚固,易守难攻。《说文》:"固,四塞也。"从口,表示四面封闭。如《季氏将伐颛臾》:"今夫颛臾,固而近于费(bì)。"是说颛臾城郭坚固,而且离季氏采邑——费很近。引申为抽象义,稳固,安定。如《国语·晋语》:"夫固国者在亲众而善邻。"又引申为坚定,坚决。如《冯谖客孟尝君》:"梁使三反,孟尝君固辞不往也。"孟尝君坚决推辞梁惠王的聘请。又《韩非子·诡使》:"守法固。"也是指守法坚决而不动摇。又为固定不变。如《五蠹》:"法莫如一而固。"用作副词,有本来、当然的意思。《孟子·梁惠王上》:"臣固知王之不忍也。"

应该注意,固和坚、刚、强的区别。"固"的本义是四面闭塞,易守难攻。"坚"的本义是土硬,"刚"的本义是刀坚,而"强"的本义则是弓有力。

〔曲〕 读 qū。弯曲,跟"直"相对。如《饭疏食》:"曲肱而枕之。"是说弯着胳膊而枕上它。又《荀子·劝学》:"其曲中规。"它的弯状跟圆规相符。特指水流弯曲处。如"河曲"指黄河弯曲处,今山西永济一带。引申为抽象义,指理屈,跟理直相对。如《史记·廉颇蔺相如列传》:"秦以城求璧,而赵不许,曲在赵。"又指邪曲不正。如《战国策·秦策》:"赵王之臣有韩仓者,以曲合于赵王。""曲"还指偏僻的乡村,乡里,与通都大邑相对。《庄子·秋水》:"曲士不可以语于道者,束于教也。""曲士"便指乡里之士。又指局部,一部分,跟"全"相对。如《荀子·解蔽》:"凡人之患,蔽于一曲。"

读 qǔ。歌曲,乐曲。如宋玉《对楚王问》:"是其曲弥(mí,越)高,其和(hè)弥寡。"

〔摄〕(攝) 读 shè。本义是拉曳,牵引。《说文》:"摄,引持也。"《战国策·楚策》:"左挟弹,右摄丸。"是说公子王孙左手把着弹弓,右手安上弹丸,向后拉紧弓弦。方向朝上,引申为提起。如《战国策·赵策》:"〔诸侯〕摄衽(rèn)抱几(jī)。"是说诸侯为接待天子而提起衣襟,抱持几案。拉曳、牵引的结果必收拢,收紧。如《庄子·胠(qū)箧(qiè)》:"必摄缄(jiān)縢(téng)。"为防盗一定用绳子把箱子勒紧。又引申为吸引。顾况《广陵白沙大云寺碑》:"磁石摄铁。""摄铁"便是吸引铁。又比喻引申为行政上的统辖,统领。如桓谭《新论·识通》:"汉文帝总摄纪纲。"是指汉文帝统领全国政事。因受制于人,引申为代理。如《齐晋鞌之战》:"摄官承乏。""摄官"即代理官职。在空间上处在当中而受周围制约,于是引申为夹处。如《子路曾皙冉有公西华侍坐》:"千乘之国,摄乎大国之间。"即夹处在大国中间。

〔知〕 用作动词,读 zhī。知道,懂得,了解。如《叶公问孔子于子路》:"不知老之将至云尔。"这"知"是知道义。《左传·僖公二十二年》:"君未知战。"这"知"是懂得义。《子路曾皙冉有公西华侍坐》:"居则曰:'不吾知也。'"这"知"是了解义。今成语有"知人善任",即能了解人才,善于任用。用作名词。知识,知觉。《列子·汤问》:"两小儿笑曰:'孰为(谓)汝多知乎?'"谁说你知识渊博呢?又《论语·子罕》:"吾有知乎哉?无知也。"孔子说:"我有很多知识吗?没有啊。"《荀子·王制》:"草木有生而无知。"是说花草树木有生命但没有知觉。

用作形容词,读 zhì。指聪明,智慧。《左传·僖公三十年》:"失其所与,不知。"秦伯说,失去同盟国,这是不智。后写作"智"。《孟子·公孙丑下》:"王自以为与周公孰仁且智。"

〔毅〕 坚强,果决。《论语·泰伯》:"士不可以不弘毅,任重而道远。"又陈澧《东塾读书记》:"读书随意翻阅,不能自首至尾,斯不毅矣。"又为英武,勇敢。如《楚辞·九歌·国殇》:"身既死兮神以灵,魂魄毅兮为鬼雄。"又《荀子·不苟》:"刚强猛毅。"用作贬义,指残酷。如《韩非子·内储说上》:"殷之法,弃灰于道者断其手。子贡曰:'弃灰之罪轻,断手之罚重,古人何太毅也。'"王先谦集解引旧注:"毅,酷也。""何太毅"是说怎么这样残酷。又指妄怒,盛怒。《说文》:"毅,妄怒也。"段玉裁注:"凡气盛曰妄。"如

《国语·楚语》："其为人也……毅而不勇。"是说王孙胜为人妄怒而不勇敢。

〔洁〕（潔）　本义是清洁，干净。如《左传·定公三年》："庄公卞（biàn，急躁）急而好洁。"又《孟子·离娄下》："西蒙子不洁，则人皆掩鼻而过之。"引申为使清洁。《管子·心术》："洁其宫，开其门。""洁其宫"即使其宫洁，把屋子打扫干净。又特指洁白。如李珣（xún）《酒泉子》词："秋月婵娟，皎洁碧纱窗外。"比喻引申为抽象义，品德纯洁，清白不污。如《吕氏春秋·贵公》："鲍叔牙之为人也，清廉洁直。"又引申为使纯洁，保持清白。如《子路从而后》："欲洁其身，而乱大伦。"特指行文简洁。柳宗元《答韦中立论师道书》："参之太史公以著其洁。"是说参考《史记》，而使文章写得干净利落，没有浮赘。

〔伦〕（倫）　人伦，辈分，指人与人之间的特定关系。"伦"有次序的意思。封建社会人伦有特定的内涵。《孟子·滕文公上》："父子有亲，君臣有义，夫妇有别，长幼有序，朋友有信。"其中君臣、父子之间的关系属大伦。如《子路从而后》："欲洁其身，而乱大伦。"这"大伦"便指君臣之间的关系。又《孟子·公孙丑下》："内则父子，外则君臣，人之大伦也。"这"大伦"包括父子之间的关系。又指同类，同辈。如《史记·伯夷列传》："孔子序列古之仁圣贤人，如吴太伯、伯夷之伦详矣。"又韩愈《进学解》："绝类离伦。""类"和"伦"同义对举。今成语有"超群绝伦"、"无与伦比"。又指条理，顺序。如《荀子·解蔽》："是故众异不得相蔽以乱其伦也。""众异"指事物之间的差异。"乱其伦"指使它们之间的条理紊乱。今成语有"语无伦次"。

13 大　同

《礼记》

【说明】

本篇节选于《礼记·礼运》，标题是后人加的。

《礼记》收入的文章比较复杂，可以说是儒学杂编，都是战国秦汉间儒家的言论，当是孔门再传弟子和汉代学者所记。其中有的是解释《仪礼》的，有的是记载和考证礼节制度的，有的是记述礼节条文、政令的，有的是关于礼制的理论的，还有记录孔子及七十子言论和杂事的。毫无疑问，所记之礼都是为封建制度服务的，但其中也有某些可供借鉴的因素，对研究古代社会伦理观念、宗法制度、阶级关系以及儒家各学派的思想等，仍是不可缺少的参考资料。东汉郑玄为它作了注，唐孔颖达又作了疏，就是现在通行的《礼记注疏》。

《礼运》是《礼记》中的一篇，内容比较庞杂。郑玄说是"记五帝三王相变易及阴阳运转之道"的。这里选的《大同》是《礼运》的开头一段。其中所谓的大同之世，实为对古代原始共产社会之传说追忆，是一些儒家知识分子追求的理想。所谓小康之世，是古代历史上的所谓三代之英统治的"盛世"，是儒家所标榜的。

昔者仲尼与于蜡宾[1]，事毕，出游于观之上[2]，喟然而叹[3]。仲尼之叹，盖叹鲁也[4]。言偃在侧曰[5]："君子何叹[6]？"孔子曰："大道之行也[7]，与三代之英[8]，丘未之逮也[9]，而有志焉[10]。

【注释】

[1]仲尼:孔子名丘,字仲尼。称人提字表敬。 与(yù)于蜡(zhà)宾:
参加到蜡祭的陪祭者的行列。 与:参加。 蜡:古代国君年终的
祭祀。 宾:陪祭者。

[2]观(guàn):宗庙门外两旁的高台建筑,也叫"阙"。

[3]喟(kuì)然:叹息的声音。

[4]盖:大概。

[5]言偃:孔子弟子,姓言名偃,字子游。

[6]君子:指孔子。 何叹:叹息什么。疑问代词作宾语,置于动词前。

[7]大道:指下文谈的原始共产社会的那些礼仪准则。

[8]三代之英:夏、商、周三代的精英人物,指禹、汤、文、武。

[9]丘:孔子自称称名,表自谦。 逮(dài):赶上。 之:指代"大道之
行也,与三代之英",是"逮"的宾语。否定句代词作宾语,宾语前置。

[10]有志焉:有志于此,心向往于大道之行和三代之英。

"大道之行也,天下为公[1]。选贤与能[2],讲信脩睦[3]。故人
不独亲其亲,不独子其子[4],使老有所终[5],壮有所用[6],幼有所
长[7],矜寡孤独废疾者皆有所养[8],男有分[9],女有归[10]。货恶
其弃于地也,不必藏于己[11];力恶其不出于身也,不必为己[12]。
是故谋闭而不兴[13],盗窃乱贼而不作[14],故外户而不闭[15],是谓
大同[16]。

【注释】

[1]天下是公共的。伟大的民主革命先驱孙中山先生的有名的题词"天
下为公"即出自此句。

[2]选拔贤德之人,举荐有才能的人。 与:同"举"。

[3]讲信:讲求信用。 脩睦:增进和睦。 脩:通"修",增进,加强。

[4]所以人们不仅仅把自己的双亲作为双亲,不仅仅把自己的子女作为
子女。文中前一个"亲"和"子"都用为动词,可理解为"以其亲为
亲"、"以其子为子"。 子:包括男孩和女孩。

[5]有所终:有善终,指正常死亡。

［6］有所用：有用处，指对社会集体有贡献。

［7］有所长(zhǎng)：有成长的条件。

［8］矜(guān)：通"鳏"，老而无妻的人。　寡：老而无夫的人。　孤：幼
而无父的人。　独：老而无子的人。

［9］分(fèn)：职分，职务。

［10］归：女子出嫁叫归，这里指归宿、夫家。

［11］人们厌恶把财物抛弃在地上，不一定要收藏在自己家里。　货：财
物。　恶(wù)：厌恶，不喜欢。

［12］厌恶力气不出于自身，却不一定为了自己。

［13］谋：指奸诈之心。　闭：闭藏。　兴：兴起，出现。

［14］乱贼：违法乱纪、犯上作乱之行为。　作：兴起。

［15］户：单扇门，用为动词，合上门。　闭：闩上门。

［16］这叫做大同。　大同：高度的和平，实指原始共产社会。

"今大道既隐[1]，天下为家[2]。各亲其亲，各子其子，货力为
己[3]；大人世及以为礼[4]，城郭沟池以为固[5]，礼义以为纪[6]，以
正君臣[7]，以笃父子[8]，以睦兄弟[9]，以和夫妇[10]，以设制度，以
立田里[11]，以贤勇知[12]，以功为己[13]。故谋用是作，而兵由此
起[14]。禹汤文武成王周公，由此其选也[15]。此六君子者，未有不
谨于礼者也[16]。以著其义[17]，以考其信[18]，著有过[19]，刑仁讲
让[20]，示民有常[21]。如有不由此者[22]，在埶者去[23]，众以为
殃[24]，是谓小康[25]。"

【注释】

［1］隐：藏匿。这里有"消失"的意思。

［2］天下成了私家的。

［3］货力：财物力气。

［4］天子诸侯以世代相传为礼制。　大人：指天子诸侯。　世及：世代
相传。父子相传为世，兄弟相传为及。这里用作"以"的宾语而前
置，即"以……为……"句式的变式。后两句结构与此同。

［5］城：城墙。　郭：外城。　沟池：护城河。　固：指赖以守卫的工事。

[6]纪:纲纪,准则。

[7]以:"以之"的省略。"之"指代"礼义以为纪",直到"以功为己"都是
　　这样的句式。　正君臣:使君臣关系端正。

[8]笃父子:使父子关系纯厚。

[9]睦兄弟:使兄弟和睦。

[10]和夫妇:使夫妇和谐。

[11]立田里:建立土地、闾里制度。

[12]贤勇知(zhì):以勇知为贤,即认为勇敢有智谋的人贤能。　知:
　　"智"的古字。

[13]功为己:为自己去立功。　功:用为动词,立功。

[14]用是:因此。这里的"是"和下句"由此"的"此"都指代上文"今大
　　道既隐……以功为己"。　兵:战争。

[15]据此而选拔出来。是说禹汤文武成王周公因此成为选拔出来的
　　杰出人物。　其:句中语气助词,无义。

[16]谨:谨慎小心。

[17]用礼表彰他们做对了的事。　以:"以之"的省略。"之"字指代
　　"礼"。下句的"以"字也是这样。　著(zhù):显露,彰明,使动用
　　法。　其:指代"民"。

[18]用礼来成全他们讲信用的事。　考:成全。

[19]揭露有过错的。

[20]刑仁:把仁德定为法则。　刑:"型"的古字。法则,典范。这里用
　　为动词,指定为法则。　讲:提倡。　让:谦让不争。

[21]向人民显示有常规。

[22]不由此者:不用礼的人。　由:用。

[23]在埶者:居统治地位的人。　埶:势力,权势,后来写作"势"。
　　去:离,这里是"罢免"的意思。

[24]百姓认为不用礼是祸害。

[25]小康:小安。这里所说的"小康",和我们今天要建设的小康社会的
　　"小康",不是同一概念。

〔盖〕　茅草编织的覆盖物,用来盖房屋,又用来遮蔽身体保暖。《史记·孝武本纪》:"明堂图中有一殿,四面无壁,以茅盖,通水。"又《左传·襄公十四年》:"乃祖吾离被苫盖,蒙荆棘,以来归我先君。"(乃:你。吾离:人名。苫盖:同义复词,用茅草所编的遮身物。蒙荆棘:头戴用荆条所编之物。)引申为器物上的盖。《礼记·少仪》:"器则执盖。"车上的伞状的篷也叫盖。《魏公子列传》:"平原君使者冠盖相属于魏。"《教战守策》:"出则乘舆,风则袭裘,雨则御盖。"又为遮蔽,掩盖。《史记·龟策列传》:"云盖其上,五采青黄。"《左传·襄公十七年》:"大臣不顺,国之耻也,不如盖之。"又为超过,压倒。《史记·秦始皇本纪》:"功盖五帝,泽及牛马。"《韩非子·解老》:"战易胜敌而论必盖世。"

用为副词,表疑而未定,大概。《公羊传·宣公元年》:"退而致仕,孔子盖善之也。"如本篇:"仲尼之叹,盖叹鲁也。"

〔亲〕(親)　父母。如本篇:"故人不独亲其亲,不独子其子。"后一"亲"字指父母。又《韩非子·难一》:"孝子爱亲,百数之一也。"引申为亲属,亲人。《史记·秦始皇本纪》:"六亲相保,终无寇贼。"又《史记·外戚世家》:"吕太后以重亲故,欲其生子万方,终无子。""亲戚"在古代指包括父母兄弟在内的族内外亲属。《左传·昭公二十年》:"闻免父之命,不可以莫之奔也;亲戚(这里指其父)为戮,不可以莫之报也。"《韩非子·十过》:"曹人闻之,率其亲戚而自保釐负羁(人名)之间者七百余家。"

用为动词,亲近。《韩非子·十过》:"夫知伯之为人也,阳亲而阴疏。"又:"少欲,则能临其众;多信,则能亲邻国。"

用作状语,亲自。《韩非子·外储说右上》:"不服兵革而显,不亲耕耨而名，又非所以教于国也。"又《左传·僖公六年》："武王亲释其缚，受其璧而袚（fù）之。""袚之"指为之举行除灾求福的祭祀。

〔终〕（終） 终结，终了。《诗经·大雅·荡》："靡不有初，鲜克有终。"《韩非子·十过》："乃召师涓，令坐师旷之旁，援琴鼓之。未终，师旷抚止之。"又指生命终结，终了。如本篇："使老有所终，壮有所用。"又《史记·刺客列传》："今不幸而母以天年终。"常见"终日"、"终朝"、"终岁"、"终身"等，是终了一天即一整天、终了一早晨即一早晨、终了一年即一整年、终了一生即一辈子的意思。《史记·商君列传》："夫子果肯终日正言，鞅之药也。"《老子·二十三章》："飘风不终朝，骤雨不终日。"《韩非子·十过》："戎王许诺，见其女乐而说之，设酒张饮，日以听乐，终岁不迁，牛马半死。"《史记·老子韩非子列传》："终身不仕，以快吾志焉。"

用为副词，有"自始至终"、"永远"的意思。《五蠹》："夫以父母之爱、乡人之行、师长之智三美加焉，而终不动，其胫毛不改。"又有"终于"、"毕竟"的意思。《魏公子列传》："公子自度终不能得之于王。"《史记·留侯世家》："上曰：'终不使不肖子居爱子之上。'"

〔弃〕（棄） 本义是抛弃。如本篇："货恶其弃于地也，不必藏于己。"《左传·僖公二十二年》："天之弃商久矣，君将兴之，弗可赦也已。""弃市"连用，是在市上处死刑，表示为人所共弃。《史记·郦生陆贾列传》："当（判决）弃市，病死，国除。"又《史记·淮南衡山列传》："〔衡山王子〕孝先自告反，除其罪；坐与王御婢奸，弃市。"引申为违背，背弃。《史记·齐太公世家》："弃信于诸侯，失天下之援，不可。"又《左传·僖公二十二年》："从子而归，弃君命也，不敢从，亦不敢言。"

〔藏〕 保藏谷物。《史记·太史公自序》："夫春生夏长，秋收冬藏，此天道之大经也。"又《史记·郦生陆贾列传》："夫敖仓，天下转输久矣，臣闻其下迺有藏粟甚多。"引申为收藏。如本篇："货

120

恶其弃于地,不必藏于己。"《史记·淮阴侯列传》:"信曰:'果若人言:"狡兔死,走狗亨;高鸟尽,良弓藏;敌国破,谋臣亡。"天下已定,我固当亨(同"烹")!'"又为隐藏。《魏公子列传》:"公子闻赵有处士毛公藏于博徒,薛公藏于卖浆家。"又《韩非子·难三》:"术者,藏之于胸中,以偶众端而潜御群臣者也。"

读 zàng,储藏东西的地方。《史记·大宛列传》:"令外国客偏观各仓库府藏之积,见汉之广大,倾骇之。"有书名《道藏》,即道教经典之总集。引申为人体之内脏。《史记·扁鹊仓公列传》:"切其脉时,右口气急,脉无五藏(指心、肝、脾、肺、肾)气。"又《华佗传》:"言久服去三虫,利五藏,轻体,使人头不白。"现在写作"脏",为后造之字。

〔兴〕(興) 起,起来。如本篇:"是故谋闭而不兴,盗窃乱贼而不作。"《左传·襄公二十六年》:"夙兴夜寐,朝夕临政,此以知其恤民也。"引申为举,发。《韩非子·外储说右上》:"文公见民之可战也,于是遂兴兵伐原,克之。"《孟子·梁惠王上》:"抑王兴甲兵,危士臣,构怨于诸侯,然后快于心与?"又为发达,昌盛,跟"废"相对。《左传·昭公四年》:"善亦如之,德远而后兴。"《韩非子·奸劫弑臣》:"阖乱之道废,聪明之势兴也。"

又读 xìng,兴致,兴趣,是后起之义。《晋书·王徽之传》:"乘兴而来,兴尽便返。"

〔正〕 不偏,不斜,跟"偏"、"斜"相对。《韩非子·大体》:"太山不正,民不能齐。"《史记·乐书》:"中正无邪,礼之质也。"引申为正当,合适。《韩非子·难一》:"历山之农者侵畔,舜往耕焉,朞年,甽亩正。"又《扬权》:"名正物定,名倚物徙。"又为正派。《左传·昭公二十六年》:"夫和而义,妻柔而正。"《韩非子·守道》:"大勇愿,巨盗贞,则天下公平,而齐民之情正矣。"又用为主管人。《史记·三王世家》:"宗正者,主宗室诸刘属籍。"又《史记·田敬仲完世家》:"桓公使为工正。"古代乐官之长称"乐正",后代有"里正"、"村正"。

用作状语有两义：一是"不偏"。《左传·定公五年》："叶公终不正视。"又《史记·商君列传》："夫子果肯终日正言，鞅之药也。"另一义是"恰好"。《韩非子·十过》："辅依车，车亦依辅，虞、虢之势正是也。"《庄子·盗跖》："且子正为名，我正为利。"

〔笃〕（篤） 厚。《公羊传·宣公十二年》："是以君子笃于礼而薄于利。"引申为纯。《史记·周本纪》："毋多欲，以笃信临之。"又《史记·万石张叔列传》："然斯可谓笃行君子矣！"又为坚定。《左传·昭公十三年》："亡十九年，守志弥笃。"《史记·周本纪》："公季脩古公遗道，笃于行义，诸侯顺之。"用作状语，坚定地。《史记·伯夷列传》："颜渊虽笃学，附骥尾而行益显。"又为重，指病重。《史记·范雎蔡泽列传》："昭王强起应侯，应侯遂称病笃。"又《史记·廉颇蔺相如列传》："时赵奢已死，而蔺相如病笃。"

14　夫子当路于齐

《孟子》

【说明】

本文选自《孟子·公孙丑上》，标题是后人从第一句话中摘取的。

孟子（约前 372—前 289）名轲，字子舆，战国时邹（今山东邹县）人。他受业于子思（孔子的孙子）的门人，是继孔子之后儒家学派的重要代表人物。

孟子生活于一个社会大变动的时代。他崇尚周公之礼，主张施行仁政，提倡王道，反对霸道，以建立封建的大一统天下。他的哲学思想是主观唯心主义的，主张"性善论"和"先知"。曾游说齐、宋、滕、魏等诸侯，在当时，大国崇尚武力以兼并，小国依靠大国以自存，是天下步入统一的前夕。孟轲的主张不合时宜而不被采纳。晚年，与其弟子万章等"序诗书，述仲尼之意"，写成《孟子》7篇，记录了他的思想和政治主张。

汉代以后，封建王朝出于巩固其统治的需要，都重视孟子的思想。北宋以后，《孟子》一书被列为士大夫必读的经典之一。

《孟子》常见的注本有《十三经注疏》本，宋朱熹的《四书集注》本以及今人杨伯峻的《孟子译注》。

本文是孟子在与其弟子公孙丑对话中，阐述他推行仁政王道的主张。先用曾西的言论否定了管仲推行的霸道，进而提出齐国有条件"行仁政而王"，并且认为当时正是其时，可以"事半古之人,功必倍之"。孟子的这一主张实际上并没有行得通。

　　公孙丑问曰[1]:"夫子当路于齐[2],管仲晏子之功[3],可复许乎[4]?"

　　孟子曰:"子诚齐人也! 知管仲晏子而已矣。或问乎曾西曰[5]:'吾子与子路孰贤[6]?'曾西蹴然曰[7]:'吾先子之所畏也[8]。'曰:'然则吾子与管仲孰贤[9]?'曾西艴然不悦曰[10]:'尔何曾比予于管仲[11]! 管仲得君[12],如彼其专也[13]! 行乎国政[14],如彼其久也! 功烈,如彼其卑也[15]! 尔何曾比予于是[16]!'曰[17]:"管仲,曾西之所不为也[18],而子为我愿之乎[19]?"

【注释】

[1]公孙丑:孟子的弟子,姓公孙,名丑。

[2]夫子:古代男子的尊称。孔子门徒尊称孔子为夫子,以后就成了对老师的尊称。这里也是学生尊称老师。　当路:当道。指身居要职,掌管政权。这是假设之言。

[3]管仲(? —前645):名夷吾,字仲。死后谥"敬",所以又称管敬仲。他辅佐齐桓公,在国内进行改革,使齐国富兵强,又以"尊王攘夷"为号召,称霸诸侯。　晏子(? —前500):名婴,字平仲。继其父为齐卿,历仕齐灵公、庄公、景公三世,是有名的政治家。　功:功业。

[4]许:兴。据赵岐注。

[5]或:有人。　乎:介词,作用相当于"于"。　曾西:孔子弟子曾参的孙子。

[6]吾子:亲密尊敬的对称。　子路:孔子弟子,姓仲名由,字子路。

[7]蹴(cù)然:不安的样子。　蹴:通"慼。"

[8]是我先祖父所敬服的人。　先子:古人用以称自己死去的前辈,这里指曾参。　畏:敬服。

[9]然则:这样,那么。

[10]艴(fú)然:恼怒的样子。

[11]尔:你。　何曾(zēng):为什么竟然。　比予于管仲:把我和管仲一样看待。　比:等同看待。

［12］得君:遇君,指受齐桓公的赏识重用。

［13］像他那样专一。　其:句中语气助词,无义。下文"如彼其久也"、"如彼其卑也"中的"其"字同此。　专:专一。指仅管仲一人得君。

［14］推行国政。　乎:作用相当于"于"。

［15］功烈:功业。　卑:低下,不足道。曾西认为管仲有那样的条件,应该推行王道,但管仲却推行霸业,所以斥之为"卑"。

［16］于是:和这个人。

［17］曰:还是孟子曰,稍作停顿,表示换个话题。

［18］是曾西所不做的人。

［19］为:认为。　愿:倾慕。　之:指代管仲。

　　曰:"管仲以其君霸[1],晏子以其君显[2],管仲晏子犹不足为与?"

　　曰:"以齐王[3],由反手也[4]!"

　　曰:"若是,则弟子之惑滋甚[5]。且以文王之德[6],百年而后崩[7],犹未洽于天下[8]。武王、周公继之[9],然后大行[10]。今言王若易然[11],则文王不足法与[12]?"

【注释】

［1］以其君霸:凭着他的国君推行霸业。

［2］显:显名。

［3］王(wàng):行王道统治天下。

［4］由:通"犹",好像。　反手:翻转手掌。极言"王天下"之易。

［5］若是:如此,像这样。　惑:疑惑,疑问。　滋:益,更加。

［6］且:连词,而且,表示进一层的关系。　文王:姓姬名昌,殷纣时为西方诸侯之长,称西伯,曾争取或灭掉几个小国,建丰邑作为国都。其子武王起兵伐纣,灭殷,建立周王朝。

［7］百年:文王活到九十七岁,说"百年"是举其整数。这和后代用"百年"表示死去的意思不同。　崩:古代称天子死为崩。

［8］他的德泽还没有霑润到全天下。　犹:还。　洽(qià):霑润,滋润。

[9]武王:姬发,文王之子。　周公:姬旦,武王之弟,辅佐武王伐纣,统
　　一天下。又辅佐武王之子成王安定天下。

[10]大行:指德化大行于天下。

[11]若易然:这么容易。　若:如此,这么。

[12]法:效法。

　　曰:"文王何可当也[1]?由汤至于武丁,贤圣之君六七作[2],
天下归殷久矣[3],久则难变也。武丁朝诸侯[4],有天下,犹运之掌
也[5]。纣之去武丁未久也[6],其故家遗俗[7],流风善政[8],犹有存
者,又有微子、微仲、王子比干、箕子、胶鬲[9],皆贤人也,相与辅相
之[10],故久而后失之也[11]。尺地莫非其有也,一民莫非其臣
也[12],然而文王犹方百里起[13],是以难也。齐人有言曰:'虽有智
慧,不如乘势[14];虽有镃基[15],不如待时[16]。'今时则易然也[17]。
夏后殷周之盛[18],地未有过千里者也,而齐有其地矣[19]。鸡鸣狗
吠相闻,而达乎四境[20],而齐有其民矣[21]。地不改辟矣[22],民不
改聚矣[23],行仁政而王,莫之能御也[24]。且王者之不作,未有疏
于此时者也[25];民之憔悴于虐政[26],未有甚于此时者也。饥者易
为食,渴者易为饮[27]。孔子曰:'德之流行,速于置邮而传命[28],'
当今之时,万乘之国行仁政[29],民之悦之,犹解倒悬也[30]。故事
半古之人[31],功必倍之。惟此时为然[32]。"

【注释】

[1]何可当:怎么可以相比。　当:对等,相当。

[2]贤圣之君:指汤、太甲、太戊、祖乙、盘庚、武丁等。　六七作:六七次
　　兴起,即出现六七次。　作:兴起。

[3]归:归附,归属。

[4]朝诸侯:使诸侯来朝。　朝:使动用法。

[5]犹:好像。　运之掌:"运之于掌"的省略,在手掌上转动东西。

[6]纣:殷最后一代君王,历史上著名的暴君。　去:离。　未久:据史
　　书记载,武丁传到纣,中间有七个君王,但多数都短命,在位三五年,

或十年八年,所以说"未久"。

[7]故家:有功勋的旧臣之家。 遗俗:先代留下来的良好习俗。

[8]流风:流传下来的好的风尚。

[9]微子:纣的庶兄。 微仲:微子之弟。 王子比干:纣的叔父。 箕子:纣的叔父。 胶鬲(gé):纣之臣。 这五个人都是纣时的贤臣。其中微子、比干、箕子,被孔子称为三仁。

[10]相与:共同。 辅相:辅佐协助。

[11]之:指代天下。

[12]没有一尺土地不是他所有的,没有一个人不是他的臣子的。

[13]犹:通"由",从。 起:兴起。

[14]乘势:趁机会。 势:形势,机会。

[15]镃(zī)基:大锄。

[16]待时:等待农时。 时:季节,这里指农时。

[17]今时:现今。

[18]夏后:夏代。 盛:兴盛。这里指三王朝最兴盛的时候。

[19]其地:那么大的土地。

[20]鸡鸣狗叫相互间都能听到,一直到达四周边境。这说明人口有了一定的密度了。当时根据发展生产和壮大军队的要求,希望有更多的人口。

[21]其民:那么多人民。

[22]改辟:再开拓,指扩展土地。

[23]改聚:再聚集,指招徕、增加人口。

[24]没有谁能抵御它了。 之:指代齐国,用作"御"的宾语而前置。

[25]疏于此时者:比这段时间相间隔久远的。 疏:行为重复的间隔久。

[26]憔悴(qiáo cuì)于虐政:被暴政困顿。 憔悴:困顿萎靡。

[27]饥饿的人容易给他饭食,口渴的人容易给他喝的。

[28]德政的传布,比驿站传达政令还要快。 置、邮:都是驿站传递。置是马递,邮是车递。 命:国家的命令。

[29]万乘(shèng)之国:具有万辆兵车的国家,指大国。按周制,万乘指帝王。战国时期大国也称万乘。

[30]解倒悬:解开倒吊着人的绳子。

［31］事半古之人：事情做古人的一半。

［32］只有这时才是这样。　然：如此，这样。

<table>
<tr><td colspan="4" align="center">**本篇选词概述**</td></tr>
<tr><td>1. 畏</td><td>2. 卑</td><td>3. 滋</td><td>4. 若</td></tr>
<tr><td>5. 后</td><td>6. 盛</td><td>7. 疏</td><td>8. 犹</td></tr>
</table>

〔畏〕　害怕。《诗经·郑风·将仲子》："仲可怀也，人之多言，亦可畏也。"又《左传·昭公二十年》："夫火烈，民望而畏之，故鲜死焉。"还有由于尊重、佩服而产生的敬畏。如本篇："曾西蹴然曰：'吾先子之所畏也。'"《三国志·蜀书·诸葛亮传》："邦域之内，咸畏而爱之。"

〔卑〕　《说文》："卑，贱也，执事者。"伺候主人的奴仆称卑。《国语·越语上》："〔句践〕然后卑事夫差。""卑事"相当于"臣事"，即以奴仆的身份事奉。又地位低下叫卑。《韩非子·诡使》："上以此为教，名安得无卑，位安得无危？"《前出师表》："先帝不以臣卑鄙，猥自枉屈，三顾臣于草庐之中，咨臣以当世之事。""卑鄙"是地位低微而鄙陋寡闻。权势衰微也称卑。《韩非子·爱臣》："昔者纣之亡，周之卑，皆从诸侯之博大也。"也说地势低。《礼记·中庸》："譬如登高必自卑。"《庄子·则阳》："是故丘山积卑而为高，江河合水而为大。"成就低也称卑。如本篇："功烈，如彼其卑也！"

〔滋〕　增多，滋长。《史记·平准书》："匈奴绝和亲，侵扰北边，兵连不解，天下苦其劳，而干戈日滋。"《左传·哀公元年》："树德莫如滋（培植，滋长），去疾莫如尽。"此义也多保存在同义复词中。《郑伯克段于鄢》："无使滋蔓，蔓难图也。"又《史记·吕太后本纪》："民务稼穑，衣食滋殖。"用为副词，更加。如本篇："若是，则弟子之惑滋甚。"《左传·僖公二十五年》："得原失信，何以庇之？所亡滋多。”

〔若〕　像，动词。《北冥有鱼》：“有鸟焉，其名为鹏，背若泰山，翼若垂天之云。”引申为相同，一样。《庄子·德充符》：“鲁有兀者王骀，从之游者与仲尼相若。”《许行》：“布帛长短同，则贾相若；麻缕丝絮轻重同，则贾相若。”又引申为比得上。《孟子·离娄上》：“如耻之，莫若师文王。”《韩非子·十过》：“臣闻之，知臣莫若君，知子莫若父。”用为第二人称代词。《韩非子·难一》：“文公曰：‘此非若所知也。’”用为指示代词，作定语，相当于“此”。《论语·宪问》：“南宫适（kuò）出，子曰：‘君子哉若人！尚德哉若人！’”作状语，相当于“如此”。如本篇：“今言王若易然，则文王不足法与？”“若”字用作介词，相当于“像”、“如”。《韩非子·和氏》：“论宝若此其难也。”《后汉书·张衡传》：“验之以事，合契若神。”“若”字用作连词，表假设。《韩非子·十过》：“若受吾币不假之道，将奈何？”

〔后〕　在上古“后”和“司”应该是一个字，是“主管”、“主宰”的意思。“后稷”是主管五谷，“后土”是主管土地。天下的主管者君主也称后。《庄子·让王》：“舜以天下让其友北人无择，北人无择曰：‘异哉，后之为人也，居于畎亩之中而游尧之门！’”又：“卞随辞曰：‘后之伐桀也谋乎我，必以我为贼也；胜桀而让我，必以我为贪也。’”前例之“后”指称舜，后例之“后”指称商汤。本篇：“夏后殷周之盛，地未有过千里者也。”“夏后”本指夏朝的天子，在这句中可解作指夏朝。《左传·僖公三十二年》：“殽有二陵焉：其南陵，夏后皋之墓也；其北陵，文王之所辟风雨也。”“夏后皋”是夏朝天子皋，夏桀的祖父。君主称王，称帝，称他们的妻为后，其母称太后。《韩非子·内储说上》：“卫嗣君之时，有胥靡逃之魏，因为襄王之后治病。”《触龙说赵太后》：“赵太后新用事。”

“后”通“後”。《礼记·大学》：“知止而后有定，定而后能静。”现在简化字即把“后”用为前后之“后”。

〔盛〕　放置在容器中的黍稷等祭品。读 chéng。《左传·桓公六年》："奉盛以告曰：'絜粢丰盛，谓其三时不害而民和年丰也。'"文中"奉盛"的"盛"即指祭品。"粢盛"连用也是这个意思。《左传·桓公六年》："吾牲牷（纯色全牛）肥腯（肥大），粢盛丰备，何则不信？"引申为容器。上例的"絜粢丰盛"是洁净的黍稷装满了祭器的意思，"盛"指祭器。《左传·哀公十三年》："旨酒一盛兮，余与褐之父睨之。"这是用容器作单位词。引申为以器受物。《庄子·逍遥游》："魏王贻我以大瓠之种，我树之成而实五石，以盛水浆，其坚不能自举也。"《左传·襄公九年》："令于诸侯曰：'修器备，盛馆粮（干粮），归老幼，居疾于虎牢，肆眚（赦免犯错误的），围郑。'"

又读 shèng。兴旺，旺盛，跟"衰"相对。如本篇："夏后殷周之盛，地未有过千里者也。"《韩非子·解老》："民蕃息而畜积盛。"引申为大、多、美等义。古书中常见"盛服"、"盛气"、"盛怒"。《晋灵公不君》："盛服将朝。""盛服"是说穿戴好衣帽。《触龙说赵太后》："太后盛气而揖之。""盛气"是说怒气冲冲。《国语·鲁语上》："使君盛怒以暴露于敝邑之野。""盛怒"是大怒。

〔疏〕 疏通。《许行》："禹疏九河，瀹济漯，而注诸海。"引申为稀疏，宽疏。《公羊传·文公十二年》："河曲疏矣，河千里而一曲（曲折的地方）也。"《左传·襄公十八年》："虽所不至，必旆（建大旗）而疏陈之。"如本篇："且王者之不作，未有疏于此时者也。"引申为关系远，不亲。《五蠹》："故饥岁之春，幼弟不饷；穰岁之秋，疏客必食。非疏骨肉爱过客也，多少之实异也。"

又指分条陈说。《汉书·李广苏建传》："数疏〔霍〕光过失。"引申为上奏议。如晁错有《论贵粟疏》。又为对前人注释加以补充说明。如古书的"注疏"的"疏"。

〔犹〕（猶） 如同，像。动词。如本篇："武丁朝诸侯，有天下，犹运之掌也。"又《左传·隐公五年》："夫兵犹火也，弗戢（jí，收藏），将自焚也。"

用作副词，还，尚且。如本篇："以文王之德，百年而后崩，犹

· 130 ·

未洽于天下。"又:"其故家遗俗,流风善政,犹有存者。"《郑伯克段于鄢》:"蔓草犹不可除,况君之宠弟乎?"

　　"犹"通"由","由"也通"犹"。如本篇:"然文王犹方百里起,是以难也。"又:"以齐王,由反手也!"

15 许 行

《孟子》

【说明】

本篇选自《孟子·滕文公上》,记录了孟子和信奉神农学说的陈相之间的一场辩论。神农学派的许行主张社会上人人参加劳动,反对人剥削人,人压迫人,这反映了处于社会底层的广大劳动者的要求。但是,他的事必躬亲、不到万不得已不从事交易活动的主张,又失之偏颇。孟子正是抓住这一点,并将其提到社会分工的高度进行反驳,使神农学派的主张处于被动境地。孟子在辩论中所主张的社会分工,符合历史发展规律,有其进步性。但是他把脑力劳动和体力劳动的分工同阶级社会中的统治与被统治混为一谈,并从中引出"劳心者治人,劳力者治于人"的错误结论,则反映了其剥削阶级的立场。

有为神农之言者许行[1],自楚之滕[2],踵门而告文公曰[3]:"远方之人,闻君行仁政,愿受一廛而为氓[4]。"文公与之处[5]。其徒数十人皆衣褐[6],捆屦织席以为食[7]。

陈良之徒陈相[8],与其弟辛,负耒耜而自宋之滕[9],曰:"闻君行圣人之政,是亦圣人也,愿为圣人氓。"

【注释】

[1]为:动词,信奉,研究。 神农之言:神农学派的学说。 神农:本指传说中首先教人们从事农业生产的古代帝王,这里指依托神农氏,

强调重视农业生产、主张社会中人人平等的神农学派。

[2]之:动词,往,到……去。 滕(téng):国名,故地在今山东滕州。

[3]踵(zhǒng)门:亲自登门。 踵:脚后跟,这里用作动词,亲自走到。
　　文公:指滕文公,滕国国君。

[4]廛(chán):古代平民一家所居的房地。 氓:自他国归向的百姓。

[5]与之处:给他居处的地方。 与:动词,给予。 之:指许行,这里充
　　当"与"的间接宾语。 处:居处之地,即"廛"。

[6]衣褐:穿粗劣的衣服。 衣:活用为动词,穿。 褐:指用粗劣枲麻
　　编织成的衣服。

[7]靠编鞋织席维持生活。 捆(kǔn)屦(jù)织席以为食:即"以捆屦织
　　席为食"。 捆:编织砸实。 屦:鞋,这里指用草或粗麻编制的鞋。

[8]陈良:楚人,儒家学派的信徒。

[9]负:背负。 耒(lěi)耜(sì):古代耕地用的农具,功用类似现在的犁
　　和铧。

陈相见许行而大悦,尽弃其学而学焉[1]。陈相见孟子,道许
行之言[2],曰:"滕君,则诚贤君也;虽然[3],未闻道也[4]。贤者与
民并耕而食[5],饔飧而治[6]。今也,滕有仓廪府库[7],则是厉民而
以自养也[8],恶得贤[9]!"

【注释】

[1]全部抛弃自己原来所学的理论而向许行学习。 第一个"学",名
　　词,指陈相从陈良那里学到的儒家学说。第二个"学",动词,学习。

[2]道:用作动词,谈论,转述。

[3]虽:虽然。 然:指示代词,这样,如此。

[4]没有弄懂真正的治国之道。 闻:听见,这里有"懂得"的意思。
　　道:指神农派的理论。

[5]并耕:一起耕作。

[6]一面亲自做饭,一面治理国家。 饔(yōng):早饭,这里用作动词,
　　做早饭。 飧(sūn):晚饭,这里用作动词,做晚饭。

[7]仓廪(lǐn):收藏粮食的仓库。 府库:收藏财货的仓库。

[8]厉民:虐害百姓。 厉:病,虐害。 神农学派认为滕君不从事农业生产劳动却拥有大量财富储备,是剥削劳动者得来的,所以说"厉民"。

[9]哪能称作贤? 恶(wū):疑问代词,哪里。

孟子曰:"许子必种粟而后食乎[1]?"曰:"然[2]。""许子必织布然后衣乎[3]?"曰:"否。许子衣褐[4]。""许子冠乎[5]?"曰:"冠。"曰:"奚冠[6]?"曰:"冠素[7]。"曰:"自织之与[8]?"曰:"否,以粟易之[9]。"曰:"许子奚为不自织[10]?"曰:"害于耕[11]。"曰:"许子以釜甑爨、以铁耕乎[12]?"曰:"然。""自为之与?"曰:"否,以粟易之。"

【注释】

[1]粟(sù):本指谷子,这里泛指粮食。

[2]然:指示代词,这里作判断句的谓语,是这样。

[3]许行先生一定亲自织布,之后才穿衣服吗? 织布:指亲自织布。

[4]褐:未经纺织,只是用麻编织的粗衣,所以说不是"织布然后衣"。

[5]冠:用作动词,戴帽子。

[6]戴什么帽子? 奚:疑问代词,什么。这里作动词"冠"的前置宾语。

[7]戴生绢帛做成的帽子。 素:生丝织成的绢帛,未经熟练与染色。

[8]与:"欤"的古字,表疑问语气的助词。

[9]易:交换。

[10]奚为:为什么。 奚:什么,这里充当介词"为"的前置宾语。

[11]害:妨碍。

[12]以釜(fǔ)甑(zèng)爨(cuàn):用锅和陶甑做饭。 釜:一种炊具,似锅。 甑:蒸饭用的陶制炊具。 爨:烧火做饭。 铁:指铁制的农具。

"以粟易械器者[1],不为厉陶冶[2];陶冶亦以其械器易粟者[3],岂为厉农夫哉?且许子何不为陶冶,舍皆取诸其宫中而用之[4]?何为纷纷然与百工交易[5]?何许子之不惮烦[6]?"

【注释】

[1]械:器械,指前文提到的铁制农具和釜甑类器物。

[2]不算作危害制造陶器、冶炼铁器的。 为:叫,算作。 陶冶:指制陶、冶铁的人。

[3]制作陶器、冶制铁器的工匠也是用自己的器物交换粮食的。 以其械器易粟者:整个词组充当判断句谓语。

[4]为什么不从事制陶、冶铁,住在家里,全部从自己的屋子里把它们拿来而使用它们呢? 何不为陶冶:为什么不从事制陶、冶铁。 陶冶:指陶、冶铁之事。 舍:用作动词,住,指住在家中。 诸:"之于"的合音词,其中的"之"指代许行生活、生产活动中所用的器物。

[5]纷纷然:忙乱的样子。 百工:各种从事手工业活动的工匠。

[6]许行先生不怕麻烦是为什么? 何:疑问代词,充当"许子之不惮烦"的谓语。 惮(dàn):害怕。 烦:麻烦。

曰:"百工之事,固不可耕且为也[1]。""然则治天下,独可耕且为与[2]? 有大人之事[3],有小人之事[4]。且一人之身而百工之所为备[5],如必自为而后用之,是率天下而路也[6]。故曰:或劳心[7],或劳力。劳心者治人[8],劳力者治于人[9];治于人者食人[10],治人者食于人,天下之通义也[11]。

【注释】

[1]耕且为:一面耕种,一面又从事百工之事。

[2]独:副词,单单。

[3]大人之事:指统治、剥削百姓的事。 大人:指统治阶级。

[4]小人:指被统治的劳动群众。

[5]一人之身而百工之所为:一人生活之所需是百工所制造的物品。 备:具备,齐全。

[6]这是率领天下人在路上疲于奔走。 路:用作动词,在路上奔走,指疲于奔命,不得喘息。

[7]或:有的人。 劳心:本指脑力劳动,这里指统治者进行统治。 孟

子在这里有意混淆脑、体分工和统治、被统治的界限,是偷换概念。

[8]治人:统治百姓。

[9]治于人:被别人统治。 于:介词,引进行为主动者。

[10]食(sì)人:供养人。 食:使⋯⋯食,给⋯⋯食,供养。

[11]是天下的普通道理。 通义:普通的道理。

　　"当尧之时[1],天下犹未平[2]。洪水横流[3],泛滥于天下。草木畅茂[4],禽兽繁殖[5],五谷不登[6],禽兽偪人[7]。兽蹄鸟迹之道[8],交于中国[9]。尧独忧之,举舜而敷治焉[10]。舜使益掌火[11],益烈山泽而焚之[12],禽兽逃匿[13]。禹疏九河[14],瀹济漯[15],而注诸海[16];决汝汉[17],排淮泗[18],而注之江[19];然后中国可得而食也[20]。当是时也[21],禹八年于外,三过其门而不入[22],虽欲耕,得乎[23]?

【注释】

[1]当:正值。 尧:传说中古代氏族社会部落联盟的首领,名放勋。

[2]平:平定,安定。

[3]洪:大。 横流:不沿沟渠,四处流淌。

[4]草木:野草树木。 畅茂:茂盛。

[5]禽:鸟兽的总称。 繁殖:增多。

[6]五谷:一般指稻、黍、稷、麦、豆,这里泛指粮食作物。 登:庄稼成熟。

[7]偪人:威胁人。 偪:同"逼",逼迫,威胁。

[8]鸟兽所走过的道路。

[9]交:交错,指极多。 中国:中原。

[10]举:荐举。 舜:传说中古代氏族社会部落联盟的首领,是尧将部落首领的位置禅让给他的。 敷:与"治"同义,治理。

[11]传说中舜的臣。 益:人名,舜的助手。 掌火:管理火。当时尚无人工火种,管理自然火种十分重要,所以要有专任官员管理。

[12]烈:用作动词,放火烧。 焚:放火烧山林进行围猎。

[13]匿(nì):隐匿,躲藏。

［14］疏:疏浚。　　九河:古代黄河下游河道分有九支,统称为九河。

［15］疏通济水、漯(tà)水。　　瀹(yuè):疏通。　　济漯:都是河流名。

［16］使它们注入东海。　　注:用作使动,使⋯⋯注入。　　诸:"之于"的
　　　合音词,其中"之"指九河、济漯。

［17］决:掘通水道,排除水道阻塞物。　　汝汉:汝水、汉水。

［18］排:排除淤塞。　　淮泗(sì):淮水、泗水。

［19］注之江:"注之于江"的省略。　　江:指长江。从历史上考察,商、周
　　　时期,汝、汉、淮、泗中只有汉水入长江,汝、泗都是淮水的支流,不
　　　入长江,这里可能是记述错误。

［20］然后:这样做之后。　　然:指"烈山泽而焚"、"疏九河,瀹济漯"、
　　　"决汝汉,排淮泗"。　　可得而食:指有可能播种并收获供饮食养生
　　　的粮食。

［21］是时:此时。　　是:指示代词,此,这。

［22］过:经过,路过。　　其门:指禹的家门。

［23］得:可能。

　　"后稷教民稼穑[1],树艺五谷[2],五谷熟而民人育[3]。人之有
道也[4],饱食、煖衣、逸居而无教[5],则近于禽兽[6]。圣人有忧
之[7],使契为司徒[8],教以人伦[9]:父子有亲[10],君臣有义[11],夫
妇有别[12],长幼有叙[13],朋友有信[14]。放勋曰:'劳之来之[15],匡
之直之[16],辅之翼之[17],使自得之[18],又从而振德之[19]。'圣人之
忧民如此,而暇耕乎[20]?

【注释】

［1］后稷教会百姓种植、收获庄稼。　　后稷(jì):周的始祖,名弃。相传
　　　尧曾任命他主管农事,所以称他"稷","稷"是主管农业的职官名称。
　　　　后:君主。　　稼:种植农作物。　　穑(sè):收获农作物。

［2］树:义同"艺",种植。　　五谷:泛指农作物。

［3］民人育:百姓得以生存、繁衍。　　育:生养,这里指生存、繁衍。

［4］人之有道:等于说"人之为道",指关于做人的道理。

［5］饱食:指吃得饱。　　煖衣:指穿得暖。　　煖:同"暖"。　　逸居:居住

得安闲舒适。　逸:安闲舒适。

[6]近:近似。

[7]有:"又"的古字。

[8]契(xiè):人名,传说是商的始祖,尧的臣。　司徒:官职名,掌管教化。

[9]人伦:这里指宗法制度所规定的人与人关系的准则。

[10]亲:亲情,即父爱子、子孝父,父支配子、子服从父的关系。

[11]义:合乎礼法的行动。

[12]别:区别,指男女间的不平等关系。

[13]叙:次序,等次。

[14]信:诚实。

[15]劳之:使之劳。　劳:劳苦,这里用作使动,使……劳。　来之:使之来。　来:使……来。

[16]匡:正,使……正。　直:正直,使……直。

[17]翼:用作动词,义同"辅",帮助。

[18]自得:指自得其善性。

[19]从:跟从,随着。　振:救济。　德:用作动词,指对百姓施恩德。

[20]暇耕:指有空闲从事耕种之事。

"尧以不得舜为己忧[1],舜以不得禹、皋陶为己忧[2]。夫以百亩之不易为己忧者[3],农夫也。分人以财谓之惠[4],教人以善谓之忠,为天下得人者谓之仁。是故以天下与人易[5],为天下得人难[6]。孔子曰[7]:'大哉,尧之为君[8]!惟天为大[9],惟尧则之[10],荡荡乎[11],民无能名焉[12]!君哉,舜也[13]!巍巍乎[14],有天下而不与焉[15]!'尧舜之治天下,岂无所用其心哉[16]?亦不用于耕耳[17]!

【注释】

[1]尧把不能得到舜这样的贤人当做自己的忧虑。意思是说,尧以天下为己任,他注重考虑的是发现人才,以治理天下。

[2]皋陶(gāo yáo):传说是舜的司法官。

[3]夫：句首语气词。　以百亩之不易：因百亩之田没耕治好。　易：耕治，即莳弄好。

[4]分人以财：把钱财分给别人。　谓之惠：叫它为仁爱。　之：指"分人以财"。这里充当动词"谓"的间接宾语。　惠：仁慈，仁爱。

[5]以天下与人易：把天下送给别人容易。　与：送给。　易：容易。

[6]得人：指得到贤人。

[7]以下几句《论语·泰伯》作："大哉，尧之为君也！巍巍乎！唯天为大，唯尧则之。荡荡乎，民无能名焉。"本篇引文不知何所本。

[8]这是主谓倒装句，"大哉"作为谓语置于主语"尧之为君"之前，是为了强调。　大：伟大。

[9]只有上天最伟大。　为：动词，算作。

[10]则之：效法上天。　则：活用为动词，效法。

[11]荡荡：辽阔广大的样子。

[12]百姓说不出尧作为君主的伟大。这句的意思是说，尧的伟大无法用话语说清。　名：用作动词，说出。

[13]深得为君之道啊，舜！主谓倒装句。　君：用作动词，懂得为君之道。

[14]巍巍：高大的样子。

[15]自己有天下却不参与治理。指任用禹、皋陶等人治理，自己并不事事参与。　与（yù）：参与。

[16]以上两句的意思是说：尧舜等贤君治理天下，难道没有用尽自己的心思、智慧吗？

[17]只不过没有用在种庄稼上罢了。　亦：略等于"只"。

　　"吾闻用夏变夷者[1]，未闻变于夷者也[2]。陈良，楚产也[3]，悦周公、仲尼之道[4]，北学于中国；北方之学者，未能或之先也[5]。彼所谓豪杰之士也[6]。子之兄弟，事之数十年[7]，师死而遂倍之[8]。昔者，孔子没[9]，三年之外[10]，门人治任将归[11]，入揖于子贡[12]，相向而哭[13]，皆失声[14]，然后归。子贡反[15]，筑室于场[16]，独居三年，然后归。他日[17]，子夏、子张、子游以有若似圣人[18]，欲以所事孔子事之[19]，强曾子[20]。曾子曰：'不可。江汉以濯之[21],秋阳以暴之[22],皜皜乎不可尚已[23]!'今也,南蛮鴃舌之人[24],非先王之道[25];子倍子之师而学之[26],亦异于曾子矣。吾闻出于幽谷[27],迁于乔木者,未闻下乔木而入于幽谷者。鲁颂曰:'戎狄是膺,荆舒是惩[28]。'周公方且膺之[29],子是之学[30],亦为不善变矣[31]。"

【注释】

[1]我听说过用中原的文化去改变四方各民族部落。 夏:指中原地区各诸侯国,这些国家文化比较发达。 变夷:改变民族部落。 变:改变,影响。 夷:当时对中原以外的周边民族部落的轻蔑称呼。

[2]变于夷:被夷改变。 于:介词,引进行为主动者。

[3]楚产:是楚国出生的人。 孟子从大中原的思想出发,认为楚国是夷。

[4]喜爱周公和孔子的学说。 周公:西周初期的政治家,姓姬,为旦,是周武王之弟,对建立和发展周王朝统治有过重大贡献,是儒家理想的政治家。

[5]未能或之先:没能有人领先于他。 或:无定代词,有人。 之:指陈良,这里充当"先"的前置宾语。 先:领先,超过。

[6]他是所说的杰出人物。 彼:代词,指陈良。

[7]事之:服侍他。这里指向陈良学习。

[8]倍:通"背",违背,背叛。

[9]没:后来写作"殁",死。

[10]三年之后。这里指守孝服丧三年以后。

[11]门人:同门弟子。 治任:收拾好行装。 任:担子,这里指行装。

[12]揖于子贡:指向子贡拱手作别。 揖:一种双手拱起的礼节。 子贡:孔子弟子,复姓端木,名赐,字子贡。

[13]相向:面对面。

[14]失声:泣不成声。

[15]反:"返"的古字,返回,指返回服丧之地。

[16]场:指墓前供祭祀用的场地。

[17]他日:另外一天。

[18]子夏:孔子弟子,姓卜,名商,字子夏。 子张:复姓颛(zhuān)孙,
　　名师,字子张。 子游:姓言,名偃,字子游。 有若:孔子弟子,姓
　　有,名若。 圣人:指孔子。

[19]要用侍奉孔子的礼节侍奉有若。

[20]强(qiǎng):勉强。 曾子:孔子弟子,名参,字子舆。

[21]同"以江汉濯(zhuó)之",用长江、汉水的水洗涤它。 濯:洗涤。
　　之:指孔子的品德。

[22]同"以秋阳暴(pù)之",用秋天的太阳晒它。 秋阳:指周历秋天
　　的太阳。周历的秋阳相当于夏历夏天的太阳,是一年中阳光最强
　　的时候。 暴:"曝"的古字,晒。

[23]皜(hào)皜乎:光明洁白的样子。 尚:超越。 已:通"矣"。

[24]蛮:古代对南方民族的轻蔑称呼。 鴃(jué):鸟名,又名伯劳,鸣
　　叫声快而难听。孟子用"鴃舌"比喻许行说话快而难听。

[25]非:非难,批评。 先王之道:这里指儒家学说。

[26]你背叛了你的老师却向他(许行)学习。

[27]出于幽谷:连同下句引自《诗经·小雅·伐木》,原诗写鸟从幽谷飞
　　出,高迁到乔木之上。孟子用它比喻人的升迁。 幽谷:幽暗的
　　山谷。

[28]引诗见《诗经·鲁颂·閟宫》,意思是打击戎狄,惩戒荆舒。 膺:
　　打击。 戎狄:对西部、北部民族的称呼。 荆:楚国。 舒:楚的
　　从属国。 惩:给以打击而引起警戒。

[29]方且:二词同义,将要。

[30]意同"子学是"。 是:代词,充当动词"学"的前置宾语,指荆蛮的
　　许行。

[31]也算得上不往好的方面转变了。 不善变:不往好的方面变更。

　　"从许子之道,则市贾不贰[1],国中无伪[2];虽使五尺之童适
市[3],莫之或欺[4]。布帛长短同,则贾相若[5];麻缕丝絮轻重
同[6],则贾相若;五谷多寡同,则贾相若;屦大小同[7],则贾相若。"
　　曰:"夫物之不齐[8],物之情也[9]。或相倍蓰[10],或相什
百[11],或相千万。子比而同之[12],是乱天下也[13]。巨屦小屦同

贾,人岂为之哉[14]?从许子之道,相率而为伪者也[15],恶能治国家[16]!"

【注释】

[1]市贾:市上的价格。 贾:"价"的古字,价格。 贰:两样。

[2]国:国城,都城。 伪:伪诈不实。

[3]五尺:略等于现在的三尺多一点。 适:动词,往。

[4]没有人欺骗他。 莫:没有人。 之:指五尺之童。 或:语气助词。

[5]相若:相像,相同。

[6]缕(lǚ):线。 絮:粗糙的丝棉。

[7]屦(jù):鞋子。

[8]齐:整齐,一致。

[9]情:情理,本性。

[10]有的相差两倍五倍。 蓰(xǐ):五倍。

[11]什百:指十倍百倍。

[12]比而同之:平列起来同等看待它们。 比:平列,并列。 同:相同,指同等看待。 之:指市上买卖的各种物品。

[13]是:指"比而同之"的做法。 乱:扰乱。

[14]这两句的意思是,如果大鞋、小鞋价格相同,人们怎么会做大鞋呢?

[15]互相率领着做欺诈的事。 相率:互相率领。 为:动词,从事,做。 伪:指伪诈之事。

[16]怎么能治理国与家! 恶:疑问代词,义同"何",哪里,怎么。 国:诸侯的统治范围。 家:大夫的采邑。

本篇选词概述

1. 受　2. 氓　3. 府　4. 库　5. 素

6. 身　7. 登　8. 烈　9. 焚　10. 艺

〔受〕《说文》:"受,相付也。"所以"受"的本义是兼有给予、

接受两个相反的意义。《商君书·定分》:"今先圣人为书而传之后世,必师受之,乃知所谓之名。"又韩愈《师说》:"师者,所以传道、受业、解惑也。"这里的"受"是给予义。如本篇:"愿受一廛而为氓。"《尚书·大禹谟》:"满招损,谦受益。"又《庄子·让王》:"尧以天下让许由,许由不受。"这里的"受"是接受义。给予义的"受",后来写作"授"。由"接受"义引申有"遭受"义。《诗经·邶风·柏舟》:"觏闵既多,受侮不少。"

〔氓〕 段玉裁说氓是"自他归往之民",即外地来的百姓。如本篇:"〔许行〕自楚之滕,踵门而告文公曰:'远方之人,闻君行仁政,愿受一廛而为氓。'"也指一般的老百姓。《诗经·卫风·氓》:"氓之蚩蚩,抱布贸丝。"郑玄注:"氓,民也。""氓"在周代时专指居住在僻野地区从事农业生产的奴隶。《战国策·秦策》:"彼固亡国之形也,而不忧其民氓。"高诱注:"野民曰氓。"《过秦论》:"然而陈涉,瓮牖绳枢之子,氓隶之人,而迁徙之徒也。""氓"古书中或写作"甿"。《史记·陈涉世家》将《过秦论》中"氓隶之人"写作"甿隶之人"。

〔府〕 《说文》:"府,文书藏也。"是说"府"的本义是收藏文书、档案材料的地方。《左传·僖公五年》:"藏之于盟府。"是说将盟书收藏在盟府当中。引申为收藏财物的地方。如本篇:"滕有仓廪府库。"《商君书·去强》:"金粟两生,仓府两实,国强。"管理文书、财物的官吏也叫"府",段玉裁说:"府,引申之为府吏胥徒之府。"《周礼·天官·宰夫》:"五曰府,掌官契以治藏。""府"的另一常用义是"官府"。《周礼·天官·大宰》:"以八法治官府。"郑玄注:"百官所居曰府。"韦应物《答崔都水》:"久嫌官府劳,初喜罢秩闲。"由此义又引申为达官贵人的住宅。《史记·曹相国世家》:"〔曹〕参见人之有细过,专掩匿覆盖之,府中无事。"

由收藏义引申出人体内的内脏器。徐灏在《说文解字注笺》中说:"府,人身亦有出纳藏聚,故谓之五府六藏,俗别作腑脏。"《吕氏春秋·达郁》:"凡人三百六十节,九窍五藏六府。"这一意义，后来写作"腑"。又由收藏义引申出聚集义。《尚书·吕刑》："狱货非宝，惟府辜功，报以庶尤。"孔颖达疏："府，聚也。"

〔库〕（庫） 《说文》释作"兵车藏也。"收藏兵车、兵器的地方，这是"库"的本义。《墨子·七患》："库无备兵，虽有义不能征无义。"《礼记·曲礼》："在库言库。"郑玄注："库谓车马兵甲之处也。"引申指收藏钱财物品的建筑。《管子·治国》："关市之租，府库之徵，粟什一。"韩愈《太原王公墓志铭》："其蓄积，钱余于库，米余于廪。"从收藏义引申有监狱义，即收藏犯人的地方。《史记·鲁仲连邹阳列传》："故拘之牖里之库百日，欲令之死。"《韩诗外传·季孙治鲁》："夫奚不若子产之治郑，一年而负罚之过省，二年而刑杀之罪亡，三年而库无拘人。"

"库"与"府"就本义而言有别，就收藏物品之义而言同义，所以在古书中"府库"常连用，如本篇："滕有仓廪府库。"又《孟子·梁惠王下》："凶年饑岁，君之民老弱转乎沟壑，壮者散而之四方者几千人矣，而君之仓廪实，府库充。"张衡《东京赋》："因秦宫室，据其府库。"

〔素〕 本义指未经染色的生帛。如本篇："许子冠素。"古诗《上山采蘼芜》："新人工织缣，故人工织素。"引申为没有染色的。《诗经·召南·羔羊》："羔羊之皮，素丝五纯。"《论语·八佾》："绘事后素。"何晏注："凡绘画先布众色，然后以素分布其间。"由未经染练加工义引申为本质、本性。《马王堆汉墓帛书·经法·道法》："故能至素至精，怡弥无形，然后可以为天下正。"《淮南子·俶真》："是故虚无者道之舍，平易者道之素。"又引申为空白的、没有实际意义的。《史记·货殖列传》："今有无秩禄之奉，爵邑之人，而乐与之比者，命曰'素封'。""素封"，即没有实际内容、只有虚名的封赐。《资治通鉴·宋孝武帝纪》："士庶虽分，本无华素之隔。""华素之隔"指有官职职务和没有官职职务的分别。"素"的另一常用义是"平素"、"旧时"义。《小尔雅·广言》："素，故也。"《汉书·高帝纪》："高祖为亭长，素易诸吏。"颜师古注：

"素,故也,谓旧时也。"《鸿门宴》:"素善留侯张良。"

〔身〕 本义指身孕,金文作𨄢,从人而隆其腹,像人有身孕之形。《诗经·大雅·大明》:"大任有身,生此文王。""有身"即有孕。"身"的常用义是指人或动物的躯体。它可以指人的整个身体,如王引之在《经义述闻·通说上》所说:"人自顶以下,踵以上,总谓之身。"如本篇:"一人之身而百工之所为备。"又《诗经·小雅·何人斯》:"我闻其声,不见其身。"又可指人的躯干。《论语·乡党》:"必有寝衣,长一身有半。"王引之《经义述闻》:"颈以下,股以上,亦谓之身。"还可以指头以下部分。《楚辞·九歌·国殇》:"首身离兮心不惩。""身"在古文中常用来表示自身、自己。《五蠹》:"兔不可复得,而身为宋国笑。"又有"亲自"的意思。《五蠹》:"禹之王天下也,身执耒臿以为民先。"

作为动词,"身"有体验、实行的意思。《孟子·尽心上》:"尧、舜性之也;汤、武身之也;五霸,假之也。"赵岐注:"身之,体之行仁,视之若身也。"有担当、担任的意思。《新唐书·房琯(guǎn)传》:"李光进将北军,自奉天入,琯身中军先锋。"

〔登〕 本义指升高,由下面往上升。《尔雅·释诂》:"登,升也。"《周易·明夷》:"初登于天,后入于地。"陶潜《归去来兮辞》:"登东皋以舒啸,临清流而赋诗。"引申有升迁、提拔的意思。《管子·小匡》:"退而察问其乡里,以观其所能,而无大过,登以为上卿之佐。"又引申为实现、完成的意思。《礼记·月令》:"〔季春之月〕蚕事既登,分茧称丝效功。"又引申为庄稼成熟的意思。如本篇:"当尧之时,天下犹未平。洪水横流,泛滥于天下……五谷不登。"朱熹注:"登,成熟也。"由此义又引申为进献的意思。《吕氏春秋·仲夏》:"农乃登黍。"高诱注:"登,进也;植黍熟,先进之。"

"登"又有登记的意思。《周礼·地官·遂人》:"以岁时登其夫家之众寡及其六畜车辇。"

〔烈〕 本义是火势猛。《说文》:"烈,火猛也。"《左传·昭公二十年》:"夫火烈,民望而畏之,故鲜死焉。"如本篇:"舜使益掌火,益烈山泽而焚之。"引申有猛烈、激烈的意思。《尚书·尧典》:"纳于大麓,烈风雷雨弗迷。"作为名词,"烈"有火光的意思,《尔雅·释诂》:"烈,光也。"郝懿行疏:"烈,火之光也。"《诗经·周颂·烈文》:"烈文辟公,锡兹祉福。"毛传:"烈,光也。"由此引申为光明、显赫义。《诗经·周颂·雝》:"既右烈考,亦右文母。"郑玄注:"烈,光也。"《左传·哀公二年》:"烈祖康叔。"杜预注:"烈,显也。""烈"又有功业、功绩义。《诗经·周颂·武》:"于皇武王,无竞维烈。"毛传:"烈,业也。"

〔焚〕 本义是用火烧山林。《说文》:"焚,烧田也。"《春秋·桓公七年》:"七年春二月己亥,焚咸丘。"杜预注:"火田也。"如本篇:"益烈山泽而焚之。"引申有烧的意思。《世说新语·德行》:"阮后闻之叹曰:'吾有车而使人不敢借,何以车为?'遂焚之。"这是指烧掉车子。清邹容《狱中答西狩》:"我兄章枚叔,忧国心如焚。"这是形容心情如火烧一样焦急。

〔艺〕(藝) 本义指种植,如本篇:"后稷教民稼穑,树艺五谷。"陶潜《桃花源诗》:"桑竹垂余荫,菽稷随时艺。"引申有技艺、才能的意思。《尚书·金縢》:"予仁若考,能多才多艺。"《论语·雍也》:"求也艺。"何晏集解引孔安国曰:"艺谓多才艺。"古代统治阶级教育子弟的六种科目叫做"六艺"(包括礼、乐、射、御、书、数)。《论语·述而》:"依于仁,游于艺。"何晏注:"艺,六艺也。"《礼记·学记》:"不兴其艺,不能乐学。"郑玄注:"艺谓礼、乐、射、御、书、数。""艺"还有准则、限度的意思。《国语·晋语》:"及桓子骄泰奢侈,贪欲无艺。"韦昭注:"艺,极也。"

16 北冥有鱼

《庄子》

【说明】

本篇是从《庄子·内篇·逍遥游》节录的。

庄子名周,战国中期宋国蒙地(今河南商丘)人,约生活于孟子同时或稍晚。曾做过蒙地管理漆园的小吏,一生大部分时间过的是归隐生活。他和老子同是道家学派的代表人物。

庄子主张人应该听命于自然的安排,而不要有任何主动行为。他认为,人们只要安于现状,在社会生活中无所作为,就没有摩擦和争斗,社会就能安定,这就是他所谓的"无为"。

在政治上,庄子认为社会进步、社会文明是社会矛盾产生的根源,是社会动乱的原因,所以他反对社会进步和文明,主张人们都回到原始状态中去。

庄子的文章充满辩证的思想,他认为高低、上下、好坏……都是相对的,可以变化的,这有其合理性。但他把这种相对性绝对化,从而否认高低、上下、好坏的区别,又是错误的。

庄子的文章,想象丰富,富有浪漫色彩,文笔多变化,多采用寓言形式,对后代文学有较大的影响。

据《汉书·艺文志》记载,《庄子》计52篇,现存的只有晋代郭象注本10卷,包括《内篇》7篇、《外篇》15篇、《杂篇》11篇,计33篇。通行的有王先谦的《庄子集解》、郭庆藩的《庄子集释》。

本篇是《庄子·内篇·逍遥游》的前半部分,是反映庄子人生观的重要文章,集中地表现了作者追求虚幻的绝对自由的思想。作者认为,游荡空中的尘埃,飞行蓬间的小鸟,以及翼若垂天之云的大鹏,都是"有待"的,因而也是不自由的。作者所要追求的是驾着主观精神,游于"无何有"之乡的绝对自由,即"无待"的自由。这是现实生活中一切没落阶级逃避现实的"精神胜利法"。

　　北冥有鱼[1],其名为鲲[2]。鲲之大[3],不知其几千里也;化而为鸟,其名为鹏[4]。鹏之背,不知其几千里也;怒而飞[5],其翼若垂天之云[6]。是鸟也,海运则将徙于南冥[7]。南冥者,天池也[8]。《齐谐》者,志怪者也[9]。《谐》之言曰:"鹏之徙于南冥也,水击三千里[10],抟扶摇而上者九万里[11],去以六月息者也[12]。"野马也,尘埃也[13],生物之以息相吹也[14]。天之苍苍[15],其正色邪[16]?其远而无所至极邪[17]?其视下也[18],亦若是则已矣[19]。且夫水之积也不厚[20],则其负大舟也无力[21]。覆杯水于坳堂之上[22],则芥为之舟[23]。置杯焉则胶[24],水浅而舟大也。风之积也不厚,则其负大翼也无力[25]。故九万里则风斯在下矣[26],而后乃今培风[27],背负青天而莫之夭阏者[28],而后乃今将图南[29]。蜩与学鸠笑之曰[30]:"我决起而飞[31],抢榆枋[32],时则不至[33],而控于地而已矣[34],奚以之九万里而南为[35]?"适莽苍者[36],三飡而反[37],腹犹果然[38];适百里者,宿舂粮[39];适千里者,三月聚粮[40]。之二虫又何知[41]?小知不及大知[42],小年不及大年[43]。奚以知其然也[44]?朝菌不知晦朔[45],蟪蛄不知春秋[46],此小年也。楚之南有冥灵者[47]。以五百岁为春,五百岁为秋[48];上古有大椿者[49],以八千岁为春,八千岁为秋,此大年也[50]。而彭祖乃今以久特闻[51],众人匹之[52],不亦悲乎[53]!

【注释】

[1]北冥:北方的海。　冥:与"溟"义通,都有"阴暗幽深"的意思。
溟:指幽深的大海。

· 148 ·

[2]它的名字叫做鲲。 为:动词,叫做。 鲲(kūn):大鱼。

[3]鲲体的长大。 从下文"鹏之背"看,是偏正词组。

[4]鹏:一种体大的飞鸟。

[5]奋翅而飞。 怒:与"努"义通,奋力而作。这里指奋力振动双翅。

[6]若:像。 垂天:即天陲,天边。 垂:"陲"的古字,遥远的边界。

[7]大鹏鸟在海水翻腾跃动时就将飞往南海。 海运:海水翻动。指大
海翻腾动荡。 运:转动,翻动。 徙:迁徙。 南溟:南方的海。

[8]天池:天然形成的水池。

[9]齐谐:书名,又可叫做《谐》,一说为人名。 志怪:记载怪异的事。
志:"志"的古字,记载。 怪:指怪异荒诞的事。 者:第一个
"者"是语气助词,表示提顿。第二个"者"是代词。代替记载荒诞事
物的书。

[10]在水面击翅飞行达三千里。 鹏鸟太大,起飞很不容易,开始起飞
时,需张开双翅拍击,起飞时距水面很近,像是在击打着水面,所以
说"水击"。这样低空飞行三千里之远,才能升到空中。 水:用作
状语,表示"击"的处所。 击:指拍动,拍击。

[11]抟(tuán)扶摇:双翅抟着旋风。意思是大鹏随着旋风上旋的风势,
扇动双翅。 抟:与"团"义通,动词,使东西圆,这里比喻鹏鸟双翅
扇动的态势。 扶摇:又可作"飙",旋风。

[12]去以六月息:鹏鸟离开时凭借着六月的大风。 去:离开。 以:
介词,凭借。 六月息:六月的大风。 六月:指周历六月,相当于
夏历四月,此时正值春季末尾,风势很大。 息:气息,这里指
大风。

[13]空中如野马奔腾的是尘埃。 野马:指空中飘动的尘埃。空中浮
动的尘埃在日光照射的光柱里上下翻腾,如野马奔驰,所以把尘埃
比做"野马"。与下句"尘埃也"构成判断关系。

[14]是生物用气息吹动的。 生物:有生机的东西。 之:助词,用在
主谓之间,这里有突出谓语的作用。 以息:用气息。 以:介词,
用。 息:气息。 相:副词,这里用为偏义,没有互相的意思。

[15]苍苍:深青色。

[16]大概是真正的颜色吧! 其:表示推测语气的助词。 正色:本
色,真正的颜色。

[17]无所至极:没有达到尽头的地方。　极:尽,这里指极尽的地方。

[18]其:代词,指大鹏鸟。　视下:看地面上。　　连同下句是指鹏鸟飞在天空往下看地面,和人们仰视天空看到的是一样的,都不能看到"正色"。

[19]则已:等于说"而已"。

[20]水之积也不厚:水积蓄得不深。　水之积:主谓词组,这里做句子的主语。　厚:深。

[21]其负大舟也无力:它浮载大船没有力量,意即浮力小。"其负大舟"做句子的主语。　负:浮载。

[22]往堂上低洼处倾倒一杯水。　覆:倾倒。　坳(ào)堂:堂上低洼的地方。　坳:地低陷,低洼,义与"凹"通。

[23]芥为之舟:小草给水做船。　芥:小草。　之:指坳堂上的水。

[24]放一个杯子在坳堂的水上,就被粘住。　胶:用作动词,粘住。

[25]其:代词,指风。

[26]大鹏鸟高飞九万里,风就在大鹏的下边起负载作用。　风斯在下:风即在下。　斯:义同"即"。

[27]然后才能乘风。　而后乃今:意思等于"然后才"。　培风:乘风。培:通"凭",依托,这里是"乘上"的意思。

[28]背负青天:脊背背着青天,就是背紧挨着青天。这里形容飞得很高。　负:用背背。　莫之夭阏(yāo è):没有什么能够阻拦它。莫:否定性无定代词,没有什么。　之:代替上飞九万里的大鹏。是"夭阏"的前置宾语。　夭阏:双声联绵词,拦阻。

[29]图南:打算向南飞。　图:打算,计划。

[30]蜩(tiáo):蝉。　学鸠:小鸟名。

[31]决(xuè):"翅"的古字,小鸟跳跃而飞的意思。

[32]抢(qiāng)榆枋(fáng):《庄子补正》作"抢榆枋而止"。猛劲冲到榆树、檀树上停下来。　抢:向前冲。　枋:檀树。

[33]有时飞不到。

[34]控于地:落到地上。　控:落。

[35]凭什么到九万里的高空再往南飞呢?　奚以:意即"以奚",凭什么。　以:介词,凭着,凭借。　奚:疑问代词,什么。　之:动词,往……去,这里是"到……里"的意思。　而:连词,连接"之"、

"南"两个动作。 南:用作动词,往南去,这里指到南冥去。 为:表示疑问语气的助词。

[36]适:动词,到……去。 莽苍:草野之色,这里指近郊。 者:代替"适莽苍"的人。

[37]三飡:即"三餐",吃三顿饭,指一天。 飡:同"餐"。 反:"返"的古字。

[38]犹:副词,还。 果然:很饱满的样子。

[39]连夜捣米备粮。 宿:名词,夜。这里用作状语,连夜。 舂(chōng):把粮食放在臼里用杵捣去皮壳。

[40]用三个月的时间筹集口粮。 聚:集聚,这里指筹措。

[41]之二虫:这两个小虫。指蜩与学鸠。 之:指示代词,这。 何知:即"知何",疑问代词"何"作宾语而前置,知道什么。

[42]知:"智"的古字,智慧。

[43]小年:寿命短。 年:年龄,这里指寿命。

[44]凭什么知道它是这样呢? 奚以:即"以奚",凭什么。 然:代词,这样。

[45]朝菌:早晨生出的菌(蘑菇)类。这种菌类只适宜在阴暗潮湿的地方生长,一见阳光就死掉,所以说它不知"晦朔"。 晦朔:黑夜和黎明。 晦:黑夜。 朔:与"初"义通,指一日之初,即黎明时分。

[46]蟪蛄(huì gū):蝉的一种,体小,呈青紫色,夏生秋死,生命很短,所以说它不知春秋。

[47]冥灵:一种生在江南的大树,又叫楠(mán)树。

[48]把五百年当一个春天,把五百年当一个秋天。指冥灵的寿命比较长,一千年只当一年过。 岁:年。

[49]椿:椿树是一种落叶乔木,又叫香椿树。

[50]此大年也:今本《庄子》无此四字,据《庄子补正》补入。

[51]彭祖:传说中长寿的人,《世本》以为就是篯(jiān)铿,据说他活了七百多岁。 乃今:而今,如今。 以久特闻:仅仅因为长寿闻名于世。 久:指生活的时间久长,即长寿。 特:独,仅仅。

[52]众人用他来比拟。意思是说,世人在谈到长寿时,必举彭祖来相比。 众人:指世俗的人。 匹:匹配,这里是"比拟"的意思。

[53]不是很可悲吗!

    汤之问棘也是已[1],汤之问棘曰:"上下四方有极乎?"棘曰:"无极之外,复无极也[2],穷发之北[3],有冥海者,天池也。有鱼焉,其广数千里[4],未有知其修者[5],其名为鲲。有鸟焉,其名为鹏,背若泰山,翼若垂天之云;抟扶摇羊角而上者九万里[6],绝云气[7],负青天,然后图南,且适南冥也。斥鴳笑之曰[8]:'彼且奚适也[9]?我腾跃而上,不过数仞而下[10],翱翔蓬蒿之间[11],此亦飞之至也[12]。而彼且奚适也?'"此小大之辩也[13]。

【注释】

[1]汤问棘有这样的话。 汤:人名,商代君主,所以又叫商汤。 棘:汤时大夫。 是已:等于说"是也"。 是:代词,指这样的话。

[2]以上数句,今本《庄子》无,今据闻一多《庄子内篇校释》引唐僧神清《北山录》补。

[3]穷发:指穷发之地。即极荒凉僻远的地方。 穷:尽,此指没有。发:头发,毛发,此指草木。

[4]广:宽,指鱼的体宽。

[5]修:长。

[6]羊角:羊角风,旋风。这里作"上"的状语,形容大鹏展翅高飞的状态。

[7]穿越云气。 绝:穿过。

[8]斥鴳(yàn):池沼间的小鸟。 斥:通"池",池沼。 鴳:同"鹌"、"鷃"。

[9]他要到什么地方去呢? 且:将要。 奚适:意即"适奚",到什么地方去。 奚:疑问代词,什么地方。这里作动词"适"的前置宾语。适:到……去。

[10]过:超过。 仞:一人高,约合古尺七尺或八尺。

[11]翱翔(áo xiáng):盘旋着飞。 蓬蒿:蓬草和蒿草。蓬、蒿都是比较矮的草。这里指斥鴳飞得极低。

[12]至:极限,最高限度。

[13] 辩:通"辨",分别。这句的意思是说斥鴳太小,不了解大鸟的志向。

　　故夫知效一官[1],行比一乡[2],德合一君,而徵一国者[3],其自视也亦若此矣[4]。而宋荣子犹然笑之[5]。且举世而誉之而不加劝[6],举世而非之而不加沮[7],定乎内外之分[8],辩乎荣辱之境[9],斯已矣[10]。彼其于世[11],未数数然也[12]。虽然[13],犹有未树也[14]。夫列子御风而行[15],泠然善也[16],旬有五日而后反[17]。彼于致福者[18],未数数然也。此虽免乎行[19],犹有所待者也[20]。若夫乘天地之正[21],而御六气之辩[22],以游无穷者[23],彼且恶乎待哉[24]?故曰:至人无己[25],神人无功[26],圣人无名[27]。

【注释】

[1] 故:连词,所以。　夫(fú):指示代词,那些。　知效一官:才智胜任一官之职。　效:授予,这里有"胜任"的意思。　官:官职。

[2] 行为合于一乡人的心意。　行:行为,行动。　比:比并,这里有"符合"的意思。

[3] 道德符合一国之君的心意。　徵一国者:取信于一国的人。　徵:信,取信。

[4] 其:代词,指"知效一官,行比一乡,德合一君,而徵一国者"。自视:看待自己。　此:指斥鴳。

[5] 宋荣子:战国时期的思想家,名钘(jiān),是墨家学派的学者。部分遗著保存在今《管子》一书中。　犹然:笑的样子。

[6] 全社会的人都称赞他,〔他〕也不更加受到鼓舞。　举:全。　劝:勉励,这里是"受到勉励、鼓舞"的意思。　这一句连同下句,是说宋荣子不因世人对他的毁誉而改变自己不顾得失、超然物外的思想。

[7] 非之:否定他。　沮:沮丧,灰心。

[8] 确定内心和外物的分界。　定:确定。　内:内心。　外:指外物。

[9] 辩:通"辨",分辨。　境:界限。

[10] 只是如此罢了。　斯:此。　已:止。

[11] 宋荣子对于世事。　彼:指宋荣子。　世:指世间的事物。

[12] 数(shuò)数然:匆匆忙忙的样子。这里是"急切追求"的意思。

[13]即使如此。 虽:连词,即使。 然:代词,这样。

[14]树:确立。庄子认为,宋荣子虽然可以不因世人的毁誉而改变不顾自我得失之心,但他仍"定乎内外之分",即存在着物我之别;有了物我之别,便不能做到"无己"。他仍然"辨荣辱",就是没有消除功名观念,更没有达到"无己"、"无功"、"无名"的境界。这样的人是不可能达到逍遥之境,做到绝对自由的。

[15]列子:名御寇,郑国人,战国时的思想家。 御风:驾着风。

[16]飘忽的样子美妙极了。 泠(líng)然:轻飘不定的样子。 善:美好,指御风的技术好。

[17]旬有五日:十五天。 旬:十天。 有:通"又"。 反:"返"的古字。

[18]致福:使福到达,追求幸福。 致:使……至,这里有追求的意思。

[19]免乎行:免于行路。

[20]有所待:有所凭依,有依靠。庄子认为列子可以"御风而行",但还要靠风才能行,所以也不是"无待"。

[21]乘天地之正:驾着天地的至道。 正:正气,指道。庄子的"道"是主观精神。

[22]六气:指阴、阳、风、雨、晦、明。 辩:通"变",变化。 此句连同上句的意思是,只有做到驾着人的主观精神,超越六气变化的人,才能做到无物我之分,做到"无待"。

[23]游无穷:"游〔于〕无穷"的省略。就是在没有时空限制的无穷尽的境界中遨游,在精神世界中"逍遥"。

[24]恶乎待:意同"何所待",依待什么呢。 恶(wū):疑问代词,何。

[25]至人:庄子幻想中的最高标准的人。 无己:没有自己,即消除自我的存在。庄子的"无己"不是一般观念的"忘我",而是否认自我形体这个物质的存在,强调只有精神观念的"我"。

[26]神人:即"至人"。 无功:忘记功利,一切听其自然,完全无所作为。

[27]圣人:即"至人"。 无名:忘记功名,不追求好名声。

〔垂〕 边疆。《说文》:"垂,远边也。"如《公羊传·宣公十二年》:"寡人无良,边垂之臣。"现代汉语有"边陲"一词。引申为边,边际。如本篇:"怒而飞,其翼若垂天之云。""边疆"和"边"的意义后来写作"陲"。又指由上垂下。如沈括《雁宕山》:"如飞虹下垂。"又《诗经·小雅·都人士》:"彼都人士,垂带而厉。"是说城里的公子哥衣带垂饰,像花穗一样漂亮。引申为流传。如《答李翊书》:"垂诸文而为后世法。"用作副词,表示将近,接近(后起义)。如龚自珍《己亥杂诗》:"设想英雄垂暮日。"

〔运〕(運) 转动,滚动。如本篇:"是鸟也,海运则将徙于南冥。"引申为运输,搬运。《三国书·蜀书·诸葛亮传》:"亮复出祁山,以木牛运。"又为使用的意思。《孙子兵法·九地》:"运兵计谋,为不可测。"

〔志〕 心意,志向。《史记·陈涉世家》:"燕雀安知鸿鹄之志哉!"今成语有"志同道合"。引申为记,记住。《史记·屈原贾生列传》:"博闻强志。"即见识广,记忆力强。又为记述、记载义。如本篇:"齐谐者,志怪者也。"上述两个意义,后来写作"誌"。

〔去〕 古今词义差别显著。今义指到某地,古义恰好相反,指离去,离开。如本篇:"抟扶摇而上者九万里,去以六月息者也。"又《小石潭记》:"不可久居,乃记之而去。"引申为距离。《冯婉贞》:"去村四里有森林。"指距离谢庄四里地。又《五蠹》:"遂举兵伐鲁,去门十里以为界。"也指距离。又引申为除去义。韩愈《原毁》:"早夜以思,去其不如舜者,就其如舜者。"

〔负〕(負) 本义是用背驮负。《孟子·梁惠王上》:"谨庠序之教,申之以孝悌之义,颁白者不负戴于道路矣。""负戴"指用背驮、用头顶。又《史记·廉颇蔺相如列传》:"廉颇闻之,肉袒负荆。"引申有漂浮义。如本篇:"且夫水之积也不厚,则其负大舟也无力。"又为背靠义。《商君书·兵守》:"四战之国贵守战,负海之国贵攻战。""负海"指背靠大海。引申为违背,辜负。《史记·高祖本纪》:"项羽负约。"《中山狼传》:"狼负我。"又为失败,与"胜"相对。《孙子兵法·谋攻》:"不知彼而知己,一胜一负。"

〔适〕(適) 本义是往,到某地去。《说文》:"适,之也。"如本篇:"适莽苍者,三飧而反。"又为女子出嫁义。欧阳修《江邻几墓志铭》:"女三人,长适秘书丞钱衮,余尚幼。"用作副词,适逢,恰巧。《中山狼传》:"适为虞人逐。"又《三国志·蜀书·先主传》:"先主斜趋汉律,适与〔关〕羽船会。"在古书中,"適"和"适(kuò)"是两个不同的词,后者一般只用于人名,读书时要注意区分。现"適"简化为"适"。

〔匹〕 古代汉语常用作量词,是计算布帛的长度单位。《说文》:"匹,四丈也。"《汉书·食货志》:"布帛广二尺二寸为幅,长四丈为匹。"又为匹配。曹操《赠王粲》诗:"中有孤鸳鸯,哀鸣求匹俦。""匹俦"就是配偶。引申为比较,匹比。如本篇:"众人匹之,不亦悲乎!"

〔修〕 本义是修饰。《说文》:"修,饰也。"《楚辞·九歌·湘君》:"美要眇兮宜修。""宜修"指修饰得很得体。引申为修建。《岳阳楼记》:"乃重修岳阳楼。"现代有复音词"修建"、"修理"。用作形容词,指长,高。如本篇:"有鱼焉,其广数千里,未有知其修者,其名为鲲。"又为美好义。张衡《西京赋》:"要绍修态。"即窈窕美态。应该注意"修"与"脩"的分别。"修"是修饰,"脩"是干肉。因二字同音,一般可通用。但表示"干肉"义时只能用"脩"。

〔效〕 呈献,致。《史记·淮阴侯列传》:"诸将效首虏。"引申为授予,交出。《史记·秦始皇本纪》:"异日韩王纳地效玺。""效玺"就是交出印信,即交出政权。又表示贡献。《中山狼传》:"固当窥左足以效微劳。"引申为胜任义。如本篇:"故夫知效一官,行比一乡。"这些意义在古书中又常写作"劾"。又指效验,验证。贾谊《治安策》:"故疏者必危,亲者必乱,已然之效也。"在"效法"的意义上古今相同。如《滕王阁序》:"岂效穷途之哭。"

〔树〕(樹)　本义为栽种,种植。石鼓文写作,像用手栽植树木。《广雅·释地》:"种也"。《方言》:"植之也。"如《诗经·郑风·将仲子》:"无折我树杞(qǐ)。"是说不要折我所栽种的杞树。又《孟子·梁惠王上》:"五亩之宅,树之以桑。"指栽种桑树。古代汉语"树"的常用义指栽种,动词;现代汉语"树"指树木,名词。今成语"十年树木,百年树人"的"树"还保留古义。引申为建立,设置。如《谏逐客书》:"建翠凤之旗,树灵鼍之鼓。"又本篇:"虽然,犹有未树也。"

17 秋水(节选)

《庄子》

【说明】

本文节选自《庄子·外篇·秋水》。

《秋水》全篇是宣扬相对主义认识论的。庄子认为事物的性质都是相对的,否定事物质的差别。这里节选的两段也是这样。

这两段主要是谈认识的相对性,还有其合理的因素。如指出人的认识是受"时"、"空"等局限的;人的认识是无止境的,不能囿于个人有限的见闻而自满自足。这些可以启发我们不间断地学习,逐步扩大眼界。文章在形象的描写中表述深微的哲学道理,有景象,有人物,有故事情节。语言生动,严谨善辩。可以说是一篇完好的寓言故事。

秋水时至[1],百川灌河[2],泾流之大[3],两涘渚崖之间[4],不辩牛马[5]。于是焉河伯欣然自喜[6],以天下之美为尽在己[7]。顺流而东行,至于北海[8]。东面而视[9],不见水端[10]。于是焉河伯始旋其面目[11],望洋向若而叹曰[12]:"野语有之曰[13]'闻道百,以为莫己若'者[14],我之谓也[15]。且夫我尝闻少仲尼之闻而轻伯夷之义者[16],始吾弗信,今我睹子之难穷也[17],吾非至于子之门,则殆矣[18]。吾长见笑于大方之家[19]。"

【注释】

[1]时:季节。这里用为状语,是"按季节"的意思。

〔2〕灌:流入。　河:黄河。

〔3〕泾(jīng)流:直流,即无阻的水流。　泾:通。

〔4〕两涘和水中陆洲与岸崖之间。　涘(sì):岸。　渚(zhǔ):水中陆洲。　崖:水边高岸。

〔5〕辩:通"辨",辨识。

〔6〕于是焉:在这时。　焉:语气助词,无义。　河伯:黄河之神。　欣然:高兴的样子。

〔7〕认为天下的美景都在自己这里。"以……为……",可作为"认为什么怎么样"的句式理解,但限于"为"字后是动词、形容词或动词、形容词性词组。

〔8〕北海:古指渤海。

〔9〕东面:面向东。"面"是动词,"东"是方位名词用作状语。

〔10〕端:尽头,边。

〔11〕旋:掉转。

〔12〕望洋:仰视的样子。联绵词,也作"望羊"、"望阳"、"盳羊"等。不能理解为"看着大海"。　向:朝着,对着。　若:海神的名字。

〔13〕野语:俗语。

〔14〕"知道很多道理,认为没有谁赶得上自己"这句话。　百:泛指多。　莫己若:可理解为"莫若己",否定句代词作宾语,宾语前置。　若:如,赶得上。

〔15〕说我啊。　我:前置宾语。　之:助词,宾语前置的标志。

〔16〕少仲尼之闻而轻伯夷之义者:小看孔子的学问而轻视伯夷的道义的言论。　少、轻:这里都是意动用法,应理解为"以……为少"、"以……为轻"。　伯夷:商末孤竹君的长子。当初孤竹君以次子叔齐为继承人。孤竹君死后,叔齐认为应由长子继位,让位给哥哥伯夷,伯夷不受,二人都逃到周。武王伐纣,他们反对,认为为臣伐君不合道义。商灭亡后,他们不食周粟,饿死在首阳山。封建社会把他们看做义士。

〔17〕睹:看见。　子:您,指海神,即指北海若。　穷:穷尽。

〔18〕殆:危险。

〔19〕我将长久地被有很高道德修养的人耻笑。　见:表被动助词。　于大方之家:介宾词组作补语,介词"于"引进行为主动者。大方之

159

家:大道之家,指有很高道德修养的人。今语"方家"是由此衍化来的。

北海若曰:"井鼃不可以语于海者,拘于虚也[1];夏虫不可以语于冰者[2],笃于时也[3];曲士不可以语于道者[4],束于教也[5]。今尔出于崖涘[6],观于大海,乃知尔丑[7],尔将可与语大理矣[8]。天下之水,莫大于海[9],万川归之[10],不知何时止而不盈[11];尾闾泄之[12],不知何时已而不虚[13];春秋不变,水旱不知。此其过江河之流[14],不可为量数[15]。而吾未尝以此自多者[16],自以比形于天地,而受气于阴阳[17]。吾在天地之间,犹小石小木之在大山也[18]。方存乎见少[19],又奚以自多[20]?计四海之在天地之间也,不似礨空之在大泽乎[21]?计中国之在海内[22],不似稊米之在大仓乎[23]?号物之数谓之万[24],人处一焉[25];人卒九州[26],谷食之所生,舟车之所通,人处一焉[27]。此其比万物也,不似毫末之在于马体乎[28]?五帝之所连[29],三王之所争[30],仁人之所忧,任士之所劳[31],尽此矣[32]。伯夷辞之以为名,仲尼语之以为博[33]。此其自多也[34],不似尔向之自多于水乎[35]?"

【注释】

[1]跟井底之蛙不可以谈论大海的原因,是〔它〕被住处所局限。 鼃:同"蛙"。 拘:拘束,局限。 虚:居处,这里指狭窄的井底。

[2]夏虫:生长在夏季的昆虫。

[3]被时令所局限。 笃:固,拘束。

[4]曲士:乡曲之士,即见识鄙陋之人。

[5]被教养所局限。 束:拘束。

[6]现在你走出了黄河的高崖与岸边。 尔:代词,你。

[7]乃:才。 丑:陋,浅陋。

[8]大理:大道理。

[9]没有什么比海还大的。 莫:无定代词,没有什么。

[10]万:这里极言其多。 归之:流入大海。

160

[11]不知道万千的河流什么时候停止而大海却不溢出。 盈:充满,溢出。

[12]尾闾:神话中海水排泄的地方。

[13]已:止,动词。 虚:虚空。

[14]大海的水量超过长江、黄河的流水。 此其:两个代词连用,起一个词的作用,这里指代大海。

[15]为量数(liáng shǔ):进行计量。 量:用量器量。 数:计算。

[16]以此自多:因此而自我夸耀。 多:用为动词,赞许,夸耀。

[17]我自以为在天地之间具有形体,而禀受着阴阳之气。 以:以为,认为。 比:通"庀(pǐ)",备具。

[18]犹:好像。 木:树。

[19]存乎见少:存有见识少的想法。 乎:作用同"于"。

[20]奚以:为什么。

[21]礨(lěi)空:蚁穴,小穴。

[22]中国:指中原。 海内:四海之内。

[23]稊(tí):一种形似稗的草,种实如小米。 大(tài)仓:古代设在京城中的大谷仓。

[24]称说物的数目叫做万。意思是说客观事物称为万物。 号:称说。

[25]在万物中,人仅处其中之一。

[26]人遍于九州。 卒:尽。 九州:指全中国。

[27]在谷物粮食所生长的地方,车船所到达的地方,个人仅占天下人之一员。这里的"人处一焉"是就个人和天下人说的,上文的"人处一焉"是就天下人和万物说的。

[28]这样一个人和万物相比,不很像一根毫毛的末梢在马身上吗?此其:指代个人。 毫末:毫毛的末梢,极言其为物之小。

[29]五帝接连治理的。 五帝:黄帝、颛顼(zhuān xū)、帝喾(kù)、尧、舜。

[30]三王所争夺的。 三王:夏启、商汤、周武王。

[31]任士:以天下为己任的人。

[32]都是这个。 此:指毫末。

[33]伯夷辞让君位用来取得名声,孔子谈论天下大事用来显示渊博。为:前后两个都是动词。古代动词"为"字使用起来比较灵活,所表达的意思受上下文影响而有不同,这两个就是。

〔34〕此其:这两位,他们,指代伯夷、仲尼。

〔35〕尔向之自多于水:你刚才对着河水而自我夸耀。 向:指过去的时间,可注译为"过去"、"当初"、"刚才"等。

本篇选词概述

1.端　　2.闻　　3.殆　　4.虚

5.丑　　6.已　　7.多　　8.劳

〔端〕 古字写作"耑",指植物破土萌发,引申为头,一头,如《汉书·天文志》:"前列直斗口三星,随北耑锐,若见若不见。"后写作"端"。如《韩非子·外储说左上》:"宋人有请为燕王以棘刺之端为母猴者。"引申为边际、尽头。如本篇:"东面而视之,不见水端。"又为开头,开始。《韩非子·显学》:"故举士而求贤智,为政而期适民,皆乱之端,未可与为治。"又为头绪,方面。《魏公子列传》:"名为救赵,实持两端以观望。"又指端正,正直。《孟子·离娄下》:"夫尹公之他,端人也。"《韩非子·解老》:"引端直,则无祸害。"

〔闻〕(聞) 本义是听见。《说文》:"闻,知声也。"即听入耳中感知了声音。如本篇:"'闻道百,以为莫己若'者,我之谓也。"《触龙说赵太后》:"老妇不闻也。"引申为知识,见闻。名词。如本篇:"且夫我尝闻少仲尼之闻而轻伯夷之义者,始吾弗信。""仲尼之闻"的"闻"是知识、见闻的意思。《论语·季氏》:"友直,友谅,友多闻。""多闻"指有较多知识的人。一般来说,听和闻是有差别的,听不一定听见,闻是听见。《礼记·大学》:"心不在焉,视而不见,听而不闻。"在古代汉语中,"闻"多是耳闻义,也有用为鼻嗅之义的,但少见。《竖谷阳献酒》:"恭王驾而往视之,入幄中,闻酒臭而还。"又《韩非子·内储说下》:"王强问之,对曰:'顷尝言恶闻王臭。'"

〔殆〕 本义是危险。《说文》:"殆,危也。"如本篇:"吾非至于子之门,则殆矣。"又《孙子兵法·谋攻》:"知己知彼,百战不殆。"也用为副词,表示推测或不肯定,大概,恐怕,差不多。《商君书·更法》:"君亟定变法之虑,殆无顾天下之议之也。"又《石钟山记》:"郦元之所见闻,殆与余同,而言之不详。"

〔虚〕 本义是大丘,都邑的遗址。《庄子·天运》:"古之至人假道于仁,托宿于义,以游逍遥之虚,食于苟简之田,立于不贷之圃。"又《庄子·至乐》:"支离叔与滑介叔观于冥伯之丘,昆仑之虚,黄帝之所休。"引申为住所。如本篇:"井蛙不可以语于海者,拘于虚也。"这两个意义后来写作"墟"。《魏公子列传》:"吾过大梁之墟,求问其所谓夷门,夷门者,城之东门也。"

"虚"又有空虚义,跟"盈"相对。如本篇:"百川归之,不知何时止而不盈;尾闾泄之,不知何时已而不虚。"引申为不真实,不实际。《魏公子列传》:"名冠诸侯不虚耳。"《韩非子·十过》:"听楚之虚言而轻强秦之实祸,则危国之本也。"

〔丑〕(醜) 本义是相貌丑。形容词。《说文》:"醜,可恶也"。如《庄子·天运》:"故西施病心而矉其里,其里之丑人见而美之。"(矉:同"颦",皱眉头。)行为不对为丑。《韩非子·诡使》:"今士大夫不羞汙泥丑辱而宦。"这个丑字近似耻辱,羞耻。有缺点不足也是丑。如本篇:"今尔出于崖涘,观于大海,乃知尔丑,尔将可与语大理矣。"这个丑可译为鄙陋。以上各义,汉字简化之前都写作"醜",现简化为"丑"。汉字简化前"丑"用为地支第二位,也用为十二时辰之一丑时。戏曲有"丑角"等。

〔已〕 用作动词,表示停止。如本篇:"尾闾泄之,不知何时已而不虚。"又《劝学》:"学不可以已。""已"也用为副词。《魏公子列传》:"已却秦存赵,使将将其军归魏。"

〔多〕 数量多,跟"少"、"寡"相对。《五蠹》:"聚敛倍农而致尊过耕战之士,则耿介之士寡而商贾之民多矣。"用为动词,有称赞之义。如同篇:"古传天下而不足多也。"本篇:"而吾未尝以此自多者,自以比形于天地,而受气于阴阳。"也有"多有"之义。《韩非子·十过》:"其为人也坚中而廉外,少欲多信。"用为状语,表多数。《韩非子·解老》:"道譬诸若水,溺者多饮之即死,渴者适饮之即生。"

〔劳〕(勞)　劳力或劳心都可以说劳,辛劳。如本篇:"五帝之所连,三王之所争,仁人之所忧,任士之所劳,尽此也。"《五蠹》:"夫古之让天子者,是去监门之养,而离臣虏之劳也。"劳苦而有功绩为功劳。《韩非子·显学》:"夫斩首之劳不赏,而家斗之尊显。"慰其辛劳为慰劳,读为 lào。《左传·桓公五年》:"郑伯使祭足劳王,且问左右。"

18 天论(节选)

《荀子》

【说明】

《荀子》是战国末期思想家荀况的文集。

荀况(约前313—前238),时人又称荀卿,曾在齐国稷下(今山东临淄西北)讲学,去过秦国考察,后到楚国任兰陵(今山东枣庄)令,晚年居兰陵从事写作。

荀子初学儒学,以后吸收了各学派的精髓,形成了自己独特的思想体系,是先秦时期很有影响的一位思想家。荀子是一位朴素的唯物论者,他认为自然界有自己的运动规律,是不以人的意志为转移的。人们只能按照自然规律去办事,春播夏长,秋收冬藏,违背这个规律是要坏事的。同时他认为,人在自然面前又不是无所作为的,他主张"制天命而用之"。荀子主张"性恶论"。这虽然和孟子的"性善论"同属唯心论,但它强调后天学习的重要。他认为,学习可以改造人的恶劣品质,也可以弥补原来的不足。

《荀子》现存32篇,清人王先谦《荀子集解》是通行注本。

《天论》的意思是自然论或论大自然。它是荀子朴素唯物主义思想的代表作,这里节录了其中的部分论述。

天行有常[1],不为尧存[2],不为桀亡[3]。应之以治则吉[4],应之以乱则凶[5]。强本而节用[6],则天不能贫[7];养备而动时[8],则天不能病[9];脩道而不贰[10],则天不能祸[11]。故水旱不能使之饥渴[12]，寒暑不能使之疾，祅怪不能使之凶[13]。本荒而用侈[14]，则天不能使之富；养略而动罕[15]，则天不能使之全[16]；倍道而妄行[17]，则天不能使之吉。故水旱未至而饥，寒暑未薄而疾[18]，祅怪未至而凶。受时与治世同[19]，而殃祸与治世异[20]，不可以怨天[21]，其道然也[22]。故明于天人之分[23]，则可谓至人矣[24]。……

【注释】

[1]自然界的运行变化有固定的规律。 天：指自然界。 常：常规。

[2]为(wèi)：介词，表原因。 尧：传说中原始社会部落联盟的首领，古人常以他做贤君的代表。

[3]桀：夏代的最后一位君主，是有名的暴君。

[4]用合理的措施应对自然规律就能把事情做好。 应：应对，适应。 治：指符合规律的措施。 吉：办好事情。

[5]乱：指不符合规律的措施。 凶：指办不好事情。

[6]强本：使本加强。 强：原文为"疆"，强的古字，使……加强。 本：指农业生产。 节用：节约用度。 用：用作名词，用度。

[7]贫：用作使动，使……贫，使……贫困。

[8]养备：养生的物资充足完备。 养：给养，指供人生活所用的物质。 备：完备，齐全。 动时：活动符合天时。 时：天时。用作动词，符合天时。

[9]病：用作使动：使……病。

[10]脩道：“循道”之误，指遵循自然规律。 道：指自然规律。 贰：不专一，三心二意。

[11]祸：用作使动，使……有灾祸。

[12]水旱：指水灾、旱灾。 饥渴：“渴”字疑为衍文。 饥：当做“饉”，年成不好，荒年。

[13]祅(yāo)怪：指违反常态的自然灾害。 祅：同“妖”。

[14]本荒：农业生产荒废。 用侈：用度奢侈。 侈：奢侈，浪费。

[15]略：简略，少。 动罕：指生产活动少。 罕：少。

[16]全：保全。

[17]倍道：违反自然规律。 倍：后作“背”，违背。 妄行：乱动，乱做，

166

指违背规律的行为。

[18]薄:通"迫",迫近。

[19]受时:遇到的天时。　时:指天时,即气候、节令变化等自然条件。
治世:指秩序安定的社会。

[20]殃祸:灾祸。　殃:灾殃。

[21]怨:怨恨。

[22]自然界的规律是这样。　其:代词,指"天",即自然界。

[23]明:明了,懂得。　天人之分:自然和人类社会的区分。　分:区别,区分。

[24]至人:明了客观规律的人。

治乱,天邪[1]?曰:日月星辰瑞历[2],是禹、桀之所同也[3];禹以治[4],桀以乱,治乱非天也[5]。时邪?曰:繁启蕃长于春夏[6],畜积收藏于秋冬[7],是又禹、桀之所同也;禹以治,桀以乱,治乱非时也。地邪?曰:得地则生[8],失地则死[9],是又禹、桀之所同也;禹以治,桀以乱,治乱非地也。《诗》曰[10]:"天作高山[11],大王荒之[12];彼作矣[13],文王康之[14]。"此之谓也。

【注释】

[1]社会安定或动乱是上天决定的吗?　邪:通"耶",疑问语气助词。

[2]瑞历:历象,即天体运行的现象。

[3]是:指代"日月星辰瑞历",在句中充当主语。　禹、桀之所同:充当判断句谓语。　禹:指大禹。　桀:指夏桀,夏代暴君。

[4]以治:是"以之治"的省略,凭借着这样的自然条件治理好国家。

[5]非天也:不是上天决定的。

[6]农作物在春季、夏季都生长茂盛起来。　繁:众多。　启:萌芽。
蕃:蕃盛。

[7]畜:通"蓄",蓄积。　臧:通"藏",收藏。

[8]得地:得到土地,指农作物得到生长的土地。　生:生长。

[9]失地:失去土地,指农作物失去生长的土地。

[10]引诗见《诗经·周颂·天作》。

［11］上天生成了岐山。 作:生成。 高山:指岐山,在今陕西岐山县东北。

［12］大(tài)王:即古公亶父,是周文王姬昌的祖父,古代周部族的首领。
　　荒之:开垦了它。 荒:垦荒,开垦。 之:指高山。

［13］他开创了周王室。 彼:指大王古公亶父。 作:开创,创立。

［14］文王:周文王姬昌。 康之:使它安定。 康:安定,这里用作使
　　动,使……安定。

　　天不为人之恶寒也辍冬[1],地不为人之恶辽远也辍广[2],君
子不为小人之匈匈也辍行[3]。天有常道矣[4],地有常数矣[5],君
子有常体矣[6]。君子道其常[7],而小人计其功[8]。《诗》曰[9]:
"礼义之不愆[10],何恤人之言兮[11]!"此之谓也。……

【注释】

［1］恶(wù):讨厌,厌恶。 辍(chuò):废止。

［2］辍广:废止广大,意即缩小面积。 广:广大,这里指土地面积广大。

［3］匈匈:通"讻讻",争吵不休。

［4］常道:固定的规律。

［5］常数:固定的法则。 数:规律,法则。

［6］常体:固定的行为准则。 体:体验,实践。这里指实践的原则。

［7］君子:有道德修养的人。 道其常:以其常理为规律。 道:用作意
　　动,以……为道。 常:指常理。

［8］计其功:计较事物的功利。

［9］此为佚诗。

［10］在礼义上没有差错。 愆(qiān):过失,差错。

［11］何必顾忌别人的闲话。 恤:顾虑,顾忌。

　　星队、木鸣[1],国人皆恐。曰:是何也[2]?曰:无何也。是天
地之变[3],阴阳之化[4],物之罕至者也[5]。怪之可也[6],而畏之非
也[7]。夫日月之有蚀,风雨之不时[8],怪星之党见[9],是无世而不
常有之[10]。上明而政平[11],则是虽竝世起[12],无伤也[13]。上阇
而政险[14],则是虽无一至者[15],无益也。夫星之队,木之鸣,是天

地之变,阴阳之化,物之罕至者也。怪之可也,而畏之非也。

【注释】

[1]星队:流星坠落。 队:"坠"的古字。 木鸣:树木因生长或燥裂而
　　作响。

[2]是:指"星队、木鸣"等现象。这里充当判断句主语。

[3]天地之变:自然界的反常变异。 变:与"常"相反,"常"指自然界的
　　正常现象,"变"指非正常现象。

[4]阴阳:指事物的两个对立的方面,如天地、阴晴、昼夜等,这里泛指自
　　然现象。 化:与上句"变"同义,指反常现象。

[5]罕至:很少出现。

[6]怪:用作意动,以……为怪。 之:指"星队、木鸣"等罕至现象。

[7]非:不对。

[8]不时:不合时令。

[9]党(tǎng)见(xiàn):偶尔出现。 党:通"傥",副词,或许,偶然。
　　见:"现"的古字。

[10]这种现象没有一个朝代没出现过。 无世:没有一代。 常:通
　　"尝",曾经。

[11]统治者圣明,政局安定。 上:指在上位者。 明:明察,圣明。
　　平:安定。

[12]这种现象即使同时出现。 竝:同"并",同时,一起。 起:出现,
　　发生。

[13]伤:妨碍。

[14]闇(àn):今作"暗",昏暗,愚昧。 政险:政局险恶。

[15]这些现象即使没有一样出现的。 至:到来,出现。

　　物之已至者[1],人祆则可畏也[2]:楛耕伤稼[3],耘耨失薉[4],
政险失民,田薉稼恶[5],籴贵民饥[6],道路有死人[7],夫是之谓人
祆;政令不明,举错不时[8],本事不理[9],夫是之谓人祆;礼义不
修,内外无别[10],男女淫乱,则父子相疑[11],上下乖离[12],寇难并
至,夫是之谓人祆。祆是生于乱,三者错[13],无安国,其说甚

尔[14],其菑甚惨[15]。勉力不时[16],则牛马相生[17],六畜作祆,可怪也,而不可畏也[18]。传曰[19]:"万物之怪书不说[20]。无用之辩[21],不急之察[22],弃而不治[23]。"若夫君臣之义,父子之亲,夫妇之别,则日切瑳而不舍也[24]。

【注释】

[1]物:事物,指所有自然的和社会的现象。 已至者:已经出现于社会的。

[2]人祆:人为的灾祸。

[3]楛(hù)耕:粗劣不精地耕种。 楛:粗劣不精。 伤稼:伤害庄稼。

[4]据卢文弨说当改为"楛耘伤岁",意为粗劣不精细地锄草就会妨碍年成。 耘(yún):除草。 岁:收成,年成。

[5]田地荒芜庄稼就长不好。 芴:同"秽",荒芜。

[6]籴(dí):买粮食。

[7]道路:用作状语,表示动作的地点,在道路上。

[8]举错:指实行或停止相关政策。 举:兴办,做。 错:通"措",搁置,引申为废止。 不时:不合时宜。

[9]本事:指农业生产。 理:治理,管理。

[10]修:实行。 内外:指男女。古代以为男主外即耕种之事,女主内即蚕织之事。

[11]则:从上下文关系考虑,疑为衍文。

[12]乖离:背离。 乖:违背。

[13]三种人祆交错而至。 错:交错发生。

[14]这个道理很浅近。 说:说法,道理。 尔:"迩"的古字,浅近。

[15]菑:同"灾"。

[16]勉力:指役使民力。以下三句("勉力……六畜作祆")按王念孙说当移至前"本事不理"句后。

[17]牛生马,马生牛,指动物多生怪胎。

[18]据清人陶鸿庆说应改为"可畏也,而不可怪也"。

[19]传:指古代典籍。

[20]世上万物的怪异现象,典籍上不加以解说。 说:解说,解释。

[21]没有用的辩解。 辩:辩解。

[22]不急需的考察。 急:急用,急需。

[23]治:从事,使用。

[24]日切磋:每天都分析琢磨。 日:时间名词用作状语,每天。 切磋:分析研究。 切:古代加工珠宝器物的工艺之一种,加工骨料、珠宝料叫切。 磋:通"瑳",加工象牙料、玉石料叫磋。 舍:"捨"的古字,舍弃。

　　雩而雨[1],何也?曰:无何也,犹不雩而雨也[2]。日月食而救之[3],天旱而雩,卜筮然后决大事[4],非以为得求也[5],以文之也[6]。故君子以为文,而百姓以为神。以为文则吉,以为神则凶也。

【注释】

[1]举行求雨的仪式而下了雨。 雩(yú):古代求雨的祭祀,这里用作动词,举行求雨仪式。 雨:用作动词,下雨。

[2]犹:如同,像。

[3]食:"蚀"的古字。 救:抢救。 古人以为日月蚀是日、月被天狗吃掉了,要设法将天狗吓跑,抢救被天狗吃掉的日、月。

[4]卜筮(shì):占卜,古人预测吉凶的一种迷信活动。用龟甲占卜叫"卜",用蓍(shī)草占卜叫筮。

[5]不是以为能够求得什么。 得:能够。

[6]是用这种方法粉饰事实。 以:介词,用,后面省略宾语"之"。文:用作动词,文饰,粉饰。

　　在天者莫明于日月[1],在地者莫明于水火,在物者莫明于珠玉,在人者莫明于礼义。故日月不高,则光辉不赫[2];水火不积[3],则晖润不博[4];珠玉不睹乎外[5],则王公不以为宝;礼义不加于国家[6],则功名不白[7]。故人之命在天[8],国之命在礼[9]。君人者[10],隆礼尊贤而王[11],重法爱民而霸[12],好利多诈而危[13],权谋倾覆幽险而尽亡矣[14]。

【注释】

[1]莫明于日月:没有比日月更明亮的。 莫:否定性无定代词,没有什么。 于:介词,引进比较对象。

[2]赫:显赫,显著。

[3]积:积聚。

[4]晖:通"辉",光辉。 润:润泽,滋润。 博:广大。

[5]睹:王念孙以为是"睹"之误字。 睹(dǔ):显现。

[6]加:施加,施行。

[7]功名:功绩、名声。 白:指显赫。

[8]所以人的命运在于如何对待自然。 在天:指在于对自然的态度。

[9]国家的命运在于如何对待礼制。

[10]君人:统治人。 君:用作动词,统治,管理。

[11]隆礼:崇尚礼。 隆:高,这里有"崇尚"的意思。 王(wàng):用作动词,称王。

[12]霸:用作动词。称霸。

[13]诈:欺诈不实。

[14]使用权术、倾轧、耍阴谋诡计就要彻底灭亡。 权谋:用作动词,用权术。 幽险:暗中玩弄诡计。

大天而思之[1],孰与物畜而制之[2]?从天而颂之[3],孰与制天命而用之[4]?望时而待之[5],孰与应时而使之[6]?因物而多之[7],孰与骋能而化之[8]?思物而物之[9],孰与理物而勿失之也[10]?愿于物之所以生[11],孰与有物之所以成[12]?故错人而思天[13],则失万物之情[14]。……

【注释】

[1]认为上天伟大并仰慕它。 大:用作意动,以……为大。 思:尊崇,仰慕。

[2]孰与:哪里赶得上。 物畜(xù):当作物畜养,意即当作物那样看待。 物:名词用作状语,像物那样。

[3]从:听从,顺从。 颂:颂扬,赞美。

[4]制天命:掌握自然规律。 天命:自然界的变化规律。

[5]望时:盼望天时。 待:等待。

[6]应时:适应天时。 使:役使。

[7]依顺物自己的繁衍而使之增多。 因:依顺。 多之:使之多。

　　多:用作使动,使……多。

[8]骋能而化之:发挥人的才能而使之往好的方面变化。 骋:发挥,施

　　展。 化:用作使动,使……变化。

[9]思慕万物并使之成为供自己使用之物。 物之:使之为物,使它成

　　为可以用的物。 物:用作使动,使……为物。

[10]理物:管理好万物。 失:失落,失掉。

[11]希望万物自然生长。 所以生:由自身的原因而生长。

[12]有物之所以成:掌握万物生长的规律。 有:占有,这里指掌握。

　　成:成因,规律。

[13]错人:放弃人的主观努力。 错:通"措",弃置。

[14]失万物之情:不符合万物发展的本性。 情:这里指本性。

本篇选词概述

1. 乱　　2. 启　　3. 险　　4. 阳　　5. 阴

6. 怨　　7. 赫　　8. 应　　9. 命　　10. 常

〔乱〕(亂)　本义当是治理。《说文》:"乱,治也。"杨树达《积微居小学述林》:"余谓字当从爪从又,爪又皆谓手也。'𤔔'从爪、从又者,人以一手持丝,又一手持互以收之。丝易乱,以互收之,则有条不紊,故字训治、训理也。"杨树达所说的"互"实际上是理丝用的桄(guàng)子。如《尚书·盘庚》:"兹予有乱政同位。"孔安国传:"乱,治也。此我有治政之臣,同位于父祖。"又《尚书·泰誓》:"予有乱臣十人,同心同德。"孔传:"我治理之臣虽少而心德同。"但这一意义,就是在先秦典籍中也少见。"乱"的常用义是杂乱,没有条理。如《曹刿论战》:"吾视其辙乱,望其旗靡,故逐之。"引申为社会动荡,不安定。如本篇:"禹以治,桀以乱。"又《吕氏春

秋·察今》："故治国无法则乱。""乱"又有使之乱的意思。如《子路从而后》："欲洁其身而乱大伦。"又《论语·卫灵公》："小不忍则乱大谋。""乱"又有造反的意思。《大同》："盗窃乱贼而不作。"《淮南子·人间训》："居三年，白公胜果为乱。"

古代乐曲的最后一章称"乱"。如《论语·泰伯》："师挚之始，《关雎》之乱，洋洋乎盈耳哉！"朱熹注："乱，乐之卒章也。"又《楚辞·离骚》："乱曰：'已矣哉，国人莫我知兮，又何怀乎故都？'"

〔启〕（啓）　本义指开门。如《郑伯克段于鄢》："大叔完聚，缮甲兵，具卒乘，将袭郑。夫人将启之。"又《楚辞·天问》："西北辟启，何气通焉？"王逸注："言天西北之门，每常开启，岂元气之所通？"引申有打开、张开的意思。贾谊《治安策》："适启其口，匕首已陷其匈矣。""启"又为启发、开导。如《论语·述而》："不愤不启，不悱（fěi）不发。"何晏注引郑玄曰："孔子与人言，必待其人心愤愤，口悱悱，乃后启发为说之。""启"另有发生、萌生的意思。如本篇"繁启蕃长于春夏"。又引申为开拓义。如《诗经·鲁颂·闷宫》："大启尔宇，为周室辅。"又《韩非子·有度》："齐桓公并国三十，启地三千里。""启"的另一常用义是陈述、报告。《商君书·开塞》："今日愿启之以效。"又《孔雀东南飞》："府吏得闻之，堂上启阿母。"

〔险〕（險）　本义是地势高低不平，所以字从阜。如《易·坎》："地险，山川丘陵也。"又《齐晋鞌之战》："苟有险，余必下推车。"引申为阻碍，要隘义。如《三国志·吴书·吴主传》："蜀军分据险地，前后五十余营。"杜甫《剑门》："唯天有设险，剑门天下壮。""险"的另一常用义是高峻。如《玉篇》："险，高也。"又《六书故·地理》："险，高峻危绝之谓险。""险"又有险恶的意思。如本篇："上阇而政险。"又"政险失民"。

〔阳〕（陽）　本义指山的南面或水的北面。如《穀梁传·僖公二十八年》："山南为阳，水北为阳。"又《诗经·大雅·大明》："在洽之阳，在渭之涘。"引申为日光。如《诗经·小雅·湛露》："匪阳不晞。"又《许行》："秋阳以暴之。"又引申为明亮的意思。《史记·司马相如列传》："正阳显见,觉悟黎烝。"又引申为温暖义。如《诗经·豳风·七月》："春日载阳,有鸣仓庚。"郑玄注:"阳,温也。"

由明亮义引申为向阳面的、凸出的、前面的等义。如《周礼·考工记·轮人》："凡斩毂之道,必矩其阴阳。阳也者,积理而坚之。"这里的"阳"是指向阳面的。赵希鹄《洞天清录集·古钟鼎彝器辨》："唐、秦用楷隶,三代用阴识谓之偃囊,其字凹入也。汉以来用阳识,其字凸,间有凹者。"这个"阳"指凸出义。苏轼《四菩萨阁记》："长安有故藏经龛,唐明皇帝所建,其门四达,八板,皆吴道子画,阳为菩萨,阴为天王,凡十有六躯。"这里的"阳"指前面的。

"阳"和"阴"是一对古代哲学概念,指世间一切对应的事物,如日为阳,月为阴;天为阳,地为阴;山为阳,水为阴;暑为阳,寒为阴等。如本篇:"天地之变,阴阳之化,物之罕至者也。"

〔阴〕(陰) 本义指山的北面或水的南面。与"阳"相对。《说文》:"阴,闇也。水之南,山之北也。"如《韩非子·说林上》:"夏居山之阴。"又《愚公移山》:"指通豫南,达于汉阴。""汉阴"指汉水的南面。地名第二字用"阴"的,一般都来源于此义。如"华阴",在华山之北;"江阴",在长江之南。引申为幽暗,没有阳光。《后汉书·周盘传》:"吾日者梦见先师东里先生,与我讲学于阴堂之奥。"李贤注:"阴堂,幽暗之室。"又引申为阴影。《吕氏春秋·察今》:"审堂下之阴,而知日月之行,阴阳之变。"

用作副词,"阴"有秘密地、暗中等义。如《三国志·魏书·吕布传》:"〔董〕卓尝小失意,拔手戟掷布,布拳捷避之,为卓顾谢,卓意亦解。由是阴怨卓。"这里的"阴"是暗中的意思。又《战国策·秦策》:"张仪反秦,使人使齐,齐、秦之交阴合。"这里的"阴"指秘密地。

〔怨〕 本义是恨,仇恨。《说文》:"怨,恚也。"如《韩非子·难三》:"桓公能用管仲之功而忘射钩之怨。"《史记·秦本纪》:

“缪公之怨此三人入于骨髓。”另一意义较仇恨为轻,即埋怨,抱怨的意思。如本篇:“不可以怨天,其道然也。”又《国语·周语》:“怨而不怒。”

“怨”、“恨”在上古汉语中,“怨”重“恨”轻。如《报任安书》:“恨私心有所不尽。”是为自己的抱负未能实现而遗憾。《苏武传》:“臣事君,犹子事父也。子为父死,亡所恨。”是说子为父而死并没有遗憾之处。

古文中有时“怨恨”连用,意义侧重在“怨”上,指仇恨义。如《班超传》:“超拒还其使,由是怨恨。”

〔赫〕 本义是火红色。《说文》:“赫,赤貌。”如《诗经·邶风·简兮》:“赫如渥赭,公言赐爵。”毛亨传:“赫,赤貌。”引申为显著、显赫的意思。如本篇:“故日月不高,则光辉不赫。”又《诗经·大雅·生民》:“以赫厥灵,上帝不宁。”毛传:“赫,显也。”由本义又引申为明亮义。刘基《郁离子·枸橼》:“骄阳赫而不吾灼,寒露零而不吾凄。”

“赫”还有怒义。如《诗经·大雅·云汉》:“王赫斯怒,爰整其旅。”郑玄笺:“赫,怒意。”又《汉书·枚乘传》:“汉知吴之有吞天下之心也,赫然加怒。”赫然,发怒的样子。

〔应〕(應) 相当。《说文》:“应,当也。”《诗经·周颂·赉(lài)》:“文王既勤止,我应受之。”毛传:“应,当也。”这一意义,《广韵》作於陵切,现在读作 yīng。

“应”的另一常用义是接受。《广雅·释言》:“应,受也。”《国语·周语》:“而班先王之大物以赏私德,其叔父实应且憎。”韦昭注:“应,犹受憎恶也。”《管子·小匡》:“应公之赐,杀之黄泉。”又为应答义。如《愚公移山》:“河曲智叟亡以应。”又引申为应和、响应义。如《易·乾》:“同声相应,同气相求。”

“应”还有应对、回应的意思。如本篇:“应之以治则吉,应之以乱则凶。”又《庄子·齐物论》:“枢始得其环中,以应无穷。”

〔命〕 命令。甲骨文“命”、“令”不分,写作🏃,像一个跪踞

176

于大口之下俯首听命之人。《说文》:"命,使也。"动词。如《墨子·公输》:"夫子何命焉为?"又《隆中对》:"命一上将将荆州之军以向宛洛。"引申为命令,使命。名词。如柳宗元《捕蛇者说》:"太医以王命聚之。"又郦道元《三峡》:"或王命急宣。"由命令引申为辞令,指外交辞令。名词。如《论语·宪问》:"为命,裨谌草创之。"是说制定外交辞令,裨谌(郑国大夫)拟稿。又指天命,命运。《论语·颜渊》:"生死有命。"是一种迷信意识。又指命脉。《论积贮疏》:"大命将泛,莫之振救。""大命"指国家的命脉。又表示一种规律。如本篇:"孰与制天命而用之?"这里的"天命"是指自然界的规律。

〔常〕 本义指古代类似裙子一类的衣物,但不同于裙子。《说文》:"常,下帬也。"即"裳"的古字。《玉篇》:"常,帬也。今作裳。"《逸周书·度邑》:"叔旦泣涕于常,悲不能对。"是说叔旦的泪水落在裳上,悲痛得说不出话来。"常"的常用义是长久不变。如《墨子·尚贤》:"故官无常贵,而民无终贱。"引申有法规的意思。《易·系辞》:"初率其辞,而揆其方,既有典常。"又《国语·越语》:"无忘国常。"又引申为恒常、规律义。如本篇:"天行有常,不为尧存,不为桀亡。""常"又有固定不变、永久的意思。如《尚书·咸有一德》:"天难谌,命靡常。"白居易《记画》:"画无常工,以似为工;学无常师,以真为师。""常"还表示长度单位,八尺为寻,倍寻为常。《周礼·考工记·庐人》:"庐人为庐器,戈柲六尺有六寸,殳长寻四尺,车戟常,酋矛常有四尺,夷矛三寻。"古书中"寻常"经常连用,表示很短的距离、很短的长度单位。《五蠹》:"布帛寻常,庸人不释。"

19　五蠹（节选）

《韩非子》

【说明】

本篇节选自《韩非子·五蠹》篇。

韩非，战国末期韩国人。曾就学于荀卿。他继承并发展了前期法家思想，提出了以"法"为本，法、术、势相结合的封建统治方法，为封建中央集权统治奠定了理论基础。他认为社会是发展变化的，"世异则事异"、"事异则备变"，任何政令、措施都不应该是固定不变的。这种发展变化的历史观具有进步意义。韩非曾建议韩国国君变法以增强国力，但没能被采纳。他所写的《孤愤》、《说难》、《五蠹》等著述，受到秦王政的重视。

《韩非子》通行的注本有清人王先慎的《韩非子集解》，今人梁启雄的《韩非子浅解》、陈奇猷的《韩非子集释》。

《五蠹》是韩非的主要代表作，它比较全面地反映了作者的历史观和政治主张。作者首先阐述了社会历史是发展演变的，据此而批驳那些"欲以先王之政，治当世之民"的守旧派，进而揭露、批判了破坏法制、危害国家富强的社会势力。作者把当时的学者（指儒者）、言谈者（指纵横家）、带剑者（指游侠）、患御者（指依附权贵、逃避兵役的人）和工商之民，斥之为五种"邦之蠹"，主张加以清除。

这里节选的是《五蠹》的前四段，比较集中地反映了韩非的社会历史观。他的社会历史观在当时具有一定的进步意义。但他把历代"圣人"看做是历史的创造者,这是英雄史观的表现。他认为社会产生"争夺"是"人民众而财货寡"的必然结果,也是错误的。他认为工商之民是社会蠹虫也有失偏颇。这都反映了韩非的阶级和时代的局限。

上古之世[1],人民少而禽兽众[2],人民不胜禽兽虫蛇[3]。有圣人作[4],构木为巢以避群害[5],而民悦之[6],使王天下[7],号之曰有巢氏[8]。民食果蓏蚌蛤[9],腥臊恶臭而伤害腹胃[10],民多疾病[11]。有圣人作,钻燧取火以化腥臊[12],而民说之[13],使王天下,号之曰燧人氏。中古之世,天下大水,而鲧、禹决渎[14]。近古之世,桀、纣暴乱[15],而汤、武征伐[16]。今有构木钻燧于夏后氏之世者[17],必为鲧、禹笑矣[18];有决渎于殷、周之世者[19],必为汤、武笑矣。然则今有美尧、舜、汤、武、禹之道于当今之世者[20],必为新圣笑矣[21]。是以圣人不期脩古[22],不法常可[23],论世之事,因为之备[24]。宋人有耕者,田中有株[25],兔走触株[26],折颈而死[27];因释其耒而守株[28],冀复得兔[29];兔不可复得,而身为宋国笑[30]。今欲以先王之政,治当世之民,皆守株之类也。

【注释】

[1]上古:是作者韩非从其所处时代说的。对我们今天来说是指远古。
世:时代。

[2]众:多。

[3]不胜(shēng)禽兽虫蛇:受不了禽兽虫蛇的侵害。 胜:胜任,禁得起。

[4]圣人:这里指聪明智慧的人。 作:起,出现。

[5]构木为巢:架构树木作成窝巢,即在树上搭窝巢。 构:架设,架构。
群害:众多的侵害,指禽兽虫蛇之害。

[6]悦:喜欢,爱戴。

[7]是"使〔之〕王天下"的省略,推举他作王,统治天下。 王(wàng):用作动词,统治。

[8] 称他作有巢氏。 有巢氏:和下文的"燧人氏"都是传说中的远古首
领。 有:词头。

[9] 果蓏(luǒ):古时木本植物的果实叫"果",草本植物的果实叫"蓏"。
蜯(bàng):同"蚌",河蚌。 蛤(gé):蛤蜊,海生动物。

[10] 腥臊(sāo):生肉的气味。 恶臭(xiù):坏气味,难闻的气味。
臭:气味。

[11] 多:用作动词,多有。

[12] 钻燧(suì):钻木取火,是远古时代的取火方法。 燧:古代取火的
器具。 化腥臊:化除腥臊气味,指熟食。 化:变化,这里指
消除。

[13] 说:"悦"的古字。

[14] 鲧(gǔn):相传是禹的父亲,父子都曾致力于治水。 决:开掘。
渎(dú):沟渠,这里指海河道。

[15] 桀:夏朝末代君主。 纣:商朝末代君主。

[16] 汤:即成汤,商朝开国君主。 武:即周武王,西周开国君主。 征
伐:指汤伐桀、武伐纣。

[17] 夏后氏:夏代统治者。 后:君主。

[18] 必定被鲧、禹耻笑。

[19] 殷:商代盘庚迁都于殷,也称商为殷。

[20] 美:意动用法,以……为美,也可译为"赞美"、"称颂"。

[21] 新圣:指韩非所处时代新出现的圣人。

[22] 不期修古:不期望因袭古代。 期:期望,要求。 修:据考证当是
"循"的误字。循:遵循,因袭。

[23] 不取法永远可行的法令、制度。 法:用作动词,取法,效法。 常
可:指经久可行的法令、制度。

[24] 研究当代的社会实际,据此为社会制定出相应的措施。 论:讨
论,研究。 世:当代。 因:是"因〔之〕"的省略,有"依据当代社
会实际"的意思。 为:动词,制定。 之:指代社会。 备:指相
应的措施。

[25] 株:砍伐后残留下的树桩。

[26] 走:跑。 触:碰撞。

[27] 折颈:撞折了脖子。

[28]因:是"因〔之〕"的省略,有"就此"、"于是就"的意思。　释:放下。
　　　耒(lěi):古代翻土的农具。

[29]冀:希望。　复:再。

[30]身:自身。成语"守株待兔"就出于这里。

　　古者丈夫不耕[1],草木之实足食也[2];妇人不织,禽兽之皮足衣也[3]。不事力而养足,人民少而财有余,故民不争[4]。是以厚赏不行[5],重罚不用,而民自治[6]。今人有五子,不为多,子又有五子,大父未死而有二十五孙[7]。是以人民众而货财寡,事力劳而供养薄,故民争[8]。虽倍赏累罚,而不免于乱[9]。

【注释】

[1]丈夫:成年男子。

[2]实:果实。

[3]禽:义同"兽",野兽。　足衣(yì):足够穿。　衣:用作动词,穿,
　　穿衣。

[4]事力:用体力。　事:用作动词,从事,使用。　养足:供养充足。
　　养:指衣食等生活资料。　财:财货,指生活必需的物品,这里与
　　"养"所指相同。在原始社会,生产力低下,人们主要靠狩猎、采集为
　　生,都是十分艰苦繁重的劳动。"不事力而养足"的情况是不存在
　　的。氏族部落之间也有因争夺生活资料而发生武斗的,也是有"民
　　争"的。

[5]行:与下句"用"同义,使用。

[6]自:自然。　治:安定,有秩序。

[7]大父:祖父。

[8]劳:劳苦,劳累。　薄:少。　在阶级社会里,"民争"主要反映为阶
　　级矛盾及其斗争。韩非把它归结为人口的增加和财货的不足,是他
　　的历史局限。但他力图从社会经济状况来解释人类社会的争夺,还
　　是有一定的积极意义的。

[9]倍赏:加倍奖赏。　累罚:加重惩罚。

尧之王天下也[1]，茅茨不翦[2]，采橡不斫[3]；粝粢之食[4]，藜藿之羹[5]；冬日麑裘[6]，夏日葛衣[7]；虽监门之服养[8]，不亏于此矣[9]。禹之王天下也，身执耒臿以为民先[10]，股无胈[11]，胫不生毛[12]；虽臣虏之劳[13]，不苦于此矣[14]。以是言之，夫古之让天下者[15]，是去监门之养而离臣虏之劳也[16]，故传天下而不足多也[17]。今之县令[18]，一日身死[19]，子孙累世絜驾[20]，故人重之[21]。是以人之于让也[22]，轻辞古之天子[23]，难去今之县令者[24]，薄厚之实异也[25]。夫山居而谷汲者[26]，膢腊而相遗以水[27]；泽居苦水者，买庸而决窦[28]。故饥岁之春，幼弟不饟[29]；穰岁之秋，疏客必食[30]。非疏骨肉爱过客也[31]，多少之实异也[32]。是以古之易财[33]，非仁也，财多也；今之争夺，非鄙也[34]，财寡也。轻辞天子，非高也，势薄也[35]；重争士橐[36]，非下也[37]，权重也。故圣人议多少、论薄厚为之政[38]。故罚薄不为慈[39]，诛严不为戾[40]，称俗而行也[41]。故事因于世[42]，而备适于事[43]。

【注释】

[1]这是个时间分句。这种情况常语译为时间状语：尧统治天下的时候。下文"禹之王天下也"也是这样。

[2]茅茨（cí）：茅草苫的房盖。　翦：今作"剪"。

[3]采橡（chuán）：柞木橡子。　采：通"棌"，柞木。　斫（zhuó）：砍削。

[4]粝粢（lì zī）：指粗米。

[5]藜藿（lí huò）：指野菜。　藜：野菜。　藿：豆叶。　羹：用肉或菜做成的带汁的食物。

[6]麑裘（ní qiú）：鹿皮衣。　麑：小鹿。

[7]葛衣：麻布衣。　葛：麻纺织的布。

[8]监门：看门人。　服：穿的。　养：给养，指吃的东西。

[9]不比这缺少。　亏：亏损，短缺。　此：指代上述尧的服养情况。

[10]臿（chā）：锹一类的挖土的工具。　为民先：给百姓做带头人。　先：在前面，这里指走在前面的人。

［11］股:大腿。　　肱(bá):大腿上的肌肉。

［12］胫:小腿。

［13］臣虏:奴隶。　　臣:男性奴隶。　　虏:俘虏,古以俘虏为奴隶。
　　劳:劳苦。

［14］不比这更劳苦。　　此:指代上述禹的劳苦。

［15］让天下者:把天下让出的人。一般"天下"作"天子",据陈奇猷考
　　证改。

［16］是:这样的人,他们。复指"古之让天下者"。

［17］多:用作动词,称赞,赞美。

［18］县令:县的长官。

［19］一日:一旦。

［20］累世:世世代代。　　絜(jié)驾:修整好车驾。指有车驾并能修饰,
　　不失富贵。　　絜:修整,修饰。

［21］重之:以之为重,把它看重。　　重:意动用法,以……为重。

［22］是以:因此。　　人之于让也:人们在禅让上。　　让:禅让,让位。

［23］轻辞:轻易地辞去。　　轻:意动用法,以……为轻。

［24］难去:难于抛弃。　　难:意动用法,以……为难。

［25］薄厚:指利益大小。　　实:实际情况。　　异:不同。

［26］夫:句首语气助词。　　山居谷汲者:在山上居住、到山谷里去打水
　　的人。　　山、谷:都是名词,分别用在动词前作状语,表示行为的
　　处所。

［27］膢(lóu):古代楚人在二月祭祀饮食神的节日。　　腊(là):古人在
　　年终祭祀百神的节日。　　膢、腊都是名词,用作状语,表示动作的
　　时间。　　遗(wèi):赠送。

［28］在低洼地居住而苦于水患的人。　　泽:低洼沼泽之地,这里是名词
　　作状语,表处所。　　买庸:雇工。　　庸:通"佣"。　　窦:通"渎",指
　　排水渠。

［29］饑岁:荒年,五谷不收。古代饥荒的意思作"饑",饥饿的意思作
　　"飢"。现都简化为饥。　　饟(xiǎng):同"饷",供给食物。

［30］穰(ráng)岁:丰年。　　疏客:关系疏远的过往路人。　　食(sì):拿
　　食物给吃。

［31］疏骨肉:疏远亲人。　　骨肉:比喻至亲,这里指上文的"幼弟"。

[32]食物多少的实际情况不同。

[33]易财:看轻财货。　易:轻视。

[34]鄙:鄙吝,贪鄙。

[35]高:高尚。　势薄:权势薄弱。

[36]重视争取做官和依托权势。"士"原作"土",依王先慎说改。"士"
　　通"仕",做官。　橐(tuō):通"托",依托,投靠。指依附于诸侯、
　　卿大夫。

[37]下:卑下。

[38]多少:指财物多少。　薄厚:指权势大小。　为之政:给社会制定
　　政令。　之:指代多少薄厚不同的社会情况。这里充当动词"为"
　　的间接宾语。

[39]罚薄:刑罚轻。

[40]诛严:责罚严厉。　戾(lì):残暴,暴戾。

[41]适应社会习俗而行事。　称(chèn):适应,相符。

[42]事情顺应于时代。　因:动词,顺随。

[43]措施适应现实的事情。

　　古者文王处丰、镐之间[1],地方百里[2],行仁义而怀西戎[3],
遂王天下。徐偃王处汉东[4],地方五百里,行仁义,割地而朝者三
十有六国[5];荆文王恐其害己也[6],举兵伐徐[7],遂灭之。故文王
行仁义而王天下,偃王行仁义而丧其国[8],是仁义用于古而不用
于今也[9]。故曰:世异则事异。当舜之时,有苗不服[10],禹将伐
之,舜曰:"不可。上德不厚而行武[11],非道也[12]。"乃修教三
年[13],执干戚舞[14],有苗乃服。共工之战[15],铁铦矩者及乎
敌[16],铠甲不坚者伤乎体[17],是干戚用于古[18],不用于今也。故
曰:事异则备变。上古竞于道德[19],中世逐于智谋[20],当今争于
气力[21]。齐将攻鲁,鲁使子贡说之[22]。齐人曰:"子言非不辩
也[23],吾所欲者土地也,非斯言所谓也[24]。"遂举兵伐鲁,去门十
里以为界[25]。故偃王仁义而徐亡,子贡辩智而鲁削[26]。以是言
之,夫仁义辩智,非所以持国也[27]。去偃王之仁[28],息子贡之

智^[29],循徐、鲁之力^[30],使敌万乘^[31],则齐、荆之欲不得行于二国矣^[32]。

【注释】

[1]文王:周文王,姓姬名昌,商纣时为西伯,也称伯昌,在位时国势强盛。由其子周武王灭商建立周朝。 丰、镐(hào)之间:指周文王兴起的地域。 丰:周文王的都城,在今陕西户县东。 镐:周武王迁都于此,在今陕西长安西南。

[2]地:土地,地域。 方:方圆。

[3]怀:怀柔,用安抚的手段使归附自己。 西戎:我国古时西北部的民族部落。

[4]徐偃(yǎn)王:西周时徐国国君,统辖今淮、泗一带。 汉东:汉水以东。

[5]割地而朝者:割让国土来朝服的。 有:又,用于数词的整数和零数之间。

[6]荆文王:即楚文王。楚文王晚于徐偃王约三百年,有可能是"荆王"之误,或是作者韩非书写之误。考家多有,其说不一。

[7]举兵:发兵。

[8]丧:丧失。

[9]这是仁义适用于古代而不适用于当今。 是:指示代词,用作主语。

[10]有苗:又称三苗,我国古代居于长江流域的民族部落。 服:归服。

[11]上德:崇尚德政。 上:通"尚",崇尚。 厚:厚实,充分。 行武:使用武力。

[12]不是治国的办法。 道:指治国之道。

[13]修教:修明德教,指以德感化。

[14]拿着盾牌和大斧跳舞。表示修明德教,不用武力。 干:盾。戚:斧。

[15]共(gōng)工:是古代神话人物,一些古籍都有记载,但说法不同。其人与其战都当在尧、舜、禹之前或同时。据下文,作者用来说明"当今",当有误。

[16]铁铦(xiān):一种武器。 矩者:长的。 矩:通"巨",长。 乎:

介词,作用相当于"于",这里可语译为"到"。下句"伤乎体"之"乎"同此。

[17] 铠甲:古代战衣,一般是革制。

[18] 干戚:这里指"执干戚舞"。 用:指适合,适用。

[19] 竞:比赛,争胜。

[20] 逐:角逐,竞争。

[21] 气力:指战争实力。

[22] 子贡:姓端木,名赐,字子贡,孔子弟子。 说(shuì)之:劝说齐国,即说服齐国不要攻鲁。

[23] 非不辩:不是不雄辩。 辩:争论,这里指有道理。

[24] 不是这些话所说的。 斯:指示代词,这。 谓:说。

[25] 去:距离。 门:指鲁都城城门。

[26] 削:指鲁国土地被割削。

[27] 不是用来治理国家的办法。 持:掌管,治理。

[28] 去:抛弃。

[29] 息:止,指废除。

[30] 循:遵循,依靠。

[31] 是"使〔之〕敌万乘"之省略,让他们抵抗大国。 敌:抵抗。 万乘(shèng):万辆兵车,指大国。

[32] 欲:欲望,指侵占土地的欲望。 行:实行,实现。

本篇选词概述

1. 作	2. 构	3. 臭	4. 备	5. 株	6. 实
7. 让	8. 驾	9. 饥	10. 称	10. 怀	12. 逐

〔作〕 现代常指工作,作法。而古代"作"是站起来。《论语·先进》:"舍瑟而作。"是说曾皙放下瑟站起来回答孔子的问话。由此引申出抽象意义的兴起,发生。王符《潜夫论》:"周室微而五伯作,六国弊而秦国兴。""作"与"兴"同义对举。又本篇:"祸灾乃作。"今成语有"一鼓作气"。又为制作,创造。《商君书·

186

更法》："故知者作法，而愚者制焉。"

〔构〕(構)　架木。《说文》："冓，交积材也。""冓"是"構"的古字。如本篇："构木为巢以避群害。"引申为构成，交会。《韩非子·存韩》："一战而不胜，则祸构矣。"这是构成。又《孟子·告子下》："吾闻秦楚构兵。"这是交会，交战。

〔臭〕　古今义差别颇大。今指难闻的气味儿，跟"香"相对，读 chòu。古代指气味儿，没有好闻、难闻的差别，读 xiù。如本篇："腥臊恶臭。""臭"是一般气味，"恶臭"是难闻气味儿。又《易·系辞上》："其臭如兰。"是说它的气味儿像兰草一样芬芳。甲骨文写作𦥑，犬鼻嗅觉灵敏，以夸张犬鼻表示气味儿。后来词义缩小，专指难闻的气味儿。用作动词，则指闻味儿，读 xiù。《荀子·礼论》："三臭之，不食也。"这个意义后代写作"嗅"或"齅"。

〔备〕(備)　今义指防备，具备；古义指谨慎。《说文》："备，慎也。"据此而有防备、戒备义。《鸿门宴》："备他盗之出入与非常也。"又作名词，指防备，戒备的措施。如本篇："论世之事，因为之备。"今成语有"有备无患"。又古代"備"指具备。《说文》："備，具也。"简化为"备"。《劝学》："圣心备焉。"

〔株〕　露出地面的树根和树干。如本篇："田中有株，兔走触株，折颈而死。"后来用作量词，指树木的棵数。《三国志·蜀书·诸葛亮传》："成都有桑八百株。"

〔实〕(實)　充实，富足。《说文》："實，富也。从宀贯，贯为货物。"段玉裁注："以货物充于屋下是为实。"《荀子·王制》："府库已实。"引申为果实，种子。如本篇："草木之实足食也。"又指实际情况。如本篇："轻辞古之天子，难去今之县令者，薄厚之实异也。"

〔让〕(讓)　本义是责备。《说文》："让，相责让。"所以从"言"。《史记·项羽本纪》："二世使人让章邯。"现代常用义是谦让，退让。在谦让、退让的意义上古今相同。《谏逐客书》："是以泰山不让土壤，故能成其大。"又特指让权，让位。如本篇："是以人之于让也,轻辞古之天子,难去今之县令者,薄厚之实异也。"

〔驾〕(駕) 古今汉语都有"驾车"、"驾驶"的意思。白居易《卖炭翁》:"晓驾炭车辗冰辙。"而古代汉语"驾"的本义是把车套在马身上,加车于马。《说文》:"驾,马在轭(è,马具,略呈人字形,驾车时套在马颈上)中也。"从马从加,加亦声。《诗·小雅·采薇》:"戎车既驾,四牡业业。"作为名词,"驾"又指车驾。如本篇:"今之县令,一日身死,子孙累世絜驾。"引申为马走一天的路程叫"一驾"。《劝学》:"驽马十驾,功在不舍。""十驾"指马走十天的路程。用作名词,指车,特指帝王的车,于是"驾"又成了帝王的代称,旧时把帝王死称作"驾崩",把帝王的到来称作"驾临"。

〔饥〕(饑) 现代义指饿肚子,上古义则指荒年,有显著差别。如本篇:"故饑岁之春,幼弟不饟。"这里"饑岁"显然指荒年。上古汉语"飢"和"饑"分别显著,"飢"是飢饿,"饑"是饑荒。读音不同,"飢"属脂部,"饑"属微部。中古以后,"飢"、"饑"读音相同,于是混而不分。

〔称〕(稱) 古今汉语都指称量。《商君书·算地》:"度而取长,称而取重。"古义又指举起。《诗经·豳风·七月》:"称彼兕(sì)觥(gōng)。"是说举起那兕角做的酒器。引申为推举,举荐。《左传·襄公三年》:"称解(xiè)狐。"是推举解狐。读 chèn,则指相称,适应。如本篇:"称俗而行也。""称俗"是指适应社会习俗。

〔怀〕(懷) 心里思念。《说文》:"怀,念思也。"《岳阳楼记》:"去国怀乡。"现代有复音词"怀念"。古义特指归向。《尚书·皋陶谟》:"安民则惠,黎民怀之。"又指怀柔,安抚。如本篇:"行仁义而怀西戎。"古今义都指胸前,现代有复音词"胸怀"。由此引申为怀里揣着。《史记·廉颇蔺相如列传》:"怀其璧,从径道亡。"用于抽象义,指怀有某种情绪。《唐雎不辱使命》:"怀怒未发,休祲(jìn)降于天。"

〔逐〕 追赶。《说文》:"逐,追也。"甲骨文写作 💀、💀 或 💀。不论逐豕、逐鹿或逐马,皆取狩猎时事象,都表追赶义。现代有复音词"追逐"。《中山狼传》:"适为虞人逐。"用于抽象义,表示竞争,角逐。如本篇:"上古竞于道德,中世逐于智谋。"引申为驱逐,放逐。《谏逐客书》:"非秦者去,为客者逐。"又《楚辞·哀郢》:"信非吾罪而弃逐兮。"

20　竖谷阳献酒

《韩非子》

【说明】

本文选自《韩非子·饰邪》中的一段。记叙的是晋楚鄢陵之战中所发生的一则故事。

楚国的将领子反,在紧张的战斗中口渴求饮,他的车右竖谷阳,为迎合子反平素喜酒的嗜好,竟以酒代水,献了上去。子反知道这是违背军纪的,所以命令拿走,但竖谷阳从旁怂恿,说不是酒而是水,子反意志薄弱,便不住嘴地喝起来,大醉。结果贻误战机,归国后被楚恭王处死。

这则故事说明,只重个人之间的好恶,不顾整体或长远的利益,无原则,徇私情,难免酿成灾祸,不但危害国家,也伤害了个人。所以作者才说:"小忠,大忠之贼也。"

荆恭王与晋厉公战于鄢陵[1],荆师败[2],恭王伤。酣战而司马子反渴而求饮[3],其友竖谷阳奉卮酒而进之[4]。子反曰:"去之[5],此酒也[6]。"竖谷阳曰:"非也。"子反受而饮之[7]。子反为人嗜酒[8],甘之[9],不能绝之于口[10],醉而卧[11]。恭王欲复战而谋事[12],使人召子反,子反辞以心疾[13]。恭王驾而往视之[14],入幄中闻酒臭而还[15],曰:"今日之战,寡人目亲伤[16],所恃者司马[17],司马又如此,是亡荆国之社稷而不恤吾众也[18],寡人无与复战矣[19]。"罢师而去之[20],斩子反以为大戮[21]。

【注释】

[1]荆恭王:即楚恭王,春秋时期楚国国君。　晋厉公:春秋时期晋国国君。　鄢陵:古地名。周鄢国地,春秋时被郑武公所灭,改为鄢陵。在今河南鄢陵西北。公元前 575 年,晋国和楚国在这里进行了一次争霸战争,楚军失败,史称"鄢陵之战"。

[2]荆师:楚国的军队。　师:军队。

[3]酣(hān)战:长时间的激烈的战斗。　司马:西周时始置,春秋、战国时沿用。掌管军政和军赋,是楚国最高军事长官。　子反:人名,楚国司马。　求饮:要喝水。　饮:用作名词,指喝的水。

[4]他的车右竖谷阳捧了一杯酒进献给子反。　友:通"右",即车右,主将的助手。　竖谷阳:人名。　奉:"捧"的古字。　卮(zhī)酒:一杯酒。　卮:古代盛酒器。　之:这里指代子反。

[5]把它拿走。　之:指酒。

[6]这是酒。判断句。"此"是判断句主语,"酒"是判断句谓语。

[7]子反把它接过来便喝了。　受而饮之:是双动一宾结构,即受之而饮之。　之:指代酒。

[8]子反平素好喝酒。　嗜(shì)酒:喜好酒。　嗜:爱好,喜好。

[9]甘之:以之为甘,认为酒好喝。　甘:意动用法,以……为甘,认为……甘美。认为好喝。　之:指代酒。

[10]不能在嘴上断绝酒,意为不住嘴地喝起来。　绝:断绝。

[11]喝醉了就躺下了。

[12]欲复战:想要再次〔同晋国〕交战。　谋事:谋划战事。　谋:谋划,商量。

[13]辞:推辞。　疾:病,生病。

[14]驾:系马于车,这里指乘车。　往视之:去看望子反。

[15]幄(wò):帐篷,后来多指军帐。　臭(xiù):气味。

[16]亲:通"新",刚刚。

[17]所依靠的就是司马子反了。　所恃者:所依靠的人。"者"字词组作判断句主语。　恃:依靠。

[18]这是忘掉楚国的江山,而不肯爱惜我的臣民百姓啊!　亡:"忘"的古字,《韩非子》多以"亡"为"忘"。如《韩非子·难三》:"此亡王之俗。"　恤(xù):忧,关心,爱惜。

[19]我不能同晋国再战了。　无：通"毋"，不要。　与：介词，后面省略宾语"之"，指晋国。

[20]罢师：收兵。　去：离开。

[21]大戮(lù)：杀了陈尸示众。

　　故曰：竖谷阳之进酒也，非以端恶子反也[1]，实心以忠爱之[2]，而适足以杀之而已矣[3]。此行小忠而贼大忠者也[4]。故曰：小忠，大忠之贼也。若使小忠主法[5]，则必将赦罪以相爱[6]，是与下安矣[7]，然而妨害于治民者也[8]。

【注释】

[1]不是拿这件事陷害子反。　端：事端，指临阵献酒的事。　恶(wù)：讨厌，这里有"陷害"的意思。

[2]实心：真心实意。　以忠爱之：用忠心来爱护他。　以忠：介宾词组作状语，用忠心。　之：指子反。

[3]但是恰好用这种小忠来杀害他罢了。　而：转折连词，但是。　适：副词，恰巧，恰好。　以：介词，后面省略宾语"之"，指"以忠爱之"。　而已：表示限止的语气，罢了。

[4]小忠：指忠实于个人，而不顾国家的利益。　贼：伤残，毁坏。　大忠：指忠实于国家的利益。韩非这里指的是忠实于封建地主阶级的国家。

[5]如果让小忠的人主管法律。　小忠：这里指忠于个人而不顾国家利益的人。　主法：主管法律。

[6]赦(shè)罪：赦免犯罪。　赦：免罪，减罪。　以：连词。

[7]是：代词，指赦罪以相爱的情况。　与下：对于臣下。　安：指一时相安。

[8]然而〔这〕是损害统治民众的。　妨：损害。

<table>
<tr><td colspan="4" align="center">本篇选词概述</td></tr>
<tr><td>1. 进</td><td>2. 入</td><td>3. 召</td><td>4. 视</td></tr>
<tr><td>5. 法</td><td>6. 忠</td><td>7. 爱</td><td>8. 治</td></tr>
</table>

〔进〕(進)　古今常用义基本相同,都指向前进,这是它的本义,所以从辵(chuò)。如《资治通鉴》:"刘备、周瑜水陆并进。"引申为进献,推荐。如本篇:"其友竖谷阳奉卮酒而进之。""进之"就是进献给子反。又"竖谷阳之进酒也。""进酒"就是进献酒。又如《孙膑》:"于是忌进孙子于威王。"这是推荐义。又特指进到朝廷做官,与"退"相对。如范仲淹《岳阳楼记》:"是进亦忧,退亦忧。"与《孟子·公孙丑上》"治亦进"中"进"的意义相同。应该注意:"进"和"入"在古代不是同义词。"进"和"退"相对,"入"和"出"相对。现代汉语说"进来"、"进去",古代说"入",不说"进"。

〔入〕　进,进去,进来,跟"出"相对。《触龙说赵太后》:"入而徐趋。"又《许行》:"三过其门而不入。"这些"入"字都是"进"的意思。今天说"进去"、"进来",一般已不用文言词"入",只是在特殊场合偶尔使用,如"出入带门"。古代当"入"与"出"对举时,有时则表示家内和家外。如《论语·学而》:"弟子入则孝,出则弟("悌"的古字)。"又指采纳,献纳。《晋灵公不君》:"谏而不入,则莫之继也。""不入"即不被采纳。又《捕蛇者说》:"募有能捕之者,当其租入。""租入"指献纳的租税。

〔召〕　呼唤,特指上级对下级的呼唤,所以从口。《说文》:"召,评(呼)也。"如本篇:"恭王欲复战而谋事,使人召子反。"又《列子·说符》:"穆公不说,召伯乐而谓之。"引申为招致,导致。《劝学》:"故言有召祸也,行有招辱也。"应该注意"召"和"招"的区别。用口唤人来是"召",用手招人来是"招",用法不同。《劝学》篇作了恰当注解:"言有召祸"用的是"召",指用口呼唤,所以字从口;"登高而招,臂非加长也"用的是"招",指用手招,所以字从提手。还须留意：周代燕国的始祖，名奭（shì），因其采邑在"召"（今陕西岐山西南），称"召公"，召读作 shào，又写作"邵公"。

〔视〕（视）　本义是看，所以从见。如《曹刿论战》："〔曹刿〕下视其辙。"又《列子·汤问》："必学视而后可。视小如大，视微如著。"由看引申为看待义。如《左传·成公三年》："贾人如晋，荀莹善视之。"是说商人到了晋国，荀莹待他很好。又为察看义。如《史记·廉颇蔺相如列传》："日视便利田宅，可买者买之。"又为按照。《孟子·万章下》："天子之卿受地视侯。""受地视侯"是按照侯的身份受地。又引申为探望，看望。如本篇："恭王驾而往视之，入幄中闻酒臭而还。"通作"示"，表示给人看，《汉书》多以"视"为"示"。如《汉书·高帝纪》："亦视项羽无东意。"是说张良劝刘邦烧掉栈道，好让项羽看见自己无意向东进军。

〔法〕　法令，法律。如本篇："若使小忠主法。""主法"指主管法律。又《韩非子·定法》："法者，宪令著于官府，刑罚必于民心，赏存乎慎法，而罚加乎奸令者也。"引申为标准，法则。《管子·七法》："尺寸也、绳墨也、规矩也、衡石也、斗斛也、角量也，谓之法。"用作动词，有"以……为标准"、"效法"的意思。《吕氏春秋·察今》："上胡不法先王之法？"第一个"法"字是效法义。又指方法，办法。《孙子·九变》："胡用兵之法，无恃其不来，恃吾有以待也。""用兵之法"就是用兵的办法。

〔忠〕　现代义一般指忠实，忠诚；而封建社会特指忠君。应该注意：上古汉语"忠"的本义是指尽心竭力做好分内的事，对别人负责。如本篇："此行小忠而贼大忠者也。"又《曹刿论战》："忠之属也，可以一战。"这是曹刿称赞鲁庄公认真对待"小大之狱"的负责精神。因庄公本身是国君，显然不是忠君。又《晋灵公不君》："贼民之主，不忠。"《论语·学而》："为人谋而不忠乎？"这些"忠"字都有负责任、尽心竭力办好事情的意思。后来被封建统治阶级所利用来专指忠君，忠于封建国家，所谓社稷之臣。

〔爱〕（愛）　古今汉语都有"爱"的意思。如本篇："实心以忠爱之。"《郑伯克段于鄢》："爱其母，施及庄公。"又《触龙说赵太后》："父母之爱子，则为之计深远。"现代汉语有复音词"亲爱"、"喜爱"等。引申为爱好。如杜牧《阿房宫赋》："秦爱纷奢，人亦念其家。"又引申为怜惜，同情。《左传·僖公二十二年》："爱其二毛，则如服焉。"上古汉语"爱"还指吝啬，舍不得，不能误为亲爱义。如《孟子·梁惠王上》："齐国虽褊小，吾何爱一牛？""爱一牛"不是喜爱一头牛，而是吝惜一头牛。《论语·八佾（yì）》："赐也！尔爱其羊，我爱其礼。""爱其羊"指舍不得那只羊。《老子》上说："其爱必大费。"是说过分吝啬必有更大的耗费。

〔治〕　本义是治水，所以字从水。如《水经注·河水》："昔禹治洪水。"是说从前大禹治理洪水。今天"根治淮河"的"治"便属本义。其引申义应用很广，译成现代汉语，要选择与后面名词相应的动词。如《史记·扁鹊仓公列传》："不治将恐深。"这个"治"是治疗义。《史记·滑稽列传》："为治新缯绮縠衣。"这个"治"是缝制义。又如本篇："然而妨害于治民者也。"这个"治"则是治理义。引申为治理好了的，合理，有秩序，形容词，与"乱"相对。如《天论》："应之以治则吉，应之以乱则凶。"同篇："禹以治，桀以乱，治乱非天也。""治"与"乱"对举。又《战国策·齐策》："齐国大治。""大治"指国家治理得很好。

21 去 私

《吕氏春秋》

【说明】

本文选自《吕氏春秋·孟春纪》。

《吕氏春秋》是秦相吕不韦组织门下食客集体编写的著作。书中汇集了战国时期各思想流派的主张和理论,其中以儒、道学派为主,兼及墨家、法家、名家、农家各派学说,历代都把它视为杂家的著作,是为秦国统治者汇集各家思想成就,给刚刚统一的新兴国家提供思想武器的著作。近人许维遹的《吕氏春秋集释》、今人陈奇猷的《吕氏春秋校释》汇集了东汉高诱以来的研究成果,并多有发明,是迄今仍很有影响的注本。

去私,即去掉私心、抛弃私心的意思。文章由天地、日月的运行对人间万物的影响,四季变化给人类生活造成差异的普遍性说起,证明大自然给人类的影响是普遍、无私的,绝无厚此薄彼的情况。文章还列举古代尧舜等圣贤为了部落的整体利益而禅让君位、晋国祁奚举贤不避亲又不避仇的事实,证明"去私"不但可能,而且可行。

天无私覆也[1],地无私载也[2],日月无私烛也[3],四时无私行也[4],行其德而万物得遂长焉[5]。

【注释】

[1]大自然没有偏私地覆盖。　天:指自然界。

［2］大地没有偏私地承载。　载:指承载万物。

［3］烛:用作动词,照,照耀。

［4］四时:四季。　时:季节。　行:运行,这里指季节交替。

［5］得遂长:能够长成。　遂:成。　此句之后原有二十二字,依苏时学
　　说删。

尧有子十人^[1],不与其子而授舜^[2];舜有子九人,不与其子而
授禹^[3],至公也^[4]。

【注释】

［1］尧:唐尧,传说中原始社会部落联盟的首领。　子:孩子。

［2］与:给予。　舜:传说中虞的君主,号有虞氏。

［3］禹:夏禹,夏代第一个君主,因治水有功,得舜禅位。

［4］至公:最大的公。　至:极,最。

晋平公问于祁黄羊曰^[1]:"南阳无令^[2],其谁可为之?"祁黄羊
对曰:"解狐可^[3]。"平公曰:"解狐非子之雠邪^[4]?"对曰:"君问
可,非问臣之雠也。"平公曰:"善。"遂用之。国人称善焉^[5]。居有
间^[6],平公又问祁黄羊曰:"国无尉^[7],其谁可而为之?"对曰:"午
可^[8]。"平公曰:"午非子之子邪?"对曰:"君问可,非问臣之子
也。"平公曰:"善。"又遂用之。国人称善焉。孔子闻之曰:"善哉!
祁黄羊之论也,外举不避雠^[9],内举不避子。"祁黄羊可谓公矣。

【注释】

［1］晋平公:春秋时期晋国君主,公元前557—前532年在位。晋为姬姓
　　国,平公名彪,其父悼公。　祁黄羊:晋大夫,名奚,字黄羊。

［2］南阳:春秋时晋国地名,在今河南济源一带。　令:统领地方事务的
　　官员。

［3］解狐(xiè hú):晋国大夫。

［4］雠:义同"仇",仇敌,仇人。

［5］国人:居住在都城里的人。　国:国城,都城。

[6]过了一会儿。　间(jiàn):间隙,此指时间的间隙,片刻。

[7]尉:古代的武官。

[8]午:祁午,祁奚的儿子。

[9]外:指家族之外。　举:荐举,推荐。

墨者有钜子腹䰄[1],居秦。其子杀人,秦惠王曰:"先生之年长矣,非有他子也[2]。寡人已令吏弗诛矣[3],先生之以此听寡人也。"腹䰄对曰:"墨者之法曰:'杀人者死[4],伤人者刑。'此所以禁杀伤人也。夫禁杀伤人者,天下之大义也[5]。王虽为之赐[6],而令吏弗诛,腹䰄不可不行墨者之法。"不许惠王[7],而遂杀之。子,人之所私也[8]。忍所私以行大义[9],钜子可谓公矣。

【注释】

[1]钜子:同"巨子",大师。　腹䰄(fù tūn):姓腹,名䰄。

[2]他子:别的孩子。　他:别的。

[3]诛:杀戮。

[4]本句连同下句"伤人者刑"均为被动句。　死:被处死。　刑:被处刑罚。

[5]大义:大道理,公认的道理。

[6]为之赐:给我赏赐。　之:充当间接宾语,我,指钜子腹䰄。

[7]许:允许,答应。

[8]私:偏私,偏爱。

[9]忍:此指忍心杀死。

庖人调和而弗敢食[1],故可以为庖。若使庖人调和而食之,则不可以为庖矣。王伯之君亦然[2]。诛暴而不私[3],以封天下之贤者[4],故可以为王伯。若使王伯之君诛暴而私之,则亦不可以为王伯矣。

【注释】

[1]庖(páo)人:厨师。　调和:指味道、咸淡适中。

[2]王伯（bà）：此指称王称霸。 伯：通"霸"。

[3]诛暴：指讨伐暴虐的君主。 暴：暴虐，这里指暴虐之君。 私：据为己有，将诸侯的土地、资财据为己有。

[4]封：分封。统治者将土地、资财、称号等分赐给下属。

本篇选词概述

1. 私   2. 遂   3. 子   4. 论

5. 吏   6. 调   7. 伯   8. 暴

〔私〕 常用义是"背公"，与"公"义相反，自己的、个人的。《尚书·周书》："以公灭私，民其允怀。"又《史记·李斯列传》："强公室，杜私门。"引申为秘密、隐秘之事。《史记·项羽本纪》："项王乃疑范增与汉有私。"又引申为偷偷地、私下里。同篇："项伯乃夜驰之沛公军，私见张良。""私"另有偏袒、偏爱的意思。如本篇："子，人之所私也。"

〔遂〕 《广雅·释诂》释作"行也"。即进行、实行的意思。《国语·晋语》："夫二国士之所图，无不遂也。"韦昭注："遂，行也。"引申有通达的意思。《礼记·月令》："〔孟春之月〕庆赐遂行，毋有不当。"又《淮南子·精神训》："能知大贵，何往而不遂？"高诱注："遂，通也。"遂又指成就、成功。如本篇："行其德而万物得遂长焉。"遂另有养育的意思。《国语·齐语》："遂滋民与无财而敬百姓，则国安矣。"韦昭注："遂，育也。"

〔子〕 甲骨文作 🧒 ，像囟（xìn）门尚未合缝的婴儿。《荀子·劝学》："干越夷貉之子，生而同声，长而异俗。"引申为儿女义。如本篇："其子杀人。"这是指男性的孩子。《韩非子·说林上》："卫人嫁其子。"这是指女性的孩子。又表示对人的尊称。《论语·子路》："卫君待子而为政，子将奚先？"人们称孔丘为孔子，孟轲为孟子，荀卿为荀子，今成语有"诸子百家"。对自己的老师也称子。《荀子·非相》："仲尼长，子弓短。"杨倞注："子弓，盖仲弓也。言子者,著其为师也。"

〔论〕(論)　说明事理、分析研究是其本义,段玉裁说:"凡言语循其理得其宜谓之论。"如本篇:"善哉! 祁黄羊之论也。"引申为议论。《三国志·蜀书·诸葛亮传》:"先帝在时,每与臣论此事,未尝不叹息痛恨于桓灵也。"由分析研究引申为评判、评定。《吕氏春秋·论人》:"此贤主之所以论人也。"又引申有判罪义。《史记·吕后本纪》:"其群臣或窃馈,辄捕论之。"论说必持理,于是引申为主张、学说义。《论衡·逢遇》:"夫持帝王之论,说霸者之主,虽精见拒。"以说理为主的文体也叫论,如《封建论》、《留侯论》。

〔吏〕　古代官府中的官员,不论高下都称吏。《尚书·胤征》:"天吏逸德,烈于猛火。"孔传:"天王之吏为过之德,其伤害天下甚于火之害玉。"《左传·成公二年》:"王使委于三吏。""三吏"即"三公",指司徒、司马、司空。又如本篇的"令吏弗诛"。这些吏都是官府的高级官员。汉代以后,吏则专指官府中的下级官员和差役。如《史记·李斯列传》:"为郡小吏。"《史记·滑稽列传》:"〔西门豹〕即使吏卒共抱大巫妪投之河中。"

〔调〕(調)　读作 tiáo,《说文》释作"和也"。《玉篇》:"调,和合。"即合适、适中的意思。如本篇:"庖人调和而弗敢食。"《诗经·小雅·车攻》:"弓矢既调。"郑玄笺:"调,谓弓强弱与矢轻重相得。"使之合适、适中。《盐铁论·利议》:"御之良者善调马,相之贤者善使士。"

调另有嘲弄、调戏义。《资治通鉴·晋安帝隆安五年》:"卿知调朕,朕不知调卿邪?"胡三省注:"调,戏也。"这个意义又作"啁",是后起分化字。

〔伯〕　是古代统领一方的首长,是仅次于最高统治者的领导者。《左传·僖公十九年》:"诸侯无伯。"杜预注:"伯,长也。"《周礼·大宗伯》:"九命作伯。"引申为排在第一位的,老大。《诗经·小雅·何人斯》:"伯氏吹埙,仲氏吹篪。"是说大哥吹埙

(xūn)，二弟吹篪(chí)。埙，古代吹奏乐器，土制。篪，古代竹管乐器，像笛子。

伯是古代五等爵位公、侯、伯、子、男中的第三等级，《左传·僖公二十年》："晋侯、秦伯围郑。"伯又读作 bà，是"霸"的本字，诸侯的盟主。《韩非子·难四》："桓公，五伯之上也。"《史记·齐太公世家》："天子使晋称伯。"用作动词，指称霸。如本篇："王伯之君亦然。"又《荀子·儒效》："用万乘之国，则举措而定，一朝而伯。"

〔暴〕　本义是晒、晒干，读作 pù，《汉书·王吉传》："夏则为大暑之所暴炙。"《论衡·解除》："暴谷于庭，鸡雀啄之。"这个意义后来写作"曝"。引申有显露、暴露的意思，《史记·淮阴侯列传》："暴其所长于燕，燕必不敢不听从。"《报任安书》："功亦足以暴于天下矣。"

读 bào，有凶残、暴虐义。《易·系辞上》："上慢下暴，盗思伐之矣。"孔颖达疏："小人居上位必骄慢，而在下必暴虐为政。"引申有侵害、欺凌义。《国语·晋语》："忠不可暴，信不可犯。"《庄子·盗跖》："以强凌弱，以众暴寡。"又特指暴君。如本篇："诛暴而不私。"

22 谏逐客书

李斯

【说明】

本篇节选自《史记·李斯列传》,题目是后加的。

李斯(? —前208)是战国末期楚国上蔡(今河南上蔡县)人。秦王政元年(前246)由楚入秦。先是做秦相吕不韦的门客,因在秦王面前纵论统一六国的意义和措施,受到秦王的重用,历任长史、客卿、廷尉,最后做了秦国国相。

李斯对内主张加强中央集权,剥夺宗室的特权;对外主张武力兼并,逐步发展实力,为秦始皇统一中国作出了贡献。秦统一中国之后,李斯又协助秦始皇推行一系列巩固中央集权的措施。秦始皇死后,李斯被赵高陷害,腰斩咸阳,夷灭三族。

秦王政初年,发现名叫郑国的韩国人以协助修筑水渠为名,消耗秦国的财力,秦国宗室大臣借机建议驱逐在秦国谋事的所有其他诸侯国的人。秦王不加分析地接受了这个建议,并在秦王政十年(前237)颁布了逐客令。李斯此时在秦做客卿,也在被逐之列。于是李斯上书驳斥了宗室大臣们的错误主张。秦王接受了李斯的意见,收回了逐客令,恢复了李斯的官职,不久又提拔他做了廷尉。

这封信用大量的历史事实说明由余、百里奚、商鞅等客卿对秦国发展强大的贡献,指出秦国的强盛是因为汇集了天下贤士的智慧;秦国的富有是因为搜罗了天下的珍宝。所以,"不问可否,不论曲直,非秦者去,为客者逐"的排外主张是错误的,而"王者不却众庶"才是正确的用人原则。

臣闻吏议逐客[1]，窃以为过矣[2]。昔缪公求士[3]，西取由余于戎[4]，东得百里奚于宛[5]，迎蹇叔于宋[6]，来丕豹、公孙支于晋[7]。此五子者，不产于秦[8]，而缪公用之，并国二十，遂霸西戎[9]。孝公用商鞅之法[10]，移风易俗，民以殷盛[11]，国以富强，百姓乐用[12]，诸侯亲服，获楚魏之师[13]，举地千里[14]，至今治强[15]。惠王用张仪之计[16]，拔三川之地[17]，西并巴蜀[18]，北收上郡[19]，南取汉中[20]，包九夷，制鄢郢[21]，东据成皋之险[22]，割膏腴之壤[23]，遂散六国之从[24]，使之西面事秦[25]，功施到今[26]。昭王得范雎[27]，废穰侯[28]，逐华阳[29]，强公室[30]，杜私门[31]，蚕食诸侯[32]，使秦成帝业。此四君者[33]，皆以客之功[34]。由此观之，客何负于秦哉[35]！向使四君却客而不内[36]，疏士而不用[37]，是使国无富利之实，而秦无强大之名也[38]。

【注释】

[1]吏：官吏。　议：讨论。

[2]窃：表谦恭的副词，私下。　过：错误。

[3]缪（mù）公：又作穆公，名任好，是春秋时振兴秦国的很有影响的君主，春秋五霸之一。　士：先秦时期具有某种修养或技能的人，包括文士和武士。

[4]由余：春秋时晋国人。后到西戎，西戎王派他出使秦国，穆公设法使他归秦。曾帮助穆公统一西戎各部落。　戎：对我国西部民族部落的称呼，所以又称西戎。

[5]百里奚：春秋时楚国人，一说他曾做过虞国大夫，后在楚沦为奴隶，秦穆公用五张黑公羊皮把他赎回秦国，所以又叫他"五羖（gǔ）大夫"。他曾辅助秦穆公成就霸业。　宛：楚地名，在今河南南阳境。

[6]蹇（jiǎn）叔：岐地（今陕西岐山东北）人，曾游于宋，是百里奚的好友，经百里奚推荐做秦上大夫。

[7]使丕（pī）豹、公孙支从晋国来到秦国。　来：使动用法，使……来。

丕豹:晋国人,晋大夫丕郑之子,因其父被晋惠公杀害而逃到秦国,帮助穆公攻打晋国。　公孙支:岐地人。曾游于晋,后归秦,任秦大夫。

[8]不出生在秦国。　产:产生,出生。

[9]霸西戎:在西戎称霸,意思是兼并了西戎各部落。

[10]孝公:指秦孝公,名渠梁,是振兴秦国的君主之一。他推行新法,把原本比较落后的秦国振兴起来。　商鞅:卫国人,姓公孙,名鞅,因其封地在商,所以叫商鞅。入秦后,帮助秦孝公改革政治,使秦国强盛起来。孝公死后,被秦惠王处死。

[11]百姓因此富庶兴旺。　以:介词,因为,后省略宾语,被省略的宾语指“孝公用商鞅之法,移风易俗”。　殷:殷实,富庶。　盛:指人丁兴旺。

[12]乐用:乐于被用,乐意效力。

[13]指战胜楚魏两国的军队。　获:俘获,这里兼有“战胜”的意思。公元前340年秦孝公派商鞅率军攻打魏国,魏国派公子卬率师迎战,商鞅用计攻破魏军,俘虏魏公子卬。同年又南攻楚国,所以这里说“获楚魏之师”。

[14]举:攻取,占领。

[15]直至现在秦社会安定,国力强盛。　治:指社会太平无事。

[16]惠王:秦惠文王嬴驷,秦孝公的儿子。　张仪:魏国人,是有名的纵横家,到秦国后任秦相。主张分化秦以外的各诸侯国,以便秦国分而取之。惠王采用了他的主张,为秦统一中国奠定了一定基础。

[17]攻占三川地区。　拔:攻取。　三川:指黄河、伊河、洛河。　三川之地:约指河南洛阳一带,攻占这一地区是张仪的建议,但惠王时并未实施。直到秦武王时,才攻占此地。

[18]巴:古国名,在今重庆以北一带。　蜀:古国名,在今四川成都一带。

[19]上郡:魏地,在今陕西榆林东南。　公元前328年,张仪在秦屡胜魏国之后,巧说魏王奉献上郡、少梁地以谢惠王。

[20]汉中:楚地,在今陕西汉中一带。公元前313年,张仪以割让商于之地诱骗楚怀王与齐绝交,第二年秦国打败楚国并扣留楚怀王,秦国夺取汉中六百里。

[21]包九夷:席卷南方各族地区。 包:囊括,全部占有。 九夷:本指我国东部的各民族部落,这里指居处在楚地的各族。 制:控制。
鄢(yān)郢(yǐng):先后是楚国的都城。鄢在今湖北宜城,郢在今湖北江陵,二城先后做楚都城,这里是用楚都城代替楚国。

[22]据:占据,占有。 成皋(gāo):当时重要的军事要塞之一,在今河南荥阳,又叫虎牢。

[23]膏腴(yú):指肥沃。

[24]散六国之从(zòng):离散了六国合纵的联盟。 散:离散,瓦解。
六国之从:指六国为抵御秦国而结成的联盟,当时的纵横家苏秦力主六国联盟,共同对付秦国,这就是所谓的"合纵"。 从:"纵"的古字。

[25]西面:面向西方。秦在六国之西,故称面向西方。 西:方位名词用作状语,表示方向。 面:用作动词,面向。 事秦:服侍秦国,即臣服秦国。

[26]功绩延续到现在。 施(yì):延续。

[27]昭王:秦昭襄王嬴则,秦惠王的儿子,武王的异母弟,武王死后,嬴则立为王。 范雎(jū):魏人,字叔游,入秦后做昭王国相。

[28]穰(ráng)侯:魏冉的封号。魏冉是昭王养母宣太后的异父兄弟,公元前255年被昭王废黜。

[29]华阳:即华阳君。宣太后的同父兄弟芈(mǐ)冉的封号。 昭王是在宣太后等人拥立下继承武王王位的,实际上是宣太后及其外戚集团的傀儡。范雎协助昭王夺回了政权,所以废黜了穰侯和华阳君等外戚。这里,李斯用同一亲族却怀有夺取王权野心的事实,驳斥"非秦者去"的错误主张。

[30]加强秦王室的权力。 公室:王室,这里指秦王室。

[31]杜绝贵族的权力。 杜:杜绝。 私门:王室以外的集团、势力,这里指贵戚。

[32]像蚕食桑叶一样一点一点地兼并各诸侯国。 蚕:名词,这里用作状语,表示比喻。

[33]四君:指穆公、孝公、惠王、昭王。

[34]以客之功:凭借客卿的功劳。 以:动词,用,凭借。

[35]何负于秦:对秦国有什么对不起的地方。 负:对不起。 于:介

词,对。

[36]向使:假使,假如。　　却客而不内:拒绝客卿入秦而不接纳他们。
却:辞却,拒绝。　　内(nà):"纳"的古字,接纳。

[37]疏士:疏远士人。

[38]这就使国家没有富饶的实际,秦国也不会有强大的名声。　　富利:
富饶好处。　　实:与"名"相对,指实际情况。

今陛下致昆山之玉[1],有随和之宝[2],垂明月之珠[3],服太阿
之剑[4],乘纤离之马[5],建翠凤之旗[6],树灵鼍之鼓[7],此数宝者,
秦不生一焉,而陛下说之[8],何也?必为秦国之所生然后可[9],则
是夜光之璧不饰朝廷[10],犀象之器不为玩好[11],郑卫之女不充后
宫[12],而骏良駃騠不实外厩[13],江南金锡不为用,西蜀丹青不为
采[14]。所以饰后宫、充下陈、娱心意、悦耳目者[15],必出于秦然后
可,则是宛珠之簪[16]、傅玑之珥[17]、阿缟之衣[18]、锦绣之饰不进
于前[19],而随俗雅化、佳冶窈窕赵女不立于侧也[20]。夫击瓮叩
缶[21],弹筝搏髀而歌呼呜呜、快耳目者[22],真秦之声也[23];郑卫
桑间[24]、韶虞武象者[25],异国之乐也。今弃击瓮叩缶而就郑
卫[26],退弹筝而取韶虞[27],若是者何也[28]?快意当前[29],适观而
已矣[30]。今取人则不然。不问可否,不论曲直,非秦者去[31],为
客者逐;然则是所重者在乎色乐珠玉[32],而所轻者在乎人民也。
此非所以跨海内、制诸侯之术也[33]。

【注释】

[1]陛下:对君主的敬称。　　致:使……到达,这里有"搜集"、"网罗"的
意思。　　昆山:在今新疆和田附近,古代以产玉著称。

[2]随和之宝:随侯珠、和氏璧一样的宝物。　　随:指随侯珠。据说春秋
时随侯曾救活一条受了伤的大蛇,后来这条大蛇衔来一颗明珠献给
他,后人称这颗宝珠为随侯珠。又春秋时楚人卞和曾在山中寻得一
璞(未经琢制的玉石),献给楚厉王,厉王轻易听信玉工说是普通石
头的话,砍断他的右脚。楚武王时,卞和又献璞,仍被认作石头而断

其左脚。楚文王即位后,卞和抱着璞痛哭于荆山之下,文王听说后使玉工治璞,果然得到稀世宝玉,后人称这块宝玉为和氏璧(事见《淮南子·览冥训》和《韩非子·和氏》)。

[3]垂:垂挂。　明月之珠:如同月亮一般明亮的大珍珠。

[4]服:佩带。　太阿(ē)之剑:宝剑名,相传是春秋时吴国的著名工匠干将铸造的。

[5]纤离:古代的骏马名。

[6]竖起用翠凤的羽毛装饰的旗帜。　建:立,竖立。　翠凤:一种名贵的鸟,这里指这种鸟的羽毛。

[7]设置用灵鼍皮制成的大鼓。　树:置设。　灵鼍(tuó):指鳄鱼一类动物,古人把鼍看做稀有的神灵,所以叫"灵鼍"。

[8]说:"悦"的古字,喜爱。

[9]一定是秦国所生产的东西然后才可以享用。

[10]夜光之璧:夜里发光的宝玉。　璧:扁平而圆,中间有孔的环状装饰用的玉。　饰:装饰。

[11]犀象之器:犀牛角、象牙制成的器物。　犀牛角、象牙都是稀罕之物,用它们制成的器物也就很珍贵。　玩好:指玩赏喜爱的东西。

[12]郑卫之女:春秋时期郑国和卫国的女子都能歌善舞,统治者多征集郑卫之女入宫以供娱乐。　充后宫:充满后宫。　后宫:嫔妃等人居住的宫室。

[13]骏良:意即"良骏",好的骏马。　駃騠(jué tí):古代的骏马名。实:充实,充满。　外厩(jiù):设在宫廷之外的马棚。

[14]金锡:这里泛指金属。　为:动词,作为。　用:指用的东西。　丹青:丹砂和青雘(huò),都是颜料。　不为采:不能作为彩饰的颜料。　采:采饰,这里指采饰用的东西,即颜料。

[15]用来装饰后宫嫔妃的美玉和宝珠、充满堂下甬道的美女姬妾、悦娱心意耳目的歌舞弹奏。　下陈:指堂下的甬道。

[16]宛珠之簪(zān):用宛珠装饰的头簪。　宛珠:宛地出产的宝珠。　簪:插在发髻上,用来固定头发的发簪。

[17]傅玑之珥:镶嵌着珍珠的耳饰。　傅:附着,这里指镶嵌。　玑:一种不圆的珠子,这里泛指珍珠。　珥(ěr):耳饰。

[18]阿缟(ē gǎo):阿地生产的缟。　阿:春秋齐国地名,在今山东阳谷

县东北,以生产缟帛闻名。　缟:一种白色的丝织品。

[19]锦绣之饰:用锦、绣制成的装饰物。　锦:织成各种花纹的丝织物。
　　绣:用彩丝刺成各种花纹的丝织物。　进:进献。

[20]随俗雅化:随着时俗善于改变自己的装束。　佳冶:指女子容貌艳
　　丽漂亮。　窈窕(yǎo tiǎo):指女子身姿苗条美丽。　赵女:赵国
　　的女子。当时认为赵国的女子多美丽。　侧:指身旁。

[21]甓(wèng):又作"瓮",本是一种盛水用的陶器,秦人用来当作乐
　　器。　缶(fǒu):陶器,一种小口大肚的罐子,秦人也用来当作乐
　　器。　这里是说秦人的乐器都是相当原始落后的东西。

[22]筝(zhēng):秦人的一种弦乐器。　搏髀(bì):拍打大腿,秦人用拍
　　打大腿来应和音乐的拍节。　搏:拍打。　髀:大腿。　歌呼:叫
　　喊着歌唱。　呜呜:形容秦人唱歌的声音。　快耳目:这里取偏
　　义,使耳朵感到快意,即好听。　快:使动用法:使……快意。

[23]秦之声:秦国的音乐。　声:与下文"乐"相应,指音乐。　以上几
　　句是说秦国的音乐是粗劣原始的,这种音乐虽是秦国土产,却不能
　　赏心悦耳。

[24]这里指郑国和卫国桑间一带的民歌。　郑:郑国。指郑国流行于
　　民间的歌曲。　卫桑间:卫国的桑间,桑间是卫国的一个地名,在
　　今河南濮阳一带,当时这里的青年常在一起歌舞。

[25]韶虞:也叫箫韶,相传是舜的音乐。　武象:周武王时的一种歌舞,
　　它的乐曲叫"武",舞蹈叫"象"。

[26]就郑卫:选用郑卫的流行音乐。　就:动词,靠近,这里有"选用"的
　　意思。

[27]退弹筝:辞退弹奏筝的音乐。意思是说不听秦国原有的弹筝演奏。

[28]这样做的原因是什么? 若是者:这样做的原因。　何:疑问代词
　　作判断句谓语。

[29]快意:使心情愉快。　当前:在眼前。

[30]适观:使观感舒适。　而已:表示限止的语气,可译作"罢了"。

[31]不是秦国的人就要离去。　去:离开,这里指离开秦国。

[32]所重者:所看重的东西,指秦王重视的东西。　在乎色乐珠玉:在
　　于女色、音乐、宝珠和美玉。　乎:介词,表示动作的处所。

[33]所以跨海内、制诸侯之术:用来统一天下,制服诸侯的办法。　跨海

内:指统一天下。　　海内:指四境之内,即普天之下。　　术:办法。

臣闻地广者粟多[1],国大者人众,兵强则士勇[2]。是以太山不让土壤[3],故能成其大[4];河海不择细流[5],故能就其深;王者不却众庶[6],故能明其德[7]。是以地无四方,民无异国,四时充美[8],鬼神降福,此五帝三王之所以无敌也[9]。今乃弃黔首以资敌国[10],却宾客以业诸侯[11],使天下之士退而不敢西向,裹足不入秦,此所谓“藉寇兵而赍盗粮”者也[12]。

【注释】

[1]粟:谷子,这里泛指粮食。

[2]兵强:武器精良。　兵:兵器。　士:兵士。

[3]太山:即泰山。　　让:辞让,拒绝。

[4]成:与下文“故能就其深”句的“就”同义,成就,实现。

[5]择:挑选,挑剔。

[6]却:推辞,拒绝。　　众庶:众多,这里指老百姓。

[7]明其德:显示自己的德性。　　明:用作使动,使……显明。

[8]四季都富足美满。　　四时:四季,这里指四季的生活。　　充:充实富足。

[9]这是五帝三王所以无敌天下的原因。　　五帝:一般指黄帝、颛顼(zhuān xū)、帝喾(kù)、尧、舜。　　三王:夏、商、周三代的君主夏禹、商汤、周文王、周武王。

[10]黔首:秦人把老百姓称作黔首。　　资:帮助。

[11]业诸侯:使诸侯成就功业。　　业:这里用作使动,使……成就功业,使……建立功业。

[12]藉寇兵:借给外寇武器。　　藉:通“借”。　　寇:外来的入侵者,这里指外敌。　　赍(jī)盗粮:送给盗贼粮食。　　赍:送给人财物。　　盗:名词,盗贼,偷窃的人。

夫物不产于秦,可宝者多[1],士不产于秦,而愿忠者众。今逐客以资敌国,损民以益雠[2],内自虚而外树怨于诸侯[3],求国无危,不可得也[4]。

【注释】

[1]可宝者:可值得宝贵的东西。 宝:用作动词,宝贵,成为宝贝。

[2]减少自己的人口来增加仇敌的人口。 损:减少。 以:连词,而。
　　益:增益,增加。 雠(chóu):通"仇",仇敌。

[3]对内自己削弱自己而对外和各诸侯国树立怨恨。 自虚:自我削
　　弱。 树怨:树立怨恨。 怨:仇恨。

[4]得:能够。

本篇选词概述

1. 产	2. 拔	3. 包	4. 据	5. 杜
6. 却	7. 陛	8. 玩	9. 采	10. 叩
11. 快	12. 声	13. 术	14. 损

〔产〕(產) 生产,生育,出生。《说文》:"产,生也。"如本篇:
"此五子者,不产于秦,而缪公用之。"又《史记·高祖本纪》:"已而
有身,遂产高祖。"这一意义现代汉语用"生",而不用"产";古代汉
语则用"产",而不用"生"。引申为出产。《捕蛇者说》:"永州之
野产异蛇。"这一意义古今相同。又引申为财产,产业。《聊斋志
异·促织》:"每责一头,辄倾数家之产。"

〔拔〕 本义是拔出,拔起。《说文》:"拔,擢也。"《三国志·
吴书·吴主传》:"秋八月朔,大风,江海涌溢,平地深八尺,吴高陵
松柏斯拔。"《史记·秦始皇本纪》:"拔剑自杀。"引申为提拔。
《前出师表》:"是以先帝简拔以遗陛下。"又为攻取义。如本篇:
"惠王用张仪之计,拔三川之地,西并巴蜀。"

〔包〕 包裹。《诗经·召南·野有死麇(jūn)》:"野有死麇,
白茅包之。"引申为包括,包容。郭璞《江赋》:"总括汉、泗,兼包
淮、湘。""包"、"括"对文。又有囊括义。如本篇:"包九夷,制
鄢郢。"

〔据〕（據）　用手按着。《庄子·渔父》：“左手据膝。”又为依仗，依靠。《庄子·盗跖》：“据轼低头，不能出气。”《过秦论》：“秦孝公据殽函之固。”“据轼”就是靠在车轼上，“据殽函”就是依仗殽山、函谷关。引申为占有，占据。如本篇：“包九夷，制鄢郢，东据成皋之险。”

〔杜〕　本义指棠梨树。《齐民要术·种梨》：“杜树大者插五枝，小者或三或二。”又为杜绝，堵塞。如本篇：“废穰侯，逐华阳，强公室，杜私门。”又《史记·商君列传》：“公子虔杜门不出已八年矣。”“杜门”是指紧闭家门。

〔却〕　本作“卻”。退，使后退。《史记·廉颇蔺相如列传》：“相如因持璧却立。”又《过秦论》：“却匈奴七百余里。”引申为推辞，不接受。如本篇：“向使四君却客而不纳，疏士而不用。”又同篇：“王者不却众庶，故能明其德。”现代汉语“却之不恭”一语中的“却”即此义。

〔陛〕　古用今废词。本义指升堂的台阶。《说文》：“陛，升高阶也。”贾谊《治安策》：“陛九级上，廉远地，则堂高。”是说九级台阶房屋的边就离地面远，远也就高。又特指皇宫的台阶。《战国策·燕策》：“秦武阳奉地图匣，以次进，至陛下。”这里的陛指秦王宫的台阶。蔡邕《独断》：“天子必有近臣执兵立于陛侧，以戒不虞。”这里的陛指宫廷的台阶。“陛下”连用是对皇帝的敬称。《独断》：“谓之陛下者，群臣与天子言，不敢指斥天子，故呼在陛下者而告之，因卑达尊之义也。”如本篇：“今陛下致昆山之玉，有随和之宝。”这里的“陛下”指秦始皇。

〔玩〕　玩弄，戏弄。《说文》：“玩，弄也。从玉，元声。”《尚书·旅獒（áo）》：“玩人丧德，玩物丧志。”引申为供玩赏的东西。如本篇：“必为秦国之所生然后可，则是夜光之璧不饰朝廷，犀象之器不为玩好。”又为习惯而不经心。《左传·僖公五年》：“晋不可启，寇不可翫（玩）。”

〔采〕（採）　本义是采摘。甲骨文写作 ，像用手采摘果实。

《说文》："采，将取也。"《诗经·周南·关雎》："参差荇菜，左右采之。"引申为收集，选取。《汉书·艺文志》："古有采诗之官。"这个"采"是收集义；《史记·秦始皇本纪》："采上古帝位号，号曰'皇帝'。"这个"采"是选取义。这个意义写作"採"。采、採是古今字。又表示彩色的丝织品。《论贵粟疏》："衣必文采。"《后汉书·安帝纪》："食不兼味，衣无二采。"这个意义后来一般写作"綵"。又表示彩色，光彩。《孟子·梁惠王上》："抑为采色不足视于目与？"又为采饰。如本篇："江南金锡不为用，西蜀丹青不为采。"这个意义后来一般写作"彩"。借"采摘"的"采"表"文采"、"彩色"，分化后，分别写作"綵"和"彩"。

〔叩〕　敲击。如本篇："夫击瓮叩缶，弹筝搏髀而歌呼呜呜、快耳目者，真秦之声也。"又指发问，询问。方苞《狱中杂记》："余叩所以。"就是询问缘由。

〔快〕　高兴。《说文》："快，喜也。"《魏公子列传》："公子行数里，心不快。""不快"即心中不痛快。又宋玉《风赋》："快哉，此风！"今有成语"大快人心"。引申为使高兴，使痛快。如本篇："快意当前，适观而已。"唐代以后，快有锋利义。李商隐《行次西郊作》："快刀断其头。"又杜甫《题王宰画诗》："焉得并州快剪刀。"

〔声〕（聲）　本义是声音。甲骨文写作，像手持器物在敲击石磬，耳朵在听。以此表示声音。如《劝学》："生而同声，长而异俗。"这是指人发出的声音。《孟子·梁惠王上》："闻其声不忍食其肉。"这是指牛羊之声。《左传·僖公二十二年》："声盛致志，鼓儳可也。"这是金鼓之声。又特指音乐声。如本篇："夫击瓮叩缶，弹筝搏髀而歌呼呜呜、快耳目者，真秦之声也。"

〔术〕（術）　本义是道路，街巷。《说文》："術，邑中道也。从行，术声。"如《孙膑兵法·擒庞涓》："齐城高唐当术而大败。""当术"就是当街。引申为方法，手段。如本篇："此非所以跨海内，制诸侯之术也。"又引申为学说，思想。《史记·外戚世家》："读黄帝老子，尊其术。"又指技艺。《韩非子·喻老》："子之教我御，术未尽也。"在古文献中"术"和"術"是两个不同的字,分别写不同的词,"术"读作 zhú,是植物名。简化后,二字合并为一。

〔损〕 减少,跟"益"相对。《说文》:"损,减也。"如本篇:"今逐客以资敌国,损民以益雠。"又《吕氏春秋·察今》:"人或益之,人或损之。"这里的"损"都是"减少"的意思。引申为损害义。《尚书·大禹谟》:"满招损,谦受益。"又为丧失。《商君书·慎法》:"以战必损其将。"

23 景公置酒于泰山之上

《晏子春秋》

【说明】

本文选自《晏子春秋·外篇第七》，标题是后人加的，取自文章首句。

《晏子春秋》是一部记叙春秋时代齐国晏婴言行的书，旧题春秋齐晏婴撰，实为后人搜集晏婴的言行并依托晏婴之名而作。书分内外篇，共 8 卷，215 章。每一章都以简单的故事，记录晏婴的言行，主要写晏婴从多方面劝谏齐国国君，以加强和巩固齐国的统治。此书所记绝非全是史实，所以有人说此书很像一部古典短篇小说集。1972 年在山东临沂银雀山西汉墓中出土的《晏子》残简与今本有关部分对照，内容大体一致。

晏婴(？—前 500)，字仲平，夷维(今山东高密)人。齐灵公二十六年(前 556)，继其父为齐卿，历灵公、庄公、景公三世。他出身于贵族，已预见到齐国将被新兴势力的代表田氏代替，但他一直为巩固姜氏在齐国的统治而尽心竭力。他主张省刑薄敛，崇尚节俭。这有利于保护人民，减轻人民负担，但不可能解决当时旧的制度所固有的矛盾。

本文记叙了一个简单的故事，讽喻齐景公不该怕死，不识"佐哀而泣"的谏臣，不该怕彗星。最后归结到指责齐景公追求奢侈豪华生活，残酷压迫剥削百姓上。

景公置酒于泰山之上[1]。酒酣[2]，公四望其地[3]，喟然叹[4]，泣数行而下[5]，曰："寡人将去此堂堂国而死乎[6]！"左右佐哀而泣者三人[7]，曰："臣细人也，犹将难死，而况公乎[8]！弃是国也而死，其孰可为乎[9]！"

【注释】

[1]景公:齐景公。 置酒:设置酒宴。

[2]酣(hān):饮酒畅快尽兴。

[3]四望其地:向四方眺望齐国的国土。

[4]喟然:叹息的样子。

[5]泣:眼泪。

[6]去:离开。 堂堂:大的。

[7]左右:指左右侍臣。 佐哀而泣者:陪着悲伤而哭泣的。 佐:助，这里有"陪着"的意思。 泣:哭，指无声而有泪的哭。

[8]臣:我们。 细人:地位低微的人。 犹:还，尚且。 难死:以死为难，即怕死。 难:意动用法。 况:表示其后分句内容是逼进的。

[9]谁认可这样啊！ 其:语气助词。 可:动词，同意，认可。

晏子独搏其髀[1]，仰天而大笑曰："乐哉，今日之饮也[2]！"公怫然怒曰[3]："寡人有哀，子独大笑，何也?"晏子对曰："今日见怯君一，谀臣三[4]，是以大笑。"公曰："何谓谀怯也[5]?"晏子曰："夫古之有死也，令后世贤者得之以息，不肖者得之以伏[6]。若使古之王者如毋有死[7]，自昔先君太公至今尚在[8]，而君亦安得此国而哀之[9]?夫盛之有衰，生之有死，天之分也[10]。物有必至，事有常然[11]，古之道也[12]。曷为可悲[13]?至老尚哀死者[14]，怯也；左右助哀者，谀也。怯谀聚居[15]，是故笑之。"

【注释】

[1]搏:拍击。 髀(bì):大腿。

[2]乐:是句子的谓语，为了突出强调而提到句首。

[3]怫(bó)然:脸上变色的样子。 怫:通"勃"。

[4]谀(yú):谄媚。

[5]谓:叫做。

[6]让后代贤德的人得到它而安息,不贤德的人得到它而隐伏。 之:指代"死"。 以:连词,而。 息:休息。 伏:伏匿,隐伏。

[7]若使:同义词连用,如果。 王(wàng)者:做王的人。 毋:没。

[8]自昔:从前。 先君:指已去世的国君。 先:对已去世者的尊称。 太公:齐国始受封之君姜尚。

[9]安:哪里,用作状语。 哀之:为之哀,为这样事而哀伤。 之:指代"将去此堂堂国而死"。

[10]分(fèn):本分,职分。

[11]物、事:这里都是"事物"的意思。 至:达到极点。 常然:常规。

[12]是自古以来的道理。

[13]曷为:为什么。 曷:疑问代词,什么。

[14]到了老年还为死而哀伤的人。

[15]怯谀:指怯懦、阿谀的人,即上文所说的"怯君"、"谀臣"。 聚居:聚集在一起。

　　公惭而更辞曰[1]:"我非为去国而死哀也[2]。寡人闻之,彗星出[3],其所向之国[4],君当之[5]。今彗星出而向吾国,我是以悲也。"晏子曰:"君之行义回邪[6],无德于国[7],穿池沼[8],则欲其深以广也[9];为台榭[10],则欲其高且大也;赋敛如挖夺[11],诛僇如仇雠[12]。自是观之,茀又将出[13]。彗星之出,庸何惧乎[14]!"

　　于是公惧,洒归[15],實池沼,废台榭,薄赋敛,缓刑罚[16]。三十七日而彗星亡[17]。

【注释】

[1]惭:同"慚",羞愧。 更:改变。 辞:言词,这里是"话题"的意思。

[2]为去国而死哀:为了离开国家而死这件事哀伤。 为去国而死:介宾词组,用作动词"哀"的状语。

[3]彗星:俗称扫帚星,古也称妖星。古代由于缺少科学知识,认为彗星

216

的出现是灾祸的预兆。

[4]向:面向,朝向。

[5]当:对当,承担。

[6]行义:行为举止。 义:通"仪",仪容状貌,举止。 回邪:邪僻,同义词连用。 回:邪僻。 邪:不正。

[7]德:指德政。

[8]穿:穿凿,这里是"挖掘"的意思。

[9]欲:动词,要。 以:连词,用于联合关系的两个形容词之间,作用同"而"。

[10]为:建筑。 台:高而平的建筑物,一般供眺望或游观。 榭:建筑在高台上的敞屋。

[11]赋敛:收敛赋税。 挩(huī):通"挥",这里与"夺"义同。 夺:抢夺。

[12]诛僇(lù):杀戮。 僇:通"戮"。 仇雠(chóu):仇敌。

[13]茀(bó):通"孛",彗星的别称。

[14]庸:表示反问,难道。

[15]迺:同"乃"。

[16]窴(tián):"填"的古字。 薄、缓:都是使动用法,使……减轻,使……放宽。

[17]三十七日:三十七天之后。 亡:消失。

本篇选词概述

1. 望	2. 搏	3. 诼	4. 肖	5. 伏
6. 聚	7. 向	8. 敛	9. 仇	10. 归

〔望〕 古今汉语都指向远处看。金文作🦜,像人举目眺月之形,以此表示远望。《曹刿论战》:"吾视其辙乱,望其旗靡。"又如本篇:"酒酣,公四望其地,喟然叹。"古人把阴历的每月十五日,月光满盈时叫"望"。如枚乘《七发》:"将以八月之望,与诸侯远方交游兄弟。"八月之望,指八月十五日。又《苏武传》:"以武著节老臣,令朝朔望。"古代汉语还有"埋怨"、"责怪"义。《史记·商君

列传》:"商君相秦十年,宗室贵戚多怨望者。"

〔搏〕 《说文》:"搏,索持也。"意即抓取。《史记·李斯列传》:"铄金百镒,盗跖不搏。"又为拍打义。如《谏逐客书》中的"弹筝搏髀"。又如本篇:"晏子独搏其髀,仰天而大笑。""搏髀"就是拍打大腿。

〔谀〕(諛) 巴结逢迎。《荀子·修身》:"以不善和人者谓之谀。"《庄子·渔父》:"不择是非而言,谓之谀。"本篇:"今日见怯君一,谀臣三,是以大笑。"

〔肖〕 本义指骨肉相似。《说文》:"肖,骨肉相侣(似)也。从肉,小声。"引申为相似。苏轼《影答形》:"我依月灯出,相肖两奇绝。"是说随着月光和灯光出现的影子与形体绝妙地相似。又《答李翊书》:"待用于人者,其肖于器耶?"今成语有"惟妙惟肖"。古书中"不肖"连用,常指不如父辈有才能,不成器。如《史记·五帝本纪》:"尧知子丹朱之不肖。"有时指无能,不贤。如本篇:"夫古之有死也,令后世贤者得之以息,不肖者得之以伏。""不肖者"和"贤者"对文。

〔伏〕 趴伏。《礼记·曲礼》:"寝毋伏。"引申为潜伏,藏匿。如本篇:"夫古之有死也,令后世贤者得之以息,不肖者得之以伏。"

〔聚〕 指人聚集。《说文》:"聚,会也。从从,取声。""从"三人为众。贾谊《治安策》:"一人耕之,十人聚而食之,欲天下亡饥,不可得也。"又本篇:"左右哀者,谀也,怯谀聚居,是故笑之。"又指人聚集的地方,村落。《史记·五帝本纪》:"一年而所居成聚,二年成邑。""聚"和"邑"对文,都指人们聚居的地方。

〔向〕 今义多指方向,朝向;古代汉语"向"的本义是朝北面的窗户。甲骨文写作🔲,正像房子开出的窗户。如《诗经·豳风·七月》:"塞向墐户。"是说堵好朝北的窗户,用泥涂好柴门,以防风寒。引申为朝向,向着。如本篇:"今彗星出而向吾国,我是以悲也。"又为归向义。《班超传》:"莫不向化。"

〔敛〕(斂)　聚集,收集。《诗经·小雅·大田》:"此有不敛穧。"是说这里有已割而未收集起来的庄稼。引申为征收义,特指征收赋税。如本篇:"赋敛如攫夺,诛僇如仇雠。""敛"、"赋"并用,意义相近,作为名词敛有赋税义。如《孟子·尽心上》:"易其田畴,薄其税敛。"

〔仇〕　本义指同伴。《诗经·周南·兔罝(jū)》:"赳赳武夫,公侯好仇。"是说勇武之士是公侯们的好同伴。引申为配偶。曹植《浮萍篇》:"结发辞严亲,来为君子仇。"是说梳好发髻辞别双亲,做君子的配偶。又为仇敌义。如本篇:"赋敛如攫夺,诛僇如仇雠。"

〔归〕(歸)　本义指女子出嫁。《说文》:"歸,女嫁也。从止,从妇省,𠂤声。"如《诗经·周南·桃夭》:"之子于归,宜其室家。"是说这位女子出嫁了,使她的家庭和睦融洽。引申为回家义。如本篇:"于是惧,遁归。"又为归附义。《管子·霸形》:"近者示之以忠信,远者示之以礼义,行之数年,而民归之如流水。"又为归还义。《汉书·陈平传》:"平惧诛,乃封其金与印,使使归项王。"

24 论积贮疏[1]

贾谊

【说明】

本文选自《汉书·食货志》,标题是后人加的。

作者贾谊(前200—前168),洛阳(今河南洛阳东)人,是汉初杰出的政论家和文学家。当初汉文帝刘恒召为博士,不久升迁为太中大夫。因遭当时权贵排挤,贬为长沙王太傅,后又为梁怀王太傅。他曾多次上书文帝,建议削弱诸侯王的势力,加强中央集权;主张发展农业生产,以巩固汉王朝的统治。在被贬去长沙,途经湘水时,曾写《吊屈原赋》,借以抒发自己怀才不遇的感慨。他抑郁而终,年仅三十三岁。

贾谊的政论和辞赋都很有名,对后代颇有影响。原有文集,已散佚。今人辑为《贾谊集》,包括《新书》十卷。

秦汉之交,经多年的战乱,生产遭到极大的破坏。到汉文帝时虽略有恢复,但粮食的生产积蓄仍然不足。而汉王朝对农业生产并不重视,赋敛过重,致使百姓弃农而从事工商。贾谊就此上奏疏,指出当时存在的社会危机,强调积贮的重要,建议"驱民而归之农"。发展农业生产,蓄积粮食,防备天灾兵祸,以"为富安天下",即巩固汉王朝的统治。贾谊的奏疏,虽然是从巩固西汉统治的目的出发,但对当时的社会发展和安定人民生活也是有积极意义的。

筦子曰[2]:"仓廪实而知礼节[3]"。民不足而可治者,自古及今,未之尝闻[4]。古之人曰:"一夫不耕,或受之饥,一女不织,或受之寒[5]"。生之有时[6],而用之亡度[7],则物力必屈[8]。古之治天下,至孅至悉也[9],故其畜积足恃[10]。今背本而趋末[11],食者甚众,是天下之大残也[12]。淫侈之俗[13],日日以长[14],是天下之大贼也[15]。残贼公行[16],莫之或止[17],大命将泛[18],莫之振救[19]。生之者甚少[20],而靡之者甚多[21],天下财产,何得不蹶[22]?汉之为汉,几四十年矣[23],公私之积,犹可哀痛[24]。失时不雨[25],民且狼顾[26],岁恶不入[27],请卖爵子[28]。既闻耳矣[29],安有为天下阽危者若是而上不惊者[30]?

【注释】

[1] 积贮(zhù):积藏谷物。　积:积聚谷物。　　贮:积藏。　　疏(shū):古代的一种文体,是给皇帝的奏议。

[2] 筦子:即管子,名夷吾,字仲,春秋时齐国的相。后人把他的言论汇集成书,其中也掺杂有伪托之作,称作《管子》。　筦:同"管"。

[3] 见《管子·牧民》,原作"仓廪实则知礼节"。　　仓廪(lǐn):藏米谷的地方,即粮食仓库。　　实:充实,充满。

[4] 足:充足,足够。　　未之尝闻:不曾听过这样的事。　　之:前置宾语,并与"民不足而可治者"是称代复指结构。

[5] 见《管子·轻重甲》,原作"一农不耕,民或为之饥;一女不织,民或为之寒"。　或受之饥:有人因此受饥饿。　或:无定代词,有人。之:指代"一夫不耕",用作间接宾语。下句"或受之寒"的结构同此。　寒:冷,特指因无冬衣而受冻。

[6] 生之:生产衣食。　时:季节。

[7] 亡度:没有节制。　亡:通"无"。　度:限度。

[8] 屈(jué):竭尽。

[9] 至:极,最。　孅:与"纤"义通,细致。　悉:周详,详密。

[10] 畜(xù):积储。　恃:依赖。

[11] 背:离开。　本:根本,主要的东西。这里指农业。　趋:向往,归向。末:非根本的东西,不重要的东西。这里指工商业。

[12]残:祸害。

[13]淫:过度,无节制。 侈:奢侈,浪费。

[14]以:连词,这里用于状语和动词之间。

[15]贼:危害,败坏。

[16]公行:公然盛行。

[17]没有制止它的。 莫:副词,没,作"或"的状语。 或:动词,有。
之:前置宾语,指代"残贼"。

[18]大命:指国家命运。 泛:通"覂(fěng)",倾覆。

[19]没有拯救它的。 之:指代"大命",是前置宾语。

[20]生之者:生产这些东西的人。 之:指代衣食等物质。

[21]靡(mǐ):耗费。

[22]何得:怎么能。 蹷(jué):同"蹶",竭尽。

[23]汉之为汉:汉朝成为汉朝,即汉朝建立。 之:用在主语和谓语间
的助词,有突出"为汉"的作用。 几(jǐ):将近。

[24]仍然使人痛心。这是说公私的积蓄太少了。

[25]错过了农时不下雨,即需要下雨时不下雨。

[26]百姓将要忧虑重重。狼性多疑,走路时常常回顾,故以"狼顾"比喻
担心、疑虑。

[27]岁恶:年成坏。 不入:指交纳不上税。 入:纳。

[28]卖爵子:指朝廷卖爵位,百姓卖子女。 子:古代儿子、女儿都称
"子"。

[29]是"既闻〔于〕耳矣"的省略,已经传达到耳朵里了。

[30]哪里有治理天下如此危险而皇上不惊慌的? 阽(diàn)危:危险。
上:在上位的,指皇上。

世之有饥穰[1],天之行也[2],禹汤被之矣[3]。即不幸有方二三
千里之旱[4],国胡以相恤[5]?卒然边境有急[6],数十百万之众,国胡
以馈之[7]?兵旱相乘[8],天下大屈,有勇力者聚徒而衡击[9],罢夫羸
老易子而龁其骨[10]。政治未毕通也[11],远方之能疑者[12],并举而
争起矣[13]。迺骇而图之[14],岂将有及乎[15]?

【注释】

[1] 饑:荒年。　穰(ráng):丰年。

[2] 是自然的规律。　行:道,这里有"规律"的意思。

[3] 夏禹、商汤承受了它们。　传说禹曾遭受九年水灾,汤曾遭受七年旱灾。　被:承受,遭受。　之:指代"饥穰"。

[4] 即:连词,假若,如果。　方:方圆,古代计算土地面积的约略说法。

[5] 胡以:用什么。　胡:疑问代词,用作介词"以"的前置宾词。　相:副词,偏指。　恤:救济。

[6] 卒(cù)然:突然,出其不意。　卒:"猝"的古字。　急:紧急,指紧急的军事情况。

[7] 馈之:给他们吃的。这里指给士卒提供粮饷。　馈:同"馈",给食物。　之:指代上句"数十百万之众",即士卒。

[8] 兵:战争。　相乘:交加。　乘:加。

[9] 徒:徒党,徒属。　衡击:指抢劫,作乱。　衡:通"横(hèng)",强横,横暴。

[10] 罢(pí):通"疲"。　羸(léi):瘦弱。　易子而鲛其骨:即易子而食。　鲛:同"咬"。

[11] 政策、法令还没有完全达到全国。　政治:指政策、法令等。　毕:全,尽。　通:通达。

[12] 能:《新书》无此字,当是衍文。　疑:通"拟",比拟。　疑者:指想与皇帝比拟的,即想夺皇帝位的。

[13] 并举:一起发动。　争起:争相起兵。　起:发起,指起兵。

[14] 迺:同"乃",才。　骇:受惊。　图:考虑,想办法。

[15] 难道还来得及吗?　及:赶得上,来得及。

夫积贮者,天下之大命也[1]。苟粟多而财有余[2],何为而不成[3]?以攻则取[4],以守则固,以战则胜。怀敌附远[5],何招而不至[6]?今殴民而归之农[7],皆著于本[8],使天下各食其力[9],末技游食之民转而缘南畮[10],则畜积足而人乐其所矣[11]。可以为富安天下,而直为此廪廪也[12],窃为陛下惜之[13]。

【注释】

[1]命:命脉。

[2]苟:如果。

[3]何为:做什么。疑问代词作宾语而前置于动词。下文的"何招"也是这样。

[4]以:是"以之"的省略,凭借这个。指凭借"粟多而财有余"。下两句中的"以"同此。

[5]使敌对的人来归顺,使远方的人来归附。 怀、附:都是使动用法。 远:指远方之人。

[6]招:打手势叫人来。

[7]殴民:驱使百姓。 殴:即"敺"、"驱"的异体字。 归之农:是"归之〔于〕农"的省略。使百姓归于农耕。 归:使动用法。

[8]著(zhuó)于本:附着在农业上。 著:附着。

[9]天下:指天下之人。

[10]末技:指工商业,古亦称末业、末作、末事,与称本业、本事、本务(指农业)相对。 游食:在各处流动谋生。 缘南晦:指从事农业生产。 缘:沿、绕。 南晦:泛指农田。 晦:同"亩"。

[11]乐其所:指安居乐业。 乐:喜欢。 所:处所。

[12]却只成了这种叫人害怕的情景。 直:只,特。 廪廪:害怕的样子。 廪:通"懔(lǐn)",危机。

[13]窃:表谦敬的副词,可语译为"私自"。 惜:痛惜。

本篇选词概述

1. 仓　　2. 廪　　3. 悉　　4. 本　　5. 末

6. 残　　7. 被　　8. 恤　　9. 著　　10. 缘

〔仓〕(倉)　粮仓。《说文》:"仓,谷藏也。"金文作 ,像仓形。上有仓盖,下设仓基。如本篇:"仓廪实而知礼节。"

〔廪〕　在"米仓"的意义上与"仓"同。《说文》:"亩,谷所振入也。……廪,亩或从广禀。""振入"谓收进,亩、廪为异体。金文作**秦**,像仓廪形。如本篇："仓廪实而知礼节。""仓"、"廪"并举,义同。但"廪"还特指公家供应的粮米。韩愈《进学解》："犹且月费俸钱,岁靡廪粟。"

〔悉〕 周密,详细。形容词。《说文》："悉,详尽也。从心采。"金文作**恶**、**恶**,像兽足。心里对兽足清晰明瞭,可谓详尽。如本篇："古之治天下,至孅至悉也。"用作副词,全,都。陶渊明《桃花源记》："男女衣著,悉如外人。"又《冯婉贞》："炮台悉为夷据。"

〔本〕 "本"的本义指树根或树干。与"末"相对。《说文》："本,木下曰本。"小篆作**本**,以符号"一"指示树根;金文作**本**,以加粗下体标示树根。《韩非子·扬权》："数披其木,毋使枝大本小。"又柳宗元《种树郭橐驼传》："摇其本,以观其疏密。"这里的"本"指树干。引申为根本,基础。《中山狼传》："墨家之道,兼爱为本。"又古人把农业比作"本",如本篇："今背本而趋末。"用作副词,表示本来。《愚公移山》："本在冀州之南。"

〔末〕 树梢。与"本"相对。《说文》："末,木上曰末。"小篆写作**末**,以"一"指示树梢;甲骨文作**米**,金文作**木**,突出树的梢头。《左传·昭公十一年》："末大必折。"引申为尖端。《孟子·梁惠王上》："明足以察秋毫之末。"又指不重要的非根本的事物。如本篇："今背本而趋末。"这里把工商业比作"末"。

〔残〕(殘) 害,伤害。《说文》："残,贼也。"如本篇："是天下之大残也。"引申为残害人的。《孟子·梁惠王下》："残贼之人,谓之一夫。"由此引申出残废义。《报任安书》："身残处秽。"又指残缺,剩余。杜甫《曲江》诗："短衣匹马随李广,看射猛虎终残年。"

〔被〕 先秦时代被子义不用"被"表示。当时小被叫"寝衣",大被称"衾(qīn)"。所以《说文》上说:"被,寝衣,长一身有半。"后来"衾"、"被"无别。引申为承受,遭遇。如本篇："禹汤被之矣。"是说禹、汤都承受过灾荒和丰收。被子覆于身,引申为穿在身上,读作 pī,后写作"披"。《史记·陈涉世家》："将军身被坚执锐。"用作助词,表示被动。《史记·屈原贾生列传》："信而见疑,忠而被谤。"不过上古汉语这种用法比较少见。

〔恤〕 忧虑,担忧。《说文》:"恤,忧也。"王安石《答司马谏议书》:"士大夫多以不恤国事,同俗自媚于众为善。"引申为怜恤,顾惜。《史记·项羽本纪》:"今不恤士卒而徇其私。"又指救济,周济,与今义同。如本篇:"国胡以相恤?"

〔著〕 显露。动词。《隆中对》:"信义著于四海。"又指撰写。《史记·老庄申韩列传》:"于是老子迺著书上下篇。"引申为附着。如本篇:"今殴民而归之农,皆著于本。""著于本"指从事农业生产。这个意义读 zhuó。由此引申为穿(衣)。《木兰诗》:"著我旧时裳。"又为名词,穿着。陶渊明《桃花源记》:"男女衣著,悉如外人。"

〔缘〕 古代衣服上的边饰,即花边。《礼记·玉藻》:"缘广寸半。"引申为沿,沿着。如本篇:"转而缘南亩。"衣缘有向上走向的,于是引申为攀缘。《孟子·梁惠王上》:"犹缘木而求鱼也。"虚化为因为。杜甫《客至》诗:"花径不曾缘客扫。"

25 论贵粟疏

晁错

【说明】

这是晁错上汉文帝论述重农贵粟的一篇奏疏。

晁错(前200—前154),颍川(今河南禹州一带)人,是西汉文帝、景帝时期著名的政治家。青年时代曾从张恢学习申不害、商鞅的法家学说,其后又跟伏生学习《尚书》。文帝时曾任太常掌故,后为太子家令。景帝即位,任内史、御史大夫,深得景帝信任,称为"智囊"。晁错力主革新政治,鼓励农耕,抗击匈奴贵族的攻掠。他坚持重农抑商的政策,主张纳粟受爵。他针对当时诸侯国势力大,吴王刘濞(bì)等蓄谋反叛的形势,建议削藩,削减诸侯王的封地和权力,以巩固中央集权,得到景帝采纳。以吴王刘濞为首的七国诸侯以"请诛晁错,以清君侧"为名,发动叛乱。景帝恐惧,而处死晁错。

西汉建国初期,汉高祖刘邦采取了轻徭薄赋等与民休息政策,使因连年战争而遭到严重破坏的农业生产得以恢复。文帝继位后继续奉行重视农桑的政策,促进了农业经济的进一步发展和商业的繁荣。但也加剧了大地主、大商人对农民的兼并和侵夺,大批农民因失掉土地而流离失所,阶级矛盾日趋激化。针对这种状况,为了缓和社会矛盾,晁错于公元前168年向汉文帝上了这篇奏疏,论述了"贵粟"的重要性,提出了重农抑商、入粟于官可拜爵、除罪等一系列主张和办法,这对当时发展生产和巩固边防都具有进步意义。

本文论述精辟,分析透彻,逻辑谨严,文笔流畅生动,是一篇具体认识西汉农民、农业状况及社会矛盾的珍贵的历史文献。

圣王在上而民不冻饥者[1],非能耕而食之[2],织而衣之也[3],为开其资财之道也[4]。故尧、禹有九年之水[5],汤有七年之旱[6],而国无捐瘠者[7],以畜积多而备先具也[8]。今海内为一,土地人民之众不避汤、禹[9],加以亡天灾数年之水旱[10],而畜积未及者,何也[11]?地有遗利[12],民有余力,生谷之土未尽垦,山泽之利未尽出也,游食之民未尽归农也[13]。

【注释】

[1]圣王:指贤明的君主。　在上:在上位。封建社会,君主是最高统治者,所以说他在上位。　冻饥:指受冻挨饿。

[2]〔这〕并不是因为〔君主〕能亲自耕种给他们吃。　耕:这里指君主亲自耕种。　食(sì)之:给他们吃。　食:使动用法,使……食。　之:"食"的宾语,指代百姓。

[3]能亲自织布给他们穿。　织:这里指君主亲自织布。　衣(yì)之:给他们穿。　衣:使动用法,使……衣。

[4]而是因为〔他有给百姓〕开发资源而增加财富的办法。　资:指资源。　道:道路。这里指办法。

[5]所以唐尧、夏禹的时候遇有连续九年的水灾。　尧:传说中我国原始社会的部落联盟的首领。　禹:舜死,禹继任部落联盟首领。古史相传禹继承其父鲧的治水事业,采用疏导的办法,历时十三年,三过家门而不入,水患悉平。　水:指水灾。

[6]商汤的时候遇有连续七年的旱灾。　汤:成汤,商族首领,任用伊尹执政,积聚力量,经十一次出征,终于灭夏,建立商朝,成为开国的君主。

[7]然而国内却没有饿死饿瘦的人。　亡:通"无",没有。　捐瘠(jí)者:"者"字词组,作"无"的宾语,表示饿死饿瘦的人。　捐:弃,这里指因饿死而被遗弃。　瘠:瘦,这里指食不充腹而饿得瘦弱。

[8]〔这〕是因为〔粮食〕蓄积得多而备荒物资事先便有了准备。　畜:通

228

"蓄",蓄积。　备:用作名词,指备荒的物资。　先:指在灾害之前。
　　具:备办齐全。

[9]今海内为一:如今全国统一。　海内:四海之内,指全国。　土地人
　　民之众:土地的辽阔,人民的众多。　不避汤、禹:不亚于夏禹、商汤
　　的时候,即不比那时少。

[10]又加上没有遇上连续数年的水旱灾害。　天灾数年之水旱:等于
　　说连续数年的水旱灾害。

[11]然而蓄积却比不上禹、汤时候的原因是什么呢?　未及:没有达
　　到,这里指蓄积比不上禹、汤的时候。

[12]遗利:余利,指尚未开发利用的潜力。

[13]游食之民:指脱离农业生产游荡谋生的人。　归农:即"归〔于〕
　　农",回到农业生产上来。

　　民贫则奸邪生[1]。贫生于不足,不足生于不农[2],不农则不地
著[3],不地著则离乡轻家。民如鸟兽[4],虽有高城深池[5],严法重
刑,犹不能禁也[6]。夫寒之于衣,不待轻暖[7];饥之于食,不待甘
旨[8];饥寒至身,不顾廉耻。人情一日不再食则饥[9],终岁不制衣则
寒[10]。夫腹饥不得食[11],肤寒不得衣[12],虽慈母不能保其子[13],
君安能以有其民哉[14]?明主知其然也[15],故务民于农桑[16],薄赋
敛[17],广畜积[18],以实仓廪[19],备水旱,故民可得而有也[20]。

【注释】

[1]要是百姓生活贫困,那么奸邪的事情便会发生。这里主要指农民因
　　穷困而进行的反抗斗争,晁错全都斥之为"奸邪",表明了他的阶级
　　局限性。

[2]不富足产生于不从事农业生产。　农:用作动词,务农,从事农业
　　生产。

[3]不从事农业生产〔百姓〕就不会定居下来。　地著(zhuó):地方固
　　定,即定居在某一地方。　著:附着,固定。

[4]百姓如同鸟兽那样〔高飞远走〕。

[5]即使有高大的城墙,深险的护城河。　虽:连词,表示让步,纵然,即

使。　城:指城墙,古代的防御工事。　池:指护城河。

[6]严厉的法令,残酷的刑罚,也还是不能禁止他们。　犹:副词,尚,还是。与"虽"呼应,"虽……犹……"格式表示假设关系,相当于现代汉语的"即使……还是……"。

[7][人们]在寒冷的时候,对于穿的,不会要求又轻又暖的衣服。这里是说寒不择衣。　夫:句首语气助词,表示要发表议论。　于衣:介宾词组作状语,对衣服的要求。　轻暖:形容词的名物化用法,指又轻又暖的衣服。

[8][人们]在饥饿的时候,对于吃的,不会要求香甜味美的食物。　甘旨:指香甜味美的食物。

[9]人的实情一天不吃两顿饭就要挨饿。　情:实情。　再食:吃两顿饭。　再:两次,这里表示两顿饭。

[10]到了冬天不做衣服就要挨冻。　终岁:卒岁,这里指到了冬天。

[11]肚子饿了却不能吃饭。　得:能,能够。　食:动词,吃。

[12]身子寒冷却不能穿衣。　衣:用作动词,穿衣。

[13]即便是慈母也不能保住她的儿女。　其:指示代词,指代慈母。　子:指儿女。

[14]君王您怎么能够凭着[这种情况]拥有您的百姓呢?　以:介词,其后省略宾语,"以[之]"即凭着这种情况。"之"指"腹饥不得食,肤寒不得衣"的情况。　有:拥有。封建时代君主把百姓看作他的私有财产。

[15]贤明的君主懂得这个道理。　其然:主谓词组作"知"的宾语,道理是这样。　其:指示代词,指能有其民的道理。　然:代词,这样,如此。

[16]所以使百姓致力于农耕、桑蚕。　务:使动用法,使……务,使……致力。　农桑:农耕、植桑养蚕。

[17]使赋税微薄,即减轻赋税。　薄:形容词的使动用法,使……微薄,即减轻。　赋敛(liǎn):泛指土地税和各种捐税。

[18]使蓄积面广,即普遍蓄积[粮食]。　广:形容词的使动用法,使……面广。　畜积:指蓄积粮食。

[19]以:目的连词。　实仓廪(lǐn):使粮仓充实。　实:形容词的使动用法,使……充实。　仓廪:储藏米谷的仓库。

[20]所以也就能够拥有民众。　可得而有:即可得,可有。"可"是助动词,"得"和"有"都是动词。"得"指得到人民,人民来归。"有"指占有人民,人民真正属于君主。

　　民者,在上所以牧之[1]。趋利如水走下,四方亡择也[2]。夫珠玉金银,饥不可食,寒不可衣,然而众贵之者,以上用之故也[3]。其为物轻微易藏[4],在于把握[5],可以周海内而亡饥寒之患[6]。此令臣轻背其主[7],而民易去其乡[8],盗贼有所劝[9],亡逃者得轻资也[10]。粟米布帛生于地[11],长于时[12],聚于力[13],非可一日成也。数石之重[14],中人弗胜[15],不为奸邪所利[16],一日弗得而饥寒至[17]。是故明君贵五谷而贱金玉[18]。

【注释】

[1]民众,要看君主用什么办法治理它们。　在上:指君主。　所以:用某种办法。"所"是代词,"以"是介词,不同于现代汉语连词"所以"。牧:本指放养牲畜,引申为治理、统治。这里反映了封建统治阶级轻视人民群众的观点。　之:指句前的"民",为强调而前置,在宾语的位置上用一代词"之"复指,"民"与"之"构成称代复指结构。

[2]〔他们〕追逐财利如同水往低处奔流一样,东西南北没有选择。趋:快步走向。　走:本指人奔跑,这里指水奔流。　下:低洼处。亡择:没有选择。　亡:通"无"。下文"亡饥寒"的"亡"与此相同。

[3]然而大家都珍贵它,是由于君主使用它的缘故。以判断句的形式解释原因。　贵之:以之为贵。　贵:形容词的意动用法,以……为贵,认为……是宝贵的。　以:连词,因为。

[4]它们作为物品,轻便微小,容易收藏。　其为物:分句。"其"作主语,指代珠玉金银。

[5]拿在手里。　把握:本指手的动作,这里用作名词,指拿物的手。

[6]周海内:周游海内,即走遍全国。　周:用作动词,周游。　患:忧虑。

[7]它会使臣子轻易背弃他的君主。　此:指珠玉金银。　令:使令,让。　轻:轻易。　背:背离,背弃。　其:指臣。

[8]而百姓轻易地离开他们的家乡。　　易：轻易。　　去：离开。

[9]盗贼有了诱惑的东西。　　所劝："所"字词组作"有"的宾语,指诱惑盗贼的珠玉金银。　　劝：本指劝勉、鼓励,这里有"诱惑"、"助长"的意思。

[10]逃亡的人有了轻便好带的财宝。　　亡逃者："者"字词组,表示逃亡的人。　　轻资：轻便易带的财物。　　资：资财,财物,指珠玉金银。

[11]粟米：这里泛指粮食。　　粟：古代是黍、稷、粱、秫的总称,今称粟为谷子。　　粟、米连用泛指粮食。有时称"米粟"。　　布帛：这里指布帛的原料。　　布：麻、苧、葛等织品的通称,麻、苧、葛等便是织布的原料。　　帛：丝织品的总称。　　生于地：〔粟米布帛〕出产在田地里。因为蚕吐丝,蚕食桑叶,桑树生于地,所以说"帛"也出产在田地里。

[12]按一定的季节生长。　　时：季节。

[13]收获要靠一定的人力。　　聚：积聚,这里指收获。　　力：人的力气。

[14]数石之重：指几石重的粮食。　　石：重量单位,汉制三十斤为钧,四钧为石,合百二十斤(当时一斤约合今之半斤)。今读 dàn。

[15]中等体力的人是扛不动的。　　中人：指中等力气的一般人。　　弗胜：不能胜任,指拿不动。　　胜(shēng)：胜任,担得起。

[16]不会被奸诈邪恶的人所利用。　　为奸邪：被奸诈邪恶的人。　　为：介词,被。　　奸邪：指坏人。

[17]可是一天得不到它就要挨饿受冻。　　弗：否定副词,不。　　饥寒至：饥寒就要到来,即挨饿受冻。

[18]因此贤明的君主都珍贵粮食而轻视金玉。　　贵五谷：以五谷为贵,认为五谷是贵重的,即珍贵五谷。　　五谷：五种谷物,指麻、菽、麦、稷、黍。一说黍、稷、菽、麦、稻。这里泛指粮食。　　贱金玉：以金玉为贱,认为金玉是轻贱的,即轻视金玉。　　贱：形容词的意动用法,以……为贱。

　　今农夫五口之家,其服役者不下二人[1],其能耕者不过百亩[2]。百亩之收,不过百石[3]。春耕,夏耘[4],秋获,冬藏,伐薪樵[5],治官府[6],给徭役[7]。春不得避风尘[8],夏不得避暑热[9],秋不得避阴雨,冬不得避寒冻,四时之间,亡日休息。又私自送往迎来[10]，吊死问疾[11]，养孤长幼在其中[12]。勤苦如此[13]，尚复被水旱之灾[14]，急政暴虐[15]，赋敛不时，朝令而暮改[16]。当具，有者半贾而卖[17]，亡者取倍称之息[18]。于是有卖田宅、鬻子孙以偿责者矣[19]。而商贾大者积贮倍息[20]，小者坐列贩卖[21]，操其奇赢[22]，日游都市[23]，乘上之急，所卖必倍[24]。故其男不耕耘，女不蚕织，衣必文采[25]，食必粱肉[26]，亡农夫之苦，有阡陌之得[27]。因其富厚[28]，交通王侯[29]，力过吏势[30]；以利相倾[31]，千里游敖[32]，冠盖相望[33]，乘坚策肥[34]，履丝曳缟[35]。此商人所以兼并农人，农人所以流亡者也[36]。今法律贱商人，商人已富贵矣[37]；尊农夫，农夫已贫贱矣。故俗之所贵，主之所贱也[38]；吏之所卑，法之所尊也[39]。上下相反，好恶乖迕[40]，而欲国富法立，不可得也。

【注释】

[1]这样的家庭服劳役的至少两个人。　其：指示代词，指代前面的五口之家。　服役者："者"字词组，表示给官府服劳役的人。

[2]这样的家庭能够耕种的土地不超过百亩。　能耕者："者"字词组，表示能够耕种的土地。原文作"畮"，"畝"的古字。简化为"亩"。

[3]百亩的收成，不超过百石。

[4]耘（yún）：除草。

[5]砍伐木柴。　薪樵：即薪柴。"薪"与"樵"义同，均指柴。

[6]修理官府的房舍。　治：整治，修理。　官府：官舍，官吏办公的处所。

[7]服劳役，供官差。　给：供给，供应。　徭（yáo）：劳役。《说文》作"傜"，从人，䚻声。或假作"繇"。

[8]春天不能避风沙。　风尘：即风沙。

[9]夏天不能避暑热。　暑：热。与"热"义同。

[10]又有私人方面的交际往来。　私自：指自己私人方面的。这是对服官府劳役而言的，不是暗地里。　送往迎来：指交际往来。　往：指离去的人。　来：指前来的人。

[11]吊死：吊祭死去的人。　吊：又作"弔"，指对有丧事或遭受灾祸的人表示哀悼、慰问。　问疾：看望病人。　问：慰问，问候，特指看望病人。

〔12〕长幼:养育幼儿。　长:用作动词,养大。　在其中:出在这里面。指上述的一切费用都要从农业收入中开支。

〔13〕像这样勤苦。　勤:辛劳。

〔14〕还要遭受水旱的灾害。　尚:副词,还。　复:又。　被:被覆,覆盖,引申为遭受。

〔15〕急政:催逼缴纳赋税。　政:通"征",征敛。　暴虐:残暴肆虐,凶狠聚敛。宋本《汉书》中,"暴虐"作"暴赋",暴虐的赋敛。

〔16〕征收赋税没有定时,早晨下命令晚上就改了。　赋敛:赋指征收田赋;敛指征集税款。"赋敛"二字同义连用,泛指征收各种赋税。时:用作动词,指按着一定时间。

〔17〕当具:当交纳赋税的时候。　当:正值。　具:这里是"备齐交纳"的意思。　有者半贾而卖:有粮食的人半价贱卖〔而〕完税。　有者:指有粮食的人。　贾:"價(价)"的古字,价钱。　"具"一本作"其",则全句为"当其有者半贾而卖",意为当农民中有粮食的就半价而贱卖。

〔18〕亡(wú)者:指没有粮食的人。　取倍称(chèn)之息:〔向人借贷〕被人索取加倍的利息,即以加倍的利息借贷完税。　倍称:加倍。《汉书·食货志》如淳注:"取一偿二为倍称。"

〔19〕于是便出现了出卖田地、房屋,出卖儿子、孙子来偿还债务的事情了。　有……者:有了……事情。"卖田宅、鬻子孙以偿债者"是"者"字词组作"有"的宾语。　鬻(yù):卖。　责(zhài):"债"的古字,债款。

〔20〕而那些商人,大的囤积货物,获取成倍的利息。　商贾(gǔ):商人。沿街叫卖的称"商",有固定营业场所的称"贾",即所谓"行商坐贾"。这里统指商人。

〔21〕小的开设店铺,贩卖货物。　坐列:坐在排列的店铺中。　列:指并列的店铺。

〔22〕囤积市场的奇货来牟取暴利。　奇:奇货。　赢(yíng):赢利,这里指牟取暴利。

〔23〕日游〔于〕都市。即天天在城市里转悠,以了解市场的行情、信息。日:时间名词作状语,每天,天天。

〔24〕趁着朝廷需用急迫的时候,所卖出的商品必定要加倍提高价格。

234

乘:趁着。　　所卖:"所"字词组,充当主语,指卖出的商品。
倍:加倍,这里指商品的价格加倍。

[25]蚕织:养蚕织布。　　蚕:名词用作动词,养蚕。　　衣必文采:穿的必
定是华丽的衣服。　　文采:鲜艳的花纹色彩,这里指具有花纹色彩
的华丽衣服。

[26]吃的必定是上等米和肉。　　粱:古代与粟同物异名,即谷子。又指
粟类中的优等品种,引申为上等米。

[27]没有农民的劳苦,却有农田的收成。　　阡陌(qiān mò):又作"千
百"、"仟佰",指田间小路。这里表示农田。一说指千钱、百钱,《汉
书》颜师古注:"仟谓千钱,佰谓百钱。"意为有很大的收获。

[28]依仗他们的财富。　　因:凭借。　　其:指代商贾。　　富厚:名物化
用法,指富厚的钱财。

[29]交往勾结王侯。　　交通:是词组,指交往沟通,这里有"交往勾结"
的意思。

[30]〔他们的〕力量超过了官吏的势力。　　吏势:指官僚的势力。

[31]〔他们〕凭借财富,互相倾轧。　　倾:倾轧。

[32]〔他们〕不远千里,到处游逛。　　千里:千里路程,形容路程之长。
　　　　敖:通"遨",遨游,游逛。

[33]冠服和车盖可以彼此望见。说明商人到各处游逛的车子络绎不
绝。　　冠:古代的帽子。　　盖:古代车上用来遮雨和日光的形似伞
状的用具。　　冠盖:本指古代上层社会的服饰和车乘,这里用"冠
盖相望"形容商人遨游的气势以及人数之众多。

[34]乘着坚固的车,赶着肥壮的马。　　坚:指坚固的车。　　策:竹制的
马鞭,这里用作动词,以策驱马,即用竹鞭赶马。　　肥:指肥马。
　　　　坚、肥:形容词用作名词,指上等的坚车肥马。

[35]脚穿丝鞋,身披绸衣。　　履丝:脚穿丝鞋。　　履:践,踏。这里指脚
穿着。　　丝:这里指用丝编织的鞋。　　曳缟(gǎo):拖着绸衣,即身
披绸衣。　　曳:拖着。　　缟:细白的丝织品,这里指丝绸衣服。
　　以上极写商人享乐,与农夫终身劳苦形成强烈对比。

[36]这就是商人掠夺农民,而农民所以逃亡的缘故。这句是用判断句
的形式表示原因。"此"是主语,"商人所以兼并农人,农人所以流
亡者"是"者"字词组充当判断句谓语。

[37]如今法律上虽然轻视商人,可是商人实际上已经富贵起来了(汉朝的法令原是看轻商人并加以种种限制的。) 富贵:词组,经济上富足,政治上显贵。

[38]所以一般世俗人所看重的,正是君主所轻视的。判断句的主语和谓语都是名词性"所"字词组。 所贵:指所看重的人。 贵:用作动词,看重。 所贱:指所轻视的人。 贱:用作动词,轻视。 所贵、所贱,都指商人。

[39]一般官吏所轻视的,正是法律所尊重的。判断句,与上句结构相同,主语和谓语也都是"所"字词组。 所卑:指所轻视的人。所尊:指所尊重的人。 所卑、所尊,都指农夫。

[40]乖迕(wǔ):违背。

　　方今之务,莫若使民务农而已矣[1]。欲民务农,在于贵粟[2]。贵粟之道,在于使民以粟为赏罚[3]。今募天下入粟县官[4],得以拜爵[5],得以除罪[6]。如此,富人有爵,农民有钱,粟有所渫[7]。夫能入粟以受爵,皆有余者也[8]。取于有余以供上用[9],则贫民之赋可损[10],所谓损有余、补不足,令出而民利者也[11]。顺于民心[12],所补者三:一曰主用足[13],二曰民赋少,三曰劝农功[14]。今令[15]:民有车骑马一匹者,复卒三人[16]。车骑者,天下武备也[17],故为复卒[18]。神农之教曰[19]:"有石城十仞[20],汤池百步[21],带甲百万[22],而亡粟,弗能守也。"以是观之[23],粟者,王者大用,政之本务[24]。令民入粟受爵,至五大夫以上[25],迺复一人耳[26],此其与骑马之功相去远矣[27]。爵者,上之所擅[28],出于口而无穷[29];粟者,民之所种[30],生于地而不乏[31]。夫得高爵与免罪[32],人之所甚欲也[33]。使天下人人入粟于边[34],以受爵免罪,不过三岁,塞下之粟必多矣[35]。

【注释】

[1]当前的事务,没有什么比使百姓从事农业生产更重要的了。 莫:否定性无定代词,没有什么。 务农:从事农业生产。 而已矣:句

尾语气助词连用。"而已"表示限止,罢了。"矣"是所表达语气的重点所在。

[2] 贵粟:使粮食贵重。　贵:形容词的使动用法,使……贵,即珍贵粮食。

[3] 珍贵粮食的办法,在于使百姓用粮食来求赏免罚。　道:办法。为赏罚:用粮食作为赏罚的手段,即求赏免罚。

[4] 现在招募天下的人向官府交纳粮食。　募(mù):征集,招募。　天下:指天下的人。　入粟县官:即"入粟〔于〕县官",向县官交纳粮食。　入:"纳"的古字,向上交纳。　县官:汉代对官府的通称。

[5] 能够凭着〔入粟县官〕来受封爵位。　得:能够。　以:介词,凭借,凭着。其后省略宾语"之",指代入粟县官。　拜:授予官职。　爵:爵位。

[6] 除罪:免除罪名。

[7] 粮食有了流通的地方。意思是说,把原来囤积在私人手里的粮食,集中在国家手中,这样可以流通到所需要的地方去。　所渫(xiè):"所"字词组作"有"的宾语,表示流通的地方。　渫:散出,流通。

[8] 〔这样的人〕都是富裕的人。判断句。主语省略,指能入粟以受爵者。谓语是"者"字词组"有余者",指富裕的人。

[9] 从富裕的人那里取得〔多余的粮食〕来供应朝廷使用。　有余:即上文的"有余者"。　以:目的连词。　上:指朝廷。

[10] 那么贫苦百姓所负担的赋税就可以减轻。　损:减轻,减少。

[11] 〔这〕就是所说的损有余、补不足,法令一经施行而百姓就得到好处的办法。这是省略主语的判断句,谓语是"者"字词组,"所……者"表示"所……的办法"。

[12] 依顺百姓的心愿。

[13] 一是君主需要的东西充足。　用:需要的东西,与下文"王者大用"的"用"意思相同。

[14] 三是鼓励人民从事农业生产。　劝:劝勉,鼓励。

[15] 现行法令。

[16] 百姓中有出战马一匹的,便可以免除三个人的兵役。　车骑马一匹者:"者"字词组,指交出一匹战马的百姓。　车骑马:用于车骑的战马。　复卒:免除兵役,如本不该服兵役的则免除成年人的赋税。　复:免除。　卒:指兵役。

[17] 车马是国家的军事装备。判断句。　骑(jì):名词,马。　天下:这

里指国家。

[18]为复卒:即"为〔之〕复卒",给〔交出战马的〕免除兵役。　为:介词,替,给。其后省略宾语"之",指代交出一匹战马的百姓。

[19]神农:我国传说中原始社会中期的部落首领,相传他发明了农具,开始了农业生产。下面所引用的话当是战国时代农家学派假托神农之言。

[20]石城:指石头砌的城墙。　城:城墙。　仞(rèn):古代以七尺或八尺为一仞。

[21]汤池:贮满开水的护城河。比喻护城河深险,防御牢固。　汤:开水。　池:护城河。　步:左右脚各跨一下的距离。今天两步古代算作一步。

[22]带甲:指穿甲的人,即武装的士卒。　甲:甲衣,古代用皮革或金属制成的战衣。

[23]由此看来。　以:介词。　是:代词,指神农之言。

[24]粮食是君王最有用的资财,是治理国家的最根本的任务。判断句,谓语是由两个名词性词组所构成。　大用:最有用的东西。

[25]五大(dà)夫:汉代的一种爵位。汉代因袭秦朝的制度,侯以下分二十级,五大夫属第九级。凡纳粟四千石,即可封为五大夫。

[26]才免除一个人的兵役罢了。　廼:通"乃",方,才。

[27]这种情况〔表明〕纳粮受爵的功劳同输送战马的功劳相差得远了。就是说,粮食对国家这样重要,但在法令上对纳粟者的报酬并不高,入粟多而复卒少,对比之下,入马少而复卒多。　此:指上文所说的情况。　其:指示代词,指纳粟受爵的功劳。　相去:相距,相差。

[28]封爵位是国君专有的权力。判断句,谓语是"所"字词组。　擅:专有。

[29]从口里说出来而没有穷尽。意思是说,只要一开口,就可以无穷无尽地封给别人爵位。　穷:尽。

[30]粮食是农民耕种的。判断句,与上文"粟者、上之所擅"结构同。

[31]从地里长出来而不会匮乏。

[32]夫:句首语气助词,表示要发表议论。　得高爵与免罪:得到高的爵位和免除罪刑。

[33]〔此〕人之所甚欲:〔这〕是人们很向往的。判断句,谓语是"所"字

词组。

[34]假如天下的人都向边塞交纳粮食。　　使:连词,假使,假如。　边:
边塞。

[35]边塞的粮食必定会多起来。　　塞下:边地,当时指长城一带。

本篇选词概述

1. 息　　2. 时　　3. 步　　4. 保　　5. 务
6. 游　　7. 财　　8. 劝　　9. 旨　　10. 粱
11. 汤　　12. 贾　　13. 履　　14. 交通

〔息〕　本义是气息。《说文》:"息,喘也。从心自。"段玉裁注:
"气必从鼻出,故从心自。"古人认为气从心出,经由鼻子,所以从心
从自。自,古鼻字,象鼻形。《北冥有鱼》:"生物之以息相吹也。"用
作动词,指呼吸,喘气。《中山狼传》:"我鞠躬不敢息。""不敢息"即
不敢喘气。引申为叹息,叹气。《伯乐荐九方皋》:"伯乐喟然太息。"
"太息"是长叹。又《愚公移山》:"北山愚公长息。""长息"也是长
叹,深深叹了一口气。引申为增长,跟"消"相对。《秋水》:"消息盈
虚。"应该注意:现代汉语的"消息"是复音词,表示音信;古代汉语
"消息"是词组,指消长。由此引申为儿子,后代。《触龙说赵太后》:
"老臣贱息舒祺,最少。"又引申为利息,如本篇:"亡者取倍称之息。"
又"商贾大者积贮倍息"。因为利息也是滋长出来的。

〔时〕(時)　现代常用义指时光,时间;上古常用义指季节
(春、夏、秋、冬四季)。如本篇:"四时之间,亡日休息。"又"粟米布
帛生于地,长于时"。"长于时"是指在一定季节中生长。引申为
一般的时候,时机。如本篇:"赋敛不时,朝令而暮改。""不时"指
不按一定时候。又《论语·阳货》:"好从事而亟失时。""失时"指
失掉时机。今成语有"机不可失,时不再来"。用作副词,则表示
按时。如《秋水》:"秋水时至,百川灌河。""时至"指按时到来。
应该注意:上古汉语"时"字用作副词时,一般都当"按时"讲,不表

示时常。

〔步〕　本义是走路，特指慢慢散步。甲骨文写作 ，金文尤为形象，作 ，像脚一前一后向前迈步。《说文》："步，行也。"段玉裁注："步徐趋疾。""步徐"是说"步"是慢慢地走，如《触龙说赵太后》："乃自强步。""强步"就是勉强散散步。用作名词，指脚步，步伐。如《汉书·叙传》："又复失其故步。""故步"指旧时的步伐。这一意义古今相同。现代有复音词"步调"、"步伐"。用作量词，古今也有差别。古代举足两次为一步，如本篇："有石城十仞，汤池百步。"现在的一步古人叫"跬(kuǐ)"，《荀子·劝学》："不积跬步，无以致千里。"又六尺为一步，这是量地单位，三百步为一里。

〔保〕　本义是抚育，抚养。《说文》："保，养也。"金文写作 ，像人负子状，以此表示抚养，如本篇："夫腹饥不得食，肤寒不得衣，虽慈母不能保其子。"现代有复音词"保育"、"保姆"。这一意义一般已不单用，而作为语素保留在复音词中。引申为安，安抚。《孟子·梁惠王上》："保民而王，莫之能御也。"下文的"保四海"、"保妻子"都是"安"的意思。引申为守住，保存。《三国志·蜀书·诸葛亮传》："若跨有荆、益，保其岩阻。"这是守住。又沈括《活板》："至今保藏。"这是保存。

〔务〕（務）　古代汉语"务"指努力去做某事，所以从"力"，如本篇："故务民于农桑。"是说使民致力于农业生产。又同篇："莫若使民务农而已矣。""务农"也是从事农耕。由此引申为追求，争取达到。《五蠹》："糟糠不饱者，不务粱肉。""不务粱肉"便是不追求粱肉。由努力去做的行为引申出努力从事的对象——事业，任务。如本篇："方今之务，莫若使民务农而已矣。"又同篇："粟者，王者大用，政之本务。"用作副词，表示务必。如《商君书·更法》："错法务明主长。"又韩愈《答李翊书》："惟陈言之务去。""务去"是指务必去掉。今成语有"除恶务尽"。

〔游〕　本义是在水面上浮行，所以从水，如《诗经·邶风·谷风》："就其浅矣，泳之游之。"又《岳阳楼记》："沙鸥翔集，锦鳞游泳。"由游泳的活动方式引申为浮动,飘荡不定。如本篇:"游食之民未尽归农也。"又同篇:"日游都市,乘上之急,所卖必倍。"引申为交游,旅游。如韩愈《柳子厚墓志铭》:"所与游皆当世名人。"又王安石《答司马谏议书》:"窃以为与君实游处相好之日久。"又特指游学。如《后汉书·张衡传》:"游于三辅。"指在三辅游学。

〔财〕(財) 本义是财物,钱财。《说文》:"财,人所宝也。从贝,才声。"凡从"贝"的字,多与钱财相关。如本篇:"圣王在上,而民不冻饥者,非能耕而食之,织而衣之也,为开其资财之道也。"可见上古汉语的"财"包括衣食在内的生活必需品。又《国语·周语上》:"行善而备败,所以阜财用衣食者也。"又《孟子·梁惠王上》:"吾非爱其财而易之以羊也。"通"才",用作副词,表示仅仅。《汉书·霍光传》:"长财七尺三寸。"又表示才能。《孟子·尽心上》:"有成德者,有达财者。"是说有修成品德的,有通达才能的。

〔劝〕(勸) 今义主要指消极劝阻,也有勉励义;而古义指积极鼓励。《说文》:"劝,勉也。"如本篇"劝农功"。就是鼓励农业生产。又《齐晋鞌之战》:"赦之,以劝事君者。"是指鼓励侍奉君主的人。引申为引诱助长。如本篇:"此令臣轻背其主,而民易去其乡,盗贼有所劝。"又表示受到鼓励。《北冥有鱼》:"且举世而誉之而不加劝。"是说全社会都称赞他,也不能〔使他〕受到鼓励。又《论语·为政》:"举善而教不能,则劝。"是说提拔好人,教育无能的人,他们就会受到鼓舞,互相勉励了。又引申为劝说,是后起义。王维《渭城曲》:"劝君更进一杯酒。"应该注意:上古汉语"劝"用于积极鼓励,不作消极规劝。

〔旨〕 本义是好吃的东西,味美的食品。如本篇:"饥之于食,不待甘旨。""甘旨"指味美的食品。又《论语·阳货》:"食旨不甘,闻乐不乐。"引申为抽象义,味道美。形容词。《礼记·学记》:"虽有嘉肴,弗食,不知其旨也。"是说即使有美好的菜肴,不吃它,也不会知道它的味道美。又《诗经·小雅·鹿鸣》:"我有旨酒。""旨酒"指味美的酒。引申为旨意,意思。如沈约《谢灵运传论》:"妙达此旨,始可言文。"现代汉语双音词有"宗旨"、"主旨"等。又特指皇帝的命令。名词。是后起义。蔡邕《陈政要七事疏》:"臣伏读圣旨。"

〔粱〕 现代一般指高粱。而古代"粱"为粟之别名,即谷子。《诗经·小雅·甫田》:"黍稷稻粱,农夫之庆。"又特指粟类中的优良品种,即上等小米。如本篇:"衣必文采,食必粱肉。""粱肉"、"膏粱"在古书中常并称,表示精美的膳食。所以《礼记·曲礼》才说:"岁凶,年谷不登……大夫不食粱。"孔颖达疏:"大夫食黍稷,以粱为加,故凶年去之也。"引申为精细的粮米。《左传·哀公十三年》:"粱则无矣,粗则有之。""粱"与"粗"对举,表示细粮。

〔汤〕(湯) 本义是热水,开水。名词。如本篇:"汤池百步。""汤池"指贮满开水的城壕。成语有"固若金汤"。又《论语·季氏》:"见不善如探汤。""探汤"指把手伸进开水里。引申为食物加水煮熟后的汁液,如王建的《新嫁娘》诗:"三日入厨下,洗手作羹汤。"又特指中药汤剂。《华佗传》:"又精方药。其疗疾,合汤不过数种。"用作动词,指温之使热,读作 tàng。《山海经·西山经》:"汤其酒百樽。"词分化后写作"烫"。应该注意:"汤汤"读作 shāng shāng,大水急流的样子。范仲淹《岳阳楼记》:"衔远山,吞长江,浩浩汤汤,横无际涯。"

〔贾〕(買) 古义指居货待卖者,即坐商。读作 gǔ。如《周礼·天官·大宰》:"六曰商贾,阜通货贿。"郑玄注:"行曰商,处曰贾。"成语有"行商坐贾"。"商"、"贾"连书又指一般的商人,如本篇:"而商贾大者积贮倍息。"用作动词,指做买卖。《五蠹》:"长袖善舞,多钱善贾。""善贾"指会做买卖。又表示价格,价钱。如本篇:"有者半贾而卖,亡者取倍称之息。""半贾"指一半价钱。又《论语·子罕》:"有美玉于斯,韫(yùn,藏)匮而藏诸?求善贾而沽诸?"意思是:假如这里有块美玉,是把它放在柜子里藏起来,还是有一个好价钱就把它卖掉呢?应该注意:上古汉语"贾"既表示做买卖的人,又表示买卖活动,还表示买卖中的价格。词义分化后,价格义写作"價",简化为"价",读作 jià,已独立成词。

〔履〕 本义是踩,践踏,在……行走。动词。如本篇:"乘坚策肥,履丝曳缟。""履丝"是说脚踩着丝鞋,即穿着丝鞋。又《诗经·小雅·小旻》:"战战兢兢,如临深渊,如履薄冰。"引申为登上〔帝位〕。动词。《过秦论》:"履至尊而制六合。"是说〔秦始皇〕登上帝位而统治天下。引申为施行,执行。《礼记·表记》:"处其位而不履其事,则乱也。"现代汉语有双音词"履行"。又引申为鞋。名词。《韩非子·外储说左上》:"郑人有欲买履者。"又《史记·留侯世家》:"孺子下取履。""取履"即取鞋。应该注意:战国以前,"履"作动词,"屦(jù)"作名词,指鞋,如《诗经·魏风·葛屦》:"纠纠葛屦,可以履霜。"战国以后,"履"也表示鞋。"鞋"是后起字,于是"鞋"与"履"、"屦"成为同义词,"鞋"不再专指皮鞋或皮底鞋。

〔交通〕 现代汉语是复音词,原是各种运输和邮电事业的总称,现仅指运输事业;古代汉语是词组,主要有三项意义:1. 结交,勾结。如本篇:"因其富厚,交通王侯,力过吏势。"又《史记·黥布列传》:"布已论输丽山,丽山之徒数十万人,布皆与其徒长豪杰交通。"2. 彼此交会通达。如陶渊明《桃花源记》:"阡陌交通,鸡犬相闻。"又《孔雀东南飞》:"枝枝相覆盖,叶叶相交通。"3. 交往,往还。《后汉书·南蛮西南夷列传》:"生人以来未尝交通中国。""交通中国"指未曾与中原交往过。

26　孙　　膑

《史记》

【说明】

本篇节选自《史记·孙子吴起列传》,题目是后拟的。

《史记》的作者司马迁(前145—前90年左右),字子长,西汉夏阳(今陕西韩城)人,是我国历史上著名的历史学家和文学家。

《史记》是我国历史上第一部纪传体史书,计有本纪12、表10、书8、世家30、列传70,共130篇。《史记》的记事比较真实,在以帝王将相为中心叙述历史事件的同时,对农民起义领袖陈胜、吴广等人的历史功绩给予充分的肯定,对处于社会底层的游侠等人物也寄以同情,并塑造了一大批历史人物形象。记叙历史事件清晰,生动,所以《史记》无论是在史学上,还是在文学上,都是极有价值的巨著。

战国时期,诸侯纷争,造就出一批有才能的军事家。这些军事家所总结的战例和对战争发展过程的分析,是我国古代军事科学的宝贵财富。孙膑是战国中期一位杰出的军事家,他所著《孙膑兵法》在失传日久之后,于1972年在山东临沂银雀山的西汉墓葬中被发现部分竹简,这对我国古代军事思想研究,是十分可贵的。

司马迁给孙膑立传,说明孙膑军事思想具有重要价值,也说明司马迁对孙膑军事思想是充分肯定的。司马迁在孙膑传中只选取了助田忌赛马、围魏救赵、马陵伏兵三件事,突出地表现了孙膑的智谋和卓越的军事才能。

孙武既死[1]，后百余岁有孙膑[2]。膑生阿、鄄之间[3]，膑亦孙武之后世子孙也。孙膑尝与庞涓俱学兵法[4]。庞涓既事魏[5]，得为惠王将军[6]，而自以为能不及孙膑[7]。乃阴使召孙膑[8]。膑至，庞涓恐其贤于己[9]，疾之[10]，则以法刑断其两足而黥之[11]，欲隐勿见[12]。齐使者如梁[13]，孙膑以刑徒阴见[14]，说齐使[15]。齐使以为奇[16]，窃载与之齐[17]。齐将田忌善而客待之[18]。

【注释】

[1]孙武：春秋时期齐国人，著名的军事家，著有《孙子兵法》十三篇。　既：副词，已经。

[2]孙膑（bìn）：孙武的后代，战国中期齐国的军事家。　膑：古代一种挖去膝盖骨的刑罚。孙膑的真名不见于史书，因他曾受过膑刑，所以叫他"孙膑"。

[3]阿（ē）：齐国地名，在今山东阳谷附近。　鄄（juàn）：齐国地名，在今山东鄄城。　间："间"的古字。

[4]庞涓：孙膑的同学，后任魏国将军。　尝：副词，曾经。　俱：副词，一起。

[5]事魏：在魏国做官。　事：任事。

[6]惠王：指魏惠王。

[7]能不及：才能赶不上。　能：才能。　及：赶上。

[8]阴使召孙膑：暗中派人招寻孙膑。　阴：暗地里，秘密地。　使：派遣。后面省略兼语"之"，指被派遣去招孙膑的人。　召：招来，招寻。

[9]恐其贤于己：害怕他比自己有才能。"其贤于己"是主谓词组，作"恐"的宾语。　贤：有才能。

[10]嫉妒孙膑。　疾：通"嫉"。忌妒。　之：指代孙膑。

[11]以法刑断其两足：根据法律动刑断了他两条腿。　以法：根据法律。　刑：用作动词，动刑。　两足：本指两脚，这里实际是指两腿。因为挖去膝盖骨，两条腿就不能再走路了。　黥（qíng）：古代的一种刺面后往人脸上涂墨的刑罚，又叫"墨刑"。

[12]想使他隐匿起来，不让他露面。　隐：使动用法，使……隐。　见

245

(xiàn)："现"的古字。显露,露面。

[13]如梁:到达大梁。 如:动词,到达。 梁:大梁,在今河南开封。
魏惠王始迁为都城,所以自惠王后,梁、魏并称。

[14]以刑徒阴见:凭着刑徒的身份秘密地会见。 刑徒:受过刑罚的
罪犯。

[15]说(shuì):用话说服。

[16]奇:奇特,不一般。这里指有特殊的才能。

[17]窃载:偷偷地用车载着。 窃:副词,偷偷地。 与之齐:和他一起
到齐国。"与"介词后省略宾语"之",指代孙膑。文中的"之"是动
词,到……去。

[18]田忌认为他好并以待客的礼仪对待他。 田忌:齐国的宗族,此时
任齐国将军。 善而客待之:等于说"善之而客待之"。 善之:以
之为善,认为孙膑好,即对孙膑友好。 客:名词作状语,指用待客
之礼。

忌数与齐诸公子驰逐重射[1]。孙子见其马足不甚相远[2],马
有上、中、下辈[3]。于是孙子谓田忌曰:"君弟重射[4],臣能令君
胜。"田忌信然之[5],与王及诸公子逐射千金[6]。及临质[7],孙子
曰:"今以君之下驷与彼上驷[8],取君上驷与彼中驷,取君中驷与
彼下驷。"既驰三辈毕[9],而田忌一不胜而再胜[10],卒得王千
金[11]。于是忌进孙子于威王[12],威王问兵法,遂以为师[13]。

【注释】

[1]数(shuò):多次。 齐诸公子:齐侯不继承君位的各个儿子。 驰
逐:驾马比赛。 驰:使劲赶马。 逐:竞争,比赛。 重(zhòng)
射:下大的赌注。 射:这里指下赌注赌博。

[2]马足:马的足力,即马的奔跑能力。 不甚相远:相差不太大。

[3]辈:等级,类别。

[4]君弟重射:你只管下大的赌注。 弟:副词,只管,尽管。

[5]信然之:相信孙膑讲的话并认为孙膑的话正确。 之:代词,指孙膑
讲的话,做"信"和"然"的共同宾语。 然:意动用法,以……为然,

认为……是对的。

[6]王:指齐威王。　逐射千金:赛马下千金的赌注。　千金:指千斤
　　金。　金:铜质货币,汉代以一斤为一金。

[7]到了临场比赛。　质:评判是非,这里指比赛。

[8]驷:古代一辆车多用四匹马拉,同拉一辆车的四匹马叫驷,这里指
　　马。　与(yù):动词,对待,对付。

[9]三个等级的马比赛完以后。　毕:完毕。

[10]一不胜而再胜:一次没胜而两次取胜。　再:两次,"一"、"再"都用
　　作状语,表示动作的量。

[11]卒:终于。

[12]进:进荐,推荐。　威王:齐威王,姓田,名因齐(或作婴齐)。

[13]以为师:即"以之为师",拜他做老师。

　　其后魏伐赵[1],赵急,请救于齐。齐威王欲将孙膑[2],膑辞谢
曰[3]:"刑馀之人不可[4]。"于是乃以田忌为将,而孙子为师[5],居
辎车中[6],坐为计谋[7]。田忌欲引兵之赵[8],孙子曰:"夫解杂乱
纷纠者不控捲[9],救斗者不搏撠[10]。批亢捣虚[11],形格势禁[12],
则自为解耳[13]。今梁赵相攻,轻兵锐卒必竭于外[14],老弱罢于
内[15]。君不若引兵疾走大梁[16],据其街路[17],冲其方虚[18],彼必
释赵而自救[19],是我一举解赵之围而收弊于魏也[20]。"田忌从之。
魏果去邯郸[21],与齐战于桂陵[22]。大破梁军。

【注释】

[1]魏攻赵邯郸在魏惠王十七年(前354)。齐国救援赵国是在第二年
　　(前353)。

[2]将孙膑:任命孙膑做将军。　将:使动用法,任……为将。

[3]辞谢:推谢。　辞:推辞。　谢:婉言推辞。

[4]刑馀之人:受过刑罚的人。

[5]为师:任军师。　为:动词,做。

[6]辎(zī)车:有帷帐的车。　孙膑居辎车中是为了不让魏国发现他在
　　为作战出谋划策。

[7]坐在车子里制定计策。　为:(wéi):动词,制定。

[8]引兵之赵:率领军队到赵国。　引:领,率领。　之:动词,到……去。

[9]意思是说,要解开纠缠在一起的乱丝团不能攥拳头,只能用手慢慢解开。　夫:句首语气助词,表示要发表议论。　杂乱纷纠:指纠结在一起的乱丝。　控捲:即"控拳",指用拳头解丝团。　控:攥握。捲(quán):通"拳"。

[10]意思是说,劝解争斗的不能帮助打。　救斗:劝解争斗,指劝架。搏撠(jǐ):厮打。　撠:用戟刺人,这里与"搏"同义,有"厮打"的意思。

[11]意思是说,打击敌人的要害处,冲击敌人空虚处。　批:击,打击。亢(kàng):喉咙,这里指要害的地方。　捣:"捣"的古字,攻击。虚:空虚,这里指空虚的地方。

[12]意思是说,战事不顺利,军事的威势也就受阻。　形:事物的状态。这里指战事的情况。　格:阻碍。　势:威势,指军势。　禁:止。

[13]自为解:指自己因此解除困境。　为解:"为之解"的省略,为此解除。　为:介词,因为。省略的宾语指前面所说的几种情况。

[14]轻兵锐卒:指轻便的武器,精锐的士卒。　竭于外:全部用到国外。竭:尽。

[15]罢于内:在国内疲惫不堪。　罢(pí):通"疲",疲惫。

[16]您不如领兵疾速奔向大梁。　不若:不如。　引:领。　疾走:疾速奔向。　疾:疾速,快。　走:跑,奔向。

[17]占据魏国大梁的交通要道。　据:占据。　其:代词,指大梁。街路:指交通要道。

[18]冲击魏军的空虚之处。　冲:冲击,这里有"攻击"的意思。　方虚:正空虚的地方。

[19]释:放弃。

[20]收弊于魏:对魏可以收到使它疲惫的效果。　弊:疲惫。

[21]果:果然。　去邯郸:离开邯郸。　去:离开。　邯郸:赵国的都城。

[22]战于桂陵:在桂陵交战。　桂陵:魏国地名,在今山东菏泽东北。桂陵之战发生在公元前353年。

后十三岁[1]，魏与赵攻韩，韩告急于齐[2]。齐使田忌将而往[3]，直走大梁。魏将庞涓闻之，去韩而归，齐军既已过而西矣[4]。孙子谓田忌曰："彼三晋之兵素悍勇而轻齐[5]，齐号为怯[6]，善战者因其势而利导之[7]。兵法，百里而趣利者蹶上将[8]，五十里而趣利者军半至[9]。使齐军入魏地为十万灶[10]，明日为五万灶，又明日为三万灶[11]。"庞涓行三日，大喜，曰："我固知齐军怯，入吾地三日，士卒亡者过半矣[12]。"乃弃其步军[13]，与其轻锐倍日并行逐之[14]。孙子度其行[15]，暮当至马陵[16]。马陵道陕[17]，而旁多阻隘，可伏兵，乃斫大树白而书之曰[18]："庞涓死于此树之下。"于是令齐军善射者万弩[19]，夹道而伏，期曰[20]："暮见火举而俱发[21]。"庞涓果夜至斫木下，见白书[22]，乃钻火烛之[23]。读其书未毕，齐军万弩俱发，魏军大乱相失[24]。庞涓自知智穷兵败[25]，乃自刭[26]，曰："遂成竖子之名[27]！"齐因乘胜尽破其军，虏魏太子申以归[28]。孙膑以此名显天下[29]，世传其兵法。

【注释】

[1]后十三岁：十三年以后。这是指齐国围魏救赵的桂陵之战以后的十三年。桂陵之战发生在公元前 353 年（魏惠王十八年），马陵之战发生在公元前 343 年（魏惠王二十八年），其间实际上未经十三年。

[2]关于马陵战役发生的原因，《史记·魏世家》说是："魏伐赵，赵告急齐。"《史记·田敬仲完世家》说是："魏伐赵，赵与韩亲，共击魏，赵不利，战于南梁……韩因恃齐，五战不胜，而东委国于齐，齐因起兵……救韩、赵以击魏。"与本文所记均有出入。

[3]将而往：任主将去救韩。　往：到……去。

[4]既已过而西：已经越过边境向西进发了。齐国在魏国的东面，齐军"过而西"，就是越过边境进入魏国境内。　西：用作动词，向西进发。

[5]三晋：这里指魏国。因魏、赵、韩三国都是由春秋时的晋国分立的，所以把这三国称作"三晋"。　素：平素，平常。　悍勇：勇猛。　轻

齐:轻视齐国。

[6]号为怯:被称作是胆怯的。　号:称作,这里是"被称作"的意思。

[7]因其势而利导之:依据作战的形势往有利的方面引导。　因:介词,根据。　利导之:往有利于自己的方向诱导敌人。

[8]百里而趣利:行百里而奔着争利。　趣利:奔着争利。　趣:通"趋"。趋向,奔赴。　蹶(jué)上将:折损上将。　蹶:跌,受挫折,折损。

[9]军半至:军队可能有一半到达目的地,意思是说,将有一半士卒跑掉或死亡。

[10]为十万灶:挖造供十万人吃饭的炉灶。

[11]这是孙膑所用的"增兵减灶"法,诱导魏军根据兵法的条条作出"齐军胆怯,多半逃亡"的错误判断。

[12]亡者:指逃跑的士卒。　过半:超过一半。

[13]弃其步军:扔下他率领的步兵。　弃:扔下,即不再带领步兵,因为步兵的行进速度太慢。

[14]轻锐:指轻装精锐部队。　倍日并行:两天的路程并作一天走。倍日:二日,这里指两日所行路程。　并行:并在一起行走。　逐之:追赶齐军。

[15]度(duó)其行:估计魏兵的行程。　度:估量,估计。

[16]马陵:魏国的地名,在今山东濮州北。

[17]陕:"狭"的古字。　按:"狭"的古字,本作"陕",陕西省的"陕",本作"陕",二字本不同。

[18]斫(zhuó)大树白:砍大树露出白色。　斫:砍。　白:露出白色。书:动词,写。

[19]弩(nǔ):一种带机关的弓,这里指使用弓弩的人,即弓弩手。

[20]期:约会,相约。

[21]火举:意同"举火",点着火。　俱发:一同射箭。

[22]白书:树白上写的字。　书:名词,所写的字。

[23]钻火:本指钻木取火,这里指取火。是一种习惯上的说法。　烛之:用火光照大树上的字。　烛:火炬、火把,这里用作动词,照,用火把照。

[24]大乱相失:乱作一团,互相失去联系。

[25] 智穷:智慧用尽了,即没有什么办法再想了。 穷:尽。 败:破败,溃败。

[26] 自刭(jǐng):自己用刀割脖子。据《史记·魏世家》所载,庞涓是被杀的。又据云雀山汉墓出土的竹简记载,庞涓在桂陵战役中即已被齐军擒获。

[27] 竖子:骂人话,类似现代汉语的"这小子",这里是在骂孙膑。

[28] 魏太子:魏惠王的太子,名申。魏太子申是这次攻韩的魏军主将。马陵之役太子申为上将军。

[29] 显:显扬。

本篇选词概述

1. 说	2. 客	3. 射	4. 辈	5. 批
6. 格	7. 疾	8. 号	9. 显	10. 世

〔说〕(說) 陈述,述说。《诗经·卫风·氓》:"士之耽(dān)兮,犹可说也;女之耽兮,不可说也。"是说男子沉溺欢乐还可以说解,女子沉于欢乐就是说不过去的了。这一意义古今没有区别。用作名词,指言论、主张。《孟子·滕文公下》:"世衰道微,邪说暴行有作。""邪说"指不合儒道的主张。又读作 shuì,指用言语说动对方,劝说。如本篇:"孙膑以刑徒阴见,说齐使。"又读作 yuè,"悦"的古字。《左传·僖公三十年》:"秦伯说,与郑人盟。"

〔客〕 金文写作🔲,像人从外面走进屋来,以此表示外来的人。如《谏逐客书》:"臣闻吏议逐客。"引申为宾客。如本篇:"齐将田忌善而客待之。"是说田忌以宾客之礼待孙膑。这一意义古今一致。战国时期,各诸侯国的诸侯、贵族都收养一批有各种技艺的人,叫做"食客"或"门客",也叫"客"。《冯谖客孟尝君》:"孟尝君出记,问门下诸客。"

〔射〕 本义是放箭。甲骨文写作🏹,像用手拉弓射箭状。《史记·李将军列传》:"广出猎,见草中石,以为虎而射之,中石没镞,视之石也。""射之"就是用弓箭射虎。后引申,凡是用工具把东西发送出去都叫射,这一意义古今相同。如"喷射"、"射击"等。古汉语中,射还有比赛、赌博义。如本篇:"田忌信然之,与王及诸公子逐射千金。""射千金"就是赌千金。又"忌数与齐诸公子驰逐重射。""重射"是用重金打赌。

〔辈〕(軰) 指某一等或某一类的人或物。如本篇:"马有上、中、下辈。"指马有上、中、下三等。李商隐《行次西郊作》诗:"因令猛毅辈,杂牧升平民。""猛毅辈"即如同猛毅一类的人。引申为表示多数。如《切韵序》:"我辈数人,定则定矣。""我辈"即我们。这种表示多数的用法,又常放在数词之后。孙樵《书褒城驿壁》:"一岁宾至者不下数百辈。"

〔批〕 用手打。《说文》:"批,手击也。"如《庄子·养生主》:"依乎天理,批大郤。"是说依照天然的结构,用手击打牛体筋骨间的缝隙。引申为打,攻击。如本篇:"批亢捣虚,形格势禁。""亢"本指咽喉。"批亢"是指攻击要害之地。又为排除,削除。《史记·范雎蔡泽列传》:"批患折难。"是"排除忧患,解除困难"的意思。

〔格〕 本义指树木的长枝条。《说文》:"格,木长貌。"庾信《小园赋》:"枝格相交。"是指树的枝条互相交搭。在古汉语中,格有"阻止"的意思。如本篇:"批亢捣虚,形格势禁。""格"、"禁"对文。又为抗拒义。《荀子·议兵》:"服者不禽,格者不舍。"这一意义在现代汉语"格斗"一词中仍保留。

〔疾〕 本义是疾病。《说文》:"疾,病也。"《国语·晋语》:"吾不幸有疾。"《史记·扁鹊仓公列传》:"君有疾在腠里,不治将恐深。"这里指一般的疾病,还没有达到卧床不起、危及生命的程度。危及生命的重病古汉语用"病"来表示。《说文》:"病,疾加也。"如《管子·小问》:"曾子寝疾,病。"是说曾子在睡觉时得了病,而且病情很重。又《淮南子·时则》:"水泉咸竭,民多疾疠。"《荀子·王制》:"五疾(指哑、聋、跛、断肢、侏儒)上收而养之。"以上各例中的"疾"指急性的传染病或伤残之病。又为嫉恨义。《季氏将伐颛臾》:"君子疾夫舍曰'欲之'而必为之辞。"又有忌妒义。如本篇:"膑至,庞涓恐其贤于己,疾之。"又指急速义。如本篇:"君不如引兵疾走大梁。"

〔号〕(號)　本义指高声喊叫。柳宗元《童区寄传》:"因大号,一座皆惊。"引申为大声哭。李白《北上行》诗:"悲号绝中肠。"这些意义读作 háo。又读作 hào,有号称义。如本篇:"彼三晋之兵素悍勇而轻齐,齐号为怯。"号为号令、命令义。如《史记·陈涉世家》:"号令召三老、豪杰与皆来会计事。"

〔显〕(顯)　明显,显著。金文字形像人在日光下看丝形,用来表示明显义。《礼记·中庸》:"莫显乎微。"这一意义在现代汉语"明显"、"显眼"等复音词中仍保留。引申为显扬、显赫。如本篇:"孙膑以此名显天下,世传其兵法。"又《冯谖客孟尝君》:"百乘,显使也。""显使"即显赫的使者。

〔世〕　本义为父子相袭。三十年为一世。《左传·昭公七年》:"从政三世矣。"指从政三代。唐代因避李世民讳,父子相袭和与之相关的意义,都用"代"来替换。如《封建论》:"困平城,病流矢,陵迟不救者三代。"这个"三代"即指三世。引申有继承义。《汉书·贾谊传》:"贾嘉最好学,世其家。"注:"言继其家世。"另有时代、社会义,如本篇:"孙膑以此名显天下,世传其兵法。"又《五蠹》"世异则事异"。

27 毛遂自荐

《史记》

【说明】

本文节选自《史记·平原君虞卿列传》,题目是后人加的。

战国时期,秦国继续改革政治,国力不断强大。公元前 260 年,秦军攻打赵国,秦赵相拒长平。由于赵王任命只会纸上谈兵的赵括担任主将,结果赵军一败涂地。秦国军队趁势进攻,两年后(前 258),秦军围困赵国都城邯郸,赵国危在旦夕。赵国一面派使臣向近邻魏国求援,一面又派赵公子平原君向楚国求救。平原君知道,楚国虽和秦国有深仇,但对强秦也是顾虑重重,在出发前并没有说服楚国与赵国结盟、联合抗秦的把握,所以拟定文武两套方案,为此需要有文武兼备的助手协助。本文记录的就是平原君的食客毛遂在关键时刻挺身而出,在不被人理解的情况下,自荐做平原君的助手的事迹。毛遂在对楚王进行胁迫的同时,历陈大义,促成楚赵订盟,促使楚国出兵,在魏国的配合下,终于解除邯郸之围,表现了他的大智大勇。

秦之围邯郸[1],赵使平原君求救[2],合从于楚[3],约与食客门下有勇力、文武备具者二十人偕[4]。平原君曰:"使文能取胜[5],则善矣。文不能取胜,则歃血于华屋之下[6],必得定从而还[7]。士不外索[8],取于食客门下足矣[9]。"得十九人,馀无可取者[10],无以满二十人[11]。门下有毛遂者,前[12],自赞于平原君曰[13]:"遂闻君将合从于楚,约与食客门下二十人偕,不外索。今少一

· 254 ·

人,愿君即以遂备员而行矣[14]。"平原君曰:"先生处胜之门下几年于此矣[15]?"毛遂曰:"三年于此矣。"平原君曰:"夫贤士之处世也[16],譬若锥之处囊中[17],其末立见[18]。今先生处胜之门下三年于此矣,左右未有所称诵[19],胜未有所闻,是先生无所有也[20]。先生不能[21],先生留。"毛遂曰:"臣乃今日请处囊中耳[22]。使遂蚤得处囊中[23],乃颖脱而出[24],非特其末见而已[25]。"平原君竟与毛遂偕。十九人相与目笑之而未废也[26]。

【注释】

[1] 秦围邯郸事在赵惠文王九年(前258),今河北邯郸市即古邑邯郸所在地。

[2] 使:派遣。　平原君:赵国的公子赵胜的封号。因初封于平原,所以称平原君。　平原:地在今山东平原县。

[3] 和楚国联盟。　合从(zòng):指联合抗秦的联盟。　从:"纵"的古字,古人以南北方向为纵。战国时期除秦国以外,其余六国大体地处南北方向,所以称六国之间的联盟为"合纵"。

[4] 相约和门下食客中勇武有力、文武俱全的共二十人一同前往。　食客门下:即门下食客。　食客:古代寄食于豪门并为之服务的特殊阶层。　偕:一起,这里用作动词,一起前往。

[5] 使:假如。　文能取胜:用文的办法能取胜,即用讲道理的办法说服。

[6] 歃(shà)血:古代盟誓的一种仪式,具体做法是杀牲取血,然后以手指蘸血涂在口旁,以示信守誓言。这里还含有"以血相胁而盟誓"的意思。　华屋:华丽的房屋,这里指楚国宫廷。

[7] 定从:指订立盟约。　还:回来。

[8] 士:指有某种特殊技能或智谋的人。　索:求,寻找。

[9] 从自家的食客中寻找就足够了。　取:选取,寻找。

[10] 剩下的人中没有可以再选拔的了。　馀:剩余,这里指剩下的食客。今简化作"余"。　可取者:可以选取的人,指可以选作平原君随从的。

[11] 没有合适的人选可凑足二十人。　以:连词,连接"无"和"满"两个动词。

［12］前：用作动词，走向前。

［13］自赞：自我引见。　赞：引见。

［14］希望您把我作为候补人员同行。　备员：用作动词，作为候补人员。　"而"：连接状语和中心词。

［15］胜：平原君名胜，这里是赵胜自称。　几年于此：到现在几年。

［16］夫：句首语气助词，表示要发表议论。　贤士处世：有才能的人生活在社会中。

［17］譬若：比如，好比。　锥之处囊中：锥子放到口袋里。

［18］末：指锥子尖。　见："现"的古字，显露。

［19］左右：指平原君左右的人。　称诵：称赞，称道。

［20］这说明先生没有什么才能。　是：指示代词，这。　无所有：没有什么才能。

［21］不能：指不能作为备员而行。

［22］乃：副词，才。

［23］蚤：通"早"。

［24］颖脱而出：亦作"脱颖而出"。比喻能充分显现才能。　颖：本是禾本科植物穗粒基部的两个苞片。　颖脱：是指果实成熟后自然而然地完全脱离开苞片。用来比喻人的才能如果有了一定的条件就会完全显露出来。

［25］非特其末见：不单单锥子尖儿显露出来。　特：副词，但，仅仅。

［26］相与：互相间。　目笑之：用眼神嘲笑毛遂。　目：这里用作状语，表示行为的工具。　未废：未废弃，指平原君没有放弃"与毛遂偕"的决定。

毛遂比至楚[1]，与十九人论议，十九人皆服。平原君与楚合从[2]，言其利害，日出而言之，日中不决。十九人谓毛遂曰："先生上[3]。"毛遂按剑历阶而上[4]，谓平原君曰："从之利害，两言而决耳。今日出而言从，日中不决，何也？"楚王谓平原君曰[5]："客何为者也[6]？"平原君曰："是胜之舍人也[7]。"楚王叱曰[8]："胡不下[9]！吾乃与而君言[10]，汝何为者也！"毛遂按剑而前曰："王之所以叱遂者，以楚国之众也[11]。今十步之内，王不得恃楚国之众也[12]，王之命县于遂手[13]。吾君在前，叱者何也？且遂闻：汤以七十里之地王天下[14]，文王以百里之壤而臣诸侯[15]，岂其士卒众多哉[16]？诚能据其势而奋其威[17]。今楚地方五千里，持戟百万[18]，此霸王之资也[19]。以楚之强，天下弗能当[20]。白起[21]，小竖子耳[22]，率数万之众，兴师以与楚战，一战而举鄢郢[23]，再战而烧夷陵[24]，三战而辱王之先人[25]。此百世之怨而赵之所羞[26]，而王弗知恶焉[27]。合从者为楚，非为赵也。吾君在前，叱者何也？"楚王曰："唯唯[28]！诚若先生之言[29]，谨奉社稷而以从[30]。"毛遂曰："从定乎？"楚王曰："定矣。"毛遂谓楚王之左右曰："取鸡狗马之血来[31]。"毛遂奉铜槃而跪进之楚王[32]曰："王当歃血而定从，次者吾君，次者遂。"遂定从于殿上。毛遂左手持槃血而右手招十九人曰："公相与歃此血于堂下[33]。公等录录[34]，所谓因人成事者也[35]。"

【注释】

[1] 比至楚：等到到达楚国。　比：及，等到。

[2] 平原君和楚王谈到结成同盟。

[3] 上：指登上殿堂。平原君以赵国代表的身份和楚王在殿堂谈判，随从的二十人不能参加直接会谈，只在堂下等候，所以同行的人要毛遂上堂去参与谈判。

[4] 按剑历阶：手按着佩剑一步步登上台阶。　历：动词，经历，这里有登上的意思。

[5] 楚王：指楚考烈王，名熊元。

[6] 这个外来人是干什么的？　客：外来的人，这里指毛遂。　何为者：做什么的人。　为：做。

[7] 这个人是我的门客。　是：指示代词，这个人。　舍人：先秦时期和汉代初年指贵族的门客。

[8] 叱(chì)：大声呵斥。

[9] 胡：疑问代词，为什么。

[10] 乃：只，仅仅。　而君：你的主人。　而：第二人称代词，你的。

[11] 众：人多。赵楚合从的谈判是在楚宫廷进行的，所以楚王人众。

[12] 如今在这十步之内楚王不能依仗楚国人多势众。意思是说,你我面对面,手交手,人多势众已经发挥不了作用。 恃(shì):依仗,依靠。

[13] 你的性命就悬在我的手里。 县(xuán):"悬"的古字。

[14] 汤:也叫成汤,商代开国的君主。 王(wàng):称王。

[15] 文王:指周文王,名昌,姬姓,历史上称作西伯,"文王"是他的谥号。据史书记载:"文王阴行善,诸侯皆来决平。" 臣诸侯:使诸侯称臣。 臣:用作处动,把……当做臣。

[16] 难道他们的兵士众多吗? 岂:反诘副词,难道。 其:他们的。指成汤、周文王的。

[17] 诚:确实,的确。 据其势:根据自己的实力。 奋:发挥。 威:威势,实力。

[18] 持戟:这里指持兵器的兵士。 戟(jǐ):一种刺杀武器。

[19] 霸王之资:称王称霸的资本。这里用作判断句谓语。

[20] 当:相对,相当。这里有"抵挡"的意思。

[21] 白起:战国时期秦国的大将,是下文所谈及的军事行动的主将。

[22] 小竖子:对人的蔑称,类似今天说的"小子"。

[23] 举鄢(yān)郢:攻下鄢、郢。 举:攻下,占领。 鄢:楚国地名,在今湖北宜城。 郢:楚国的都城,在今湖北江陵。楚顷襄王二十年,秦将白起率兵攻取鄢。鄢地失陷,楚迁都郢。次年秦又取郢。

[24] 再:二,第二次。 夷陵:古地名,在今湖北宜昌东南,楚先王墓在此。公元前278年,秦将白起率军攻下夷陵,烧楚先王墓。

[25] 辱王之先人:这里是泛指,不单指白起在拔郢都、烧夷陵后,追逐楚襄王溃逃的事。

[26] 百世之怨:世代不能遗忘的仇恨。 百世:指世世代代。 怨:仇恨。 赵之所羞:〔这〕是赵国所感到羞耻的。即指"举鄢郢"、"烧夷陵"、"辱王之先人"。

[27] 王弗知恶(wù):楚王您不知羞辱。 王:指楚考烈王。 恶:羞愧,羞辱。

[28] 唯唯:应诺之声,与今天的"是!是!"相似。

[29] 诚:的确,确实。 若:如,像。

[30] 谨奉社稷:小心翼翼地献出全国的力量。意思是说要倾全国之力。以:连词,用法同"而"。 从:这里用作动词,订立盟约。

[31]取鸡狗马之血:按照礼仪,盟誓时所用的牲血有等级的差别:天子盟誓用牛和马的血,诸侯用狗、猪的血,大夫以下用鸡血。毛遂这里是笼统地让取牲血,所以把鸡狗马并提。

[32]槃:同"盘"。　跪进之楚王:跪下来把铜盘进献给楚王。是双宾语结构。　进:进献,呈献。　之:指盘及盘中的血。

[33]你们诸位也在堂下相互歃此血吧。

[34]录录:又写作"碌碌",平平庸庸。

[35]是所说的借助别人成就事业的人。　因人成事:凭借别人成就事业。

平原君已定从而归[1],归至于赵,曰:"胜不敢复相士[2]。胜相士多者千人,寡者百数[3],自以为不失天下之士[4],今乃于毛先生而失之也。毛先生一至楚,而使赵重于九鼎大吕[5]。毛先生以三寸之舌,强于百万之师。胜不敢复相士。"遂以为上客[6]。

【注释】

[1]已定从:已经订立盟约。　归:回国。

[2]不敢复相士:不敢再审察、鉴别人才。　相:仔细地观察,鉴别。

[3]这是承上句而言。上句说"多者千人",所以下句说"寡者百数",意思是:往多说有上千人,往少说有几百人。

[4]不失天下之士:没有失落天下的人才。　失:失落,遗漏,这里指看错了。

[5]九鼎大吕:都是传国的宝器,王权的象征,比喻十分贵重。　九鼎:相传是夏禹所铸的传国宝器。　大吕:周王朝宗庙的大钟,贵重的宝器。

[6]遂:于是。　以为:"以之为"的省文,把他当作……。　以:介词,把。

本篇选词概述

1. 救　　2. 华　　3. 索　　4. 赞　　5. 处

6. 诵　　7. 论议　　8. 按　　9. 历　　10. 奋

〔救〕 用外力阻止。《说文》:"救,止也。"所以字从攴。如《论语·八佾》:"季氏旅于泰山,子谓冉有曰:'女弗能救与?'"这一意义在现代汉语"救火"一词中还保留。又为救援,救助。如《诗经·邶风·谷风》:"凡民有丧,匍匐救之。"如本篇"赵使平原君求救"。这一意义古今相同。

〔华〕(華) "花"的古字。《诗经·周南·桃夭》:"灼灼其华。"今成语有"华而不实",指植物只开花不结果。引申为浮华,不实在。《后汉书·王符传》:"背实趋华。"又为华丽,华美。如本篇:"文不能取胜,则歃血于华屋之下。""华屋"即华丽的建筑物。

〔索〕 本义是大绳,绳子。金文作⌘,像在屋子里双手纠结绳索状。如《墨子·备蛾传》:"以木为上衡,以麻索大编之。"用作动词,指用绳索捆绑。如《报任安书》:"关木索、被箠(chuí)楚受辱。"又有搜求、求取义。如本篇:"士不外索,取于食客门下足矣。"引申为搜寻。《史记·秦始皇本纪》:"乃令天下,大索十日。"

〔赞〕(贊) 辅助,辅佐。如《左传·僖公二十二年》:"勍敌之人,隘而不列,天赞我也。"现代有复音词"赞助","参赞"。古代辅助举行典礼的人也叫赞。《史记·秦始皇本纪》:"阙廷之礼,吾未尝敢不从宾赞也。"又通"荐",为引见义。如本篇:〔毛遂〕自赞于平原君。"又《魏公子列传》:"公子引侯生坐上坐,徧赞宾客。"

〔处〕(處) 停止,停留。金文写作⌘,像人坐在几上。以此表示停留,留止。如《国语·鲁语》:"昔圣王之处民也,择瘠土而处之。""处之"是使民留在瘠土之上。又《答李翊书》:"处若忘,行若遗。"引申为居处。如本篇:"先生处胜之门下,几年于此矣?"又引申为居住的地方。如李白《梦游天姥吟留别》:"谢公宿处今尚在。"现代汉语有复音词"处所"等。又为处治,决断,读 chǔ。《赤壁之战》:"愿将军量力而处之。"

〔诵〕(誦) 《说文》:"诵,讽也。"徐锴解释说:"临文为诵,诵从也,以口从也。"即朗诵义。《周礼·大司乐》:"以乐语教国子:兴、道、讽、诵、言、语。"足见"讽"、"诵"还有区别:讽是背诵,诵是照着文稿朗读。引申有陈述义。如本篇"左右未有所称诵"。"称诵"即称说,称道。

〔论议〕(議論)　论和议本为同义词,都有"分析事理,权其是非得失"的意思。如《前出师表》:"每与臣论此事。"是分析此事。王安石《答司马谏议书》:"而议事每不合。"是讨论政事。但"论"侧重在分析上,而"议"侧重在评论上。如《庄子·齐物论》:"六合之内,圣人论而不议。""论"和"议"的区别是明显的。古书中二字经常并用,表示分析事理,评论事实。如本篇"与十九人论议,十九人皆服"。又《庄子·胠箧》:"民始可与论议矣。"

〔按〕　在"压下"、"止住"义上古今没有差别。如《管子·霸言》:"按强助弱。"这个"按"指压抑。现代有成语"按兵不动"。古汉语中,"按"有抚摸义。如本篇"毛遂按剑历阶而上"。又《史记·苏秦列传》:"韩王勃然作色,攘臂瞋目,按剑仰天太息。""按剑"就是抚着剑。又为察验义。《汉书·贾谊传》:"验之往古,按之当今之务。""验"、"按"对文。

〔历〕(歷)　本义指经历,经过。《说文》:"历,过也,传也。"如本篇"毛遂按剑历阶而上"。又《报任安书》"足历王庭"。指到达过匈奴王的住所。用作副词,有一个一个地,逐一地的意思。《汉书·艺文志》:"历记成败存亡祸福古今之道。""历记"即逐一地记录。

〔奋〕(奮)　本义指鸟用力展翅飞翔。小篆写作奮,像鸟在田野上空振翼奋飞。《说文》:"奋,翚(huī)也。"段玉裁注:"翚,大飞也。"如《诗经·邶风·柏舟》:"静言思之,不能奋飞。"引申有"振作"的意思。如本篇"诚能据其势而奋其威"。现代汉语"振奋"、"奋发向上"等词语中仍保留着这一意义。

28 魏公子列传

《史记》

【说明】

本篇选自《史记》,是七十列传之一。

作者司马迁在《史记》中,为战国礼贤下士、广招食客的四公子都立了传,而对魏公子信陵君特别推重。文章写的是魏公子,但不是写他一生的经历,而是重点写他礼贤下士及窃符救赵;并把魏公子和平原君的礼贤下士作了对比;也简略写了魏公子统率五国军队,抑制秦兵于函谷关而使其不敢东出的事迹。所写人物都栩栩如生,特别是侯嬴和朱亥。

文章用笔不多,却写出了魏王始终不能容纳一位有利于保卫魏国的弟弟。魏王将他个人的权利看得重于一切,魏公子必然以自弃而告终。这也反映了史家的认识。

魏公子无忌者,魏昭王少子[1],而魏安釐王异母弟也[2]。昭王薨[3],安釐王即位,封公子为信陵君[4]。是时范雎亡魏相秦[5],以怨魏齐故,秦兵围大梁[6],破魏华阳下军[7],走芒卯[8]。魏王及公子患之。

【注释】

[1]魏昭王:名速,魏国第五代国君。 少子:小儿子。
[2]安釐(xī)王:名圉,魏国第六代国君。 釐:也写作"僖"。 异母弟:同父不同母的弟弟。

[3]薨(hōng):《礼记·曲礼下》:"天子死曰崩,诸侯曰薨。"

[4]信陵:魏邑,在今河南睢县。 君:古代的一种封号。

[5]范雎亡魏相秦:范雎从魏国逃亡到秦国做相,辅佐秦君。 范雎:本
  是魏国人,因须贾诬陷,被魏相魏齐笞打,折胁将死。后化名张禄,
  由人帮助入秦。他游说秦昭王,驱逐了专权的秦相魏冉(穰侯,昭王
  母宣太后的同母弟)。秦昭王四十一年(前266),范雎任秦相,封于
  应(今河南宝丰西南),称应侯。昭王五十二年,谢病归相印。

[6]大梁:魏国都城,今河南开封市。

[7]华阳:魏地名。 下军:当时军队的编制。据此可知魏国作二军,即
  上军和下军。

[8]使芒卯逃跑,即战败魏将芒卯。秦战败芒卯围大梁,在秦昭王三十
  二年(前275),秦破魏华阳下军,在秦昭王三十四年(前273),范
  雎在此后十年相秦。这里所记有误。 走:跑,这里是使动用法。

公子为人仁而下士[1],士无贤不肖[2],皆谦而礼交之[3],不敢
以其富贵骄士[4]。士以此方数千里争往归之[5],致食客三千
人[6]。当是时,诸侯以公子贤,多客,不敢加兵谋魏十余年[7]。公
子与魏王博[8],而北境传举烽[9],言"赵寇至[10],且入界[11]"。魏
王释博[12],欲召大臣谋。公子止王曰:"赵王田猎耳[13],非为寇
也。"复博如故。王恐,心不在博。居顷,复从北方来传言曰:"赵
王猎耳,非为寇也。"魏王大惊,曰:"公子何以知之?"公子曰:"臣
之客有能深得赵王阴事者[14],赵王所为,客辄以报臣[15],臣以此
知之。"是后魏王畏公子之贤能[16],不敢任公子以国政[17]。

【注释】

[1]仁而下士:仁德而且对士人谦恭。

[2]无贤不肖:无论贤与不贤。

[3]礼交之:依礼与之交往。

[4]不敢凭着他的富贵对士人骄慢。

[5]以此:因此。 方数千里:在方圆几千里之内。 争往归之:争相去
  归属于他。

[6]致:招至。

[7]加兵谋魏:用兵侵犯魏国。　谋:谋划侵犯。

[8]博:局戏,即赌棋。

[9]举烽:高举烽火。是古代传递紧急军事情报的方法。在特定的路线上,按一定的距离,修筑高台,上设桔槔,一头有兜零,中置柴草或狼粪,有紧急军情时,点燃高举,各台相继点燃,是当时最快的传递军情的方法。

[10]寇:掠夺或侵犯之敌。

[11]且:将要。

[12]释:放下。

[13]田猎:狩猎。

[14]深得:精细地获得。　阴事:秘密。

[15]辄:总是,每次都。　以:是"以之"的省略。

[16]是后:此后,从此以后。

[17]不敢把国家大政委任给公子。

　　魏有隐士曰侯嬴,年七十,家贫,为大梁夷门监者[1]。公子闻之,往请[2],欲厚遗之[3]。不肯受,曰:"臣脩身絜行数十年[4],终不以监门困故而受公子财[5]。"公子于是乃置酒大会宾客[6]。坐定,公子从车骑[7],虚左[8],自迎夷门侯生[9]。侯生摄敝衣冠[10],直上载公子上坐[11],不让,欲以观公子。公子执辔愈恭[12]。侯生又谓公子曰:"臣有客在市屠中[13],愿枉车骑过之[14]。"公子引车入市[15],侯生下见其客朱亥,俾倪故久立[16],与其客语,微察公子[17]。公子颜色愈和[18]。当是时,魏将相宗室宾客满堂,待公子举酒[19]。市人皆观公子执辔。从骑皆窃骂侯生[20]。侯生视公子色终不变,乃谢客就车[21]。至家,公子引侯生坐上坐[22],徧赞宾客[23],宾客皆惊。酒酣[24],公子起,为寿侯生前[25]。侯生因谓公子曰[26]:"今日嬴之为公子亦足矣[27]。嬴乃夷门抱关者也[28],而公子亲枉车骑,自迎嬴于众人广坐之中[29],不宜有所过[30],今公子故过之[31]。然嬴欲就公子之名[32],故久立公子车骑市中[33],

过客以观公子,公子愈恭。市人皆以嬴为小人,而以公子为长者能下士也[34]。"于是罢酒,侯生遂为上客。侯生谓公子曰:"臣所过屠者朱亥,此子贤者[35],世莫能知[36],故隐屠閒耳[37]。"公子往数请之[38],朱亥故不复谢[39],公子怪之[40]。

【注释】

[1]夷门:大梁东门名。　监者:看守城门的人。

[2]往请:去拜见。　请:谒见。

[3]遗(wèi):赠送。

[4]脩身絜行:修养身心,纯洁行为。　脩:通"修",修养,培养。　絜:同"潔(洁)"。

[5]终:终竟,到头来。　困:困穷。

[6]置酒:设酒宴。

[7]从车骑(jì):带着车马骑士。　从:使动用法,使……从。

[8]虚左:空出左边的位置。古代乘车以左位为尊。

[9]自迎:亲自迎接。　侯生:侯嬴。　生:先生的省字称号。

[10]摄:整顿。　敝:破旧。

[11]直上:径直上车,没有推辞。　载公子上坐:坐到公子的上首座位。　载:乘车。　坐:"座"的古字。

[12]执辔(pèi)愈恭:握着马缰绳驾车更加恭敬。　辔:驾驭牲口的缰绳。

[13]客:客人,此指朋友。　市屠中:市场的屠户中。

[14]麻烦您的车马骑士过访他去。　枉:委屈。　过:经过。这里有"过访"之义。

[15]引车:指驾着车。　引:牵引,指在车上牵引着马的缰绳使其左右前进。

[16]俾倪(bì nì):同"睥睨",斜视。　故:故意。

[17]微察:偷偷地观察。

[18]脸上的神色更加和悦。

[19]举酒:举杯开始饮酒。

[20]从骑:跟从的骑士。　窃骂:暗地里骂。

[21]谢客:辞别他的朋友。 就车:登上车。

[22]坐上坐:坐到上首座位上。第二个"坐"同"座"。

[23]向宾客一一介绍赞扬。 徧:同"遍"。普遍。

[24]饮酒尽兴。

[25]到侯生面前举杯祝福。这是当时的礼节,表示尊敬。

[26]因:"因之"的省略,指趁公子为寿的时候。

[27]嬴:侯嬴自称名,表示谦恭。 为公子:难为公子。

[28]抱关者:抱门栓的。当时开关城门的是贱役。

[29]于众人广坐之中:在众多的参加宴会的宾客面前。

[30]不应该有所过访。

[31]故:特意。

[32]就:成就。

[33]所以长时间让公子的车马停立在市场中。 故:所以。   立:
    使……立,使动用法。

[34]"以……为……":"认为……是……"的意思。

[35]此子:这个人,这位。 子:对人的尊称。

[36]世人没有谁能够了解。 知:了解。

[37]閒:"间"的古字。

[38]往数(shuò)请之:去多次拜见他。 数:多次。 请:谒问。

[39]故意不回访致意。

[40]怪之:以之为怪,觉得他奇怪。意动用法。

　　魏安釐王二十年,秦昭王已破赵长平军[1],又进兵围邯郸[2]。公子姊为赵惠文王弟平原君夫人,数遗魏王及公子书[3],请救于魏。魏王使将军晋鄙将十万众救赵。秦王使使者告魏王曰:"吾攻赵,且暮且下[4],而诸侯敢救者,已拔赵[5],必移兵先击之。"魏王恐,使人止晋鄙,留军壁邺[6],名为救赵,实持两端以观望[7]。平原君使者冠盖相属于魏[8],让魏公子曰[9]:"胜所以自附为婚姻者[10],以公子之高义[11],为能急人之困[12],今邯郸旦暮降秦,而魏救不至,安在公子能急人之困也[13]!且公子纵轻胜[14],弃之降秦[15],独不怜公子姊邪[16]?"公子患之,数请魏王,及宾客辩士说

266

王万端[17]。魏王畏秦,终不听公子。公子自度终不能得之于王[18],计不独生而令赵亡[19]。乃请宾客,约车骑百余乘[20],欲以客往赴秦军[21],与赵俱死[22]。

【注释】

[1]已破赵长平军:已经歼灭赵国在长平与秦作战的军队。指秦将白起在长平歼灭赵括指挥的军队,活埋了已降将士四十余万人。

[2]邯郸:赵国都城。

[3]数遗(wèi):多次致送。 书:信。

[4]旦暮:早晚,一早一晚,言其快。

[5]攻打下赵国之后。

[6]军队停止前进,在邺地筑壁垒驻扎。 留:停止,停留。 壁:用为动词,军队驻扎后筑墙壁自卫。

[7]端:事物的两头叫端。这里指救赵与不救赵这两个相反的决策。

[8]冠盖相属(zhǔ):礼帽和车盖相互连接。极言使者频出,一路相连接。

[9]让:责备。

[10]胜:平原君赵胜自称名,表谦恭。 自附为婚姻:自愿靠近结为姻亲。 附:靠近。

[11]高义:高尚的道义。

[12]因为能够把人家的危难作为紧急之事。

[13]公子能急人之困〔体现〕在哪里! 安在:在哪里,用作谓语,为了突出,提在主语前。

[14]纵:纵然,即使。

[15]之:指赵胜自己,可译为"我"。

[16]怜:爱。

[17]说(shuì)王万端:百般劝说魏王。

[18]度(duó):揣度,估计。 得之于王:从君王那里得到救赵的允诺。

[19]计:打算,谋划。

[20]约车骑:套上车马。 约:缠缚,这里指把马缠缚到车上。

[21]以:介词,率领,带着。

[22]俱:一同。

　　行过夷门,见侯生,具告所以欲死秦军状[1]。辞决而行[2],侯生曰:"公子勉之矣! 老臣不能从。"公子行数里,心不快,曰:"吾所以待侯生者备矣[3],天下莫不闻,今吾且死,而侯生曾无一言半辞送我[4],我岂有所失哉[5]!"复引车还问侯生。侯生笑曰:"臣固知公子之还也[6]。"曰[7]:"公子喜士,名闻天下。今有难[8],无他端而欲赴秦军[9],譬若以肉投馁虎[10],何功之有哉[11]! 尚安事客[12]! 然公子遇臣厚[13],公子往而臣不送,以是知公子恨之复返也[14]。"公子再拜[15],因问。侯生乃屏人间语[16],曰:"嬴闻晋鄙之兵符常在王卧内[17],而如姬最幸[18],出入王卧内,力能窃之[19]。嬴闻如姬父为人所杀,如姬资之三年[20],自王以下欲求报其父仇[21],莫能得。如姬为公子泣[22],公子使客斩其仇头,敬进如姬。如姬之欲为公子死,无所辞[23],顾未有路耳[24]。公子诚一开口请如姬[25],如姬必许诺,则得虎符夺晋鄙军[26],北救赵而西却秦[27],此五霸之伐也[28]。"公子从其计,请如姬。如姬果盗晋鄙兵符与公子[29]。

【注释】

[1]把所以要死于秦军的情况全部告诉了侯嬴。　具:"俱"的古字,全,都。

[2]辞决:告别。　辞:告,致辞。　决:通"诀",诀别,别离。

[3]备:完善,完备。

[4]曾(zēng):副词,竟然。

[5]岂有所失:难道有所失误,即有过失。　失:过失,失误。

[6]固:本来。

[7]曰:还是指侯生说。这样写有表示停顿后又说的作用。

[8]难(nàn):灾患。

[9]他端:其他打算,别的办法。

[10]譬若:譬如。　馁(něi):饥饿。

268

[11] 何功之有:有什么成就。 功:成就。疑问代词作宾语的定语时,这个宾语也前置。 之:助词,前置宾语的标志。

[12] 为什么还要奉事门客!意思是还要门客做什么。

[13] 遇:待遇,对待。

[14] 以是:因此。

[15] 再拜:先后拜两次,表示礼节隆重。

[16] 屏人间(jiàn)语:让人走开,悄悄地说。 间:暗地里,悄悄地。

[17] 兵符:调动军队的凭证。用竹木或铜玉制成,上有文字,中剖为二,君主和将帅各拿一半。君主派使臣传达命令时,使臣拿着君主的一半,和将帅手中那一半对合,证明确实是君主派出的使者。

[18] 如姬:魏安釐王的妃子。 最幸:最受宠爱。

[19] 凭她的能力能够偷出兵符。 力:名词用作状语,凭能力。

[20] 资之三年:积恨三年。 资:积蓄。 之:指代如姬的杀父之仇恨。

[21] 自王以下:指从魏王往下的人。

[22] 为公子泣:对公子哭泣。 泣:无声而有泪地哭。

[23] 没有所推辞的。

[24] 顾:但。

[25] 诚:真的,假如。

[26] 虎符:即虎形的兵符。这里指保留在魏王手中的一半。

[27] 却:同"却",打退。

[28] 这是五霸的功业。 五霸:春秋时期称霸一时的五个国君,通说是齐桓公、晋文公、秦穆公、宋襄公、楚庄王,还有其他说法。 伐:功业,功勋。

[29] 果:果然。表示预期的情况已经实现。 晋鄙兵符:指保留在魏王手中的半个兵符,另一半给了晋鄙。 与:给。

公子行,侯生曰:"将在外,主令有所不受,以便国家[1]。公子即合符[2],而晋鄙不授公子兵而复请之[3],事必危矣。臣客屠者朱亥可与俱[4],此人力士。晋鄙听,大善;不听,可使击之[5]。"于是公子泣,侯生曰:"公子畏死邪?何泣也[6]?"公子曰:"晋鄙嗋啮宿将[7],往恐不听,必当杀之,是以泣耳[8],岂畏死哉!"于是公子请朱亥[9]。朱亥笑曰："臣迺市井鼓刀屠者[10]，而公子亲数存之[11]，所以不报谢者[12]，以为小礼无所用，今公子有急[13]，此乃臣效命之秋也[14]。"遂与公子俱。公子过谢侯生。侯生曰："臣宜从，老不能；请数公子行日，以至晋鄙军之日[15]，北乡自刭以送公子[16]。"公子遂行。

【注释】

[1]便：有利。

[2]即：即使，如果。

[3]复请之：重新请示。

[4]可与俱：可以跟你一同去。 与："与之"的省略。

[5]可以让朱亥击杀晋鄙。是"可使之击之"的省略。

[6]为什么哭泣呢？ 何：用作状语，为什么。

[7]嚄唶（huò zè）宿将：很有威风的老将。 嚄唶：大笑大呼的意思。 宿将：有经验的老将。

[8]是以：因此。

[9]请：邀请。

[10]迺：同"乃"。这里有加强判断的作用。 市井鼓刀屠者：市场上操刀的屠夫。 鼓：敲击，震动。

[11]存：慰问。 之：指代说话人自己，可译为"我"。

[12]报谢：和上文的"复谢"意思一样。 报：回答。

[13]有急：有急难。

[14]臣：这里是自我谦称，没有"君臣"的"臣"义。 效命：贡献自己性命。 秋：这里指适当的时候、时机。

[15]在到达晋鄙军的日子。 以：介词，在。

[16]北乡自刭：面向北而自刎。 乡："向"的古字，这里用为动词，面向。 "北"：方位名词用作状语。

至邺，矫魏王令代晋鄙[1]。晋鄙合符，疑之，举手视公子曰[2]："今吾拥十万之众，屯于境上，国之重任，今单车来代之[3]，何如哉[4]？"欲无听。朱亥袖四十斤铁椎[5]，椎杀晋鄙[6]，公子遂将晋鄙军。勒兵下令军中曰[7]:"父子俱在军中,父归;兄弟俱在军中,兄归;独子无兄弟,归养[8]。"得选兵八万人[9],进兵击秦军。秦军解去,遂救邯郸,存赵。赵王及平原君自迎公子于界,平原君负韊矢为公子先引[10]。赵王再拜曰:"自古贤人未有及公子者也。"当此之时,平原君不敢自比于人[11]。公子与侯生决,至军,侯生果北乡自刭。

【注释】

[1]假传魏王命令,代替晋鄙。 矫:假传。

[2]举手视公子:表现为轻慢不信的态度。

[3]现在单车没有随从的兵卒来代替我。 之:指代说话人自己。

[4]何如:怎么回事。

[5]袖:用作动词,衣袖中藏着。 椎(zhuī):捶击工具,有铁椎、木椎。

[6]椎杀:用椎杀死。

[7]勒兵:统率军队。 下令军中:向军队中下命令。

[8]归养:回家奉养父母。

[9]选兵:经过选择的兵士。

[10]平原君背着箭筒和箭,给公子做先导。这是一种隆重的礼节,表示对公子的敬重。 韊(lán):革制的箭筒。 先引:先导,在前边引路。

[11]不敢自比于人:不敢把自己和信陵君相比,自惭不如。

　　魏王怒公子之盗其兵符,矫杀晋鄙[1],公子亦自知也。已却秦存赵,使将将其军归魏[2],而公子独与客留赵。赵孝成王德公子之矫夺晋鄙兵而存赵[3],乃与平原君计,以五城封公子。公子闻之,意骄矜而有自功之色[4]。客有说公子曰[5]:"物有不可忘[6],或有不可不忘[7]。夫人有德于公子[8],公子不可忘也;公子有德于人,愿公子忘之也。且矫魏王令,夺晋鄙兵以救赵,于赵则有功矣,于魏则未为忠臣也。公子乃自骄而功之[9],窃为公子不取也[10]。"于是公子立自责[11],似若无所容者[12]。赵王扫除自迎[13],执主人之礼[14],引公子就西阶[15]。公子侧行辞让[16],从东阶上[17]。自言皋过[18],以负于魏[19],无功于赵。赵王侍酒至暮[20],口不忍献五城[20],以公子退让也。公子竟留赵[21]。赵王以鄗为公子汤沐邑[22],魏亦复以信陵奉公子[23]。公子留赵。

【注释】

[1]魏王对公子盗他的兵符,假托他的命令而杀死晋鄙很愤怒。　怒:谓语动词。　公子……杀晋鄙:用作"怒"的宾语。

[2]将将:前一"将"为名词,将军。后一"将"为动词,率领。

[3]赵孝成王:即前文的赵王。　德:感激。

[4]意骄矜:内心里骄傲自满。　骄:自满。　矜:自夸。　有自功之色:有自以为有功的神色。　自功:认为自己有功。

[5]说(shuì):劝说。

[6]事有不可以忘却的。　物:事物。

[7]有不可不忘的。　或有:有,同义复词。

[8]夫:句首语气助词,有提起议论的作用。

[9]功之:以之为功,把它作为功绩。

[10]窃:表谦敬副词,私下。

[11]立自责:立刻责备自己。

[12]好像没有容身的地方。　似若:好像,同义复词。

[13]埽(sǎo)除:洒扫台阶。　埽:同"扫"。　除:台阶。

[14]行主人的礼仪。区别于以国君身份接见。　执:操持。

[15]引导公子去登西边的台阶。古代升堂的礼节,主人从东阶上,宾客从西阶上。　就:动词,登,走上。

[16]侧行辞让:偏着身体向前走,一路表示谦让。

[17]这是魏公子自谦降等,从主人的阶位升堂。

[18]自己说有罪过。　皋:古"罪"字。

[19]以:因为。　负:违背,背弃。

[20]忍:忍心。

[21]竟:终于。

[22]鄗(hào):赵邑。　汤沐邑:本来是古代天子供诸侯朝拜时斋戒自

272

洁和生活的地方。这里是作为供养公子的地方。

[23]奉:侍奉,奉养。

公子闻赵有处士毛公藏于博徒[1],薛公藏于卖浆家[2],公子欲见两人,两人自匿不肯见公子[3]。公子闻所在,乃閒步往,从此两人游[4],甚欢。平原君闻之,谓其夫人曰:"始吾闻夫人弟公子天下无双[5],今吾闻之,乃妄从博徒卖浆者游[6],公子妄人耳[7]。"夫人以告公子[8]。公子乃谢夫人去[9],曰:"始吾闻平原君贤,故负魏王而救赵,以称平原君[10]。平原君之游,徒豪举耳[11],不求士也。无忌自在大梁时,尝闻此两人贤,至赵,恐不得见。以无忌从之游,尚恐其不我欲也[12],今平原君乃以为羞[13],其不足从游[14]!"乃装为去[15]。夫人具以语平原君[16]。平原君乃免冠谢[17],固留公子[18]。平原君门下闻之,半去平原君归公子[19],天下士复往归公子。公子倾平原君客[20]。

【注释】

[1]处士:有学识德行,没有做官或不做官而隐居之人。　藏:隐藏。博徒:赌徒。

[2]卖浆家:卖酒浆的店家。

[3]匿:隐藏。

[4]閒(jiàn)步往:找时机步行前往。　閒:乘间,找机会。　游:交往。

[5]始:初始,从前。

[6]妄:荒诞,随便。

[7]妄人:无知妄为的人。

[8]以告公子:是"以之告公子"的省略,把这话告诉公子。

[9]谢:辞。

[10]符合平原君心意。　称(chèn):相当,符合,合乎。

[11]仅仅是豪迈的行动罢了。　豪:豪迈,突出常格。

[12]尚:尚且,还。　不我欲:不想要我。　否定句代词作宾语,宾语前置。

[13]乃以为羞:是"乃以之为羞"的省略,竟然把这事当作羞耻。

[14]是"其不足从之游"的省略,大概不足以跟他交往了。　其:句首语气助词。

[15]就整理行装准备离开赵国。　装:用为动词,整理行装。

[16]具以语(yù)平原君:把这一情况全对平原君说了。　语:告诉。

[17]免冠谢:摘去帽子谢罪。古人免冠表示认罪。

[18]固:坚决地。

[19]半去:一半离开了。

[20]公子倾覆了平原君的门客。门客全跑到公子门下了。

　公子留赵十年不归。秦闻公子在赵,日夜出兵东伐魏。魏王患之,使使往请公子[1]。公子恐其怒之,乃诫门下[2]:"有敢为魏王使通者,死[3]。"宾客皆背魏之赵[4],莫敢劝公子归[5]。毛公、薛公两人往见公子曰:"公子所以重于赵[6],名闻诸侯者,徒以有魏也[7]。今秦攻魏,魏急而公子不恤[8],使秦破大梁而夷先王之宗庙[9],公子当何面目立天下乎[10]?"语未及卒[11],公子立变色,告车趣驾归救魏[12]。

【注释】

[1]使使:前一"使"是动词,派遣,命令。后一"使"是名词,使者。

[2]诫:告诫。

[3]通:通报。　死:处死。

[4]跟随公子的宾客都是背离魏国来到赵国的。　之:动词,往,到。

[5]劝:鼓励。

[6]重于赵:被赵国器重。

[7]仅仅因为有魏国。

[8]不恤:不忧虑。

[9]使:如果,假使。　夷:平,平毁。

[10]当:应该。　何面目立天下:以什么脸面立于天下。　何面目:名词性词组用作状语,表示行为所凭依。

[11]话没有说完。　及:到。　卒:终了。

[12]告车趣(cù)驾:告诉管车的人赶快套上马。　趣:急,从速。

　　魏王见公子,相与泣[1],而以上将军印授公子,公子遂将。魏安釐王三十年,公子使使遍告诸侯。诸侯闻公子将,各遣将将兵救魏。公子率五国之兵破秦军于河外[2],走蒙骜[3]。遂乘胜逐秦军至函谷关[4],抑秦兵[5],秦兵不敢出。当是时,公子威震天下,诸侯之客进兵法,公子皆名之[6],故世俗称《魏公子兵法》[7]。秦王患之,乃行金万斤于魏[8],求晋鄙客,令毁公子于魏王曰[9]:“公子亡在外十年矣[10],今为魏将,诸侯将皆属[11],诸侯徒闻魏公子[12],不闻魏王。公子亦欲因此时定南面而王[13],诸侯畏公子之威,方欲共立之。”秦数使反间[14],伪贺公子得立为魏王未也[15]。魏王日闻其毁[16],不能不信,后果使人代公子将。

【注释】

[1]相与泣:相互面对流泪。

[2]五国:齐、楚、燕、韩、赵。　河外:黄河以南。

[3]使蒙骜逃跑,即战败蒙骜。　蒙骜:秦上卿。

[4]函谷关:战国时期秦国所设,在今河南灵宝东北。

[5]抑:抑制。

[6]皆名之:都把个人名字签到那些书上。

[7]《魏公子兵法》:包括兵法二十一篇,图七卷,今佚。

[8]行金:动用钱货。　金:指铜,在当时是贵重金属,用为钱货。　斤:本字为“斦”,古币文有半斦、一斦、二斦,“斦”当是货币单位名。

[9]毁:诽谤。

[10]亡:逃亡。

[11]属:从属。

[12]徒:只,仅。

[13]因此时:趁着这时。　定南面而王(wàng):确定面朝南而称王。定:决定,确定。

[14]反间(jiàn):用计离间敌人。

[15]假装祝贺公子,询问是否立为魏王。

[16]日:用为状语,每日,日日。

　　公子自知再以毁废[1],乃谢病不朝[2],与宾客为长夜饮[3],饮醇酒[4],多近妇女。日夜为乐饮者四岁,竟病酒而卒[5]。其岁,魏安釐王亦薨。秦闻公子死,使蒙骜攻魏,拔二十城[6],初置东郡[7]。其后秦稍蚕食魏[8],十八岁而虏魏王[9],屠大梁。

【注释】

[1]再以毁废:又一次因为毁谤而被废置不用。

[2]就假托有病,不上朝参拜。

[3]长夜饮:通宵宴饮。

[4]醇酒:味浓厚的酒。

[5]终于因酒得病而死。

[6]拔:攻克。

[7]东郡:秦王政五年置,治所在今河南濮阳西南。

[8]稍:渐。　蚕食:像蚕吃桑叶那样侵蚀。

[9]十八岁:自公子死至魏亡计十八年。　魏王:魏王假。

　　高祖始微少时[1],数闻公子贤。及即天子位,每过大梁,常祠公子[2]。高祖十二年,从击黥布还[3],为公子置守冢五家[4],世世岁以四时奉祠公子[5]。

【注释】

[1]高祖:刘邦死后的庙号。　始微少时:当初卑贱年轻的时候。

[2]祠(cí):祭。

[3]从战败黥布之处还京。　黥布:即英布,初封为淮南王,后谋反,刘邦率兵亲征,布败走长沙,为番阳人所杀。

[4]置守冢五家:安置五家守坟的。　冢:坟墓。

[5]世世:世代。　岁:每年。　以四时:按四季。

太史公曰[1]:吾过大梁之墟[2],求问其所谓夷门。夷门者,城之东门也。天下诸公子亦有喜士者矣[3],然信陵君之接岩穴隐者[4],不耻下交,有以也[5]。名冠诸侯不虚耳[6]。高祖每过之而令民奉祠不绝也。

【注释】

[1]太史公:作者司马迁自称,司马氏官太史。下面是作者的论赞之辞。自太史公创此体例,后代史家多沿用。

[2]大梁之墟:大梁的废址。

[3]天下诸公子:指孟尝君、平原君、春申君等。

[4]接岩穴隐者:接纳深山穷谷的隐居者。这是极言以概一般。

[5]有原因啊,即有道理啊。 以:原因。

[6]名声超出诸侯之上,毫无虚假。 冠:用为动词,超出众人,居第一位。

本篇选词概述

1. 方	2. 请	3. 窃	4. 罢	5. 閒
6. 属	7. 度	8. 计	9. 幸	10. 便

〔方〕 两船并行渡水。如《诗经·周南·汉广》:"江之永矣,不可方思。"引申为两车并行。《战国策·齐策一》:"车不得方轨,马不得并行。""方轨"是说双轨,即并行。用为方圆之方。《韩非子·外储说左下》:"人莫能左画方而右画圆也。"引申为正直。《韩非子·解老》:"所谓方者,内外相应也,言行相称也。"又《奸劫弑臣》:"其百官之吏亦知方正之不可以得安也。""方正"就是正直。又引申为方圆,即东南西北见方。如本篇:"士以此方数千里争往归之,致食客三千人。"《夫子当路于齐》:"然而文王犹方百里起,是以难也。""方数千里"指东西南北各数千里,"方百里"指东

西南北各百里。土地当然不可能正好是这样,是指截长补短,是一种约略说法。《孟子·滕文公上》说:"今滕绝长补短,将五十里也。"可证。方面,一边。《论语·子路》:"使于四方,不能专对。"《孟子·告子上》:"决诸东方则东流,决诸西方则西流。"道,一类。《秋水》:"是所以语大义之方,论万物之理也。"《庄子·田子方》:"孔子曰:'愿闻其方。'"

〔请〕(請) 请求,要求。如本篇:"乃请宾客,约车骑百余乘,欲以客往赴秦军,与赵俱死。"又《郑伯克段于鄢》:"亟请于武公,公弗许。""请"字后出现动词时,有两种情况:一种是要对方做什么。如《郑伯克段于鄢》:"若弗与,则请除之。"另一种是要求对方允许自己做什么。同篇:"欲与大叔,臣请事之。"又本篇:"请数公子行日,以至晋鄙军之日,北乡自刭以送公子。""请"字本有表示尊敬的意思,引申为问询,谒见。如本篇:"公子闻之,往请,欲厚遗之。"又:"公子往数请之,朱亥故不复谢。"

〔窃〕(竊) 本义是偷。如本篇:"而如姬最幸,出入王卧内,力能窃之。"又《五蠹》:"楚之有直躬,其父窃羊,而谒之吏。""窃"字用作状语,有偷偷地、暗地里的意思。如本篇:"从骑皆窃骂侯生。"又《孙膑》:"齐使以为奇,窃载与之齐。""窃"字用为谦词,表示自己的言行不一定对,以示谦恭。如本篇:"公子乃自骄而功之,窃为公子不取也。"又《触龙说赵太后》:"老臣窃以为媪之爱燕后,贤于长安君。"

〔罢〕(罷) 止,休。如本篇:"于是罢酒,侯生遂为上客。""罢酒"是休宴,即结束宴饮。又《韩非子·十过》:"战既罢,共王欲复战。"引申为罢免。《史记·齐悼惠王世家》:"灌将军熟视笑曰:'人谓魏勃勇,妄勇人耳,何能为乎!'乃罢魏勃。"司马贞《索隐》:"罢谓不罪而放遣之。"又《史记·樊郦滕灌列传》:"三岁,绛侯勃免相就国,婴为丞相,罢太尉官。"

疲劳,读作 pí。先秦汉初用"罢","疲"是后起字。《左传·僖公十九年》:"初,梁伯好土功,亟城而不处,民罢而弗堪。"又《西门

· 278 ·

豹治邺》："状河伯留客之久，若皆罢，去归矣。"《报任安书》："仆虽罢驽，亦尝侧闻长者之遗风矣。""罢驽"是指疲劣无力的马，用来比喻人之没有才能。

〔閒〕　本义指缝隙，间隙。金文作 ，像两扇门之间露出月亮，以表示缝隙，间隙。读 jiàn，后来写作"间"。《史记·管晏列传》："晏子为齐相，出，其御之妻从门閒而阚（同"窥"，从缝隙察看）其夫。"又《庖丁解牛》："彼节者有閒，而刀刃者无厚。"引申为空子，机会。如《国语·吴语》："夫越王之不忘败吴，于其心也戚然，服士以伺吾閒。"《史记·吕太后本纪》："太后欲杀之，不得閒。"又引申为乘间，有的是指乘无人之际，暗中，悄悄地。《史记·高祖本纪》："是时九江王布与龙且战，不胜，与随何閒行归汉。"又《史记·匈奴列传》："左大都尉欲杀单于，使人閒告汉曰：'我欲杀单于降汉……'"如本篇："侯生乃屏人閒语曰……"有的是指走近道，抄小路。如《韩非子·说难》："弥子瑕母病，人閒往夜告弥子，弥子矫驾王车以出。"又《史记·廉颇蔺相如列传》："故令人持璧归，閒至赵矣。"又指介入其间，参与。《左传·曹刿论战》："肉食者谋之，又何閒焉？"引申为离间，挑拨。《史记·屈原贾生列传》："屈平正道直行，竭忠尽智以事其君，谗人閒之，可谓穷矣。"又《史记·陈丞相世家》："大王诚能出捐数万斤金，行反閒，閒其君臣，以疑其心。"如本篇："秦数使反閒，伪贺公子得立为魏王未也。"现在还说"反间"。又为间隔，间断。《史记·刺客列传》："太子日造门下，供太牢具，异物閒进，车骑美女恣荆轲所欲，以顺适其意。"又《太史公自序》："叔孙通定礼仪，文学彬彬稍进，《诗》、《书》往往閒出矣。"

中閒，读 jiān，后来写作"间"。《左传·隐公三年》："楚子伐随，军于汉淮之閒。"又《史记·田敬仲完世家》："九年之閒，诸侯并伐，国人不治。"

閒着，读 xián，后来写作"闲"。《史记·屈原贾生列传》："止于坐隅，貌甚閒暇。"

〔属〕（屬）　本义是连接，读作 zhǔ。《说文》：“属，连也。从尾，蜀声。”段玉裁注：“取尾之连于体也。”如本篇：“平原君使者冠盖相属于魏。”又《水经注·三峡》：“常有高猿长啸，属引凄异。”引申为隶属，读 shǔ。如本篇：“今为魏将，诸侯将皆属。”又《左传·僖公十九年》：“齐桓公存三亡国而以属诸侯，义士犹曰薄德。”又为类属，种类。《曹刿论战》：“公曰：‘小大之狱，虽不能察，必以情。’对曰：‘忠之属也……’”用为副词，读 zhǔ，适值，恰好。《齐晋鞌之战》：“下臣不幸，属当戎行，无所逃隐。”通“嘱”，托付。《左传·哀公十一年》：“使于齐，属其子于鲍氏，为王孙氏。”

〔度〕　量长短，读 duó。《孟子·梁惠王上》：“权，然后知轻重；度，然后知长短。”又《韩非子·外储说上》：“郑人有且置履者，先自度其足而置之坐。”揣度，计算，推测，读 duó。如本篇：“公子自度终不能得之于王，计不独生而令赵亡。”《史记·廉颇蔺相如列传》：“相如度秦王虽斋，决负约不偿城。”量长短的标准，读 dù。《韩非子·有度》：“巧匠目意中绳，然必先以规矩为度。”引申为限度，尺度。《韩非子·解老》：“处向不节，憎爱无度，则争斗之爪角害之。”又《说疑》：“故居处饮食如此其不节也，制刑杀戮如此其无度也。”又为法制，法度。《郑伯克段于鄢》：“今京不度，非制也。”

风度，度量，读 dù。《史记·高祖本纪》：“仁而爱人，喜施，意豁如也，常有大度，不事家人生产作业。”

度，渡过，读作 dù。《史记·卫将军骠骑列传》：“常以为汉兵不能度幕（沙漠）轻留。”又《史记·淮南衡山列传》：“军罢，卒尽已度河，乃度。”后来渡水义写作“渡”。

〔计〕（計）　本义指计算，算账。《说文》：“计，会也，筭也。”如《冯谖客孟尝君》：“谁习计会。”又《韩非子·南面》：“举事有道，计其入多、其出少者，可为也。”引申为打算，计谋，计策。如本篇：“公子自度终不能得之于王，计不独生而令赵亡。”又《触龙说赵太后》：“父母之爱子，则为之计深远。”《史记·项羽本纪》：“谁为大王为此计者？”

〔幸〕 逢凶化吉。《韩非子·饰邪》："刑赏不察，则民无功而求得，有罪而幸免，则兵弱主卑。"又《韩非子·十过》："桓公从而问之曰：'仲父家居有病，即不幸而不起此病，政安迁之？'"引申为庆幸，侥幸。《荀子·王制》："无功不赏，无罪不罚；朝无幸位，民无幸生。"又为幸运。《韩非子·奸劫弑臣》："得为君之妾，甚幸。"《齐晋鞌之战》："下臣不幸，属当戎行。"

天子、君主所到叫"幸"。《史记·袁盎晁错列传》："上幸上林，皇后、慎夫人从。"天子、君主所爱所宠信也叫"幸"。如本篇："而如姬最幸，出入王卧内，力能窃之。"又《韩非子·内储说下》："王甚悦爱子，然恶子之鼻，子见王常掩鼻，则王长幸子矣。"《史记·齐悼惠王世家》："主父偃方幸于天子，用事……"在上位的对下有所宠爱，也可以说"幸"。《史记·春申君列传》："于是李园乃进其女弟，即幸于春申君。"

"幸"字用在动词前，表示说话对方或第三者的行为使自己感到幸运，从而表示对对方或第三者的尊敬，可语译为荣幸地。人们把这样使用的"幸"叫做表敬副词。《史记·廉颇蔺相如列传》："臣从其计，大王亦幸赦臣。"又《史记·范雎蔡泽列传》："秦王跽曰：'先生卒不幸教寡人邪？'"又《史记·项羽本纪》："张良曰：'秦时与臣游，项伯杀人，臣活之。今事有急，故幸来告良。'"

〔便〕 安宁，安康。《说文》："便，安也。"读作 pián。如《墨子·天志中》："百姓皆得暖衣饱食，便宁无忧。"

方便，有利，读 biàn。如本篇："将在外，主令有所不受，以便国家。"又《商君书·更法》："治世不一道，便国不必法古。""便宜"连用，不是价格低廉，而常指方便，适宜。如《汉书·娄敬传》："臣愿见上言便宜。"又《史记·袁盎晁错列传》："太常遣错受《尚书》伏生所，还，因上便宜事，以《书》称说。"

用为副词，就。如《史记·东越列传》："是时楼船将军杨仆使使上书，愿便引兵击东越。"又《赤壁之战》："诸人徒见操书言水步八十万而各恐慑，不料其虚实，便开此议，甚无谓也。"

29 报任安书

司马迁

【说明】

本文选自《昭明文选》,是司马迁写给任安的一封复信。

任安,字少卿,西汉荥阳人,是司马迁的朋友。年轻时家境贫困,后来做大将军卫青的舍人。经卫青的推荐,做了郎中,后迁为益州刺史。征和二年(前91),戾太子发兵杀江充等,当时任安是北军使者护军(监理京城禁卫军北军的官)。太子命任安发兵,任安接受了命令,但他按兵不动,闭门不出。太子事平,任安被判腰斩。

任安生前曾写信给司马迁,希望他利用担任中书令的机会,能"尽推贤进士之义"。司马迁没有立即答复,直到任安临刑前,才写了这封复信。在信中,司马迁历叙了身世遭遇,倾吐了自己内心极大的悲愤和痛苦,表现了他积极的处世态度,表达了"人固有一死,或重于泰山,或轻于鸿毛"的人生观,说明了自己所以"隐忍苟活"的原因,只要完成《史记》的创作,虽万死而不辞。全文感情真挚而强烈,思路开阔,夹叙夹议,文势跌宕起伏。

这封信有两个出处:见于《汉书·司马迁传》,又见于《昭明文选》,二者文字略有出入,这里以《昭明文选》李善注本为底本,并参照五臣注本及《汉书》。

太史公牛马走司马迁再拜言[1]。少卿足下[2]:曩者辱赐书[3],教以顺于接物、推贤进士为务[4]。意气勤勤恳恳[5],若望仆不相师[6]，而用流俗人之言[7]。仆非敢如此也。仆虽罢驽[8]，亦尝侧闻长者之遗风矣[9]。顾自以为身残处秽[10]，动而见尤[11]，欲益反损，是以独郁悒而谁与语[12]。谚曰："谁为为之[13]？孰令听之[14]？"盖钟子期死，伯牙终身不复鼓琴[15]。何则[16]？士为知己者用，女为说己者容[17]。若仆大质已亏缺矣[18]，虽才怀随和[19]，行若由、夷[20]，终不可以为荣，适足以见笑而自点耳[21]。书辞宜答，会东从上来[22]，又迫贱事[23]，相见日浅[24]，卒卒无须臾之間，得竭指意[25]。今少卿抱不测之罪[26]，涉旬月[27]，迫季冬[28]，仆又薄从上雍[29]，恐卒然不可为讳[30]，是仆终已不得舒愤懑以晓左右[31]，则长逝者魂魄私恨无穷[32]。请略陈固陋[33]。阙然久不报[34]，幸勿为过[35]。

【注释】

[1] 太史公：对太史令的尊称，即太史令，是掌修史兼管典籍、天文、历法和祭祀的官。这里司马迁自称官名。　牛马走：谦词，像牛马一样被役使的仆人。　走：指供役使的仆人。

[2] 足下：古代下称上或同辈相称的敬词。

[3] 曩（nǎng）：从前，过去。　辱：表敬副词，意思是说写信给我，使您蒙受耻辱。　书：信。

[4] 顺：顺应，这里指顺应时世。《汉书》作"慎"，今从《文选》。　接物：指待人处事。　推贤进士：向朝廷推荐贤能的人才。司马迁时任中书令，负责选拔人才。　为务：作为应该做的事。　务：事。

[5] 是说来信的情意十分诚恳。　意气：这里指情意。　勤勤恳恳：十分诚恳的样子。

[6] 像是抱怨我不遵照您的话。　望：怨。　仆：自我谦称。　相：指代性副词，当是指代任安的话。　师：用作动词，遵从，遵照。

[7] 而采用了世俗庸人的意见。　流俗人：指世俗之人。

[8] 罢驽（pí nú）：比喻才能低下。　罢：通"疲"，疲弱无力。　驽：劣马，引申为人低能。

[9] 也曾听说德高望重的长者遗留的风尚。　侧闻：在旁听到，表示谦敬。　长者：指德高望重的人。　遗风：指遗留下来的好风尚。

[10]顾:转折连词,但,只是。 身残:身体残缺,指受到宫刑。司马迁
因替李陵辩解而被处以这种酷刑。 处秽:处于污秽可耻的境地。

[11]一行动就遭到指责,相当于"动则得咎"。 动:一行动。 见尤:
被责备。 见:表被动关系的助词。 尤:过错。这里用作动词,
是"指责"、"责备"的意思。

[12]是以:因此。 郁悒(yù yì):双声联绵词,心情愁闷的样子。 谁
与语:即"与谁语",同谁述说。《汉书》作"无谁语",《文选》李善本
作"与谁语",今从《文选》。

[13]为了谁而做事呢? 谁为(wèi):即为谁。 谁:疑问代词作介词宾
语而前置。 为:介词,了。 为(wéi)之:做事情。 为:动词,
干,做。

[14]没有谁能听自己的。 孰:疑问代词作宾语而前置,谁。 这两句
意为:即使我想推贤进士,可是缺乏知己,又谁肯听我的呢?

[15]盖:句首语气词,表示推原。 钟子期、伯牙:都是春秋时楚人。伯
牙善弹琴,钟子期最能领会、欣赏他的琴音,两人成为知己。钟子
期死后,伯牙以为世上再没有知音,于是破琴绝弦,终身不再弹琴。
复:再。 鼓:动词,弹奏。

[16]何:疑问代词,询问原因。

[17]士人为知己者效力,妇女为喜欢自己的人美容。 说:"悦"的古
字,喜欢。 容:用作动词,美容,打扮。

[18]大质已亏缺:我的身体已经残缺。 大质:指身体。 亏缺:残缺,
指身遭宫刑。

[19]即使怀抱像随侯珠、和氏璧那样的才华。 虽:即使。 随:指随
侯珠。 和:指和氏璧。 它们都是春秋时代十分贵重的宝物,后
来常用它们比喻人的才能。

[20]行为又像许由、伯(夷)那样高洁。 由:许由。是传说中人物,相
传尧曾让他继承君位,他跑到箕山下去种田;又请他做九州之长,
他却到颍水边去洗耳。 夷:伯夷。是商朝末年孤竹君长子,和其
弟叔齐推让君位;后又反对武王讨伐商纣王,逃到首阳山,不食周
粟而饿死。古人认为许由和伯夷不贪图富贵,品德高尚。

[21]以:介词,其后省略宾语"之"。 见笑:被人讥笑。 自点:自己玷
污自己。 点:黑点,这里用作动词,玷污。

[22]正值由西向东跟从皇帝回来。　会:副词,适逢,碰巧。　东:往东。　上:皇上,指汉武帝。这里指征和二年(前91)七月庚太子举兵后,武帝自甘泉宫(在今陕西淳化西北)回到长安。司马迁当时为中书令,掌传宣诏命,所以跟随在皇帝左右。

[23]又忙于琐碎之事。　贱事:琐碎而不值得重视的事。　贱:谦词。

[24]日浅:指时间短暂。

[25]卒卒(cù cù):通"猝猝",匆忙急迫的样子。　无须臾之閒(xián):没有片刻的空闲时间。　閒:空闲。今作"闲"。　得竭指意:能够倾诉自己的心意。　得:能够。　竭:竭尽,倾诉。　指:通"旨",意旨。

[26]不测之罪:很深的罪过。指被判腰斩。　不测:指深。

[27]涉旬月:过一个月。　旬月:满一月。　旬:遍,满。

[28]迫:靠近。　季冬:冬天的第三个月,即夏历十二月。汉代法律规定,十二月处决犯人。

[29]我又临近随皇帝到雍地去的日期。　薄:迫近,临近。　雍:地名,在今陕西凤翔南。句中作处所补语。雍地筑有祭五帝的坛,汉武帝常去祭祀。《汉书·武帝纪》记载,征和三年(前90)春正月武帝到雍。

[30]担心〔您〕突然遭到不幸。　卒(cù)然:突然。　不可为讳:不能加以避讳,指任安死,是一种委婉说法。

[31]这样一来,我就永远不能抒发内心的悲愤来使您知晓。　是:代词,指代任安死所带来的结果。　终已:终于。　舒:伸展,抒发。　愤懑(mèn):忧愤烦闷。　以:目的连词。　晓左右:使左右知晓。　晓:使动用法,使知道,告知。　左右:实际是称对方,但不直接称呼,而称对方左右的人,以表尊敬。

[32]长逝者:死去的人,指任安。　私恨:私交上的遗憾。

[33]请您允许我简略陈述一些褊狭、鄙陋的意见。　请:意为请允许。　陈:陈述。　固陋:褊狭鄙陋,这里指褊狭鄙陋的意见。此为谦词。

[34]阙然:指相隔很长时间。　报:回答,这里指回信。

[35]幸:表敬副词。等于说您"勿为过"是我的荣幸。　勿为过:即勿为之过,〔您〕不要因为没有即时复信而责备我。　为:介词,后面省

285

略宾语"之"。"为之"相当于"因此"。　　过:用作动词,责备。

　　仆闻之:脩身者,智之符也[1];爱施者,仁之端也[2];取与者,义之表也[3];耻辱者,勇之决也[4];立名者,行之极也[5]。士有此五者,然后可以讬于世[6],而列于君子之林矣。故祸莫憯于欲利[7],悲莫痛于伤心,行莫丑于辱先[8],诟莫大于宫刑[9]。刑馀之人[10],无所比数[11],非一世也,所从来远矣[12]。昔卫灵公与雍渠同载,孔子适陈[13];商鞅因景监见,赵良寒心[14];同子参乘,袁丝变色[15];自古而耻之。夫以中才之人,事有关于宦竖[16],莫不伤气[17],而况于慷慨之士乎[18]?如今朝廷虽乏人,奈何令刀锯之馀荐天下之豪俊哉[19]?仆赖先人绪业[20],得待罪辇毂下[21],二十余年矣。所以自惟[22],上之不能纳忠效信[23],有奇策才力之誉[24],自结明主[25];次之又不能拾遗补阙[26],招贤进能,显岩穴之士[27];外之又不能备行伍[28],攻城野战,有斩将搴旗之功[29];下之不能积日累劳[30],取尊官厚禄,以为宗族交游光宠[31]。四者无一遂[32],苟合取容[33],无所短长之效[34],可见于此矣[35]。向者仆常厕下大夫之列[36],陪外廷末议[37],不以此时引维纲[38],尽思虑,今以亏形为扫除之隶[39],在阘茸之中[40],乃欲仰首伸眉,论列是非[41],不亦轻朝廷、羞当世之士邪[42]?嗟乎[43]!嗟乎!如仆尚何言哉[44]!尚何言哉!

【注释】

[1]脩身:使自身完善。　脩:通"修"。　符:符信,凭证。

[2]爱施:乐于施舍。　施:施舍,给人好处。　端:起点,开端。

[3]对待获取和给与的态度是义的标志。是说这种态度可以考察一个人是义还是不义。　取:取得,获取。　与:给与。　表:标志。

[4]以被侮辱为可耻是勇敢的先决条件。是说一个人对待耻辱的态度可以看出他是不是勇敢。　耻辱:动宾结构,以辱为耻。　耻:意动用法,以……为耻。

[5]建立功名是行为的最高准则。　立名:建立功名。　行:行为。极:本指房屋最高处的屋脊,这里指最高准则。

[6]士人具备了这五种品德,然后才能够安身处世。　讬:寄托,安身。

[7]所以祸害没有比贪图私利更惨的。 莫:否定性无定代词,没有什么。 憯(cǎn):通"惨",悲惨。 于欲利:介宾词组作补语,表比较。 欲利:贪图私利。

[8]辱先:污辱祖先。

[9]耻辱没有比遭受宫刑更巨大了。 诟(gòu):耻辱。 宫刑:又叫腐刑,古代一种破坏生殖机能的刑罚。

[10]受刑后获得余生的人,这里指宦者。

[11]没有〔与他们〕比并的,没有〔把他们〕计算在内的。 "所比数"是"所"字词组作"无"的宾语。 比:比并,排在一起。 数(shǔ):计算。是说受宫刑的人遭受歧视,不能和正常的人相提并论。

[12]〔这种情况〕并不是当今一世才有,历史上由来的时间已经很久了。 所从来:指由之而来的时间。 远:长久。

[13]卫灵公:卫国国君,名元,公元前534—前493年在位。 雍渠:宦者。 载:乘车。 适:往,到……去。 陈:周的封国,都宛丘(今河南淮阳)。 据《史记·孔子世家》所载,孔子到卫国后,有一天卫灵公和他夫人南子同车出游,让宦者雍渠参乘,孔子为次乘,招摇过市。孔子感到很耻辱,说:"我没有见过好德像好色那样的。"于是离开了卫国。

[14]商鞅凭着景监被秦孝公召见,赵良感到寒心。 商鞅:公孙鞅,卫人,战国时的政治家,他辅佐秦孝公变法,奠定了秦国富强的基础。因封于商,又称商鞅。 景监:秦孝公宠信的宦官。 赵良:秦孝公臣,他认为商鞅不应该通过宦者引荐而得官。

[15]赵谈陪汉文帝乘车,袁盎就勃然发怒。 同子:指宦官赵谈。同:司马迁的父亲名司马谈。为避父讳,而改"谈"为"同"。 子:尊称。 袁丝:袁盎,字丝,汉文帝时人,官至太常,以敢于直谏而著称。在他任中郎时,见赵谈陪文帝乘车,便伏在车前进谏,于是文帝笑令赵谈下车。 变色:变了脸色,指发怒。

[16]宦竖:即指宦官,是对宦者的蔑称。 竖:宫廷中供役使的小臣,后凡卑贱者称竖。

[17]伤气:挫伤了志气,感到寒心气馁。

[18]慷慨之士:具有远大抱负、情绪激昂的人。

[19]奈何:凝固结构,怎么能。 刀锯之馀:经过刀锯之刑所残余的,这里

司马迁称自己是受过宫刑所残余的人。　刀锯:施行肉刑的刑具。

[20]赖:依赖。　先人:祖先。司马迁的父亲司马谈曾任太史令。　绪业:遗留下来的事业,这里指继承司马谈任太史令。

[21]待罪:等待加罪,谦词,指做官。　辇(niǎn)毂(gǔ)下:皇帝近旁。汉以后"辇毂下"又成为京城的代称。　辇:皇帝乘坐的车。　毂:车轮中间车轴贯入处的圆木。词义扩大,又指整个的车。

[22]自己用来思考的内容。意为我自己想到如下方面的内容。　所以:不同于现代汉语连词"所以",相当于介宾词组,"所"是代词,表示"用来……的内容"。　惟:思,思考。

[23]对上不能献纳自己的忠诚和信实。　上:对上,充当分句主语。　之:用于主谓之间的结构助词,标志该句是分句。　纳:入,进献。　效:献。

[24]获得足智多谋、才能高超的声誉。　奇策:指足智多谋。　才力:指才能高超。

[25]自己结交于明主,即取得皇帝的信任。　结:结识,结交。这里指通过自己努力取得皇帝的信任,与之结成牢固的关系。　明主:英明的君主,是对皇帝的美称。

[26]拾遗补阙:拾取〔人君〕遗漏的事情,弥补〔人君〕缺欠的工作。指进谏。后来唐代用"拾遗"、"补阙"作为官职的名称。　阙:通"缺"。

[27]使岩穴之士显达。　显:使动用法,使……显达。　岩穴之士:居住在山岩洞穴中的人,指隐士。

[28]备行伍:在军队中供职。　行伍:古代军队基层编制。五人为伍,二十五人为行。

[29]搴(qiān)旗:拔取〔敌人的〕旗帜。　搴:拔。

[30]积日累劳:积累年资和功劳。

[31]把〔它〕作为宗族、朋友的光耀荣幸。　以:介词,其后省略宾语"之",指代上面提到的应有的业绩。"以之"译为"把它"。　交游:这里指交游的对象,即朋友。

[32]无一遂:没有一件实现。　遂:成功,实现。

[33]苟合:指无原则地附和。这里指勉强迎合皇帝的心意。　苟:苟且,随便。　取容:取悦。这里指取得皇帝欢心。

[34]无所短长:即无所长,没有什么建树。　短长:偏义复词,指"长",

288

"短"是陪衬。　效:效果。

[35]由此可见了。

[36]从前我曾置身于下大夫的行列。　向(xiàng):从前。　者:附于时间词后面的助词。　常:通"尝",曾经。　厕(cè):夹杂,谦词,指置身其中。　下大夫:汉代太史令职,官禄六百石,相当于周朝的下大夫。这里是司马迁自谦之词。

[37]陪:奉陪。　外廷:外朝。汉代把朝廷里的官员分为中朝和外朝,太史令属外朝。　末议:微不足道的议论。这些话都是谦词。

[38]不在这时申述国家重大的法令政策。　引:申述。　维纲:一作"纲维"。比喻国家重大的法令政策。　维:系物大绳。　纲:网上的总绳。

[39]以:通"已",已经。　扫除之隶:指打扫污秽的仆役,指宫中宦官。因为司马迁受了宫刑,所以才说自己成为扫除之隶。

[40]阘茸(tà róng):卑贱,这里指地位卑贱的人。

[41]论列:议论。

[42]不也是轻视朝廷、羞辱当今的士人了吗?　轻:意动用法,以……为轻,即轻视。　羞:羞辱。

[43]嗟乎:叹词。

[44]像我这样的人还有什么话可说呢!

　　且事本末未易明也[1]。仆少负不羁之才[2],长无乡曲之誉[3]。主上幸以先人之故,使得奏薄技[4],出入周卫之中[5]。仆以为戴盆何以望天[6],故绝宾客之知[7],忘室家之业,日夜思竭其不肖之才力[8],务一心营职[9],以求亲媚于主上[10]。而事乃有大谬不然者[11]。夫仆与李陵俱居门下[12],素非能相善也[13]。趣舍异路[14],未尝衔杯酒,接殷勤之馀欢[15]。然仆观其为人,自守奇士[16]:事亲孝,与士信,临财廉,取与义,分别有让[17],恭俭下人[18],常思奋不顾身,以徇国家之急[19]。其素所蓄积也,仆以为有国士之风[20]。夫人臣出万死不顾一生之计[21],赴公家之难,斯以奇矣[22]。今举事一不当[23],而全躯保妻子之臣,随而媒孽其短[24],仆诚私心痛之[25]。且李陵提步卒不满五千,深践戎马之地,足历王庭[26],垂饵虎口[27],横挑强胡[28],仰亿万之师[29],与单于连战十有余日[30],所杀过当[31]。虏救死扶伤不给[32],旃裘之君长咸震怖[33]。乃悉征其左右贤王[34],举引弓之民[35],一国共攻而围之。转斗千里,矢尽道穷[36],救兵不至,士卒死伤如积。然陵一呼劳军[37],士无不起,躬自流涕[38],沫血饮泣[39],更张空拳[40],冒白刃,北嚮争死敌者[41]。

【注释】

[1]况且事情的本末是不容易搞清楚的。 且:况且,进层连词。 本末:从头到尾,指事情的经过。

[2]我少年时自恃有骏马般不可约束的才能。 负:恃。 不羁(jī):如骏马不受约束。 羁:马笼头。这里用作动词,笼络,约束。

[3]长大了没有乡里的美誉。谦词。 乡曲:乡里。

[4]即"使之得奏薄技",使〔我〕能够奉献微薄的技艺。"使"后省略兼语"之",指代司马迁。 得:得以,能够。 奏:进,奉献。 技:技艺。

[5]周卫之中:周密防卫之中,指宫禁。 周卫:周密地防卫,这里用作名词,指防卫周密的地方,即宫禁。

[6]戴盆何以望天:戴着盆子怎么能够望见天空。是说戴着盆子和望见天空不能同时做到。比喻自己要一心供职,就要排除私事的拖累。

[7]所以断绝宾客的交往。 绝:断绝。 知:了解,引申为交往。

[8]竭:竭尽,全使出来。 不肖(xiào):本指儿子不似其父贤能,这里指不出色。

[9]力求一心一意经营职事。 务:致力于,力求。 营职:经营职事。

[10]以:目的连词。 亲媚:亲近喜爱。 媚:爱。

[11]而:转折连词。 乃:竟然。 谬(miù):错。 不然:不是〔自己所想象的〕这样。 然:代词,如此,这样。

[12]李陵:西汉名将李广的孙子,善骑射,拜为骑都尉。曾率兵出击匈奴贵族,后被包围,粮尽援绝,投降匈奴。 俱居门下:李陵曾任侍中(皇帝的侍从官),司马迁初任郎中,后任太史令,都属于"侍中曹"(官署名)的官员,所以说"俱居门下"。

[13]平素并不是要好的朋友。　素:平素。　善:交好。

[14]趣(qū)舍异路:行进还是止步,彼此道路各异。这里比喻各人的志向不同。　趣:通"趋",疾步而行。　舍:止,不走。

[15]衔杯酒:指饮酒甚少。　衔:含。这里是"喝"的意思。　接:交往。
　　　殷勤:深切的情意。　馀欢:与"杯酒"一样,都是言其少。

[16]〔李陵〕是自己能守住节操的奇士。判断句,"自守奇士"是名词性偏正词组作判断句谓语。

[17]分别:指能分别尊卑长幼,懂得礼节。　有让:具有谦让美德。

[18]恭俭:态度恭谦,行为检点。　下人:即"下〔于〕人",对别人谦卑,屈己尊人。

[19]以:目的连词。　徇(xùn):通"殉",为达到某种目的而献身。这里是指李陵可以为国家之急而捐躯。

[20]〔此〕其素所蓄积:〔这些〕是他平素所养成的好品德。判断句,"所"字词组作判断句谓语。　所蓄积:指所累积的好品德。　国士之风:全国杰出人才的风范。

[21]一个大臣做出宁肯万死而不求一生的打算。　夫:句首语气词,引发议论。　出:做出。　计:打算。

[22]这已经很难得了。　斯:指示代词,这。　以:通"已",已经。
　　　奇:奇特,难得,一般人做不到。

[23]如今做事稍有一点不当之处。　举事:行事,做事。　当:恰当。

[24]全躯:使躯全,使自身保全。　全:使动用法,使……全。　妻子:词组,妻子儿女。　媒蘖(niè)其短:像用酒曲酿酒一样夸张他的过失而酿成大罪。　媒:通"酶",麯饼,用以酿酒的酵母。　蘖:通"糵",酒麯。　它们都是酒麯,这里用作动词,像酒麯酿酒那样"酿"人的罪过。

[25]我私下确实为这样的事而痛心。　诚:的确,确实。　之:代词,指代上述"媒蘖其短"之事。

[26]王庭:指匈奴王居住的地方。

[27]垂饵虎口:即"垂饵〔于〕虎口",在老虎嘴边垂挂诱饵。比喻李陵率兵深入敌区,置身强敌面前,诱敌主力出战。

[28]气势凌厉地向强悍的匈奴挑战。　横:豪气横溢。　挑:挑战,主动出击。　强:强大,强悍。　胡:秦汉对匈奴的称呼。

[29]仰:仰攻。 颜师古注:"汉军北向,匈奴南下,北方地高。"

[30]单(chán)于:匈奴的君主。 有:又,用于整数和零数之间。

[31]所杀伤的敌兵超过了自己将士的人数。 所杀:"所"字词组作主语,
指所杀伤的敌兵。 过:超过。 当:相当,对当,这里指相等的数目。

[32]敌寇救死扶伤都顾不上。 虏(lǔ):对敌的蔑称。 不给:顾不
上,来不及。 给:供应,供给。

[33]旃(zhān)裘:匈奴人穿的皮毛衣服,这里借代匈奴人。 旃:通
"氈",毛织品。 咸:范围副词,全,都。 震怖:震惊恐怖。

[34]于是就全数调集了左右贤王的军队。 悉:范围副词,全部。
徵:调集。 左右贤王:实指左右贤王的军队。左贤王、右贤王,都
是匈奴最高官位。贤王可统帅万余骑兵。

[35]发动能拉弓射箭的人。 举:发动。 引弓:拉弓。 引:向后拉弓弦。

[36]转斗:辗转战斗。 矢尽:箭已射光。 道穷:道路穷尽。指李陵
被匈奴围困在山谷中。

[37]一呼劳军:呼喊一声慰劳军队的话。 一呼:呼喊一声。古汉语表
示动量的词放在动词前面。

[38]躬自:自身。 流涕:流着眼泪。 涕:泪。

[39]沫(huì)血:指血流满面。 沫:以手捧水洗脸。这里是说士卒像
以血洗脸,实指血流满面。 饮泣:泪流入口。 这些旨在说明战
事悲壮激烈。

[40]张空弮(quān):拉开空弓。箭已射尽,拉空弓表现士卒对敌愤怒之
情。 弮:弩弓。

[41]北嚮:向北。 嚮:"向"的古字。 死敌:死于敌,同敌人拼命。
从"不起躬"至"北向争死敌者"是一个"者"字词组,表示"……的
人"。 全句意为:士卒中没有不奋起抗敌,流着眼泪,血流满面,
拉起空弓,冒着锋刃,向北争着与敌拼命的人。

陵未没时[1],使有来报[2],汉公卿王侯皆奉觞上寿[3]。后数日,
陵败书闻[4],主上为之食不甘味[5],听朝不怡[6]。大臣忧惧,不知所
出[7]。仆窃不自料其卑贱[8],见主上惨怆怛悼[8],诚欲效其款款之
愚[9],以为李陵素与士大夫绝甘分少[10],能得人死力[11],虽古之名

将,不能过也。身虽陷败[12],彼观其意[13],且欲得其当而报于汉[14]。事已无可奈何,其所摧败[15],功亦足以暴于天下矣[16]。仆怀欲陈之[17],而未有路,适会召问,即以此指[18],推言陵之功[19]。欲以广主上之意[20],塞睚眦之辞[21]。未能尽明,明主不晓,以为仆沮贰师[22],而为李陵游说[23],遂下于理[24]。拳拳之忠[25],终不能自列[26]。因为诬上[27],卒从吏议[28]。家贫,货赂不足以自赎[29],交游莫救[30],左右亲近不为一言[31]。身非木石,独与法吏为伍,深幽囹圄之中[32],谁可告愬者[33]!此真少卿所亲见,仆行事岂不然乎?李陵既生降,隤其家声[34],而仆又佴之蚕室[35],重为天下观笑[36]。悲夫!悲夫!事未易一二为俗人言也[37]。

【注释】

[1]没(mò):覆没,这里指军队覆没。

[2]使有来报:使者中有来报捷的。　报:禀报,这里指报捷。

[3]汉朝的公卿王侯都举着酒杯向皇上祝贺胜利。　奉:"捧"的古字,举着。　觞(shāng):盛上酒的酒杯。　上寿:献上祝寿辞。一般指宴会上向尊者敬酒祝寿。这里指祝捷。

[4]李陵战败的奏书被主上知道了。　闻:闻知。这里用作被动,特指被皇帝闻知。

[5]皇上为这件事吃东西都不香甜。　为之:介宾词组作状语,因李陵失败事。　甘:香甜。

[6]在朝廷上听政也闷闷不乐。　听朝:即"听〔于〕朝",在朝廷上听政。　怡:愉快。

[7]所出:"所"字词组作"知"的宾语,指所提出的办法。

[8]惨怆(chuàng)怛(dá)悼:悲伤的意思。

[9]实在想要献上自己诚恳的意见。　效:献上。　款款:忠实诚恳的样子。　愚:愚见,谦词,即意见。

[10]绝甘:自己不吃甘美的食物。　绝:断绝,指甘美食物自己不沾边。　分少:应分的东西自己少要。

[11]死力:拼死出力。

[12]他虽然因为兵败而身陷匈奴。

293

[13]观其意:看他的用意。

[14]〔李陵〕将要得到一个适当的机会来报效汉朝。 且:时间副词,将
要。 当:适当的时机。

[15]他击破匈奴的战绩。

[16]暴(pù):暴露,显示。

[17]我心里想要〔向皇帝〕陈述这件事。 仆怀:我心里。 欲:打算
想要。 陈:述说。

[18]就依着我这个想法。 指:通"旨",旨意。

[19]阐述李陵的功劳。 推言:推论,阐述。

[20]想用〔它〕来宽舒皇帝的心意。 以:介词,后面省略宾语"之",
"以之"即用它,拿这些见解。

[21]堵塞怨恨李陵的讼辞。 睚眦(yá zì)之辞:指怨恨者的讼辞。
睚眦:瞪大眼睛,怒目而视,指有怨恨的仇家。

[22]〔皇帝〕以为我诋毁李广利。 沮(jǔ):诋毁,毁坏。 贰
师:指贰师将军李广利。他的妹妹李夫人是汉武帝的宠妃。贰师本是大宛
国的地名,太初元年(前104),武帝派李广利到贰师去夺取良马,因
以贰师为李广利的号。天汉二年(前99),武帝派李广利征讨匈奴,
令李陵为偏师。李广利出师祁连山,李陵率五千步卒出居延北,以
分散匈奴兵力。结果李广利遇到了匈奴主力,被围,李广利却按兵不
动。这次武帝本想借出征提拔李广利,司马迁极力替李陵表功,因
此武帝以为司马迁存心诋毁李广利。

[23]游说:本指战国时策士周游各国,向君主陈述自己的政见或主张。
后泛指用言语劝说。这里指为李陵说好话。

[24]理:大理,即廷尉,九卿之一,掌诉讼刑狱之事。此官秦代称廷尉,
景帝时改称大理,武帝时又改称廷尉,这里是用旧名。

[25]拳拳:忠诚恭谨的样子。

[26]列:列举,陈述。

[27]诬上:欺骗皇上。 诬:欺诬,欺骗。

[28]〔皇帝〕最终同意了狱吏"诬上"的判决,处以宫刑。

[29]因为家境贫困,钱财不够用来为自己赎罪。 货赂:财货。依据汉
律,可以用钱财赎罪。

[30]朋友没有谁能救援。 交游:指朋友。 莫:没有谁。

[31]皇帝左右的亲信也不为我说上一句求情的话。　左右亲近:指皇
　　帝左右的近臣。　不为一言:即"不为之一言",不替我说一句话。
　　一:表示动量的词放在动词前,语序与现代汉语不同。

[32]幽:用作动词,禁闭,关闭。　图圄(líng yǔ):监狱。

[33]谁是可以诉说的人。判断句,"可告愬者"是"者"字词组作判断句
　　谓语。　愬:同"诉",诉说。

[34]陨(tuí):败坏。

[35]而我又随后关在蚕室里。　俾(èr):次,相次,罪过次于李陵。　蚕
　　室:指像蚕室那样密封的屋子,即受宫刑的处所。因为刚受宫刑的人
　　害怕风寒,所居之室必须密闭温暖,像养蚕的屋子一样,所以称蚕室。

[36]重(zhòng):作状语,深深地。

[37]这些事情是不容易一桩桩向世俗人解说清楚的。　一二:一件两
　　件……,等于说一桩桩、一件件。

　　仆之先非有剖符丹书之功[1],文史星历近乎卜祝之间[2],固
主上所戏弄,倡优畜之,流俗之所轻也[3]。假令仆伏法受诛[4],若
九牛亡一毛[5],与蝼蚁何以异[6]? 而世又不与能死节者比[7],特
以为智穷罪极[8],不能自免,卒就死耳[9]。何也? 素所自树立使
然也[10]。人固有一死,或重于泰山[11],或轻于鸿毛[12],用之所趋
异也[13]。太上不辱先[14],其次不辱身,其次不辱理色[15],其次不
辱辞令,其次诎体受辱[16],其次易服受辱[17],其次关木索、被箠楚
受辱[18],其次剔毛发、婴金铁受辱[19],其次毁肌肤、断肢体受辱,
最下腐刑极矣[20]。传曰:"刑不上大夫[21]。"此言士节不可不勉励
也[22]。猛虎在深山,百兽震恐,及在槛穽之中[23],摇尾而求食,积
威约之渐也[24]。故士有画地为牢,势不可入,削木为吏,议不可
对,定计于鲜也[25]。今交手足,受木索,暴肌肤,受榜箠,幽于圜墙
之中[26]。当此之时,见狱吏则头枪地[27],视徒隶则心惕息[28]。
何者? 积威约之势也[29]。及以至是[30],言不辱者,所谓强颜
耳[31],曷足贵乎[32]? 且西伯,伯也[33],拘于羑里[34];李斯,相也,
具于五刑[35];淮阴,王也,受械于陈[36];彭越、张敖,南面称孤,系

狱抵罪[37]；绛侯诛诸吕[38]，权倾五伯[39]，囚于请室[40]；魏其，大将也，衣赭衣，关三木[41]；季布为朱家钳奴[42]；灌夫受辱于居室[43]。此人皆身至王侯将相，声闻邻国，及罪之罔加[44]，不能引决自裁[45]。在尘埃之中，古今一体[46]，安在其不辱也[47]？

【注释】

[1]我的先人并没有封王赐侯的功勋。　剖符：分剖信符。　剖：分。符：竹制的契约，剖分为二，君臣各执其一。　丹书：又称丹书铁券，将誓词用丹砂写在铁券上，作为后代子孙免罪的凭证。建立重大功勋的臣子才能获得它们。剖符丹书成为本人享有特权和子孙免罪的一种凭信。

[2]掌管文史书籍和天文历法〔的太史令〕，其地位接近于掌管占卜和祭祀的官员。　文史：文献史籍。　星历：天文历法。　星：星象，指天文。　以上都是太史令掌管的事。　卜：占卜吉凶的官。　祝：祭祀时赞辞的人。

[3]固：本来。　戏弄：玩弄。　倡优畜(xù)之：像畜养倡优一样畜养他们。　倡优：普通名词作状语，像畜养倡优一样。在封建社会里倡优的地位低下。　倡：演奏音乐的人。　优：唱戏的演员。　轻：轻视。

[4]伏法：在法律面前俯伏，受到法律制裁。　受诛：被杀。　诛：杀。

[5]九牛：许多头牛，言牛之多，虚数。　亡：丢失。

[6]蝼(lóu)蚁(yǐ)：蝼蛄和蚂蚁。　何以异：即"以何异"，在什么地方不一样。意为没什么两样。

[7]而世人又不能〔把我〕同能为节操而死的人相比并。　世：世人。与能死节者：介宾词组作状语，同能死节的人。"能死节者"是"者"字词组作介词"与"的宾语。　死节：为动用法，为节而死，为坚持节操而死。　比：比并，排在一起。

[8]只是认为我智力穷尽、罪大恶极。　特：范围副词，只，只是。

[9]终于走到死亡的地步罢了。　卒：终，终于。　就：走向，走到。耳：表限止的语气助词，罢了。

[10]即"素所自树立使之然"，兼语结构，省略兼语"之"。　素所自树立："所"字词组作主语，指平素用来立身的职业和地位。　使之然：使

〔世人的看法〕这样。 之:指代上述世人的看法。 然:代词,这样。司马迁认为这是他所从事的"近乎卜祝"的职业造成的。

[11]或:肯定性无定代词,有的。下文的"或"与此同。

[12]鸿毛:大雁的羽毛。 鸿:鸿雁,大雁。

[13]实行死的趋向不同。就是为什么而死,死的目的和意义不同,便决定了它的重或轻。 用:实用,实行。 之:指代死。 所趋:奔走的方向,趋向。

[14]太上:最上等的。 不辱先:不使祖先受辱。 先:祖先。

[15]理色:指脸面。 理:肌理。 色:脸上的表情。

[16]诎(qū)体:指被捆绑。 诎:通"屈"。

[17]易服:指换上罪人穿的赭(zhě,深红)色衣服。 易:更换。

[18]关木索:戴上刑具。 关:通"贯",戴上。 木:指木枷。 索:绳。被箠(chuí)楚:遭受杖刑。 被:遭受。 箠:竹杖。 楚:荆条。

[19]剔毛发:剃光头发,即所谓髡(kūn)刑。 剔:同"剃"。 婴金铁:用铁圈套在颈上。 婴:绕。 金铁:指金属制的圈。

[20]毁肌肤、断肢体:指遭受黥(qíng)、劓(yì)、刖(yuè)等古代残酷肉刑。 腐刑:即宫刑,割掉男子的生殖器。 极矣:达到极点了。

[21]刑不上大夫:刑罚不加于大夫以上的官员。语出《礼记·曲礼上》。上:加于……上。

[22]这话是说士大夫的节操不能不勉励。 士节:指士大夫的气节。

[23]槛(jiàn):关野兽的笼子。 穽:同"阱(jǐng)",捕野兽的陷阱。

[24]积威约之渐:是长期用威力约制而逐步形成的结果。 积:积久,长期。 威约:威力约制。 渐:浸渍。这里用作名词,指逐渐浸渍的结果。

[25]所以即使在地上画圈做成监牢,气节之士势必不肯进入,即使用木头削成狱吏,也不能面对他接受审判,并作出决断,不等耻辱临身就自杀。是说即使是象征性的刑罚也不能接受。 吏:狱吏。议:吏议,指法官的审讯和判决。 对:指犯人回答法官的审讯。鲜:不以寿终为鲜(依沈钦韩说)。

[26]交:交叉。交叉手足是指捆绑。 暴(pù)肌肤:暴露皮肤肌肉,指受刑时剥去衣服。 榜:通"棒",用作动词,棒打。 圜墙:指监狱。 圜:通"圆"。

[27]枪:通"抢",触,碰撞。

[28]徒隶:指狱卒。　心惕息:胆战心惊的意思。　惕:怕。　息:喘。

[29]长时间威力约制所造成的形势。

[30]直到已经到了这种地步。　及:直到。　以:通"已",已经。　至是:到此地步。

[31]强(qiǎng)颜:勉强作出欢颜,即厚着脸皮。

[32]怎么值得尊贵呢?　曷:疑问代词,用作状语。

[33]况且西伯姬昌是一方诸侯之长。判断句。　西伯:指周文王姬昌。伯:方伯,一方诸侯之长。

[34]拘:监禁。　羑(yǒu)里:纣王囚禁周文王的地方,在今河南汤阴境内。

[35]李斯是秦朝的丞相。判断句。　李斯:秦朝的丞相,辅佐秦始皇统一中国。秦二世胡亥即位,因赵高诬陷,李斯被杀。　具于五刑:备受五刑。　具:具备,备受。　五刑:据《汉书·刑法志》所载,五刑包括:一、刺额割鼻;二、斩左右脚;三、用竹杖打死;四、割头;五、把尸体剁成肉酱。犯有诽谤罪的,还要先割掉舌。

[36]淮阴侯韩信是楚王。判断句。　淮阴:指韩信。曾被封为楚王,降为淮阴侯。　受械于陈:在陈地被戴上脚镣手铐。　械:枷和镣铐等刑具。这里用作动词,指戴上这种刑具。　陈:陈地,在今河南淮阳。

[37]彭越:昌邑(今山东金乡西北)人,字仲,初事项羽,后降刘邦,被封为梁王。因有人诬告他谋反,被夷三族,"具五刑"而死。　张敖:张耳之子,继承他父亲赵王的爵位,也因被人诬告谋反而被捕下狱。　南面称孤:面朝南称王。　南面:动词性偏正词组,向南面对着,即面朝南。"南"是方位名词作状语,向南。"面"是动词,面朝着。　系狱:被捆绑下狱。　抵罪:定罪。　抵:对当。这里指刑罚与罪行相当。

[38]绛侯周勃诛杀了诸吕。　绛侯:周勃,汉初功臣,随刘邦起义,战功卓著,封为绛侯。　诸吕:指刘邦之妻吕后的亲族吕产、吕禄等人。刘邦死后,吕后擅权,重用其亲族,诸吕打算颠覆汉朝。吕后死后,周勃与陈平等共诛诸吕,迎立代王刘桓为汉文帝。

[39]权力超过了春秋五霸。　倾:超过。　五伯:五霸,指齐桓公、晋文

公、楚庄王、吴王阖闾、越王勾践。

[40] 请室:官署名。皇帝出行,请室令在前先驱,请室有特设的监狱。周勃后因有人诬告谋反而被囚于请室。

[41] 魏其是大将军。判断句。 魏其:即窦婴,汉景帝时为大将军,平定吴楚七国之乱后,封为魏其侯。武帝时因救灌夫事而被诬下狱,判死刑。 衣赭衣:穿上罪犯的衣服。第一个"衣"是动词,穿衣。 赭(zhě)衣:罪人穿的深红色的衣服。 关三木:颈、手、脚三处都戴上木制刑具,指枷和桎梏。

[42] 季布卖身为朱家家奴。 季布:楚人,初事项羽,曾数次困辱刘邦,项羽败后,刘邦悬重金购求季布。季布于是剃发戴钳(qián),变姓名,卖身给鲁人朱家为奴,朱家后来通过汝阴侯夏侯婴去劝说刘邦,才得赦免季布。季布遇赦后,拜为郎中,官至河东太守。 钳:古刑名,以铁束颈。

[43] 灌夫在居室中受侮辱。 灌夫:颍阴人,在平定七国之乱中立功,任为中郎将,武帝时任太仆,素与窦婴相善。因侮辱丞相田蚡(fén)被囚于居室。 居室:官署名,属少府,后更名保宫。

[44] 罔加:法网加身。 罔:"網"的古字,罗网,这里指法网,刑法。

[45] 引决:下决心。 自裁:自行裁决,指自杀。 裁:制裁。

[46] 尘埃之中:指屈辱的境地。 一体:等于说一样。

[47] 怎么能处在他们不被侮辱的境地呢? 安:疑问代词作状语。

　　由此言之,勇怯,势也[1];强弱,形也[2]。审矣[3],何足怪乎?夫人不能早自裁绳墨之外[4],以稍陵迟[5],至于鞭箠之间,乃欲引节[6],斯不亦远乎[7]?古人所以重施刑于大夫者[8],殆为此也[9]。夫人情莫不贪生恶死,念父母,顾妻子,至激于义理者不然[10],乃有所不得已也[11]。今仆不幸,早失父母,无兄弟之亲,独身孤立,少卿视仆于妻子何如哉[12]?且勇者不必死节,怯夫慕义,何处不勉焉[13]?仆虽怯懦,欲苟活,亦颇识去就之分矣[14],何至自沉溺缧绁之辱哉[15]?且夫臧获婢妾由能引决[16],况仆之不得已乎[17]?所以隐忍苟活,幽于粪土之中而不辞者[18],恨私心有所不尽[19],鄙陋没世[20],而文采不表于后也[21]。

【注释】

[1]勇敢和怯懦是形势决定的。判断句。

[2]强大和弱小也是形势决定的。 形:义同"势"。

[3]审:明白。

[4]人不能在法律制裁之前就及早自杀。 夫:句首语气词,表示要发表议论。 绳墨之外:指刑法未加之前。 绳墨:木匠用以取直的工具,借喻为法规,刑法。

[5]以:介词,因。其后省略宾语"之",指代"人不能早自裁绳墨之外"。"以之"即因此。 稍:逐渐。 陵迟:衰颓,指受挫折。

[6]到了遭受鞭打杖击的时候。鞭、笞都用作动词,指鞭打杖击。 至:到了。 鞭:古代一种竹制刑具。 乃欲引节:才想要守节自尽。引节:以自杀保住节操。

[7]这不是太晚了吗? 斯:指示代词,这。 亦:关联副词,用作状语。指为时已晚。

[8]古人所以对加刑于大夫很慎重的原因。 重:慎重,不轻易。

[9]殆(dài):副词,大概。

[10]情:性,性情。 念:思念。 顾妻子:顾及妻子儿女。 子:儿女。激于义理者:为正义和真理而激动起来的人。 于义理:介宾词组,被正义和真理,"于……"表示被动关系。 不然:不那样顾念父母妻子。

[11]是因为有不得不这样做的原因。 不得已:指"激于义理"与"顾念父母妻子"二者不能两全。

[12]您看我对妻子和儿女怎么样呢? 何如:凝固结构,等于说"如何",怎么样。意思是为了节义,我是不顾念妻子儿女的。

[13]懦夫思慕高义,什么地方不勉励呢? 是说处处自勉,不要受辱。

[14]也能稍微知道一点何去何从的分别。 颇:稍微,略微。 识:知道,知晓。 去就:离开走近,这里指何去何从,该做什么,不该做什么,包括舍生就义。 分:分别,界线。

[15]怎么会落到自己遭受囚禁侮辱的地步呢? 沉溺:落到水里,这里有"陷进"、"遭受"的意思。 缧绁(léi xiè):本指捆绑犯人的绳子,"缧"是大绳子,"绁"是长绳子。这里表示囚禁。

[16]再说就连奴婢还能够决心自杀。 且夫:连词,表示推进一层,可

译为再说,况且。　　臧获:奴婢的贱称。　　由:通"犹",尚,还。

[17]况:连词,何况。与"乎"配合,组成进层分句。

[18]〔我之〕所以暗暗地忍受,苟且偷生,禁闭在粪土般污秽的监狱中而不肯去死。　　幽:动词,禁闭。　　粪土之中:指污秽的监狱当中。

[19]恨:遗憾。后文一直到"文采不表于后世"都是它的宾语。

[20]鄙陋没世:粗野浅陋而死。　　没世:终了一生,指死。

[21]〔我的〕文章就不能传给后世了。　　文采:指文章,即撰著的《史记》。

　　古者富贵而名摩灭[1],不可胜记[2],唯俶傥非常之人称焉[3]。盖文王拘而演《周易》[4];仲尼厄而作《春秋》[5];屈原放逐,乃赋《离骚》[6];左丘失明,厥有《国语》[7];孙子膑脚,《兵法》修列[8];不韦迁蜀,世传《吕览》[9];韩非囚秦,《说难》、《孤愤》[10];《诗》三百篇,大底圣贤发愤之所为作也[11]。此人皆意有所郁结[12],不得通其道,故述往事,思来者[13]。乃如左丘无目[14],孙子断足,终不可用,退而论书策[15],以舒其愤,思垂空文以自见[16]。仆窃不逊[17],近自托于无能之辞[18],网罗天下放失旧闻[19],略考其行事[20],综其终始[21],稽其成败兴坏之纪[22],上计轩辕[23],下至于兹[24]。为十表,本纪十二,书八章,世家三十,列传七十,凡百三十篇[25]。亦欲以究天人之际[26],通古今之变[27],成一家之言。草创未就,会遭此祸[28]。惜其不成,是以就极刑而无愠色[29]。仆诚以著此书[30],藏诸名山[31],传之其人,通邑大都[32],则仆偿前辱之责[33],虽万被戮,岂有悔哉[34]?然此可为智者道,难为俗人言也[35]。

【注释】

[1]摩:通"磨"。

[2]胜(shēng):尽。

[3]只有那些卓越而不同寻常的人才能被世人称颂。　　唯:范围副词,只有。　　俶傥(tì tǎng):双声联绵词,卓越。　　非常:不同寻常。称:称颂,指为世人所知。

[4]周文王被拘禁而推演出《周易》。　盖:句首语气词,引起叙事。　文王拘:意念上的被动句,周文王被〔纣王〕拘禁〔在羑里〕。　演:推演,发展。相传周文王被囚禁后,推演《易》的八卦为六十四卦,即《周易》。

[5]孔子处于困境而写成《春秋》。　仲尼:孔子的字,名丘,字仲尼。　厄:同"岄",困,困境。这里指处于困境中。孔子周游各国,在陈、蔡曾遭受围攻,又断粮挨饿。后回到鲁国,根据鲁国的史记而写成《春秋》。事见《史记·孔子世家》。

[6]屈原被〔楚怀王〕放逐而创作了《离骚》。　放逐:被流放。　赋:动词,写作,创作。

[7]左丘明眼睛失明,才完成《国语》的著述。传说《国语》为左丘明作。　左丘:指左丘明,春秋时鲁国史官。　失明:失去视力。　厥(jué):句首语气词。

[8]孙膑被挖去膝盖骨而撰修了《孙膑兵法》。见前文《孙膑》篇。

[9]吕不韦谪迁蜀地,《吕氏春秋》却流传于世。　不韦:吕不韦,战国末期大商人,秦庄襄王凭借他的力量得以立为秦君。襄王元年,为相国。秦始皇即位,年幼,吕不韦继任相国。他养士三千,组织宾客编著《吕氏春秋》。因其中的"八览"是重要的组成部分,所以又称《吕览》。始皇十年,吕不韦因罪被免职,后又奉命徙蜀,自杀。

[10]韩非被囚禁在秦国,才写出《说难》、《孤愤》等文章。　韩非:战国末期韩国的公子,是法家的代表人物。曾多次上书谏韩王,终不能用,于是著《说难》、《孤愤》等篇,达十余万言。可见韩非的著述是在入秦被囚之前所作。至秦后被李斯诬陷,下狱而死。　囚秦:即"囚〔于〕秦",被囚禁在秦国。

[11]《诗》三百篇大都是圣人贤士为抒发心志而写作的。　《诗》三百篇:即后来的《诗经》。《诗经》实为305篇,言三百篇,是取其整数。　大底:大抵,大都。　底:通"抵"。　发愤:抒发心志。　所为作:即所写作,"为"也是作,"为作"是同义词连属。

[12]这些人都是心意有所积聚盘结。　此人:指这些人,上述的历史人物。　郁结:积聚盘结。

[13]思念将来的人。是说想让将来的人能了解自己的心志。　来者:指将来的人。"者"字词组作"思"的宾语。

[14]乃如:至于像。

[15]论书策:编著书策,即著书立说。

[16]想流传文章来表现自己。　垂:流传。　空文:即文章,因其尚未实行,与实际功业相比,所以称为空文。　自见:等于说见自,表现自己。　见:"现"的古字。

[17]我私下里不谦逊,自不量力。　窃:表敬副词,私下里。　逊:谦逊,谦让。

[18]近来把自己的精力寄托在没有才能的文辞上。　讬:托付,寄托。　无能之辞:没有才能的文辞,指著述《史记》。谦辞。

[19]搜集了散失于天下的旧说遗闻。　网罗:像网捕鱼鸟那样,等于说搜集。　放失:散失。　放:散。　旧闻:旧说遗闻。

[20]考证其中的历史事件。　行事:指做过的事情。

[21]综述它的始末,即它的发展过程。

[22]考察它在历史上成败、兴衰的纲纪。　稽:考察。　纪:纲纪,等于说规律。

[23]即"上计〔于〕轩辕",向上从轩辕黄帝算起。　计:算。　轩辕:即黄帝,我国传说中的远古君主,姓公孙,因居于轩辕丘,所以称轩辕。

[24]兹:此。指司马迁生活的时代。

[25]凡:副词,用在数量词的前面,表示数量的总和,有"总共"、"一共"的意思。

[26]也就是想要凭着它来探究自然和人事之间的关系。　以:介词,其后省略宾语"之"。　究:穷极,探求。　天人之际:自然和人事之间的关系。

[27]弄通自古至今的变化规律。　通:弄通,通晓。

[28]会:副词,适,恰巧。

[29]就极刑:指遭受腐刑。　愠(yùn)色:愤怒的表情。

[30]如果我真能写成这部书。　诚:副词,真,确实。　以:通"已"。

[31]即"藏之于名山",把它藏在名山之中。　诸:"之于"的合音词。"之"指代写成的书。"于"是介词,与"名山"组成处所补语。

[32]传之其人:把它传给能够理解它的后人。　其人:指与自己志同道合的人。李善注:"谓与己同志者。"　通邑大都:流传于小居邑和大都会。　通:流通,传布。

[33]我抵偿了前时所受侮辱的债。是说用写成《史记》的功业来抵偿因

宫刑所受的耻辱。 偿:抵偿。 责(zhài):"债"的古字。

[34]虽:即使。 被:遭受。 岂:副词,多用在句子开头,表示反问。
难道。

[35]然而这些话只能对有知识的人讲,难以对一般人说。 然:连词,
然而。 俗人:指一般不理解的人。

　　且负下未易居[1],下流多谤议[2]。仆以口语遇此祸,重为乡
党所笑[3],以污辱先人,亦何面目复上父母丘墓乎[4]?虽累百世,
垢弥甚耳[5]!是以肠一日而九迴[6],居则忽忽若有所亡[7],出则
不知其所往[8]。每念斯耻,汗未尝不发背沾衣也[9]!身直为闺阁
之臣[10],宁得自引深藏于岩穴邪[11]?故且从俗浮沉[12],与时俯
仰,以通其狂惑[13]。今少卿乃教以推贤进士,无乃与仆私心刺谬
乎[14]?今虽欲自雕琢[15],曼辞以自饰[16],无益,于俗不信[17],适
足取辱耳。要之[18],死日然后是非乃定[19]。书不能悉意[20],略
陈固陋。谨再拜[21]。

【注释】

[1]负下:负罪之下,即负罪受辱的情况下。 未易居:不容易安生。
居:处。

[2]下流:指处于卑贱的地位。 多谤议:常常被诽谤议论。 谤:诽
谤。 议:议论。

[3]重:深深地。 为乡党:介宾词组作状语,被故乡人。 为:介词,引
进行为主动者。 乡党:本指上古居民组织,犹乡里。据《周礼》记
载:二十五家为闾,四闾为族,五族为党,五党为州,五州为乡。这里
指乡里的人。 "为"与"所"配合,构成被动句。

[4]又有什么脸面再去上父母的坟呢? 复:再。 丘墓:指坟墓。

[5]虽累百世:即使累积百代。 虽:即使。 累:积。 百世:言许多
代,非实指。 垢弥甚耳:这种耻辱也只会更深重罢了。 垢:耻
辱。 弥:更加。 甚:程度深重。

[6]因此愁肠一天就转动九次。比喻整天心事重重,痛苦之极。

[7]平时居家则恍恍惚惚,好像丢失了什么。 居:平时待在家里。

则:连词,表示上下两分句的对待关系。 忽忽:恍恍惚惚。 所亡:"所"字词组,表示丢掉什么。 亡:失掉。

[8]出门则不知自己往哪里去。

[9]每当想起这种耻辱,冷汗便从脊背渗出而浸湿了衣衫。 斯:指示代词,这。 发背:等于说发〔于〕背,从背上发,即从背上渗出。

[10]我简直成了个宦官。 闺阁(gé)之臣:指宦官。 闺阁:都是宫中的小门,这里借代宫廷。 阁:通"阁"。

[11]宁:副词,常与语气助词"邪"相呼应,表示反问,怎么……呢? 自引:自己引身而退。 深藏于岩穴:指过隐居生活。

[12]所以暂且跟随世俗上浮下沉。 故:连词,因此。 且:副词,暂且。 从俗浮沉:与下句"与时俯仰"都是与时世随波逐流的意思。

[13]用以抒发自己的悲愤。 通:达,指抒发。 其:代词,自己。 狂惑:指内心的悲愤。李善引《鹖子》说:"知善不行者谓之狂,知恶不改者谓之惑。"

[14]岂不是与我的内心相乖违吗? 无乃:常跟疑问语气词呼应,表示一种委婉的反问语气,岂不是,莫非。 剌(là)谬:乖异,违背。 剌:乖戾。

[15]雕琢:本指加工玉制品,这里泛指修饰,美化。

[16]用美好的言辞来文饰自己。 曼辞:美好的言辞。 曼:美。 以:介词,"曼辞"是宾语,因强调而前置。

[17]对一般人来说不会相信。 俗:世俗,指一般人。

[18]要之:总之。

[19]到我死那一天以后才能确定谁是谁非。

[20]悉:范围副词,尽,完全。

[21]谨再拜:恭谨地再次叩首。这是旧时书信末尾的客套话。 谨:表敬副词。

本篇选词概述

1. 引	2. 涕	3. 恨	4. 穷	5. 宦	6. 官	7. 衣
8. 信	9. 临	10. 涉	11. 表	12. 除	13. 廉	14. 陈

〔引〕 本义是拉开弓。《说文》："引，开弓也。"所以从弓，从丨（箭）。如《孟子·尽心上》："引而不发，跃如也。""引而不发"是指拉开弓，但不发射。又本篇："举引弓之民，一国共攻而围之。""引弓"也是拉开弓。拉开弓，要用手拉弦，于是引申为牵引，拉。如《中山狼传》："引绳而束缚之。"拉开弓，是把弓弦导向后方，于是引申为后退。如本篇："宁得自引深藏于岩穴邪？""自引"指自身引退。拉开弓，弓弦延长，于是引申为延长、伸长义。《中山狼传》："狼奄至，引首顾曰：'先生岂有志于救物哉？'""引首"是伸着头。拉开弓，是用手导引，于是引申为引导，导向。《史记·秦始皇本纪》："引兵欲攻燕。""引兵"指率领军队。

〔涕〕 古今义差别显著。现代指鼻涕，上古汉语指眼泪。如本篇："躬自流涕，沫血饮泣。""流涕"指流眼泪。又《诗经·卫风·氓》："泣涕涟涟。"是说泪流不止的样子。仿古的文言作品，很晚仍用"涕"表泪，如《促织》："儿涕而出。"儿子流着眼泪走出家门。上古鼻涕叫"泗"或"洟（yí）"，如《诗经·陈风·泽陂》："涕泗滂沱。"毛亨传："自目曰涕，自鼻曰泗。"在先秦作品中出现"泪"字，如《战国策·燕策三》："士皆垂泪涕泣。"但用得很少。到了汉代，"泪"和"涕"已有了明确的分工。如汉王褒《僮约》："目泪下落，鼻涕长一尺。"

〔恨〕 古今词义差别显著。现代汉语"恨"是仇恨，程度深；古代汉语"恨"主要是遗憾，程度浅。如本篇："则是长逝者魂魄私恨无穷。"又《前出师表》："未尝不叹息痛恨于桓灵也。"是说对桓帝、灵帝的暗弱痛心遗憾，不能按今义理解为痛心仇恨。又《史记·淮阴侯列传》："大王失职入汉中，秦民无不恨者。"是说秦地百姓对刘邦入汉中而未到秦地引为憾事，而不是仇恨刘邦。又杜牧《泊秦淮》诗："商女不如亡国恨，隔江犹唱后庭花（乐曲名）。""亡国恨"是指亡国的遗憾。上述这些"恨"字都作遗憾讲。但"恨"字有时也当仇恨、怀恨讲。如《国语·周语下》："今财亡民罢，莫不怨恨。""恨"与"怨"同义互注，仇恨义。又《荀子·尧问》："处官久者士妒之，禄厚者民怨之，位尊者君恨之。"这要在具体的语言环境中加以辨识。

〔穷〕（窮）　现代常用义指缺少衣食钱财，是贫穷；古代常用义则指仕途坎坷，困窘不得志。古代"穷"与"贫"是完全不同的概念，如《庄子·德充符》："死生存亡，穷达贫富。"句中"贫"与"富"是反义词，"穷"与"达"是反义词。"穷"的本义是阻塞不通，所以字从"穴"。如《滕王阁序》："岂效穷途之哭！"引申为不畅达，特指仕途坎坷，与"达"相对。引申为尽头，如本篇："转斗千里，矢尽道穷。""道穷"即道尽。又引申为时间上的尽头，如同篇："则是长逝者魂魄私恨无穷。"今成语有"无穷无尽"，"穷"与"尽"同义对举。又活用为动词。如《列子·汤问》："未穷秦之技。""穷"指学尽。

〔宦〕　本义是臣仆，贵族的奴仆。从宀从臣。"臣"是奴隶，"宀（mián）"是房屋，表示在家中服役的奴仆。如《晋灵公不君》："宦三年矣，未知母之存否？"又《国语·越语下》："〔越王〕与范蠡入宦于吴。"注："宦，为臣隶也。"引申为官，因为官也是君主的奴仆。成语有"做官为宦"。用作动词，指做官，如李密《陈情表》："本图宦达，不矜名节。"是说本来希望当官显达，不以名节自夸。特指在宫廷服役的宦官，如本篇："事有关于宦竖，莫不伤气，而况于慷慨之士乎？"又《后汉书·宦者传序》："中兴之初，宦官悉用阉人，不复杂调他士。"

〔官〕　古今义差别显著。今义主要指官员，指人；古义主要指行政机关（处所）和职务。《礼记·曲礼下》："在官言官，在府言府。""官"、"府"对举，指官府。又《论语·子张》："不见宗庙之美，百官之富。""百官"指各种各样房舍，所以从宀。引申为官职，如本篇"取尊官厚禄"。又《韩非子·难一》："耕、渔与陶非舜官也。""舜官"指舜的职务。再引申为官员。《论语·宪问》："百官总己。""百官"指各部门官员。上古汉语此义少见。又由职官比喻引申为人的器官，如《庖丁解牛》："官知止而神欲行。"

〔衣〕 古今汉语都指衣服。《战国策·齐策》：“朝服衣冠。”是说早晨穿好衣服戴好帽子。但上古汉语又特指上衣。《诗经·邶风·绿衣》：“绿兮衣兮，绿衣黄裳。”“衣”、“裳”相对，“衣”指上衣，“裳”指下裙。用作动词，指穿衣，如本篇：“魏其，大将也，衣赭衣，关三木。”前一个“衣”字是动词，当“穿”讲。又《许行》：“许子衣褐。”“衣褐”是穿上麻布短褐。应该注意：“布衣”连用，表示平民。如《前出师表》：“臣本布衣。”诸葛亮是说自己出身卑微。

〔信〕 古今汉语都指相信，信任。《论语·公冶长》：“始吾于人也，听其言而信其行。”又《前出师表》：“愿陛下亲之信之。”但古代汉语“信”的本义指言语真实，不虚伪，如本篇：“上之不能纳忠效信。”又同篇：“事亲孝，与士信。”又《老子》：“信言不美，美言不信。”这些“信”字都是实义。引申为一般的诚实，真实。《左传·庄公十年》：“牺牲玉帛，弗敢加也，必以信。”“信”指诚实，不虚报。又指守信，实践诺言。《晋灵公不君》：“弃君之命，不信。”虚化以后，用作副词，当“的确”、“确实”讲。如《韩非子·难一》：“舜其信仁乎！”应该注意：上古汉语不当书信讲，书信用“书”来表示。由真实可信，引申为取信于人的凭据，信物。《中山狼传》：“是皆不足执信也。”由信物引申为信使，再引申为送来的信。又通作“伸”，读作 shēn。《中山狼传》：“狼欣然从之，信足先生。”

〔临〕（臨） 本义是从高处向下看。金文写作 𦥜，像人睁大眼睛向下看众物。《说文》：“临，监也。”《荀子·劝学》：“不临深谿，不知地之厚也。”又《诗经·秦风·黄鸟》：“临其穴，惴惴其栗（lì）。”引申为从上监视。《诗经·大雅·大明》：“上帝临女。”又引申为从上面到达，表示敬意，如“光临”、“莅（lì）临”。再引申为一般的面对，面临。《岳阳楼记》：“把酒临风，其喜洋洋者矣。”又韩愈《马说》：“执鞭而临之。”是说拿着鞭子面对千里马。由面对引申为遇见，碰到，如本篇：“临财廉，取与义。”《礼记·曲礼上》也有这一意义：“临财毋苟得，临难毋苟免。”是说碰到钱财不要随便去获得，遇到危难不要苟且逃避。古代汉语“临”又特指众人相聚而哭。《左传·宣公十二年》："国人大临，守陴（pí，城上矮墙）者皆哭。""国人大临"指国都人在太庙大哭。

〔涉〕　本义是徒步渡水。甲骨文写作 🦶，像以足蹚水过河状。《说文》："涉，徒行沥（lì，渡水）水也。"《吕氏春秋·察今》："循表而夜涉，溺死者千有余人。"引申为一般的渡水，渡河。如同篇："楚人有涉江者。"指乘船渡江。引申为时间上的超过，如本篇："涉旬月，迫季冬。""涉旬月"指超过一个月。又指到达，进入。《齐桓公伐楚》："不虞君之涉吾地也。"

〔表〕　今义多指外表，表面，而上古汉语"表"的本义是穿在外面的上衣。《说文》："表，上衣也。从衣毛。古者衣裘，故以毛为表。"段玉裁注："上衣者，衣之在外者也。"篆文写作 裹，古人穿裘衣，毛朝外，以此表示外衣。《庄子·让王》："子贡乘大车，中绀（gàn）而衣素。"子贡里面的衣服是红黑色而外面的衣服是白色。由此引申为外，外面，跟"里"相对。《尚书·尧典》："光被四表。"引申为在外的屏障。《左传·僖公五年》："虢，虞之表也。"虢国是虞国的屏障。放在外面的标记、标志也叫表。《吕氏春秋·察今》："滩水暴益，荆人弗知，循表而夜涉。"用作动词，树立标记。如同篇："荆人欲袭宋，使人先表滩水。"由外、外面引申为表现，如本篇："鄙陋没世，而文采不表于后也。"又特指测日影的仪表。《后汉书·律历志》："乃立仪表以校日影。"由此引申为标准，表率。《文选序》："荀宋表之于前，贾马继之于末。""表"还指一种文体，如本篇"为十表"。

〔除〕　本义是宫殿的台阶，如本篇"今以亏形为扫除之隶"。引申为一般的台阶。《治家格言》："黎明即起，洒扫庭除。"是说天刚亮便起来，打扫庭院和台阶。引申为清除，除去。动词。《说文》段玉裁注："凡去旧更新皆曰除，取拾级更易之义也。"《左传·昭公十七年》："彗（扫帚）所以除旧布新也。"又王安石《答司马谏议书》："兴利除弊。"又用作除去旧官，任命新官。《史记·魏其武安侯列传》："上乃曰：'君除吏已尽未？吾亦欲除吏。'"注："凡言除者，除去旧官就新官。"由除去引申为修治。动词。《易·萃卦》："君子以除戎器,戒不虞。"由除去引申为光阴过。动词。如"除夕"。

〔廉〕 本义是堂的边,所以从广(yǎn,房屋)。名词。《仪礼·乡饮酒》："设席于堂廉东上。"是说在堂的东边铺设席子。又贾谊《治安策》："廉远地,则堂高。"堂的边离开地面远,那么堂也就高。堂边是笔直的,比喻引申为人品方正,正直。形容词。《史记·屈原贾生列传》："其行廉,故死而不容自疏。"是说屈原行为正直,所以到死也不容许对自己放松要求。由方正、正直引申为廉洁,对财物不贪。形容词。如本篇:"与士信,临财廉,取与义。"又《孟子·离娄下》:"可以取,可以无取,取伤廉。"是说可以拿,可以不拿,若拿了对廉洁有损害,还是不拿。由不贪而引申为少。韩愈《原毁》:"其责人也详,其待己也廉。"又引申为价钱低,便宜。形容词。如王禹偁《黄冈竹楼记》:"以其价廉而工省也。"今成语有"物美价廉"。

〔陈〕(陳) 本义是陈列。《左传·隐公五年》:"陈鱼而观之。"又《过秦论》:"信臣精卒陈列兵而谁何。"引申为语言陈列,即陈述、述说。如本篇:"仆怀欲陈之,而未有路。"又同篇:"书不能悉意,略陈固陋。"又引申为士卒、兵车的陈列,即战阵。上古汉语"陈"与"阵"本为一字,后来分化为"陈"、"阵"两个词,"阵"读作 zhèn。《齐晋鞌之战》:"癸酉,师陈于鞌。""陈于鞌"是在鞌地摆开阵势。用作名词,指阵势。《出师表》:"必能使行陈和睦,优劣得所。"又指旧的,时间久,与"新"相对。形容词。《答李翊书》:"惟陈言之务去。"是说务必去掉陈言。

30 汉书艺文志序（节选）

《汉书》

【说明】

本文选自《汉书·艺文志》，节录了《艺文志》中的前言和《六艺略》的说明提要。《艺文志》是《汉书》十志中的一种，是关于汉代流行图书的记载。

西汉末年，刘向、刘歆父子领校先秦典籍。刘歆作《七略》，包括《辑略》、《六艺略》、《诸子略》、《诗赋略》、《兵书略》、《术数略》、《方技略》等，是我国最早的目录学著作。班固在写《汉书》时，以《七略》为基础写成《艺文志》，分别对各类图书记载的思想、版本源流作出说明，并对各类图书的优劣作出评论，有助于今天的读者了解古代文献典籍及其学术观点。这里只节选《艺文志》中的前言和《六艺略》中的说明、评论部分，删去其中书籍目录，故名曰"序"。

班固（32—92），字孟坚，陕西扶风安陵人，出身于世代显贵家庭。其父班彪，汉光武帝时官至望都长，是个著名的学者。他写有《史记后传》百余篇。班固十六岁入太学，长大后博览群书，并开始研究汉代历史。班彪死后，因其"所续前史未详"（《后汉书·班固传》），班固开始"探撰前记，缀集所闻"（同上），着手写作《汉书》。经过二十五年的写作，《汉书》大体完成。全书分纪、表、志、传四部分共百篇，记载了汉代二百三十年的历史。

《汉书》的注本以颜师古注为通行。清代王先谦《汉书补注》

汇集了唐以后的注释成果。近人杨树达《汉书窥管》和陈直《汉书新证》都是《汉书》研究的重要成果。

　　昔仲尼没而微言绝[1]，七十子丧而大义乖[2]，故《春秋》分为五[3]，《诗》分为四[4]，《易》有数家之传[5]。战国从衡[6]，真伪纷争，诸子之言纷然殽乱[7]。至秦患之[8]，乃燔灭文章[9]，以愚黔首[10]。汉兴，改秦之败[11]，大收篇籍，广开献书之路。迄孝武世[12]，书缺简脱[13]，礼坏乐崩，圣上喟然而称曰[14]："朕甚闵焉[15]！"于是建藏书之策[16]，置写书之官[17]，下及诸子传说，皆充祕府[18]。至成帝时[19]，以书颇散亡[20]，使谒者陈农求遗书于天下[21]，诏光禄大夫刘向校经传诸子诗赋[22]，步兵校尉任宏校兵书[23]，太史令尹咸校数术[24]，侍医李柱国校方技[25]。每一书已，向辄条其篇目[26]，撮其指意[27]，录而奏之。会向卒，哀帝复使向子侍中奉车都尉歆卒父业[28]。歆于是总群书而奏其《七略》[29]，故有《辑略》[30]，有《六艺略》，有《诸子略》，有《诗赋略》，有《兵书略》，有《术数略》，有《方技略》。今删其要[31]，以备篇籍。

【注释】

[1]没：后来写作"殁"，死。　微言：精确微妙的言词。

[2]七十子：据说孔子的弟子中成才者七十二人，这是取其概数。　大义：经典的核心思想。　乖：违反，不合。

[3]给《春秋》作传注的有五家：左氏、公羊、榖梁、邹氏、夹氏。

[4]给《诗》作传注的有四家：毛氏、齐、鲁、韩。

[5]给《易》作传注的有：施氏、孟氏、梁丘氏、京氏及费氏、高氏等诸家。

[6]从（zòng）衡：战国时期理论观点不同的两个学派。这里指观点各不相容的各学派。

[7]殽乱：杂乱。　殽：杂错。

[8]患：担忧，忧虑。

[9]燔（fán）灭文章：焚烧书籍。　燔：焚烧。

[10]黔首:秦地称百姓为黔首。

[11]败:弊害,弊端。

[12]孝武:汉孝武帝刘彻,公元前141年—前87年在位。

[13]简脱:书简脱落。古书多数刻写在竹、木简上,然后以绳索编连,绳索断绝,则书简彼此脱离,极易造成错简,丢失书简,书缺漏多自然不易读。

[14]称:称说。

[15]闵(mǐn):后来写作"悯",愍惜。

[16]策:计划。

[17]置:设置。 官:官府,这里指著书的机构。

[18]祕(mì)府:汉代皇家藏书的地方,即皇家图书馆。

[19]成帝:汉成帝刘骜,公元前32年—前7年在位。

[20]以:介词,因为。 散亡:散佚丢失。

[21]谒者:官名,汉代谒者是掌管礼仪燕饗的官员。 遗书:散佚在民间的书籍。

[22]光禄大夫:官名,是朝廷的参谋班子的首长。 刘向:西汉沛人,字子政,是刘邦的四世孙。成帝时任光禄大夫,曾在皇家图书馆担任经传诗赋的整理研究工作。

[23]校尉:西汉时专掌特种部队的将领。

[24]太史令:西汉太史令是朝廷专管记载史事的官员。 数术:也称"术数",指天文、历法、占卜、五行等书籍。

[25]方技:指医药、卫生等书。

[26]辄(zhé):副词,有"紧接着"、"马上"的意思。 条:用作动词,整理清楚。

[27]撮:汇合,综合。 指意:主要思想,核心意义。

[28]哀帝:汉哀帝刘欣,公元前6年—公元元年在位。 侍中:郎中一类的官员,是皇帝的参谋人员。 奉车都尉:侍奉在皇帝车马周围的官员。 卒:完成,结束。

[29]《七略》:书名,是刘歆总校群书后所写的提要式图书目录,原书已亡佚。严可均有辑本。 略:概要。

[30]《辑略》:《七略》的第一部分,是诸书的总要。

[31]删其要:节取其指要。 删:节取,删繁就简。这里指去其浮冗,节

取指要。

《易》曰:"宓戏氏仰观象于天[1],俯观法于地[2],观鸟兽之文[3],与地之宜[4],近取诸身[5],远取诸物[6],于是始作八卦,以通神明之德,以类万物之情[7]。"至于殷、周之际,纣在上位,逆天暴物[8],文王以诸侯顺命而行道[9],天人之占可得而效[10],于是重《易》六爻[11],作上下篇[12]。孔氏为之《彖》、《象》、《系辞》、《文言》、《序卦》之属十篇[13]。故曰《易》道深矣。人更三圣[14],世历三古[15]。及秦燔书,而《易》为筮卜之事[16],传者不绝。汉兴,田何传之,讫于宣、元[17],有施、孟、梁丘、京氏列于学官[18],而民间有费、高二家之说[19]。刘向以中《古文易经》校施、孟、梁丘经[20],或脱去"无咎"、"悔亡"[21],唯费氏经与古文同。

【注释】

[1]宓戏氏:即伏牺氏,传说中的太昊,三皇之一。传说是八卦、书契、佃渔畜牧的始创者。 观象于天:观察上天的征象。此处及以下《易》的引语见《系辞》。

[2]观法于地:向大地观察法式。 法:法式,样式。

[3]鸟兽之文:鸟兽身上的纹理。 文:后写作"纹"。

[4]地之宜:指天地的形状。连同上句的意思是仔细观察鸟兽身上的花纹与天地的形状。 宜:通"仪",形状。

[5]诸:兼词,相当于"之于"。 身:指人体形象。

[6]物:指人体之外的事物形状。

[7]类万物之情:接近万物的本性。 类:用作动词,类似,接近。 情:本性。

[8]暴:损害。

[9]以:介词,率领。 顺命:顺天命。

[10]占:根据征兆预测。 效:同"效",效验,验证。

[11]重《易》六爻:把《易》八卦中的每卦三爻重复交错,配合为六十四卦的每卦六爻。 爻:是代表阴、阳的符号,古人以阴、阳符号为"爻",每三爻叠成一卦,结果组成八卦。

[12]作上下篇:《易》分六十四卦,前三十卦为上篇,后三十四卦为
　　　下篇。

[13]孔氏:指孔子。　《彖》:彖辞,又叫《彖传》,是解释卦辞的。六十四
　　　卦每卦均有卦辞。　《象》:象辞,有《大象》、《小象》。《大象》用来
　　　说明卦象,《小象》用来说明爻象。　《系辞》:据说是孔子论《易》
　　　的言辞。　《文言》:是专门解释乾、坤两卦的。　《序卦》:是说明
　　　六十四卦排列次序的。　十篇:总称为"十翼"。"十翼"大约都是
　　　战国时的人附加到《易》中的。

[14]更:通"经",经过,经历。　三圣:指伏牺氏、周文王和孔夫子。

[15]三古:指上古、中古、下古,分别相当于伏牺氏、周文王、孔子的
　　　时代。

[16]指《易》是占卜类书籍,所以没遭焚烧而得以幸免。　筮卜之事:用
　　　蓍草的长短、方位和龟甲裂纹预测吉凶的事。

[17]讫:通"迄",到。　宣、元:指汉宣帝刘询,公元前73年—前49年
　　　在位;汉元帝刘奭,公元前48年—前33年在位。

[18]施、孟、梁丘:指施雠、孟喜、梁丘贺,都是汉代经师田何的数传弟
　　　子。　京氏:指京房。　学官:本指学府,此指汉代博士及其弟子
　　　的传习内容。

[19]费、高:指费直、高相。　二家之说:指费氏、高氏对《易》的说解。
　　　按:二家说《易》,有学而无章句,即只解宗旨大义而不离章辨句。
　　　又费氏为古文《易》学。

[20]中《古文易经》:汉代皇家图书馆所藏的《古文易经》。　中:禁中,
　　　皇帝所居住的地方。

[21]无咎、悔亡:没有祸害、灾祸消亡。都是《易》中经常使用的预示吉
　　　凶的术语。

　　《易》曰:"河出图,雒出书,圣人则之[1]。故书之所起远矣[2]。
至孔子纂焉[3],上断于尧,下讫于秦,凡百篇。而为之序,言其作
意。秦燔书禁学[4],济南伏生独壁藏之。汉兴亡失,求得二十九
篇,以教齐鲁之间。讫孝宣世,有欧阳、大小夏侯氏[5],立于学官。
《古文尚书》者[6],出孔子壁中[7]。武帝末,鲁共王坏孔子宅,欲以

广其宫[8]，而《古文尚书》及《礼记》、《论语》、《孝经》凡数十篇，皆古字也。共王往，入其宅，闻鼓琴瑟钟磬之音[9]，于是惧，乃止不坏[10]。孔安国者，孔子后也。悉得其书，以考二十九篇[11]，得多十六篇。安国献之。遭巫蛊事[12]，未列于学官。刘向以中古文校欧阳、大小夏侯三家经文，《酒诰》脱简一[13]，《召诰》脱简二。率简二十五字者[14]，脱亦二十五字，简二十二字者，脱亦二十二字，文字异者七百有余，脱字数十。《书》者，古之号令，号令于众其言不立具[15]，则听受施行者弗晓[16]。古文读应尔雅[17]，故解令语而可知也。

【注释】

[1]语出《易·系辞上》。相传伏牺氏时，黄河里有一次出来一匹龙（páng）马，背驮一幅图画，伏牺照样描画下来，这就是八卦，所以八卦又叫《河图》。又传大禹治水时有神龟从雒水中浮出，背上带有赤文篆字，大禹描摹下来，演为《洪范九畴》，即今本《尚书》中的《洪范》篇，所以《洪范》也称《雒书》）。　雒：通"洛"。　圣人：指伏牺、大禹。　则：用作动词，效法，学习。

[2]书：指上古时期官府的号令之类文件资料。

[3]篹（zuǎn）：把文字资料编组在一起。"篹"通"纂"。

[4]禁学：不许传授生徒。

[5]欧阳、大小夏侯氏：指欧阳生、夏侯胜及其从兄夏侯建，他们都曾从伏生学《尚书》，欧阳生并著有《欧阳章句》，大小夏侯著有《章句》、《解故》。

[6]《古文尚书》：用春秋时期的通行文字写的尚书。

[7]孔子壁中：即孔宅的墙壁中。

[8]广其宫：扩建自己的居室。　广："扩"的古字，扩大。

[9]鼓：弹奏，演奏。

[10]坏：指破墙壁，即拆毁墙壁。

[11]考：查验，校雠。　二十九篇：指伏生壁中所现今文《尚书》。

[12]指汉武帝时江充以巫蛊陷害戾太子事。　蛊（gǔ）：指祸害。

[13]《酒诰》：《尚书》篇名，下文《召诰》亦然。

[14]率:凡,凡是。

[15]不立具:不能马上得到陈述说明。　　具:陈述,说明。

[16]听受施行者:指听受者和施行者。其中听受者,主要是普通百姓。
　　　施行者,即官府的官宦。　　晓:明白,了解。

[17]读:解释。　　尔雅:接近正确的内容。　　尔:后来写作"迩",接近。
　　　雅:正,正确。

《书》曰:"诗言志,歌咏言[1]。故哀乐之心感[2],而歌咏之声
发,诵其言谓之诗[3],咏其声谓之歌[4]。故古有采诗之官,王者所
以观风俗,知得失,自考正也[5]。孔子纯取周诗,上采殷[6],下取
鲁[7],凡三百五篇,遭秦而全者,以其讽诵[8],不独在竹帛故也[9]。
汉兴,鲁申公为《诗》训故[10],而齐辕固、燕韩生皆为之传[11]。或
取《春秋》,采杂说,咸非其本义。与不得已[12],鲁最为近之[13]。
三家皆列于学官。又有毛公之学[14],自谓子夏所传[15],而河间献
王好之,未得立。

【注释】

[1]语见《尚书·舜典》。意思是,诗歌表达的是作者的思想情志,歌唱
　　表达的是自己的言论和心声。　　咏:声调抑扬地唱、念。今写作
　　"咏"。

[2]感:感动。

[3]诵:发出声音地读。

[4]歌:能唱的诗,歌曲。

[5]考正:考核正误。

[6]采:采取,搜集。　　殷:指《商颂》部分。

[7]鲁:指《鲁颂》部分。

[8]讽诵:指口头流传。

[9]竹帛:竹简、布帛。在没有纸张以前,书籍文字是写在竹帛之上的,
　　书籍主要是靠竹帛传世的,口耳相传的数量、范围极有限。但是秦
　　燔书是焚烧有形图书,在人们口耳间流传的《诗》却没办法通过行政
　　方法烧掉。

[10]申公:申培,鲁诗学开创者。　训故:同"训诂",注解古典文献。

[11]辕固:齐诗学开创者。　韩生:韩婴,韩诗学开创者。　传:注解。

[12]与:介词,在。

[13]鲁申公对诗的注释最接近诗的原来意义。

[14]毛公:大毛公毛亨和小毛公毛苌,毛诗学的开创者。

[15]子夏:春秋卫国人,姓卜,名商,孔子弟子。孔门《诗》学据说是由子
夏传下来的,毛公《诗》学即师承子夏的门下弟子。

　　《易》曰:"有夫妇父子君臣上下,礼义有所错[1]。"而帝王质
文世有损益[2],至周曲为之防[3],事为之制[4],故曰:"礼经三
百,威仪三千[5]。"及周之衰,诸侯将逾法度,恶其害己[6],皆灭
去其籍,自孔子时而不具[7],至秦大坏。汉兴,鲁高堂生传《士
礼》十七篇[8]。讫孝宣世,后仓最明[9]。戴德、戴圣、庆普皆其
弟子,三家立于学官。《礼古经》者,出于鲁淹中及孔氏[10],与十
七篇文相似,多三十九篇。及《明堂阴阳》、《王史氏记》[11],所
见多天子诸侯卿大夫之制,虽不能备,犹瘉仓等推《士礼》而致于
天子之说[12]。

【注释】

[1]语出《易·序卦》,意思是说,有夫妇、父子、君臣、上下等区别,就有
了礼义的价值。　错:通"措",措置,安排。

[2]帝王质文:帝王中有的尚质,有的尚文。据说殷尚质,周尚文。
质:质朴。　文:文饰。　损益:减损和增益。指历代帝王尚质、尚
文的程度有所不同。

[3]防:防闲,禁止。

[4]制:制度,规则。

[5]礼经三百:指《周礼》有"天官"、"地官"、"春官"、"夏官"等计三百
六十官。说"三百",取其整数。　威仪三千:指《仪礼》有"冠"、
"婚"及吉、凶等。

[6]讨厌这些礼制限制自己。　恶(wù):厌恶,讨厌。　害:妨碍,
限制。

[7]具:全,全面。

[8]高堂生:一说即高堂伯。 《士礼》:即《仪礼》。

[9]后仓:汉代郯地人,字近君,通《诗》、《礼》。

[10]《礼古经》:古礼制的著作,《艺文志》录为五十六卷。 淹中:淹中里,鲁地名。 孔氏:指孔丘。

[11]《明堂阴阳》:礼制著作,《艺文志》录为三十三篇。又录《明堂阴阳说》五篇。 《王史氏记》:礼制著作,《艺文志》录为二十一篇。

[12]瘉:通"腧",越过,胜过。

《易》曰:"先王作乐崇德,殷荐之上帝,以享祖考[1]。"故自黄帝下至三代,乐各有名。孔子曰:"安上治民,莫善于礼;移风易俗,莫善于乐[2]。"二者相与并行[3]。周衰俱坏,乐尤微眇[4],以音律为节,又为郑卫所乱[5],故无遗法[6]。汉兴,制氏以雅乐声律,世在乐官,颇能纪其铿锵鼓舞[7],而不能言其义。六国之君,魏文侯最为好古,孝文时得其乐人窦公[8],献其书,乃《周官·大宗伯》之《大司乐》章也[9]。武帝时,河间献王好儒[10],与毛生等共采《周官》及诸子言乐事者,以作《乐记》,献《八佾》之舞[11],与制氏不相远。其内史丞王定传之[12],以授常山王禹。禹,成帝时为谒者,数言其义,献二十四卷记。刘向校书,得《乐记》二十三篇,与禹不同,其道寖以益微[13]。

【注释】

[1]语见《易·豫卦》之《象辞》。意思是,周先王创作乐章以推崇德行,隆重地进献给上帝,并以此祭享先祖。 殷荐:隆重地进献。 殷:盛大、隆重。 荐:奉献。 之:间接宾语,指先王之乐。 享:以酒食供奉。 祖考:祖先。

[2]孔子所言见《孝经·广要道章》。 善:好。

[3]二者:指《礼》和《乐》。

[4]微眇(miǎo):细微,微弱。

[5]为郑卫所乱:被所谓郑风、卫风等"淫靡之音"等扰乱。

[6]法:指音律,乐律。

[7]纪:记录。 铿锵:象声词。多形容金石乐器的声音响亮动听。
鼓舞:合乐以舞。指伴随音乐而舞蹈。 鼓:本指一种打击乐器,这
里指为舞踏伴奏的音乐。

[8]窦公:战国时魏文侯的乐师。所以桓谭《新论》说窦公到孝文时已百
八十岁,两目皆盲。

[9]《周官》:即《周礼》。 《大宗伯》:《周礼·春官》中的一章,讲大宗
伯的职责。 《大司乐》:是祭祀时的音乐。

[10]河间献王:汉景帝之子,名德。修学好古,多得先秦古籍。武帝时
曾向朝廷献雅乐。 儒:指儒学。

[11]《八佾》:春秋时周天子所享用的宫廷舞蹈。 佾:读为 yì。

[12]内史丞:西汉时诸侯王所属掌治内府政务的官员,此王定当是河间
献王的内府官员。

[13]寖:同“浸”,逐渐,渐渐地。 益微:更加微弱。 本句的意思是
说:了解《乐记》乐理的人越来越少。

　　古之王者世有史官,君举必书[1],所以慎言行,昭法式也[2]。
左史记言,右史记事,事为《春秋》[3],言为《尚书》[4]。帝王靡不同
之[5]。周室既微,载籍残缺,仲尼思存前圣之业,乃称曰:“夏礼吾
能言之,杞不足徵也;殷礼吾能言之,宋不足徵也。文献不足故也,
足则吾能徵之矣[6]。”以鲁周公之国,礼文备物[7],史官有法,故与
左丘明观其史记,据行事,仍人道[8],因兴以立功[9],就败以成罚,
假日月以定历数,藉朝聘以正礼乐。有所褒讳贬损,不可书见[10],
口授弟子,弟子退而异言。丘明恐弟子各安其意[11],以失其真,故
论本事而作传[12],明夫子不以空言说经也[13]。《春秋》所贬损大
人当世君臣,有威权势力,其事实皆形于传[14],是以隐其书而不
宣,所以免时难也[15]。及末世口说流行,故有《公羊》、《穀梁》、
《邹》、《夹》之传。四家之中,《公羊》、《穀梁》立于学官,邹氏无
师,夹氏未有书[16]。

【注释】

[1]君主做事一定记录在案。 举:动作,做事情。

[2]昭:昭明,表现。 法式:制度。

[3]《春秋》:即历史记录。

[4]《尚书》:号令资料。

[5]靡:否定性无定代词,没有谁。

[6]由于载籍残缺,孔子才说:夏代的礼制,我能讲出来,但它的后代杞国不足以作证;殷代的礼制,我能讲出来,但它的后代宋国不足以作证。这是它们历史文献不够的缘故。语出《论语·八佾》,孔子感叹夏商之礼在其后继者中已衰微。

[7]礼中的仪式典制和礼的器物都具备。 文:指仪式典制。 物:指礼器。

[8]仍:因,依照。 人道:为人的原则。

[9]根据做事成就而确立功绩。 因:介词,根据。

[10]书见:在典籍中出现,即写在文献中。

[11]安其意:按照个人的理解。 安:通"按",依照,按照。

[12]论本事:研究事件原委。 传(zhuàn):注解,注释说明。

[13]空言:没有根据的语言。 说:说明,解释。

[14]形于传:表现在注释说明中。 形:用作动词,现形,表现。

[15]时难(nàn):时代原因造成的灾难。即因"其事实皆形于传"而给"大人当世君臣"造成尴尬而出现的灾难。

[16]公羊:齐人,名高。 穀梁:鲁人,名赤。 邹氏:齐人,名不详。夹氏:不详。

《论语》者,孔子应答弟子时人相与言而接闻于夫子之语也[1]。当时弟子各有所记。夫子既卒,门人相与辑而论篹[2],故谓之《论语》。汉兴,有齐、鲁之说。传《齐论》者,昌邑中尉王吉、少府宋畸、御史大夫贡禹、尚书令五鹿充宗、胶东庸生[3],唯王阳名家[4]。传《鲁论语》者,常山都尉龚奋、长信少府夏侯胜、丞相韦贤、鲁扶卿、前将军萧望之、安昌侯张禹[5],皆名家。张氏最后而行于世[6]。

【注释】

[1] 相与言:相互谈论。   接闻:辗转相传。

[2] 辑:通"集",汇集。   论篹:考量编纂。   篹:通"纂",编写。

[3] 昌邑:地名,在今山东昌邑市境。   中尉:汉时为武职,主管地方治安。   少府:是九卿之一,掌山海池泽收入和皇室手工制造。   御史大夫:仅次于丞相的要员,主掌监察、执法,兼掌重要文书图籍。   尚书令:西汉为掌章奏文书的官员。   五鹿充宗:复姓五鹿,名充宗。   胶东:汉封国,在今山东胶东,即墨一带。

[4] 王阳:名吉,字子阳,故又称王阳。   名家:因有专门研究而著称。

[5] 常山:在今河北境内。   都尉:官名,辅佐郡守掌军事。   长信:汉代宫名,是太后的居所。   丞相:是宫廷中除皇帝以外的最高长官,辅佐皇帝执掌国政。

[6] 行于世:张禹传本在社会上流传开。

《孝经》者,孔子为曾子陈孝道也[1]。夫孝,天之经,地之义,民之行也。举大者言,故曰《孝经》。汉兴,长孙氏、博士江翁、少府后仓、谏大夫翼奉、安昌侯张禹传之,各自名家。经文皆同,唯孔子壁中古文为异。"父母生之,续莫大焉[2]","故亲生之膝下"[3],诸家说不安处[4],古文字读皆异[5]。

【注释】

[1] 曾子:春秋时鲁国人,名参,字子舆,孔子弟子,以孝闻名。   陈:讲述,讲解。

[2] 语见《孝经·圣治章》。意谓父母生养儿女是最大的人伦之道。

[3] 语见《孝经·圣治章》。意谓父母对膝下幼子都是疼爱有加。

[4] 安:通顺,稳妥。

[5] 字读:字的形体和理解阐释。   字:指字的形体。战国时各国文字各异,不同传本字体各有不同。

《易》曰:"上古结绳以治,后世圣人易之以书契,百官以治,万民以察,盖取诸《夬》[1]"。"夬,扬于王庭"[2],言其宣扬于王者朝廷,其用最大也。古者八岁入小学,故《周官》保氏掌养国子[3],教之六书,谓象形、象事、象意、象声、转注、假借,造字之本也。汉兴,萧何草律,亦著其法,曰:"太史试学童,能讽书九千字以上[4],乃得为史[5]。又以六体试之[6],课最者以为尚书御史史书令史[7]。吏民上书,字或不正,辄举劾[8]。"六体者,古文、奇字、篆书、隶书、缪篆、虫书[9]。皆所以通知古今文字[10],摹印章[11],书幡信也[12]。古制,书必同文,不知则阙[13],问诸故老[14]。至于衰世,是非无正,人用其私[15]。故孔子曰:"吾犹及史之阙文也,今亡矣夫![16]"盖伤其寖不正。《史籀篇》者[17],周时史官教学童书也,与孔氏壁中古文异体。《苍颉》七章者[18],秦丞相李斯所作也。《爰历》六章者[19],车府令赵高所作也[20],《博学》七章者[21],太史令胡母敬所作也[22]:文字多取《史籀篇》,而篆体复颇异,所谓秦篆者也。是时始造隶书矣,起于官狱多事,苟趋省易,施之于徒隶也。汉兴,闾里书师合《苍颉》、《爰历》、《博学》三篇[23],断六十字以为一章,凡五十五章,并为《苍颉篇》[24]。武帝时司马相如作《凡将篇》[25],无复字。元帝时黄门令史游作《急就篇》[26],成帝时将作大匠李长作《元尚篇》[27],皆《苍颉》中正字也。《凡将》则颇有出矣[28]。至元始中[29],征天下通小学者以百数[30],各令记字于庭中。扬雄取其有用者以作《训纂篇》[31],顺续《苍颉》,又易《苍颉》中重复之字,凡八十九章。臣复续扬雄作十三章,凡一百二章,无复字,六艺群书所载略备矣。《苍颉》多古字,俗师失其读,宣帝时征齐人能正读者,张敞从受之,传至外孙之子杜林[32],为作训故,并列焉。

【注释】

[1]语出《易·系辞下》,意思是,远古人们用在绳索上结系绳结的方法帮助记忆,后代圣人发明文字帮助记忆,于是百官用它帮助处理政务,老百姓用它稽察琐事,这大体上是受《夬卦》的启示。　书契:指

文字。 《夬（kuài）》：卦名，夬的意思是决断。

[2]《夬卦》象征决断，在朝廷可以公布小人的罪恶。语出《易·夬卦》。
扬：宣扬，公布。

[3]保氏：地官司徒的属官，掌谏君王过失，培养国子。 国子：公卿大
夫的子弟。

[4]讽：指诵读，认识。

[5]史：古与"吏"通，官吏。

[6]六体：汉代常见的六种字体。

[7]课最者：考试成绩最好的。 课：考核，考试。 最：成绩最佳。
尚书御史史书令史：尚书和御史的负责写史书和起草文件的属吏。
史书令史：负责写史书和起草文件的令史。 令史：尚书、御史的
属官。

[8]辄（zhé）：副词，即，就。 举劾：进行批评。 劾：弹劾，批评。

[9]古文：泛指春秋及以前通行的文字。 奇字：古文的变异字体。
篆书：战国时期大篆、小篆的统称。 隶书：小篆的简化字体。秦时
云阳狱吏程邈为了书写简便，改圆转笔画为平直笔画的字体，汉代
对这种字体又进一步规范定型。 缪篆：印章上所用的美术字体。
虫书：旗帜符信上所用的字体，字形如虫。

[10]通知：全部洞悉，完全知晓。

[11]摹：照着样子写，这里指按照写好的样子雕刻。

[12]幡（fān）信：古人把自己的官号写在旗帜符信上称作幡信，或叫
信幡。

[13]阙：通"缺"，空缺。

[14]向年高有修养的人询问因不知而空缺的文字。 故老：年高而有
修养的人。

[15]用其私：使用自己所熟知的，这里指自己熟知的字体。

[16]语见《论语·卫灵公》，意思是说，孔夫子尚能如古之良史那样遇到
疑难问题一时不能解决就暂时空缺起来，不做牵强解释，如今已经
再没有这样实事求是的人了。

[17]《史籀篇》：古代字书，相传是周宣王时的太史籀编写的。字体是当
时通行的古字体。

[18]《苍颉》：即《苍颉篇》，乃秦相李斯编写的字书。是秦国通行的

324

秦篆。

[19]《爰历》:即《爰历篇》。

[20]车府令:秦朝廷掌管车舆的官吏。

[21]《博学》:即《博学篇》。东汉许慎在《〈说文解字〉序》中说:"秦始皇帝初兼天下,丞相李斯乃奏同之,罢其不与秦文合者。斯作《仓颉篇》,中车府令赵高作《爰历篇》,太史令胡母敬作《博学篇》,皆取史籀大篆,或颇省改,所谓小篆者也。"小篆即秦篆,是秦代通行的一种字体。

[22]胡母敬:始皇时太史令,姓胡母,名敬。　母:"毋"的古字。一作"胡毋敬"。

[23]闾里书师:民间的教书先生。　闾、里:都是古代的居民组织单位,二字连用则泛指民间、乡里。

[24]《苍颉篇》:这是李斯所编《苍颉篇》的民间修订本,内容、字体更符合汉代社会的需要。

[25]《凡将篇》:汉代字书,每句七字。

[26]《急救篇》:汉代孩童的识字课本,内容涉及社会生活的诸多方面。

[27]将作大匠:汉代主管宫廷基本建设的官员。　《元尚篇》:汉代字书。

[28]有出:有所增加。　出:超出,增加。

[29]元始:汉平帝刘衎(kàn)的年号。

[30]通:通晓,精通。　小学:关于语言、文字、训诂之类的学问。　数(shǔ):计算。

[31]《训纂篇》:古字书,扬雄主持编写。本书以六十字为一章,合五千三百四十字。原书已亡佚,有辑本。

[32]杜林:字伯山,著有《苍颉纂》、《苍颉故》。

六艺之文:《乐》以和神,仁之表也。《诗》以正言,义之用也。《礼》以明体[1],明者著见,故无训也。《书》以广听,知之术也[2]。《春秋》以断事[3],信之符也[4]。五者,盖五常之道[5],相须而备[6],而《易》为之原。故曰"《易》不可见,则乾坤或几乎息矣[7]"。言与天地为终始也。至于五学[8],世有变改,犹五行之更用事焉[9]。古之学者耕且养[10]，三年而通一艺，存其大体，玩经文而已[11]，是故用日少而畜德多，三十而五经立也[12]。后世经传既已乖离[13]，博学者又不思"多闻阙疑"之义[14]，而务碎义逃难，便辞巧说，破坏形体。说五字之文，至于二三万言[15]。后进弥以驰逐[16]，故幼童而守一艺，白首而后能言。安其所习，毁所不见，终以自蔽。此学者之大患也。序六艺为九种。

【注释】

[1]明体：显明自身，使自身显赫。

[2]知之术：增加智慧的途径。 知："智"的古字，智慧。 术：道路，途径。

[3]断事：判定政事优劣。 事：政事。

[4]符：符号，标志。

[5]五常：指仁、义、礼、智、信。 道：指理论、内容。

[6]互相补充而齐备。 须：依待，补充。

[7]语见《易·系辞上》，意谓不见《易》意，乾坤即近止息了。

[8]五学：指前述《乐》《诗》《礼》《书》和《春秋》五经所载的理论及对这些理论的理解。

[9]五行：水、火、木、金、土。五行变化象征世间万物的变化。 更（gēng）：调换、交替。

[10]耕且养：指亲自农耕养活自己。

[11]玩：反复琢磨，研究。

[12]三十岁时五经就可以学成。 立：学成。

[13]乖离：背离。 乖：违背。指后人对经传的理解与原义不同。

[14]多闻阙疑：语见《论语·为政篇》。意思是，学习要多问多听，对有疑问的地方要保持空缺。

[15]意出桓谭《新论》。秦延君注《尚书·尧典》，篇目两字，其注就达十余万言；仅注"曰若稽古"四字就有三万言。

[16]弥以驰逐：更加发挥。意思是，注解文字更加多上加多。

〔章〕　本义指音乐的一曲、一部分。《史记·吕后本纪》:"王乃为歌四章,令乐人歌之。"引申为文章或作品的一篇。如本篇:"至秦患之,乃燔灭文章,以愚黔首。"又《三国志·魏书·陈思王植传》:"下笔成章。"由乐章、文章引申出规章、章法义。如《国语·周语》:"将以讲事成章。"韦昭注:"章,章程也。"又有规则、条理的意思,韩愈《送孟东野序》:"其为言也,乱杂而无章。"章还有明显、显著义。《左传·昭公三十一年》:"或欲盖而名章。"又引申为表彰、表扬义。如《商君书·说民》:"章善则过匿。""章善"即表彰好的。这个意义后来写作"彰"。

〔策〕　本义指竹制的马鞭。故字从竹。与今皮条鞭不同。《礼记·曲礼上》:"君车将驾,则仆执策立于马前。"用作动词指用鞭子抽打。《论语·雍也》:"策其马曰:'非敢后也,马不进也。'"

策又指成编的竹简。《左氏春秋序疏》:"单执一札谓之简,连编诸简乃名为策。"又《左传·隐公十一年》:"不书于策。"帝王委任或封赏的文书也叫策。《左传·僖公二十八年》:"王命晋侯为侯伯,〔晋侯〕受策以出。"策又为计谋、计策的意思。如本篇:"于是建藏书之策。"又《三国志·魏书·荀攸传》:"公达前后凡画奇策十二。"

〔称〕(稱)　读 chēng,称量,称轻重。《商君书·算地》:"度而取长,称而取重。"又指称说,赞扬。如本篇:"喟然而称曰:'朕甚闵焉!'"又《去私》:"国人称焉。"引申有称举的意思。《左传·襄公八年》:"汝何故称兵于蔡?""称兵",义同举兵,发兵。《诗经·豳风·七月》:"称彼兕觥。"意为举起酒杯。推举也可以叫"称"。《左传·襄公三年》:"祁奚请老,晋侯问嗣焉,称解狐。"又引申为称叫,称作。《史记·李斯列传》:"今秦王欲吞天下,称帝而治。"

〔撮〕 用手指取物。《庄子·秋水》："鸱鸺夜撮蚤。"引申为摘录、提取义。《史通·书志·五行》："撮其机要，收彼菁华。"又引申为聚集、聚拢义。如本篇："撮其指意，录而奏之。"

作为名词，撮是古代极小的容量单位，是一升的千分之一。《汉书·律历志》："量多少者，不失圭撮。"

〔要〕 "腰"的本字。《说文》："要，身中也。"人体的中间部位就是腰。《墨子·兼爱》："楚灵王好士细要，故灵王之臣皆以一领为节。"由腰的身中部位引申为半路拦截。《孟子·公孙丑下》："使数人要于路，曰：请必无归，而造于朝。"又有控制、约束的意思。《荀子·儒效》："行礼要节而安之，若生四枝。"腰的部位是身体的要害部位，于是又引申为重要、关键义。如本篇："今删其要，以备篇籍"。这个意义读作 yào。

〔类〕（類） 种类，若干相同、相似的物品的综合。《易·系辞》："方以类聚，物以群分。"又《论语·卫灵公》："有教无类。"引申有类似，像的意思。《广雅·释诂》："类，象也。"《论衡·论死》："其形不类生人之形。"比照相似的事物分类，类比。《左传·襄公九年》："晋君类能而使之，举不失选，官不易方。"是说晋君按照人的能力而使用他们，举拔人才，各得其所，任命官员不改变政策。《礼记·月令》："察物色，必比类。"孔颖达疏："已行故事曰比，品物相随曰类。"如本篇："以通神明之德，以类万物之情。"由分类引申出条例、规则义。如《荀子·君道》："故法不能独立，类不能自行，得其人则存，失其人则亡。"

〔更〕 更改。《论语·子张》："过也，人皆见之；更也，人皆仰之。"引申为更迭、替换。如本篇："世有变改，犹五行之更用事焉。"又《汉书·万石君传》："九卿更进用事。"

《玉篇》："更，历也。"又《广雅·释诂》："更，过也。"这里"更"与"经"音义皆同。如本篇："人更三圣，世历三古。""更"与"历"同义对举。又《韩非子·外储说左上》："更日久则涂乾而椽燥。"

《史记·大宛列传》:"道必更匈奴中。"

〔则〕(則) 《说文》释作"等划物也"。意思是按照等级区划物体。《汉书·叙传下》:"坤作墬势,高下九则。"颜师古注引刘德说:"九则,九州土田上中下九等也。"由此引申为法典、章程义。如《尚书·五子之歌》:"有典有则,贻厥子孙。"孔安国传:"则,法也。"用作动词,有效法、依照规则做的意思。如本篇:"河出图,雒出书,圣人则之。"又《尚书·禹贡》:"咸则三壤,成赋中邦。"孔安国传:"皆法壤田上、中、下三品,成九州之赋。"

〔序〕 《尔雅·释宫》:"东西墙谓之序。"邢昺疏:"此谓室前堂上东厢、西厢之墙也。"引申为正屋两侧的东西厢房。《尚书·顾命》:"西序东向。"孔安国传:"东西厢谓之序。"

古代学校叫序。《周礼·地官·州长》:"春秋以礼会民,而射于州序。"郑玄注:"序,州党之学也。"《孟子·滕文公上》:"夏曰校,殷曰序,周曰庠。学则三代共之,皆所以明人伦也。"

《广雅·释诂》:"序,次也。"即次序、顺序的意思。《仪礼·乡饮酒礼》:"众宾序升,即席。"郑玄注:"序,次也。"由顺序引申为位次。《左传·昭公二十九年》:"卿大夫以序守之。"杜预注:"序,位次也。"又指介绍、评述作品内容的一种文体。如本篇:"至孔子纂焉,上断于尧,下讫于秦,凡百篇,而为之序,言其作意。"又《文心雕龙·诠赋》:"序以建言,首引情本。"这个意义又可以写作"叙"。

〔字〕 《说文》:"字,乳也。"段玉裁注:"人及鸟生子曰乳。"生育的意思是"字"的本义。《论衡·气寿》:"妇人疏字者子活。"这是指人生育。又同篇:"鸡卵之未字也。"这是指鸡鸟类生育。与此相关,女子怀孕也叫"字"。如《易·屯卦》:"女子贞不字,十年乃字。"李鼎祚《周易集解》引虞翻说:"字,妊娠也。"字的文字义,盖因文字随词的不断丰富而不断累增,含有孳生的意思。如本篇:"率简二十五字者,脱亦二十五字……文字异者七百有余。"

字另有爱的意思。如《左传·成公四年》:"楚虽大,非吾族也,其肯字我乎?"杜预注:"字,爱也。"

31 班超传（节选）

《后汉书》

【说明】

本文节选自《后汉书·班超梁慬列传》。

范晔（398—445），字蔚宗，南朝宋顺阳（今河南淅川）人，曾任尚书吏部郎、宣城太守、左卫将军、太子詹事等职，长期参与朝廷机要事。元嘉二十二年，因牵连孔熙先等谋立彭城王义康案而被杀。今本《后汉书》计百二十卷，范晔完成其中《纪》十卷、《列传》八十卷。另三十卷是后人取西晋司马彪所著《续汉书》的有关部分补入的。《后汉书》记载了自光武帝刘秀至献帝刘协近二百年的历史，是研究东汉历史的重要著作。

《后汉书》中《纪》、《列传》部分有唐李贤等注，《志》部分有南朝刘昭注。清代王先谦的《后汉书集解》是汇集《后汉书》主要研究成果的注本。

本篇较详尽地记叙了班超为沟通中原和西域的交往而历尽艰辛，不懈努力的事迹，表现了他的政治远见和外交才能。

班超，字仲升，扶风平陵人[1]，徐令彪之少子也[2]。为人有大志，不修细节[3]；然内孝谨[4]，居家常执勤苦[5]，不耻劳辱[6]。有口辩[7]，而涉猎书传[8]。永平五年[9]，兄固被召诣校书郎[10]，超与母随至洛阳。家贫，常为官佣书以供养[11]。久劳苦，尝辍业投笔叹曰[12]："大丈夫无他志略[13]，犹当效傅介子、张骞立功异域^[14],以取封侯,安能久事笔研间乎^[15]!"左右皆笑之。超曰:"小子安知壮士志哉^[16]!"其后行诣相者^[17],曰:"祭酒^[18],布衣诸生耳^[19],而当封侯万里之外^[20]。"超问其状^[21],相者指曰:"生燕颔、虎颈^[22],飞而食肉^[23],此万里侯相也。"久之,显宗问固^[24]:"卿弟安在^[25]?"固对:"为官写书,受直以养老母^[26]。"帝乃除超为兰台令史^[27]。后坐事免官^[28]。

【注释】

[1]扶风:郡治名。　平陵:县名,故城在今陕西咸阳西北。

[2]是徐令班彪的小儿子。　徐令:徐县县令。　徐:县名,故城在今江苏泗洪南。　彪:指班超的父亲班彪。

[3]修:讲究,注重。　细节:小节。

[4]内孝谨:心中对父母孝敬恭谨。　谨:恭敬。

[5]居家:在家里。　执:做,从事。　勤苦:指劳苦之事。　勤:劳苦。

[6]耻:意动用法,以……为耻。　劳辱:指劳苦脏污的事。

[7]口辩:能言善辩,有辩才。

[8]涉猎:广泛涉及,不求精深。　书传(zhuàn):文献典籍及传注。

[9]公元62年。　永平:东汉明帝刘庄的年号。

[10]其兄班固被征召赴任校书郎。　诣(yì):前往,这里指赴任。　校书郎:官名,以郎官的身份在皇家图书馆校理书籍。

[11]经常给官府抄写文书以供养老母。　佣书:受雇抄书。　书:写。

[12]辍(chuò)业:停下抄写工作。　辍:停止。　业:指佣书一类的事。　投笔:扔掉手中的笔。

[13]无他志略:没有别的志向、谋略。

[14]效:效仿。　傅介子:西汉北地(今甘肃庆阳)人,昭帝时为平乐监。因西域的龟兹、楼兰联合匈奴杀死汉室官员,他便出使西域,以计杀死楼兰王。　张骞:西汉汉中城固(今陕西城固)人。曾两次出使西域大月氏、大宛、乌孙等国,沟通了中亚各地和中原内地的联系与交流。

[15]怎能长久地在笔砚之间效力! 即不能总是从事抄抄写写的文字工作。　安:疑问代词用作状语,怎么。　事:用作动词,从事工

作,效力。　研(yàn):"砚"的古字。

[16]小子:指缺少见识的人。

[17]行诣:同义词连用,前往。　相者:观察人的相貌或人体的某一部
　　　分特征,以附会人的命运或事业前途的人。

[18]本指饷宴时酹酒祭神的长者,后来泛指年长者或位尊者。

[19]别的几位都是平民百姓而已。　布衣:平民百姓的代称。

[20]你当在万里之外被封为侯爵。　而:第二人称代词,你。

[21]其状:自己的状貌。

[22]燕颔(hàn)、虎颈:飞燕一样的下巴、老虎一样的脖颈。　颔:下巴。

[23]像燕一样能飞,像虎一样能食肉。指前途高远,享尽荣华富贵。

[24]显宗:指东汉明帝刘庄。　固:指班超兄班固。

[25]卿:本为官阶名,后表示对人亲切的称呼。　安在:在什么地方。
　　　安:疑问代词作宾语而前置。

[26]受直:接受抄写费。　直:"值"的古字,工钱。

[27]除:任命官职。　兰台令史:官名,掌管宫廷书奏。

[28]坐:犯罪。

　　十六年,奉车都尉窦固出击匈奴[1],以超为假司马[2],将兵别
击伊吾[3],战于蒲类海[4],多斩首虏而还[5]。固以为能,遣与从事
郭恂俱使西域[6]。超到鄯善[7],鄯善王广奉超礼敬甚备[8],后忽
更疏懈[9]。超谓其官属曰:"宁觉广礼意薄乎[10]?此必有北虏使
来[11],狐疑未知所从故也[12]。明者覩未萌[13],况已著邪[14]!"乃
召侍胡[15],诈之曰[16]:"匈奴使来数日,今安在乎?"侍胡惶恐[17],
具服其状[18]。超乃闭侍胡[19],悉会其吏士三十六人[20],与共
饮[21]。酒酣,因激怒之曰[22]:"卿曹与我俱在绝域[23],欲立大功
以求富贵。今虏使到裁数日[24],而王广礼敬即废;如令鄯善收吾
属送匈奴[25],骸骨长为豺狼食矣[26]。为之奈何?"官属皆曰:"今
在危亡之地,死生从司马[27]!"超曰:"不入虎穴,不得虎子。当今
之计,独有因夜以火攻虏使[28]。彼不知我多少,必大震怖[29],可
殄尽也[30]。灭此虏,则鄯善破胆[31],功成事立矣。"众曰:"当与从

事议之[32]。"超怒曰:"吉凶决于今日。从事文俗吏[33],闻此必恐而谋泄[34],死无所名[35],非壮士也!"众曰:"善。"初夜,遂将吏士往奔虏营。会天下大风[36],超令十人持鼓藏房舍后,约曰[37]:"见火然[38],皆当鸣鼓大呼[39]。"余人悉持兵弩夹门而伏[40]。超乃顺风纵火[41],前后鼓噪[42],虏众惊乱。超手格杀三人[43],吏兵斩其使及从士三十余级[44],余众百许人悉烧死[45]。明日,乃还告郭恂。恂大惊,既而色动[46]。超知其意[47],举手曰:"掾虽不行[48],班超何心独擅之乎[49]!"恂乃悦。超于是召鄯善王广,以虏使首示之[50],一国震怖[51]。超晓告抚慰[52],遂纳子为质[53]。还奏于窦固。固大喜,具上超功效[54],并求更选使使西域[55]。帝壮超节[56],诏固曰[57]:"吏如班超,何故不遣而更选乎[58]?今以超为军司马[59],令遂前功[60]。"超复受使[61],固欲益其兵[62],超曰:"愿将本所从三十余人足矣[63]。如有不虞[64],多益为累[65]。"

【注释】

[1]奉车都尉:官职名,掌管皇帝所乘用的车马。　窦固:字孟孙,与匈奴作战有功,官至光禄勋、卫尉。

[2]假司马:代理司马。　假:未经正式任命的官吏。　司马:汉代将军的属官,掌管军中事务。

[3]将兵:领兵。　别:另外。　伊吾:又叫"伊吾卢",古地名,在今新疆哈密,当时为北匈奴呼衍王的领地。

[4]蒲类海:西域国名,在今新疆东部巴里坤湖附近,当时为匈奴属地。

[5]虏:动词,俘获。　还:回还,指撤回军队。

[6]从事:官职名,为州刺史的佐吏。　使:出使。

[7]鄯(shàn)善:西域国名,在今新疆若羌东北。

[8]奉超:尊奉班超。　礼敬甚备:礼仪非常完备。

[9]以后忽然变得疏远怠慢。　更:改变。　懈:怠慢。

[10]终竟察觉到王广的礼节变得淡薄了吧?　宁:同"乃",竟。

[11]这种情况说明一定有匈奴的使者前来。　北虏:指北方匈奴。

[12]是〔鄯善王广〕迟疑不定、不知跟谁友好的缘故。　狐疑:迟疑不定。

[13]聪明人能看清事情的苗头。　　睹:同"睹",看见。　　萌:开始,苗头。

[14]何况已经明显了呢!　　著:显著,明显。

[15]侍胡:接待他们的鄯善人。　　胡:古代西北部民族的统称,这里指鄯善人。

[16]诈:欺骗,诱骗。

[17]惶恐:惊恐,害怕。

[18]具:全部。　　服其状:承认班超所讲的情况。　　状:情形。

[19]闭侍胡:将服侍他们的胡人禁闭起来。　　闭:关起来,禁闭。

[20]悉会:完全召集起来。　　悉:副词,全。　　会:动词,汇集,召集起来。

[21]和他们一起饮酒。　　与共饮:是"与之共饮"的省略。

[22]因:介词,趁着,借着。

[23]卿曹:你们这些人。　　绝域:极偏远的地方。

[24]虏使:指北匈奴的使者。　　裁:通"才",仅仅。　　数日:几天。

[25]如果让鄯善人收捕我们这些人送往匈奴。

[26]尸骨首先要被豺狼吃掉。　　长(zhǎng):首先,第一个。

[27]是死是活全听由司马安排!　　从:听从。

[28]因夜以火攻虏使:趁着黑夜用火攻击匈奴使者。

[29]震怖:震惊害怕。　　震:惊恐。

[30]殄(tiǎn)尽:二词同义,指消灭光。

[31]破胆:指吓破胆。

[32]应当同从事郭恂商议此事。

[33]从事郭恂是名平庸的文官。　　文俗吏:平庸的文官。　　俗:平庸。

[34]谋泄:计谋被泄露。

[35]无所名:没有成就声名的地方。　　名:用作动词,成就名声。

[36]会:适逢,正值。　　风:用作动词,刮风。

[37]约:约会,相约。

[38]然:"燃"的古字,燃烧。

[39]鸣鼓:使鼓鸣。　　鸣:使动用法,使……鸣。　　呼:喊叫。

[40]夹门而伏:在门两侧埋伏。

[41]纵火:放火。

［42］鼓噪：击鼓呼叫。　噪：众人一起呼喊。

［43］手：名词用作状语，用手，亲手。　格杀：击杀。　格：击打。

［44］从士：使者的随从人员。　级：首级。

［45］其余兵众百余人全部被烧死。

［46］色动：脸色改变。　色：脸色。

［47］知其意：了解郭恂的想法。

［48］掾（chuàn）：属官的统称。郭恂身为从事官，所以称他为掾。　不
行：指没有行动，没有做。

［49］班超我哪想独揽此事的功劳呢！　擅：独占。

［50］把匈奴使者的首级给他看。　示之：给他看。

［51］一国：全国，整个国家。

［52］晓告：明明白白地告诉。　抚慰：安抚宽慰。

［53］纳子为质：送出自己的儿子作为人质。因为王广害怕汉室不信
任他。

［54］全面地上奏班超的功绩。　上：向上禀奏。　功效：功绩。

［55］并要求另外选择使臣出使西域。　第一个"使"为名词，使者。后
一"使"字为动词，出使。　更：另外。

［56］壮超节：以班超的节操为壮，即赞许班超的气节。　壮：意动用法，
以……为壮。

［57］诏：皇帝下令。

［58］为什么不派遣班超这样的官吏，却另选别人呢？　何故：是什么缘
故，为什么。

［59］以超为军司马：任命班超为军司马。　军司马：汉代大将军的
属官。

［60］让他做出像先前那样的功劳。　遂：完成，实现。　前功：指出使
鄯善国所立的功绩。

［61］复受使：重新接受使命。　使：名词，使命。

［62］益其兵：增加他的兵员，即增加班超的护卫人员。　益：增加。

［63］希望率领原来跟从的三十余人足够了。　将：率领。　本所从：指
原来跟从的人。

［64］不虞：意料不到的情况。　虞：料想。

［65］人多更要成为累赘。　益：副词，更加。

是时于寘王广德新攻破莎车[1],遂雄张南道[2],而匈奴遣使监护其国[3]。超既西[4],先至于寘,广德礼意甚疏[5]。且其俗信巫[6],巫言:"神怒,何故欲向汉[7]?汉使有騧马[8],急求取以祠我[9]。"广德乃遣使就超请马[10]。超密知其状[11],报许之[12],而令巫自来取马。有顷,巫至,超即斩其首以送广德,因辞让之[13]。广德素闻超在鄯善诛灭虏使,大惶恐,即攻杀匈奴使者而降超。超重赐王以下[14],因镇抚焉[15]。

　　时龟兹王建为匈奴所立[16],倚恃虏威[17],据有北道[18],攻破疏勒[19],杀其王,而立龟兹人兜题为疏勒王[20]。明年春,超从间道至疏勒[21]。去兜题所居槃橐城九十里[22],逆遣吏田虑先往降之[23]。敕虑曰[24]:"兜题本非疏勒种[25],国人必不用命,若不即降,便可执之[26]。"虑既到,兜题见虑轻弱[27],殊无降意[28]。虑因其无备,遂前劫缚兜题[29]。左右出其不意,皆惊惧奔走。虑驰报超,超即赴之[30],悉召疏勒将吏,说以龟兹无道之状[31],因立其故王兄子忠为王[32]。国人大悦。忠及官属皆请杀兜题,超不听,欲示以威信,释而遣之[33]。疏勒由是与龟兹结怨[34]。

　　十八年,帝崩。焉耆以中国大丧[35],遂攻没都护陈睦[36]。超孤立无援,而龟兹、姑墨数发兵攻疏勒[37]。超守槃橐城,与忠为首尾[38],士吏单少,拒守岁余[39]。肃宗初即位[40],以陈睦新没,恐超单危,不能自立,下诏征超[41]。超发还[42],疏勒举国忧恐[43],其都尉黎弇曰[44]:"汉使弃我,我必复为龟兹所灭耳,诚不忍见汉使去。"因以刀自刭。超还至于寘,王侯以下皆号泣曰:"依汉使如父母[45],诚不可去!"互抱超马脚,不得行[46]。超恐于寘终不听其东[47],又欲遂其本志[48],乃更还疏勒[49]。疏勒两城自超去后,复降龟兹,而与尉头连兵[50]。超捕斩反者,击破尉头,杀六百余人,疏勒复安。

【注释】

[1]于寘(tián):又作"于阗",西域国名,在今新疆和阗。　广德:于寘

国首领的名字。　莎车:西域国名,在今新疆莎车。

[2]雄张南道:在中原通往西域的南道上骄横自大。　雄张:骄横自大。

南道:从中原到西域各国,出玉门关后有南北两条路,从楼兰沿昆

仑山北麓西行至于阗,称为南道。

[3]监护:监督保护。　其国:指于阗国。

[4]既西:已经西行,西行以后。

[5]礼意甚疏:礼节很是疏忽怠慢。　疏:疏忽,这里指怠慢。

[6]其俗:指于阗人的习俗。　信巫:相信巫术。

[7]向汉:归向汉王室。　向:动词,投向,归向。

[8]騧(guā)马:黑嘴黄身的马。

[9]祠我:给我们祭祀。　祠:祭祀。

[10]就超:走到班超那里。　请马:要马匹。

[11]密知:秘密地了解到。　其状:指巫所说的情况。

[12]回答说答应要马的要求。　报:回答。

[13]辞让:用话责备于阗王广德。　辞:用作状语,用言辞。　让:
责备。

[14]重赐王以下:重赏于阗王及以下各级官吏。

[15]镇抚:安定、抚慰。　焉:之,他们。

[16]龟兹(qiū cí):西域国名,在今新疆库车、沙雅二县间。　建:龟兹
王名建。

[17]依仗着匈奴人的威势。　虏:指匈奴。

[18]据:占有。　北道:从车师沿天山南麓西行至疏勒一线,与“南道”
相对。

[19]疏勒:西域国名,在今新疆喀什一带。

[20]兜题:疏勒国王名。

[21]间道:小路。

[22]去:离、距。　槃橐(pán tuó):疏勒国地名。

[23]逆遣:预先派遣。　逆:预先。　降之:使之降,让兜题投降。

[24]敕:告诫,叮嘱。

[25]本非疏勒种(zhǒng):本来不是疏勒族。　种:种族。

[26]执:拘捕,捉拿。

[27]轻弱:指力量薄弱。

［28］一点儿也没有投降的想法。　殊：副词，特别，非常。

［29］前：用作动词，走向前。　劫缚：劫持捆绑。

［30］即：立即，马上。　赴之：赶往疏勒王的住处。　之：指橐橐城。

［31］用龟兹王不行仁道的情况说服大家。　说（shuì）：说服。

［32］故王兄子：已故疏勒王哥哥的儿子。

［33］释而遣：释放并送回国内。　遣：送回。

［34］怨：仇恨。

［35］焉耆（yān zhī）：西域国名，在今新疆焉耆。　大丧：最高统治者死去。

［36］于是攻击并消灭了汉王室西域都护陈睦。　没：消灭。　都护：官名，全称为西域都护，督护西域各国及南、北二道。

［37］姑墨：西域国名，在今新疆阿克苏。　数（shuò）：副词，多次。

［38］首尾：指首尾呼应。

［39］拒守：抵御、防守。　岁余：一年多。

［40］肃宗：东汉章帝刘炟。

［41］下令召回班超。　征：召回。

［42］发还：出发往回走。

［43］举国：全国。　忧恐：忧虑害怕。

［44］疏勒国的都尉黎弇（yǎn）说。　都尉：掌管武装的官员。　黎弇：都尉的名字。

［45］依从汉室使臣如同依从父母。　依：依从。

［46］互：副词，交替，交错。这里有"先后"、"纷纷"的意思。　不得行：不能走。

［47］终不听其东：最终也不听从他东行，意即不让他东行归汉。　东：用作动词，向东行。

［48］遂其本志：实现他当初的志向。　遂：动词，实现。　本志：当初的志向。班超的本志是通西域。

［49］乃：副词，就。　更还：又回到。　更：又。

［50］和尉头国联合起武装力量。　尉头：西域国名，在今新疆乌什。

建初三年[1]，超率疏勒、康居、于寘、拘弥兵一万人攻姑墨石城,破之,斩首七百级[2]。超欲因此匝平诸国[3],乃上疏请兵。曰[4]:"臣窃见先帝欲开西域,故北击匈奴,西使外国[5],鄯善、于寘即时向化[6]。今拘弥、莎车、疏勒、月氏、乌孙、康居复愿归附[7],欲共并力破灭龟兹,平通汉道[8]。若得龟兹,则西域未服者百分之一耳。臣伏自惟念[9]:卒伍小吏[10],实愿从谷吉效命绝域[11],庶几张骞弃身旷野[12]。昔魏绛列国大夫[13],尚能和辑诸戎[14],况臣奉大汉之威[15],而无铅刀一割之用乎[16]!前世议者皆曰[17]:取三十六国[18],号为断匈奴右臂[19]。今西域诸国,自日之所入[20],莫不向化,大小欣欣[21],贡奉不绝[22],唯焉耆、龟兹独未服从。臣前与官属三十六人奉使绝域[23],备遭艰厄[24]。自孤守疏勒,于今五载;胡夷情数[25],臣颇识之[26]。问其城郭小大,皆言倚汉与倚天等[27]。以是效之[28],则葱领可通[29];葱领通,则龟兹可伐。今宜拜龟兹侍子白霸为其国王[30],以步骑数百送之[31],与诸国连兵,岁月之间[32],龟兹可禽[33]。以夷狄攻夷狄,计之善者也。臣见莎车、疏勒田地肥广,草牧饶衍[34],不比敦煌、鄯善间也[35];兵可不费中国,而粮食自足。且姑墨、温宿二王[36],特为龟兹所置[37],既非其种,更相厌苦[38],其执必有降反[39]。若二国来降,则龟兹自破。愿下臣章[40],参考行事[41]。诚有万分[42],死复何恨[43]!臣超区区[44],特蒙神灵[45],窃冀未便僵仆[46],目见西域平定[47],陛下举万年之觞[48],荐勋祖庙[49],布大喜于天下[50]。"

【注释】

[1]公元78年。　建初:东汉章帝的年号。

[2]康居:西域国名,在今哈萨克斯坦共和国、乌兹别克斯坦共和国境内。　拘弥:西域国名,在今新疆和阗东。

[3]因此:趁着这次机会。　匝(pǒ)平诸国:完全平服各国。　匝:副词,完全。　平:平定,指征服。

[4]疏:写给皇帝的奏章。

[5]向西出使外国。　西:方位名词,用作状语,在西面,向西面。

[6]向化:归向教化,指接受中原的教化。

[7]月氏(ròu zhī):西域国名,在今塔吉克斯坦共和国和阿富汗一带。
乌孙:西域国名,在今新疆伊宁以南一带。

[8]征服打通汉王室通往西域的通道。

[9]伏自惟念:伏下身思量。在封建社会,臣见君要伏身行礼,在奏议中
写"伏"是表示对皇帝的恭敬。 惟念:二词同义,思量,考虑。

[10]军队中出身的下级军官。 卒伍:都是古代军队的编制,五人为伍,
五伍为两,四两为卒,每卒百人。"卒伍"连用泛指军队。

[11]从谷吉:意为效仿谷吉。 谷吉:西汉长安人,西汉元帝时,匈奴郅支
单于与汉有隙,要求入质汉室的王子归国。谷吉护送郅支单于的王
子回匈奴,被郅支杀害。 效命:献出生命。 绝域:荒远之地。

[12]希望像张骞一样死在辽阔的原野之中。 庶几:希望。 弃身:义
同献身。

[13]魏绛列国大夫:魏绛是春秋时的大夫。 魏绛:春秋晋大夫。晋悼
公时,曾力主联合西戎部落。 列国:并存的各国,春秋时期各诸
侯国并存,这里指春秋时期。

[14]尚:尚且,还。 和辑:团结。

[15]奉大汉之威:意为凭着汉王室的威势。

[16]铅刀一割之用:意为钝刀割东西一样的功用。 铅刀:钝刀。铅性
柔软,其刀锋不利。 铅:同"铅"。

[17]前世:前代。 议者:指研究西域关系的人。

[18]三十六国:汉代人只知西域计有三十六国,更大范围的情况还不
知晓。

[19]号:号称。 断匈奴右臂:汉王室在匈奴的东南方,西域诸国在匈
奴的西方,汉王室争取到西域各国如同砍断匈奴的右臂。

[20]日之所入:太阳落山之处,指遥远的西方。

[21]大国小国都高高兴兴。 欣欣:高兴的样子。

[22]贡奉:贡品奉献。 绝:断绝。

[23]奉使:奉命出使。

[24]备:完全。 艰厄(è):艰险灾难。

[25]胡夷:指西域各国。 情数:情况。

[26]颇识之:非常了解胡夷的情况。

[27]倚汉与倚天等:依靠汉室和依靠上天相同。 倚:依仗,依靠。

等:同等,一样。

[28]用这话验证。　效:验证。

[29]葱领:又作"葱岭",指帕米尔高原和昆仑山、天山西段一带。

[30]拜:任命。　侍子:入侍中央朝廷的王子,即到中央朝廷充作人质的部落王子。　白霸:龟兹国入侍汉王朝的人质的名字。

[31]步骑:步兵、骑兵。

[32]岁月之间:一年或数月之间,指不用很长时间。

[33]禽:"擒"的古字,擒获。

[34]饶衍:富饶广大。　衍:扩展,广大。

[35]敦煌:汉室在西域的郡名,在今甘肃省境。

[36]温宿:西域国名,在今新疆阿克苏。

[37]仅仅被龟兹国安置,意为是龟兹的傀儡。　特:副词,但,仅仅。

[38]厌苦:厌恶,嫌弃。

[39]〔他们处于〕这种形势一定会投降汉室、反叛龟兹国。　埶:"势"的古字,形势。

[40]下:用作动词,批准,批下。　章:指奏章。

[41]参考:参验、考核,指参验、考核机遇、形势等诸多因素。　行事:采取行动。

[42]确有万分险阻。　诚:确实,果真。

[43]何恨:遗憾什么。　恨:遗憾。

[44]区区:渺小,微不足道。

[45]只是蒙受神灵的保护。　蒙:受到。

[46]我希望趁尚未死去的时候。　冀:希望。　僵仆:指死去。　僵:向后倒下。　仆:向前倒下。

[47]亲眼看见西域平和安定。　目:名词用作状语,用眼睛,指亲自用眼睛。

[48]举万年之觞(shāng):举起享用万年的酒杯。　觞:酒杯。

[49]向祖庙进献功勋。　荐:进献。

[50]布:颁布。

书奏[1],帝知其功可成[2],议欲给兵[3]。平陵人徐干素与超同志[4]，上疏愿奋身佐超[5]。五年，遂以干为假司马，将弛刑及义从千人就超[6]。先是[7]，莎车以为汉兵不出，遂降于龟兹，而疏勒都尉番辰亦复反叛[8]。会徐干适至[9]，超遂与干击番辰，大破之，斩首千余级，多获生口[10]。超既破番辰，欲进攻龟兹。以乌孙兵彊[11]，宜因其力[12]，乃上言："乌孙大国[13]，控弦十万[14]，故武帝妻以公主[15]，至孝宣皇帝[16]，卒得其用[17]。今可遣使招慰[18]，与共合力[19]。"帝纳之[20]。八年，拜超为将兵长史[21]，假鼓吹幢麾[22]。以徐干为军司马。别遣卫侯李邑护送乌孙使者，赐大小昆弥以下锦帛[23]。李邑始到于寘，而值龟兹攻疏勒，恐惧不敢前[24]，因上书陈西域之功不可成[25]，又盛毁超拥爱妻[26]，抱爱子，安乐外国[27]，无内顾心[28]。超闻之，叹曰："身非曾参，而有三至之谗[29]，恐见疑于当时矣[30]。"遂去其妻[31]。帝知超忠，乃切责邑曰[32]："纵超拥爱妻，抱爱子，思归之士千余人，何能尽与超同心乎[33]！"令邑诣超受节度[34]，诏超："若邑任在外者[35]，便留与从事[36]。"超即遣邑将乌孙侍子还京师[37]。徐干谓超曰："邑前亲毁君[38]，欲败西域[39]，今何不缘诏书留之[40]，更遣他吏送侍子乎[41]？"超曰："是何言之陋也[42]！以邑毁超，故今遣之。内省不疚[43]，何邮人言[44]？快意留之[45]，非忠臣也。"

【注释】

[1]书：指班超的奏章。　奏：动词，献上。

[2]其功可成：书奏中所谈通西域各国之事可以成功。

[3]议：商议，研究。　给兵：供给班超士卒。

[4]同志：有共同的志向。

[5]上疏：向上写奏章申请。　奋身：犹言"献身"。　佐：协助。

[6]率领解除刑罚的和自愿随从的一千人投奔班超。　弛刑：指解除刑罚的人。　义从：自愿随从的人。　就：奔向。

[7]在此之前。

[8]潘辰：疏勒都尉的名字。

[9]正赶上徐干到来。　会：副词，正好，恰巧。　适至：二词同义，到达。

[10]生口:人丁,即俘虏。

[11]因乌孙国兵力强大。　疆:"强"的古字。

[12]应凭藉它的力量。　其:指乌孙国军队。

[13]乌孙国是个大国。

[14]控弦:指执掌兵器的武装战士。

[15]故:从前。　妻:用作动词,嫁给。给……做妻子。

[16]孝宣皇帝:指西汉宣帝刘询(公元前73—前49年在位)。

[17]终于得到它的用处,意即终于能使用它,利用它。

[18]招慰:招抚安慰。

[19]为"与之共合力"的省略,即和它(指乌孙)一起用力。

[20]纳之:采纳了这个建议。

[21]拜:任命。　长(zhǎng)史:官职名,是掌管府郡等地方兵马的
　　官吏。

[22]假:临时赐予。因下文的"鼓吹幢麾"只有大将军才可具有,班超身
　　为长史而可以"鼓吹幢麾"是朝廷的特殊赏赐,所以用"假"。　鼓
　　吹幢(chuáng)麾(huī):一种军乐和仪仗旗帜。这里指仪仗。
　　幢:作为仪仗的一种旗帜。　麾:指挥作战用的旗帜。

[23]大小昆弥:大小昆弥王。　昆弥:乌孙国王号。乌孙国王昆莫死
　　后,汉王室封元贵靡为大昆弥,乌就屠为小昆弥。　锦帛:指精美
　　的丝织品。

[24]前:用作动词,前进。

[25]借机上奏陈说开通西域的计划不能实现。　陈:陈述。　成:完
　　成,实现。

[26]盛毁:极力诋毁。　盛:副词,深,极力。　拥:拥抱。

[27]在国外享尽欢乐。

[28]内顾:顾念国内,对国内顾念。

[29]身:自身,自己。　曾参:春秋鲁国人,孔子弟子之一。　三至之
　　谗:有个与曾参同名的人杀了人,有人对曾母说曾参杀了人,曾母
　　不信;又有人对曾母说曾参杀了人,曾母仍不信;当第三个人对曾
　　母说曾参杀了人时,曾母便信以为真,吓得逃走了。谎言重复多遍
　　也可以让人信以为真。

[30]见疑于当时:被当时人怀疑。　见:助词,表被动关系。

[31]去:抛开,离开,这里用作使动,使……离开。

[32]切责:深深地责备。

[33]尽与超同心:完全和班超一致的想法。

[34]受节度:接受节制调度,意指接受班超的指挥。

[35]如果李邑能胜任在外事务。 任:胜任。

[36]与从事:"与之从事"的省略,给你办事。 与:介词,为,给。 从事:办事。

[37]还京师:回京都。 京师:都城,首都。

[38]李邑以前亲自诋毁你。 君:指班超。

[39]败西域:指李邑诋毁班超,破坏沟通西域之事。

[40]缘:借着,按着。

[41]更:另外。 他吏:别的官吏。

[42]这是多么浅薄的话! 何言之陋:意为多么浅薄的话。 陋:浅薄。

[43]自己反省没有毛病。语出《论语·颜渊》。 省:反省。 疚:有毛病。

[44]何必忧虑别人的闲言?语出《左传·昭公四年》传文。 郉(xù):同"恤",忧虑。

[45]为了痛快而留下他。 快意:心里痛快。

　　明年,复遣假司马和恭等四人将兵八百诣超[1],超因发疏勒、于寘兵击莎车[2]。莎车阴通使疏勒王忠[3],啖以重利[4]。忠遂反从之[5],西保乌即城[6]。超乃更立其府丞成大为疏勒王[7],悉发其不反者以攻忠。积半岁,而康居遣精兵救之[8],超不能下[9]。是时月氏新与康居婚[10],相亲[11]。超乃使使多赍锦帛遗月氏王[12],令晓示康居王[13]。康居王乃罢兵,执忠以归其国[14],乌即城遂降于超。后三年[15],忠说康居王[16],借兵,还据损中[17],密与龟兹谋,遣使诈降于超[18]。超内知其奸[19],而外伪许之[20]。忠大喜,即从轻骑诣超[21]。超密勒兵待之[22],为供张设乐[23],酒行[24],乃叱吏缚忠斩之[25],因击破其众,杀七百余人。南道于是遂通。

　　明年,超发于寘诸国兵二万五千人复击莎车。而龟兹王遣左将军发温宿、姑墨、尉头合五万人救之。超召将校及于阗王议曰："今兵少不敌[26]，其计莫若各散去。于阗从是而东[27]，长史亦于此西归[28]，可须夜鼓声而发[29]。"阴缓所得生口[30]。龟兹王闻之，大喜，自以万骑于西界遮超[31]，温宿王将八千骑于东界徼于阗[32]。超知二虏已出[33]，密召诸部勒兵。鸡鸣，驰赴莎车营。胡大惊乱奔走，追斩五千余级，大获其马畜财物。莎车遂降。龟兹等因各退散[34]，自是威震西域。……

【注释】

[1]〔朝廷〕又派遣假司马和恭等四人领兵八百人到班超处。

[2]因：于是。　发：征发，征集。

[3]阴通使：秘密派使者出使。　阴：秘密地。

[4]啖（dàn）：给……吃，这里指利诱，引诱。

[5]反：反叛。　从之：跟从莎车王。

[6]西：名词用作状语，在西边。　乌即：西域地名。

[7]更立：重新立。　府丞：这里指疏勒王忠的佐吏。

[8]积半岁：过了半年。

[9]下：攻下，攻取。

[10]婚：结成婚姻关系。

[11]互相亲近。　亲：亲近，亲密。

[12]赍（jī）：携带。　遗（wèi）：给予。

[13]晓示：开导、说明。

[14]执：拘捕。

[15]三年以后。

[16]说（shuì）：说服。

[17]损中：疑为"桢中"之误，桢中为疏勒城名。

[18]诈：虚假不实。

[19]奸：邪恶，这里指疏勒王忠诈降的事。

[20]伪：假装。　许：同意，答应。

[21]从轻骑：使轻骑从。　从：用作使动，使……从。　轻骑：轻装的骑兵。

[22]勒兵：部署军队。　勒：统率，部署。　待：等待。

[23]为供张:"为之供张"的省略,替他准备好帷帐。 供:供设,准备
好。 张:"帐"的古字。 设乐:准备乐舞。

[24]意同"行酒",斟酒劝饮。

[25]叱(chì):大声呵斥,这里指大声命令。

[26]不敌:不是敌手,不是对手,意即抵挡不住。

[27]从是而东:从此向东去。 东:用作动词,向东去。

[28]长史:指班超,此时班超出任将兵长史。

[29]须:等待。 鼓声:击鼓声。

[30]缓:松缓,释放。

[31]自己领万余骑兵在西部边界拦截班超。 遮:拦截。

[32]徼(yāo):通"邀",半路拦截。

[33]二虏:指龟兹王、温宿王。

[34]因各退散:于是各自后退散去。

明年[1],下诏曰:"往者匈奴独擅西域,寇盗河西[2],永平之
末[3],城门昼闭[4]。先帝深愍边萌婴罹寇害[5],乃命将帅击右
地[6],破白山[7],临蒲类[8],取车师城郭[9];诸国震慴响应[10],遂
开西域[11],置都护[12]。而焉耆王舜,舜子忠,独谋悖逆[13],恃其
险隘[14],覆没都护[15],并及吏士[16]。先帝重元元之命[17],惮兵役
之兴[18],故使军司马班超安集于寘以西[19]。超遂踰葱领[20],迄
县度[21],出入二十二年,莫不宾从[22],改立其王而绥其人[23]。不
动中国[24],不烦戎士[25],得远夷之和[26],同异俗之心[27];而致天
诛[28],蠲宿耻[29],以报将士之雠[30]。《司马法》曰[31]:'赏不踰
月[32],欲人速覩为善之利也[33]。'其封超为定远侯,邑千户[34]。"

【注释】
[1]指永元七年,公元95年。
[2]寇盗:用作动词,侵犯掠劫。 河西:汉时指今甘肃、青海两省。
[3]永平:东汉明帝刘庄的年号。
[4]城门在白天都要关闭。 昼:名词用作状语,表示"闭"的时间。
[5]先帝深深同情边疆地区的百姓遭受寇盗的侵扰。 愍(mǐn):怜悯,同

情。　边萌:边民。　萌:通"氓",义同"民",百姓。　婴罹(lí):遭受。

[6]击:攻打。　右地:指西域一带。

[7]白山:即天山,因终年积雪,所以称"白山"。

[8]临:到达。　蒲类:西域国名,即前文的蒲类海。

[9]车师:又叫"姑师",西域国名。前车师在今新疆吐鲁番一带,后车师
　　在今乌鲁木齐东、阜康、孚远以南一带。

[10]震慑(zhé):像听见雷声那样恐惧。　震:雷声,用作状语,像雷声
　　一样。　慑:恐惧。　响应:像回声那样呼应。　响:回声,用作状
　　语,像回声那样。

[11]开:开通。指开通中原与西域的交往。

[12]都护:汉时设置的管辖西域的机构。

[13]悖(bèi)逆:造反,反叛。

[14]恃:依仗。　险隘(ài):指地形险要。

[15]覆没:颠覆。用作使动,使……颠覆。

[16]并及:影响到,牵涉到。

[17]重元元之命:以元元之命为重。　重:意动用法,以……为重。
　　元元之命:百姓的性命。　元元:庶民。

[18]惮(dàn):害怕。　兵役之兴:指发生战争。

[19]安集:安定和睦。　集:通"辑",和睦。　西:用作动词,向西前进。

[20]踰:同"逾",跨越。

[21]迄(qì):到达。　县(xuán)度:古山名,在今新疆塔什库尔干塔吉
　　克自治县西南。　县:"悬"的古字。

[22]宾从:义同宾服,服从。

[23]绥其人:安抚那里的百姓。　绥:安定,安抚。

[24]动中国:使中国动,即扰乱中原。　中国:指中原汉王室。

[25]烦戎士:使戎士烦苦。　戎士:战士。

[26]和:和谐,和睦。

[27]同:用作使动,使……同。　异俗:指不同的习俗。

[28]招致上天的诛罚。　致:招致。

[29]蠲(juān):通"捐",除去。　宿耻:旧有的耻辱。

[30]雠:仇恨。

[31]《司马法》:古代兵书。

[32]奖赏不超过一个月。

[33]让人们及时看到做善事的好处。　覩：同"睹"。

[34]封邑为千户之地。

超自以久在绝域[1]，年老思土[2]，十二年，上疏曰："臣闻太公封齐，五世葬周[3]。狐死首丘[4]，代马依风[5]。夫周、齐同在中土千里之间，况于远处绝域，小臣能无依风、首丘之思哉？蛮夷之俗，畏壮侮老[6]。臣超犬马齿歼[7]，常恐年衰[8]，奄忽僵仆[9]，孤魂弃捐[10]。昔苏武留匈奴中尚十九年[11]，今臣幸得奉节带金银护西域[12]，如自以寿终屯部[13]，诚无所恨[14]；然恐后世或名臣为没西域[15]。臣不敢望到酒泉郡[16]，但愿生入玉门关[17]。臣老病衰困，冒死瞽言[18]。谨遣子勇随献物入塞[19]。及臣生在，令勇目见中土[20]。"……书奏，帝感其言，乃征超还。超在西域三十一岁。十四年八月，至洛阳，拜为射声校尉[21]。超素有匈胁疾[22]，既至，病遂加[23]，帝遣中黄门问疾[24]，赐医药。其年九月卒，年七十一。朝廷愍惜焉[25]，使者吊祭，赠赗甚厚[26]。

【注释】

[1]以久在绝域：因长久居处在荒远的地方。　以：介词，表原因。

[2]思土：思念故土。　土：指故土，家乡。

[3]太公封齐：姜太公被封于齐。　太公：即吕尚，号"太公望"。因辅周武王伐纣被封。　五世葬周：据说从太公起，至以后五代，死后都归葬于周，以示对故土的留恋。

[4]语出《礼记·檀弓上》，是说狐狸死的时候，头要朝向洞穴所在的土丘。比喻至死也不会忘故里。　首：用作动词，头朝向。

[5]代郡的马因故土在北方，所以依恋北风，这一句也是比喻眷恋故土的意思。《韩诗外传》："代马依北风，飞鸟扬故巢。"　代：郡名，在赵国北部。　依：依恋。

[6]侮老：欺侮年长者。　侮：欺侮。

[7]犬马齿歼：自己已届老耄之年。　犬马：指自己。用犬马代自己，表

· 348 ·

谦恭。　齿:年龄,年岁。　歼:灭,尽。

[8]年衰:年纪衰老。

[9]奄忽:突然。　僵仆:指死去。

[10]孤魂:孤独的灵魂。班超独处外域,远离故土、亲友,故称孤魂。
　　弃捐:二词同义,抛弃,这里指被抛弃。

[11]苏武留匈奴事,见《苏武传》。　尚:尚且。

[12]奉节:双手捧持着符节。　节:符节,朝廷授予的信物。　带金银:
　　携带金印、银印。班超被封为定远侯所以有金印、银印。

[13]屯部:指军队驻扎的地方。

[14]无所恨:没有遗憾之处。

[15]或名臣为没西域:有人要讲我是在西域被消灭的。　名:用作动
　　词,称名,说。　没:死去,指消灭掉。

[16]望:希望。　酒泉:郡名,在今甘肃酒泉。

[17]生入玉门关:活着进入玉门关。　玉门关:故址在今敦煌西北,是
　　内地通往西域的要道。

[18]瞽(gǔ)言:瞎说。　瞽:目失明者。

[19]入塞:进入边塞。　塞:边界上险要的地方。

[20]目见:亲眼看。班超的儿子班勇长期随他住在西域,不知故里情
　　况,所以让他回到中原看一看。　中土:中原。

[21]射声校尉:官职名。西汉武帝时始置,为八大校尉之一,秩二千石。

[22]匈胁疾:胸部及两侧肋部疾患,似今胸膜炎一类疾病。　匈:后来
　　写作"胸"。　胁:胸部两侧。

[23]加:加重。

[24]中黄门:宫内太监。　问:存问,问候。

[25]愍惜:惋惜。

[26]赗(fèng):送给丧家助葬的车马等用品。　甚厚:很多。

本篇选词概述

1. 色	2. 逆	3. 没	4. 勒
5. 婴	6. 略	7. 发	8. 荐

〔色〕　本义指脸色、表情。《说文》：“色，颜气也。”段玉裁注：“颜者，两眉之间也。心达于气，气达于眉间，是之谓色。”如本篇：“恂大惊，既而色动。”又《论语·颜渊》：“夫达也者，质直而好义，察颜而观色，虑以下人。”引申为外表、表面义。《论语·颜渊》：“夫闻也者，色取仁而行违，居之不疑。”白居易《有木诗八首序》：“余读《汉书》列传……见色仁行违，发德后贼，如王莽辈者。”“色”又常指女色，美色。《孟子·梁惠王下》：“寡人有疾，寡人好色。”白居易《长恨歌》：“汉皇重色思倾国，御宇多年求不得。”

“颜色”本是一个词组，指颜上的表情。《楚辞·渔父》：“颜色憔悴，形容枯槁。”应该注意：和现代汉语中表示色彩义的“颜色”不同。

〔逆〕　本义指迎接。《说文》：“逆，迎也……关东曰逆，关西曰迎。”可见“逆”、“迎”是同义词。《左传·成公十四年》：“宣公如齐逆女。”又《国语·晋语》：“乃归女而纳币，且逆之。”这些“逆”都是迎娶义。《孙子兵法·军争》：“故用兵之法，高陵勿向，背邱勿逆。”杜牧注：“逆者，迎之。敌在高处，不可仰攻；敌倚邱山，下来求战，不可迎之。”这是迎击义。引申为倒着义。《孟子·滕文公上》：“当尧之时，水逆行，泛滥于中国。”又为后退义。《周礼·考工记·匠人》：“困窌仓城，逆墙六分。”郑玄注：“逆，犹却也。”由倒、不顺引申为造反、叛逆。如本篇：“而焉耆王舜，舜子忠，独谋悖逆。”

古代汉语中，“逆”还有预料、估量的意思。如《玉篇》：“逆，度也。”《三国志·蜀书·诸葛亮传》：“凡事如此，难可逆见。”

〔没〕　本义指沉没。《说文》：“没，沉也。”《庄子·列御寇》：“其子没于渊，得千金之珠。”《史记·秦始皇本纪》：“使千人没水求之。”引申为淹没的意思。《史记·滑稽列传》：“即不为河伯娶妇，水来漂没，溺其人民。”又引申为隐没、消失的意思。刘长卿《初至洞庭怀灞陵别业》：“长天不可望，鸟与浮云没。”《史记·李将军列传》：“广出猎，见草中石，以为虎而射之，中石没镞。”

"没"又指覆灭，如本篇："遂攻没都护陈睦。"又《报任安书》："陵未没时，使有来报，汉公卿王侯，皆奉觞上寿。"引申为死亡，死去义。如本篇："然恐后世或名臣为没西域。"又曹操《褒枣祗令》："不幸早没。"这一意义，后来写作"殁"。

〔勒〕 马头上带嚼口的笼头。《说文》："勒，马头络衔也。从革，力声。"如《仪礼·既夕礼》："缨辔贝勒。""贝勒"即用贝装饰的马笼头。用作动词，指勒马。如《楚辞·九章·思美人》："勒骐骥而更驾兮，造父为我操之。"又引申为约束、限制义。《后汉书·人事》："远方士皆未知朝廷仪范，班列纷错，有司不能绳勒。""绳勒"指按准绳加以限制。又有整饬的意思。如《史记·孙子吴起列传》："子之十三篇，吾尽观之矣，可以小试勒兵乎？"又为部署义。如本篇："超密勒兵待之。"

镌刻也称"勒"，如《礼记·月令》："物勒工名，以考其诚。"郑玄注："勒，刻也。""物"指器物，"工"指工匠。又特指刻石，刻碑。司马相如《封禅书》："勒工中岳。"又陆游《夜泊水村》诗："太息燕然未勒名。"引申为编写。裴骃《史记集解序》："虽时有纰缪，实勒成一家。"

〔婴〕（嬰） 本义指妇女颈上的饰物，类似今天的项链。《说文》："婴，颈饰也。"桂馥义证："古人连贝为婴。"作为动词，指系在脖颈上。《墨子·兼爱》："被甲婴胄，将往战。"又《荀子·富国》："辟之，是犹使处女婴宝珠，佩宝玉，负戴黄金，而遇中山之盗也。"引申为环绕义。如陆机《赴洛道中作》："借问子何之？世网婴我身。"又为遭受义。如本篇："先帝深愍边萌婴罹寇害。"是说先帝深深同情边境百姓遭受盗寇的侵扰。

"婴"的另一常用义是初生的小孩。《释名·释长幼》："人始生曰婴儿。"郭璞《游仙诗》："奇龄迈五龙，千岁方婴孩。"白居易《吾雏》："老幼不相待，父衰汝孩婴。"

〔略〕 古义为疆界。《左传·庄公二十一年》："王与之武公之略，自虎牢以东。""略"又指巡行、巡视。如《左传·昭公二十四年》："楚子为舟师，以略吴疆。""略"还指谋略、智慧。如本篇：

"大丈夫无他志略。"又《汉书·司马相如传》:"观士大夫之勤略,均猎者之所得获。"颜师古注:"略,智略也。"又有简略义。《管子·侈靡》:"略近臣,合于其远者立。"《天论》:"养略而动罕,则天不能使之全。"引申为大约,大致义。《孟子·万章下》:"尝闻其略也。"又《荀子·儒效》:"略法先王,而足乱世术。"

〔发〕(發)　本义指把箭射出去。《说文》:"發,射发也。从弓,登声。"《史记·李将军列传》:"其射,见敌急,非在数十步内,度不中不发,发即应弦而倒。"李白《行行且游猎篇》:"弓弯满月不虚发,双鹕迸落连飞髇。"引申为出发,离去。如本篇:"超发还。"是说班超出发往回走。"白居易《长恨歌》:"六军不发无奈何。"

"发"的另一意义是兴起,产生。《韩非子·显学》:"猛将必发于卒伍。"《淮南子·主术训》:"是故草木之发如蒸气。"引申为表露义。《荀子·礼论》:"歌谣谇笑,哭泣谛号,是吉凶忧愉之情发于声音者也。"

"发"还有打开的意思。《韩非子·难一》:"使桓公发仓囷而赐贫穷。"《孟子·梁惠王上》:"狗彘食人食而不知检,涂有饿莩而不知发。"引申为抽象的启发义。如《论语·述而》:"不愤不启,不悱不发。"

〔荐〕(薦)　本义指兽类所吃的草。《说文》:"荐,兽之所食艸。"《庄子·齐物论》:"民食刍豢,麋鹿食荐。"又指用草编织的草席、草垫。刘向《九叹·逢纷》:"薜荔饰而陆离荐兮。"王逸注:"荐,卧席也。"

"荐"有进献义。如本篇:"荐勋祖庙。"是说向祖庙进献功勋。又《礼记·祭仪》:"天子有善,让德于天;诸侯有善,归诸天子;卿大夫有善,荐于诸侯。"郑玄注:"荐,进也。"引申为推荐义。《孟子·万章上》:"诸侯能荐人于天子,不能使天子与之诸侯。"

在古代,"荐"和"薦"是两个不同的字。"荐"的本义是草席。而"薦"的本义是兽类所吃的草。又"薦"有进献义,而"荐"没有此义。

32 华 佗 传

《三国志》

【说明】

本文是从《三国志·魏书·方技传》中选出的。

《三国志》包括《魏书》三十卷，《蜀书》十五卷，《吴书》二十卷，共六十五卷。它是一部记载魏、蜀、吴三国历史的纪传体史书，把三国鼎立的复杂的历史大致清楚地记载了下来，对在政治、经济、军事、学术思想、文学艺术及科学等方面有影响有贡献的人物，大多立传或用附见写在书中。特别对曹操、诸葛亮作了相当的肯定。但全书以唯心史观为主导，宣扬了"皇权神授"思想。

陈寿（233—297），字承祚，巴西安汉（今四川南充北）人。在蜀做过观（guàn）阁令史。入晋后，任著作郎、治书侍御史。晋灭吴后，集三国时官私著作，著成《三国志》。南朝宋文帝年间，裴松之为《三国志》作了注。他的注引用时人的大量著述，数倍于原著，对史实作了补充和考订，可作为研究三国时期历史的参考。

华佗是东汉末年一位杰出的医学家，不仅精通内科、儿科、妇科，更擅长外科。他发明的"麻沸散"是世界上最早的全身麻醉药，他也是世界上最早使用全身麻醉方法进行外科手术的。他不仅使用药物、针灸为人治病，还提倡体育健身，创造了"五禽戏"这一古典体操。本文用许多医案记述华佗丰富的临床经验和诊断准确、药到病除的高超医术。他的成就，反映了我国汉末医学的高度发展水平。

华佗,字元化,沛国谯人也[1],一名旉[2]。游学徐土[3],兼通数经[4]。沛相陈珪举孝廉[5],太尉黄琬辟[6],皆不就[7]。晓养性之术[8],时人以为年且百岁而貌有壮容[9]。又精方药[10],其疗疾[11],合汤不过数种[12],心解分剂[13],不复称量,煮熟便饮,语其节度[14],舍去辄愈[15]。若当灸[16],不过一两处,每处不过七八壮[17],病亦应除[18]。若当针[19],亦不过一两处,下针言:"当引某许[20],若至,语人[21]。"病者言"已到",应便拔针[22],病亦行差[23]。若病结积在内,针药所不能及,当须刳割者[24],便饮其麻沸散[25],须臾便如醉死,无所知,因破取[26]。病若在肠中,便断肠湔洗[27],缝腹膏摩[28],四五日,差,不痛,人亦不自寤[29],一月之间,即平复矣[30]。

【注释】

[1]沛国:东汉所封的一个诸侯国,治所在今安徽宿州西北。　谯(qiáo):沛国的县,在今安徽亳(bó)州。

[2]旉(fú):"敷"的古字。

[3]游学:远游异地,从师求学。　徐土:徐州地区,古九州之一。故地在今江苏长江以北和山东东南部地区。

[4]通晓几种经书。　兼:同时进行几件事或占有几样东西。　经:儒家经典,指《诗》、《书》、《易》、《礼》、《春秋》等。

[5]相:诸侯国的行政长官,由封建中央王朝委派,名义上是辅佐王侯的,实际是掌实权的。　陈珪:字汉瑜。　举:推荐,选拔。　孝廉:汉朝选拔官吏的一种,由各郡国从其所属吏民中,按封建伦理标准推荐人才到中央朝廷,称为孝廉。但多为世家大族所利用。

[6]太尉:汉代掌管全国军事的最高官职。　黄琬:字子琰(yǎn),东汉末年人,官至司徒、太尉。后被董卓部将李傕(jué)所杀。　辟(bì):征召任用。

[7]都不去任职。　就:动词,这里是"去任职"的意思。

[8]晓:通晓。　养性之术:养生之道。

[9]且:将,将近。　貌有壮容:相貌有壮年的容色。

[10]方药:处方和药物性能。

[11]疗疾:治病。

[12]合汤:配合汤药。　数种:几种药物。

[13]心解:心里熟悉。　分(fèn)剂:剂量。

[14]节:节制。　度:限度。

[15]舍去:华佗离开。　辄:就,便。

[16]灸(jiǔ):中医的一种治病方法,用艾绒做的艾柱,点燃后,用来熏熨
　或温灼一定的穴位。

[17]壮:熏灼一支艾柱叫一壮。

[18]应除:应手消除。

[19]针:用为动词,扎针,指"针灸"之"针"。

[20]针感应当达到某处。　许:处。

[21]告诉人,这里指告诉华佗自己。

[22]应便:随声就。

[23]行差(chài):很快病愈。　行:行将,快。　差:同"瘥",病痊愈。
　下文几处的"差"同此。

[24]刳(kū)割:剖开割除。　刳:剖。

[25]麻沸散:华佗发明的一种全身麻醉药,后失传。

[26]因:趁势。　破:指开刀。　取:指切除病患。

[27]断肠:割断肠子,指切除肠子的病患处。　湔(jiān)洗:指洗肠子的
　伤口及污染部分。　湔:洗。

[28]膏摩:用药膏敷上。　摩:涂抹。

[29]不自寤(wù):自己不觉得。　寤:醒,这里指"感觉到"的意思。

[30]平复:愈合,复原。

　　故甘陵相夫人有娠六月[1],腹痛不安。佗视脉,曰:"胎已死
矣。"使人手摸知所在[2],在左则男,在右则女。人云:"在左。"于
是为汤下之,果下男形,即愈。

【注释】

[1]故:原,旧。　甘陵:诸侯国名,在今河北清河。

[2]封建社会男女授受不亲,医生也不能摸女患者腹部,所以"使人手

摸"。

县吏尹世苦四支烦[1]，口中干，不欲闻人声，小便不利[2]。佗曰："试作热食，得汗则愈；不汗，后三日死。"即作热食而不汗出[3]，佗曰："藏气已绝于内[4]，当啼泣而绝。"果如佗言。

【注释】

[1]四支烦：四肢燥热。　支：通"肢"。

[2]不利：不畅。　利：顺利。

[3]不汗出：不出汗。

[4]藏气：五脏的元气。　藏：后来写作"臟"。　绝：断。后句"绝"字指断气，即死亡。

府吏兒寻、李延共止[1]，俱头痛身热，所苦正同。佗曰："寻当下之，[2]延当发汗。"或难其异[3]，佗曰："寻外实，延内实[4]，故治之宜殊[5]。"即各与药[6]，明旦并起。

【注释】

[1]府吏：郡守府中的下级官吏。　兒（ní）：同"倪"，姓。　共止：一起停止下来，指一起来就诊。

[2]下之：把它泻下来，指排泄出淤积、实热。　下：是中医治病方法（汗、吐、下、补）之一，即泻。

[3]或：有人。　难（nàn）其异：对其不同提出疑问。

[4]实：实证，中医分析病症基本类别之一。实证又分外实和内实，也叫表证和里证，二者医治方法不同。

[5]宜殊：应该不同。

[6]与：给。

盐渎严昕与数人共候佗[1]，适至[2]，佗谓昕曰："君身中佳否？"昕曰："自如常[3]。"佗曰："君有急病见于面[4]，莫多饮酒[5]。"坐毕归,行数里,昕卒头眩堕车[6],人扶将还[7],载归家[8],中宿死[9]。

【注释】

[1]盐渎:汉置县,东晋改为盐城县。在今江苏东部。 严昕(xīn):人名。 候:探问,问候。

[2]适:刚好,正好。

[3]自然像平常一样。

[4]见(xiàn):"现"的古字,出现,显现。

[5]莫:否定副词,不要。

[6]卒:通"猝",突然。

[7]扶将:扶着,同义复词。 将:扶。

[8]用车拉回家。

[9]中宿:半夜。

　　故督邮顿子献得病已差[1],诣佗视脉[2],曰:"尚虚,未得复,勿为劳事,御内即死[3]。临死,当吐舌数寸。"其妻闻其病除,从百余里来省之[4],止宿交接[5],中间三日发病,一如佗言[6]。

【注释】

[1]督邮:官名,汉代各郡的重要属吏,代表太守办事。 顿子献:人名。

[2]诣:往,到达。

[3]御内:行房事。

[4]省(xǐng):探望。

[5]交接:同"御内"。

[6]一:完全。

　　督邮徐毅得病,佗往省之。毅谓佗曰:"昨使医曹吏刘租针胃管讫[1],便苦欬嗽[2],欲卧不安。"佗曰:"刺不得胃管,误中肝也,食当日减[3],五日不救[4]。"遂如佗言。

【注释】

[1]医曹吏:官府中负责医疗的官吏。 胃管:中脘(wǎn)穴。 讫:完毕。

[2]欬:同"咳"。

[3]日减:一天天减少。

[4]不救:不能救治,指死亡。

　　东阳陈叔山小男二岁[1],得疾,下利[2],常先啼,日以羸困[3]。问佗,佗曰:"其母怀躯[4],阳气内养,乳中虚冷[5],儿得母寒,故令不时愈[6]。"佗与四物女宛丸[7],十日即除[8]。

【注释】

[1]东阳:县名,在今安徽天长西北。

[2]下利:腹泻。 利:通"痢",腹泻。

[3]日以:以日,按日,即一天天。 羸(léi)困:瘦弱、疲惫。

[4]怀躯:怀胎。

[5]乳汁气虚偏冷。

[6]不时愈:不能应时痊愈。

[7]四物女宛丸:丸药名,配方已失传。

[8]除:病除。

　　彭城夫人夜之厕[1],虿螫其手[2],呻呼无赖[3]。佗令温汤近热[4],渍手其中[5],卒可得寐,但旁人数为易汤,汤令煖之[6],其旦即愈。

【注释】

[1]彭城:县名,今江苏徐州市,两汉时为彭城郡治所。 夫人:指县令或郡守夫人。 之:去,往。

[2]虿(chài):蝎类毒虫。 螫(zhē):蜂、蝎等刺人。

[3]无赖:无奈,无可奈何。 赖:依靠。

[4]汤:热水。

[5]渍(zì):浸泡。

[6]煖:同"暖"。

军吏梅平得病[1]，除名还家[2]，家居广陵[3]，未至二百里，止亲人舍。有顷，佗偶至主人计[4]，主人令佗视平，佗谓平曰："君早见我，可不至此。今疾已结[5]，促去可得与家相见[6]，五日卒。"应时归，如佗所刻[7]。

【注释】

[1]军吏:军中小吏。

[2]除名:除去名籍，免职。

[3]广陵:郡名，治所在今扬州市。

[4]偶至主人计:偶然到主人那里结账。　计:结算，算账。

[5]结:凝结，指病重了。

[6]促去:赶快离开，让他快回家。

[7]所刻:所估量的时间。　刻:时候。这里用为动词，计算、估量时间。

佗行道，见一人病咽塞[1]，嗜食而不得下[2]，家人车载欲往就医[3]。佗闻其呻吟，驻车往视[4]，语之曰："向来道边有卖饼家[5]，蒜齑大酢[6]，从取三升饮之，病自当去。"即如佗言，立吐虵一枚[7]，县车边[8]，欲造佗[9]。佗尚未还，小儿戏门前[10]，逆见[11]，自相谓曰[12]："似逢我公，车边病是也[13]。"疾者前入坐[14]，见佗北壁县此虵辈约以十数[15]。

【注释】

[1]病咽塞:得了咽喉堵塞的病。　病:动词，患病。

[2]嗜食:想吃食物。　嗜:喜欢，爱好。　不得下:不能咽下。

[3]车载:用车拉着。　车:名词用作状语。

[4]驻车:停车。

[5]向:刚才。

[6]蒜齑(jī):捣碎的蒜,蒜泥。　酢(cù):"醋"的本字。

[7]虵:同"蛇"。这里指一种寄生虫。

[8]县:"悬"的本字,悬挂。

[9]想要到华佗家里去。　造:到……去。

[10]戏门前:在门前游戏。

[11]迎面看见。　逆:迎。

[12]自相谓:指小孩子们自己互相说。

[13]好像遇上了我们的祖父,车边挂的虫子说明是这样。　公:祖父。
　　病:指那条寄生虫。　是:如此,这样。

[14]前:动词,向前。

[15]此虵辈:这一类寄生虫。　辈:同类。　约以十数(shǔ):大约几十
　　条。用十去数,就是几十。

　　又有一郡守病[1],佗以为其人盛怒则差[2],乃多受其货而不加治[3];无何弃去[4],留书骂之。郡守果大怒,令人追捉杀佗。郡守子知之,属使勿逐[5]。守瞋恚既甚[6],吐黑血数升而愈。

【注释】

[1]郡守:郡的行政长官,也称太守。

[2]盛怒:大怒。　盛:极点,顶点。

[3]货:财物。

[4]无何:无几何时,不久。

[5]属(zhǔ)使:告诉去追杀的人。　属:通"嘱",请托,叮嘱。　使:指
　　派出追杀的人。

[6]瞋恚(chēn huì):瞪着眼睛发怒。

　　又有一士大夫不快[1],佗云:"君病深,当破腹取。然君寿亦不过十年,病不能杀君[2],忍病十岁,寿俱当尽,不足故自刳裂。[3]"士大夫不耐痛痒,必欲除之。佗遂下手,所患寻差[4],十年竟死[5]。

【注释】

[1]不快:不快适。

[2]杀君:使您丧命。

[3]寿俱当尽:病和寿命都当到尽头。 故:特意。 刳裂:剖开。

[4]寻:不久。

[5]竟:终于。

广陵太守陈登得病,胸中烦懑[1],面赤不食。佗脉之曰[2]:"府君胃中有虫数升[3],欲成内疽[4],食腥物所为也[5]。"即作汤二升[6],先服一升,斯须尽服之[7],食顷[8],吐出三升许虫[9],赤头皆动,半身是生鱼脍也[10],所苦便愈。佗曰:"此病后三期当发[11],遇良医乃可济救[12]。"依期果发动[13],时佗不在,如言而死。

【注释】

[1]烦懑(mèn):烦躁郁闷。

[2]脉:用为动词,切脉。

[3]府君:对太守的尊称。

[4]内疽(jū):腹内的一种肿烂的毒疮。

[5]腥物:指生鱼生肉类。

[6]汤:药汤。

[7]斯须:一会儿。

[8]吃下不多时。

[9]三升许:三升左右。 许:用在数量词后,表示约数,左右,上下。

[10]脍:切得很细的肉。

[11]后三期(jī):三年后。 期:周年。 发:指复发。

[12]济救:救活。

[13]发动:发作。

太祖闻而召佗[1],佗常在左右。太祖苦头风[2],每发,心乱目眩[3],佗针鬲[4],随手而差[5]。

【注释】

[1]太祖:曹操。曹操死后,他儿子曹丕称帝,追尊曹操为武皇帝,他的
    孙子曹叡又定他的庙号为太祖。

[2]头风:神经性头痛。

[3]目眩(xuàn):眼睛昏花。

[4]鬲(gé):"膈"的古字,这里指膈俞穴。

[5]手到病除。

李将军妻病甚,呼佗视脉,曰:"伤娠而胎不去。[1]"将军言:
"闻实伤娠,胎已去矣。"佗曰:"案脉[2],胎未去也。"将军以为不
然。佗舍去,妇稍小差。百余日复动,更呼佗[3],佗曰:"此脉故事
有胎[4]。前当生两儿,一儿先出,血出甚多,后儿不及生。母不自
觉,旁人亦不寤[5]。不复迎[6],遂不得生。胎死,血脉不复归,必
燥著母脊[7],故使多脊痛。今当与汤,并针一处,此死胎必出。"汤
针既加,妇痛急如欲生者。佗曰:"此死胎久枯,不能自出,宜使人
探之[8]。"果得一死男,手足完具,色黑,长可尺所[9]。

【注释】

[1]伤娠:伤了胎儿。

[2]案:通"按",手抚。

[3]更:再,又一次。

[4]故事:先例。这里用作状语,是"按先例"或"按常规"的意思。

[5]寤:通"悟",了解。

[6]迎:指接生。

[7]燥:干燥。中医所说六种病因之一。　著(zhuó):附着。

[8]探:探取,掏取。

[9]可尺所:大约一尺。　可:用在数词或量词前,表示约计,约,大约。
　　　所:用在数词或量词后,表示约数,左右。

佗之绝技,凡此类也[1]。然本作士人[2],以医见业[3],意常自

悔^[4]。后太祖亲理^[5]，得病笃重^[6]，使佗专视^[7]。佗曰："此近难济^[8]，恒事攻治^[9]，可延岁月^[10]。"佗久远家思归^[11]，因曰："当得家书^[12]，方欲暂还耳。"到家，辞以妻病，数乞期不反^[13]。太祖累书呼^[14]，又敕郡县发遣^[15]。佗恃能厌食事^[16]，犹不上道^[17]。太祖大怒，使人往检^[18]：若妻信病^[19]，赐小豆四十斛^[20]，宽假限日^[21]；若其虚诈，便收送之^[22]。于是传付许狱^[23]，考验首服^[24]。荀彧请曰^[25]："佗术实工^[26]，人命所县^[27]，宜含宥之^[28]。"太祖曰："不忧^[29]，天下当无此鼠辈邪^[30]？"遂考竟佗^[31]。佗临死，出一卷书与狱吏，曰："此可以活人^[32]。"吏畏法不受，佗亦不强^[33]，索火烧之^[34]。佗死后，太祖头风未除。太祖曰："佗能愈此。小人养吾病^[35]，欲以自重^[36]，然吾不杀此子，亦终当不为我断此根原耳^[37]。"及后爱子仓舒病困^[38]，太祖叹曰："吾悔杀华佗，令此儿强死也^[39]。"

【注释】

[1]凡：副词，表示总括，总共。

[2]本作士人：本来是读书人。古称通晓儒家经典的为士人。

[3]凭医术显示业绩。　见(xiàn)："现"的古字，显露，出现。

[4]内心常常自己懊悔。封建社会，医生列为"方技"一类，被视为贱业。
　　因此华佗"意常自悔"。　意：心意，内心。　悔：悔恨，懊悔。

[5]亲理：亲自管理国家大事。

[6]笃重：沉重。　笃：厚。

[7]专视：专门为曹操看病。

[8]这个病差不多难治好。　近：接近。　济：成功。这里指治愈。

[9]不间断地进行治疗。　恒：经常，不断。　事：从事，进行。

[10]可以延长寿命。　岁月：指生命的岁月。

[11]远家：远离家庭。

[12]当：尝，指近日。

[13]多次请求延长假期不返回。　乞：请求。　反：同"返"，归。

[14]累：多次。　书呼：用书信召唤。

[15]敕(chì):用作动词,下诏令。专指皇帝的诏令。　发遣:征发,遣送。

[16]恃(shì)能:依恃才能。　厌:厌恶。　食事:吃侍奉人的饭。

[17]上道:上路,启程。

[18]往检:去查看。

[19]信:确实。

[20]小豆:也叫赤豆。　斛(hú):量器,秦汉时以十斗为斛。

[21]延长期限。　假(jiǎ):宽容。与"宽"构成同义复词。

[22]收送:逮捕,押送。

[23]押解给许昌监狱。　传:用传车递解。　付:给。　许:许昌。公元196年以后,曹操把东汉都城由洛阳迁到许昌,即今河南许昌市。

[24]考验:拷问,审查。　首服:主动认罪。

[25]荀彧(yù):曹操的重要谋士。

[26]工:巧,技术高明。

[27]人命所关:指华佗能救治人们的疾病。　县(xuán):悬系。

[28]宜:应该。　含宥(yòu):包含,宽容。

[29]不忧:不必担心。

[30]鼠辈:老鼠一类,鄙视、骂人的话。

[31]考竟:拷打至死。　竟:终。

[32]活人:使人活,即给人治病,救活人。

[33]不强(qiǎng):不勉强。

[34]索:讨取。

[35]养吾病:指有意拖延不给根治。

[36]自重:抬高自己。

[37]根原:指病根。

[38]仓舒:曹冲字仓舒,十三岁病死。　困:危。

[39]强死:指眼看着没办法医治而死。

　　初,军吏李成苦欬嗽,昼夜不寐[1],时吐脓血,以问佗[2]。佗言:"君病肠臃[3],欬之所吐,非从肺来也。与君散两钱[4],当吐二

· 364 ·

升余脓血,讫[5],快自养[6],一月可小起,好自将爱[7],一年便健。十八岁当一小发[8],服此散,亦行复差[9];若不得此药,故当死。"复与两钱散。成得药,去五六岁[10],亲中人有病如成者,谓成曰:"卿今强健[11],我欲死,何忍无急去药,以待不祥[12]?先持贷我[13],我差,为卿从华佗更索。"成与之。已故到谯[14],适值佗见收[15],忽忽不忍从求。后十八岁,成病竟发,无药可服,以至于死。

【注释】

[1]痞:可能是"寐"之误,入睡。

[2]以:"以之"的省略,拿他的病情。

[3]臃:臃肿。

[4]散:研成细末的药。

[5]讫:完毕,终了。

[6]快:畅快。

[7]好好地自己保养。 将:调养。

[8]十八岁:十八年后。

[9]行:行将。

[10]收藏了五六年。 去(jǔ):通"弆",藏。下句的"去"同此。

[11]卿:对人尊称。

[12]意思是:怎么忍心自己还没有急需却收藏着药而看着我死去?
　　　　忍:忍心。 不祥:指死亡。

[13]持:拿来。 贷:借。

[14]已故:因为这个缘故。 已:同"以",因为。

[15]适值:正遇上。 见收:被逮捕。

　　广陵吴普、彭城樊阿皆从佗学。普依准佗治[1],多所全济[2]。佗语普曰:"人体欲得劳动[3],但不当使极尔[4]。动摇则谷气得消[5],血脉流通,病不得生,譬犹户枢不朽是也[6]。是以古之仙者为导引之事[7],熊颈鸱顾[8],引挽腰体[9],动诸关节,以求难老[10]。吾有一术,名五禽之戏[11],一曰虎,二曰鹿,三曰熊,四曰猨[12],五曰鸟,亦以除疾[13],并利蹄足[14],以当引导[15]。体中不快,起作一禽之戏,沾濡汗出[16],因上著粉[17],身体轻便,腹中欲食。"普施行之,年九十余,耳目聪明[18],齿牙完坚[19]。阿善针术。凡医咸言背及胸藏之间不可妄针[20],针之不过四分,而阿针背入一二寸,巨阙胸藏针下五六寸[21],而病辄皆瘳[22]。阿从佗求可服食益于人者[23],佗授以漆叶青黏散[24]。漆叶屑一升[25],青黏屑十四两,以是为率[26],言久服去三虫[27],利五藏[28],轻体,使人头不白。阿从其言,寿百余岁。漆叶处所而有[29],青黏生于丰、沛、彭城及朝歌云[30]。

【注释】

[1]依准:依照。

[2]全济:指医治好。 全:保全。 济:成。

[3]劳动:活动,运动。

[4]极:用作动词,达到极限。 尔:句尾语气助词,罢了。

[5]动摇:运动。 谷气:中医的术语,指饮食中的养分。 消:消化。

[6]譬犹:譬如。 户枢:门的转轴。 是:就这样,指示代词,用作谓语。

[7]仙者:古代道家和方士所幻想的一种超出人世、长生不死的人。
     导引:即现在说的气功。

[8]熊颈:应作"熊经",像熊那样攀挂树枝。 经:悬挂。 鸱(chī)顾:
     像鸱鹰那样回头看。 熊、鸱:都是名词,用作状语。

[9]引挽(wǎn):牵引,伸展。

[10]难老:难于衰老。

[11]五禽之戏:模仿五种鸟兽动作的体操。 禽:古鸟兽总名,包括鸟
      和兽。 戏:古代包括游戏、逸乐、歌舞、杂技、体操等活动。

[12]猨(yuán):同"猿"。

[13]以除疾:用它消除疾病。 以:"以之"的省略。

[14]利蹄足:使腿脚轻快利索。 利:使动用法,使……利。

[15]当:当作。

[16]沾濡(rú):浸湿,指汗水浸湿衣服。

[17]因:趁这时。 著(zhuó):附着,敷上。 粉:指爽身粉。

[18]聪:听觉敏锐。　明:视觉敏锐。

[19]齿牙:牙齿。　齿:排列在前的牙。　牙:牙床后部的牙。

[20]凡医:一般的医生。　咸:都。　妄针:随便扎针。

[21]巨阙:穴位名,在脐上六寸。

[22]瘳(chōu):痊愈。

[23]可服食益于人者:可以服用而对人体有益的药物。

[24]漆叶青黏散:补药。　漆叶:可治虚劳病,又可杀寄生虫。　青黏:
又名黄精,可滋补身体,又可治风湿病。　黏:同"粘"。

[25]屑(xiè):碎末。

[26]以此为比例。

[27]三虫:三种寄生虫,即蛔虫、赤虫、蛲虫。

[28]五藏:心、肺、肝、脾、肾。

[29]处所:到处,处处。

[30]丰:县名,在今江苏丰县。　沛:县名,在今江苏沛县东。　朝歌:
在今河南汤阴西南。　云:句末语气助词,有"据说如此"的意思。

本篇选词概述

1. 兼	2. 破	3. 愈	4. 难	5. 诣
6. 省	7. 竟	8. 期	9. 工	10. 强

〔兼〕　同时具备几方面。如本篇:"游学徐土,兼通数经。"又《五蠹》:"儒以文乱法,侠以武犯禁,而人主兼礼之。"又为加倍。《三国志·魏书·贾逵传》:"乃兼道进军,多设旗鼓为疑兵。""兼道"是加倍赶路,也说"兼程"、"兼途"。《穀梁传·襄公二十四年》:"五谷不升,谓之大侵;大侵之礼,君食不兼味。""兼味"是吃两种以上的菜肴。又为并吞,兼并。《史记·李斯列传》:"卒兼六国,虏其王,立秦为天子。"《韩非子·解老》:"进兼天下而退从民人,其术远,则众人莫见其端末。"

〔破〕　本义指石头开裂,所以字从石。李贺《李凭箜篌引》:"女娲炼石补天处,石破天惊逗秋雨。"这里"石破天惊"用来比喻箜篌的声音凌厉激越，出人意料。引申为凡物碎裂破坏。《韩非子·十过》："大风至，大雨随之，裂帷幕，破俎豆，墯廊瓦。"《劝学》："风至苕折，卵破子死。"又为攻克。《韩非子·初见秦》："往者，齐南破荆，东破宋，西服秦，北破燕，中使韩、魏，土地广而兵强。"又为剖分。如本篇："当须刳割者，便饮其麻沸散，须臾便如醉死，无所知，因破取。"《庄子·列御寇》："秦王有病召医，破痈溃痤者，得车一乘。"

〔愈〕 病好了。如本篇："佗曰：'试作热食，得汗则愈；不汗，后三日死。'"《韩非子·外储说右下》："人主病，为之祷；今病愈，杀牛塞祷（还愿）。"如本篇："佗能愈此。小人养吾病，欲以自重。"使动用法，指治好。这一意义也写作"瘉"、"癒"。又为胜过。《左传·襄公十年》："子骍曰：'国病矣。'子展曰：'得罪于二大国必亡。病不犹愈于亡乎！'"用作副词，更加。《五蠹》："境内皆言兵，藏孙、吴之书者家有之，而兵愈弱，言战者多，被甲者少也。"《左传·襄公三十一年》："使夫往而学焉，夫亦愈知治矣。"

〔难〕（難） 困难，和"易"相对。形容词，读作 nán。本篇："佗曰：'此近难济，恒事攻治，可延岁月。'"《许行》："是故以天下与人易，为天下得人难。"

责备，动词。读作 nàn。如《孟子·离娄上》："责难于君谓之恭，陈善闭邪谓之敬。""责难"是同义复词，也是责备的意思。又为诘问，反驳。如本篇："佗曰：'寻当下之，延当发汗。'或难其异。"《韩非子·外储说左上》："卫嗣公使人过关市，关市呵（hē，大声呵斥）难之。"

又为祸乱，灾难。读作 nàn。如《韩非子·说林下》："白公之难，子西死焉。"又《五蠹》："坚甲厉兵以备难而美荐绅之饰。"

〔诣〕（詣） 前往，去到。如本篇："故督邮顿子献得病已差，诣佗视脉。"《史记·魏豹彭越列传》："梁王称病，使将将兵诣邯郸。"引申为拜访。《隆中对》："由是先主遂诣亮，凡三往，乃见。"又为学问的进境。《朱文公集·答何叔京书》："《易说》序文，敬拜大赐,三复研味,想见前贤造诣之深,践履之熟。"

〔省〕 视察,察看。动词。读作 xǐng。《韩非子·外储说右下》:"故桓公巡民而管仲省腐财怨女。"(腐财怨女:在这一篇的下文说:"畜积有腐弃之财,则人饥饿;宫中有怨女,则民无妻。")《史记·平准书》:"至酎(zhuó),少府省金,而列侯坐酎金失侯者百余人。"《集解》:"至尝酎饮宗庙时,少府视其金多少也。"(汉律:诸侯于宗庙祭祀时献金助祭叫酎金。)引申为问候,探望。《礼记·曲礼上》:"昏定(晚上伺候父母安寝)而晨省。"本篇:"其妻闻其病除,从百余里来省之。"引申为检查,反省。如《论语·颜渊》:"内省不疚,夫何忧何惧!"又《劝学》:"君子博学而日参省乎己。"

减少,节约。读作 shěng。《韩非子·八说》:"书约而弟子辨,法省而民讼简。"《史记·平准书》:"陛下损膳省用,出禁(宫中)钱以振元元(庶民)。"

又为天子所居之地,宫禁。《史记·梁孝王世家》:"小见者,燕见于禁门内,饮于省中,非士人所得入也。"引申为国家的中央行政机关的名称。汉代尚书、中书、门下各官署都设在宫禁中,因称为省,后沿用为官署名。唐代,中央机关有尚书、门下、中书、秘书、殿中、内侍六省。元代,中央设中书省,在各路设行中书省,称行省。

〔竟〕 本义指乐曲终了。《说文》:"乐曲尽为竟。"段玉裁注:"曲之所止也。引申为凡事之所止,土地之所止,皆曰竟。"《史记·高祖本纪》:"岁竟,此两家常折券弃责。""岁竟"是年岁终止,即一年完了。本篇:"太祖曰:'不忧,天下当无此鼠辈耶?'遂考竟佗。""考竟"是拷打终了,即拷打致死。这些"竟"字都用为动词。"竟"也用为副词,指终于,竟然。《毛遂自荐》:"平原君竟与毛遂偕。"《魏公子列传》:"日夜为乐饮者四岁,竟病酒而卒。"本篇:"佗遂下手,所患寻差,十年竟死。"又用为名词,指边境。《晋灵公不君》:"子为正卿,亡不越竟,反不讨贼,非子而谁?"《公羊传·庄公十三年》:"城坏压竟,君不图与?"这个意义,就是段玉裁所说的

"土地之所止"。后写作"境"。

〔期〕 在"期限"、"时限"的意义上，古今汉语没有差别。《陈涉世家》："会天大雨，道不通，度已失期。"本篇："依期果发动，时佗不在，如言而死。""期"在古文中有"要求"、"期望"义。《吕氏春秋·察今》："良剑期乎断，不期乎镆铘。"《五蠹》："是以圣人不期脩古，不法常可。"又指周年，整月，读‖。《左传·襄公九年》："行之期年，国乃有节。"《论语·子路》："苟有用我者，期月而已可也，三年有成。"邢昺疏："期月，周月也，谓周一年之十二月也。"本篇："佗曰：'此病后三期当发，遇良医乃可济救。'""三期"是三整年。这个意义又可以写作"朞"。《冯谖客孟尝君》："后朞年，齐王谓孟尝君曰：'寡人不敢以先王之臣为臣！'"

〔工〕 有技艺的人，工人。《许行》："百工之事，固不可耕且为也。"《史记·河渠书》："乃使水工郑国（人名）间说秦，令凿泾水……欲以溉田。"又《史记·外戚世家》："上居甘泉宫，召画工图画周公负成王也。"又《史记·张丞相列传》："有相工相之，当至丞相。"又《史记·郦生陆贾列传》："百姓骚动，海内摇荡，农夫释耒，工女下机。""水工"是能治水的人。"画工"是能画像的人。"相工"是会相术的人。"工女"是有纺织技艺的妇女。引申为精巧，精细，跟"拙"相对。《庄子·庚桑楚》："〔后〕羿工乎中微而拙乎使无己誉。"本篇："荀彧请曰：'佗术实工，人命所县，宜含宥之。'"《史记·平原君虞卿列传》："虞卿料事揣情，为赵划策，何其工也。"又为擅长。《五蠹》："工文学者非所用，用之则乱法。"

〔强〕（彊） 本义是强劲有力的弓。读作 qiáng。《说文》："强，弓有力也。"《史记·绛侯周勃世家》："勃以织薄曲为生，常为人吹箫给丧事，材官引强。"《集解》："汉书音义曰：'能引强弓官，如今挽强司马也。'"引申为强健，强盛。如本篇："卿今强健，我欲死……"《史记·宋微子世家》："而身其康强，而子孙其逢吉。"又《廉颇蔺相如列传》："且秦强而赵弱，大王遣一介之使至赵，赵立奉璧来。"

勉强，强力。读作 qiǎng。如本篇："吏畏法不受，佗亦不强。"
《史记·高祖本纪》："汉王病创卧，张良强请汉王起行劳军，以安
士卒。"《左传·定公六年》："故强为之请，以取入焉。"

俛强，不随和。读作 jiàng。《史记·张丞相列传》："周昌，木
强人也。"《正义》："言其质直俛强如木石焉。"又《史记·匈奴列
传》："杨信为人刚直俛强，素非贵臣，单于不亲。"

33 答李翊书^[1]

（此处为"韩愈"署名框）

韩愈

【说明】

本篇选自《韩昌黎文集》，是韩愈写给时人李翊的一封书信。

韩愈（768—824），字退之，河南南阳人，是唐代著名的文学家、哲学家。因为昌黎是韩氏的望族，所以又称他为韩昌黎。韩愈在青年时代便提倡古文，轻视科举，在仕途上屡受挫折，25岁中进士，其后几度被贬。唐德宗贞元十九年（803）任监察御史时，关中天旱人饥，他上疏请缓征赋税和徭役，得罪了京兆尹李实，被贬为阳山（今广东阳山）令；唐宪宗元和十四年（819）任刑部侍郎时，又因谏迎佛骨而触犯了皇帝，被贬为潮州刺史。穆宗即位他被召回京师，长庆二年（822）官至吏部侍郎，于是又称他为韩吏部。

韩愈是唐代古文运动的倡导者。他强调文章要阐明儒学之道，要文道兼备，以道为本，用以反对当时片面追求形式、华而不实的骈文。这对唐代和后世文学，特别是散文的发展产生了广泛而深远的影响。

现存的韩愈的作品有《韩昌黎文集》，宋廖莹中辑注，明徐世泰整理。

《答李翊书》是一篇重要文论，集中地阐述了韩愈在文学理论方面的主张，介绍了他自己学习古文和写作的艰苦历程与切身体验。在创作论上他提出了"气盛则言宜"之说，在文体改革论上他提出了"惟陈言之务去"的著名论点，主张语言要创新，不以拟古为贵。韩愈所倡导的古文运动,在反对六朝以来浮艳的文风方面产生了重要作用。

　　六月二十六日,愈白[2]。李生足下[3]:生之书辞甚高[4],而其问何下而恭也[5]!能如是,谁不欲告生以其道[6]?道德之归也有日矣[7],况其外之文乎[8]?抑愈所谓望孔子之门墙而不入于其宫者[9],焉足以知是且非邪[10]?虽然[11],不可不为生言之。

【注释】

[1]李翊(yì):中唐时人,德宗贞元十八年(802)中进士。

[2]六月二十六日:指贞元十七年(801)六月二十六日。　愈白:韩愈说。　白:告白,陈述。这里用作谦词。

[3]李生:韩愈对李翊的称呼。　生:前辈对年青读书人的称呼。　足下:古代对对方的敬称。

[4]书辞甚高:书信中的文辞很好。　书辞:信中的文辞。

[5]而你询问问题的态度怎么这样谦恭啊!　其问:指信中向韩愈请教的态度。　下:谦下,谦逊。这里指李翊给韩愈信中的言辞谦虚。

[6]谁不想把他所懂得的道理告诉给你呢?　以其道:介宾词组作补语。　道:道理,这里指“文以明道”的“道”,即儒家的仁义之道。

[7]道德归于李生的时间不久了。意为李生有才能而又谦逊地向别人请教,那么李生不久便会成为有道德的人了。　之:用在主谓词组之间的结构助词。　也:句中语气助词,表顿宕。归:归属,这里指归于李生。　有日:有一定日期,意思是时间不久了。

[8]何况是道德之外的文章呢?　其:指道德。　文:文章。　韩愈认为文章是道德的表现,李生既然不久便会成为有道德的人,那么文章写得好是不用说的了。

[9]不过我是所谓望着孔子的门墙而没有进到他的宫室的人。韩愈用此典,是自谦之辞。这里把孔子的道德学问比做大宫殿,韩愈只是在门外望,并未登堂入室,是说造诣还不深。语出《论语·子张》记子贡赞美孔子的话:“譬之宫墙……夫子之墙数仞,不得其门而入,不见宗庙之美,百官之富。”　抑:转折连词,相当于现代汉语的“可

是"、"不过"。　愈所谓……者:判断句,韩愈我是所谓……的人。

宫:室,房屋。

[10]焉足:哪里能够。　焉:疑问代词,怎么,哪里。　以:连词。　是且非:关于为"文"的一些问题的对还是错。　且:连词,还是,或。邪:疑问语气词,同"耶"。

[11]虽然是这样。　虽:虽然。　然:代词,指代上一句。

　　生所谓"立言"者,是也[1];生所为者与所期者[2],其似而几矣[3]。抑不知生之志,蕲胜于人而取于人邪?将蕲至于古之立言者邪[4]?蕲胜于人而取于人,则固胜于人而可取于人矣[5]!将蕲至于古之立言者,则无望其速成[6],无诱于势利[7],养其根而竢其实[8],加其膏而希其光[9]。根之茂者其实遂[10],膏之沃者其光晔[11]。仁义之人,其言蔼如也[12]。

【注释】

[1]你所说的"立言"这句话是对的。　立言:指著书立说,可以流传后世。《左传·襄公二十四年》:"太上有立德,其次有立功,其次有立言。"

[2]所为者:所做的事情,指所写的文章。　所期者:所希望达到的目的,指立言。

[3]很相似很接近了。　几(jǐ):近,接近。下文"几于成"的"几"与此义同。

[4]可是不知道你的立言之志,是求得胜过别人而被人所取法呢,还是要求达到古代立言者的境界?志:这里指立言之志。　蕲(qí):通"祈",求。　胜于人:胜过人。　取于人:被人取法。　将:副词,将要。

[5]如果目的是求得胜过别人而被人取法,那么你现在的成就本已胜过别人而能够被人取法了!　固:副词,固然。

[6]如果目的是达到古代立言者的境界,那么就不要指望它很快会成功。　无:通"毋",副词,不要。　其:指达到古代立言者境界这件事。

[7]不要被势利所诱惑。 势利:这里指官位和俸禄。当时科举所习用的
　　文体是时文,不是古文,写时文才能取得富贵,所以韩愈才这样说。

[8]好比培养植物的根而等待它结出果实。 竢(sì):同"俟",等待。
　　果:果实。

[9]好比给灯盏里添油而希望它发出光亮。 膏:油脂,脂肪。古人用
　　来点灯,所以叫膏灯。 希:希望。 光:光明,光亮。

[10]其实遂:它的果实就结得好。 其:指根长得旺盛的植物。 遂:
　　畅达,发育得好。

[11]沃:肥美,这里指油脂多而好。 晔(yè):明亮。

[12]蔼(ǎi)如:和顺的样子。韩愈认为仁义之人其文化、道德有深厚的
　　底蕴,所以其言和顺而有修养。

　　抑又有难者。愈之所为,不自知其至犹未也[1];虽然,学之二
十余年矣。始者,非三代两汉之书不敢观[2],非圣人之志不敢
存[3]。处若忘[4],行若遗[5],俨乎其若思[6],茫乎其若迷[7]。当其
取于心而注于手也[8],惟陈言之务去[9],戛戛乎其难哉[10]!其观
于人,不知其非笑之为非笑也[11]。如是者亦有年,犹不改[12]。然
后识古书之正伪[13],与虽正而不至焉者[14],昭昭然白黑分矣[15],
而务去之,乃徐有得也[16]。当其取于心而注于手也,汩汩然来
矣[17]。其观于人也,笑之则以为喜[18],誉之则以为忧[19],以其犹
有人之说者存也[20]。如是者亦有年,然后浩乎其沛然矣[21]。吾
又惧其杂也[22],迎而距之[23],平心而察之[24],其皆醇也,然后肆
焉[25]。虽然,不可以不养也[26],行之乎仁义之途,游之乎《诗》
《书》之源[27],无迷其途,无绝其源,终吾身而已矣。

【注释】

[1]自己不知道究竟达到古之立言者的境界还是没有达到。 至:指达
　　到古之立言者的境界。 犹:副词,还是。 未:指未至,没有达到。

[2]三代:指夏、商、周。 两汉:指西汉、东汉。

[3]圣人之志:指儒家思想,孔孟之道。 存:保存,存留。

[4]呆着时就好像忘了什么。　处(chǔ):居住。　若:好像。

[5]行走时就好像丢掉了什么。　遗:丢失,丢掉。

[6]俨(yán)乎:庄重的样子。　乎:形容词词尾,与"然"的用法同。
　　若思:像有所思索似的。

[7]茫乎:不清晰的样子。　迷:迷惑。　以上四句是形容学习古文时
　　潜心专一的情形。

[8]当自己从心里把思考的成果取出而在手头上写出来。　其:指韩愈
　　自己。　注:灌注,这里指传写。

[9]即"务去陈言"。　陈言:指陈词滥调,惯用的没有生气的语汇。"陈
　　言"是前置宾语,有突出强调的作用。　之:结构助词,与惟配合使
　　用,表示行为的单一性。　务:力求做到。

[10]戛(jiá)戛乎:很困难的样子。

[11]其观于人:文章被人看,意为把写好的文章拿给人看。　非:非难。
　　笑:讥笑。　不把别人的非难讥笑当作非难讥笑,即不怕别人讥
　　笑自己的文章不合时俗。

[12]有年:有了不少年头。　犹不改:还是不改变。指坚持写作古文的
　　这种方法和态度不动摇。

[13]正伪:指符合"圣人之志"的和不符合的,也就是符合儒家思想的是
　　"正",不符合的是"伪",要善于识别古书中所载之道的是非真假。

[14]和虽然符合"圣人之志"而还没有达到很完美的境界的。

[15]昭昭然:清楚明显的样子。　白黑分:像白、黑两色那样分明。意
　　思是说对古书中正的、伪的以及虽正但尚有缺欠的都区分得清清
　　楚楚。

[16]去之:指去掉"古书之伪"和"虽正而不至"的弊病。　乃徐有得:才
　　逐渐地有所收获。　徐:慢慢地,渐渐地。　得:收获。

[17]汩(gǔ)汩然:水流急速的样子,这里形容文思敏捷。

[18]有人讥笑我所写的文章就把它当作喜事。　之:指自己写的文章。
　　　　以为喜:即"以之为喜"。"之"指讥笑自己的文章这件事。

[19]有人称誉我所写的文章就把它当作愁事。　以为忧:即"以之为
　　忧"。"之"指称誉自己的文章这件事。

[20]因为文章里还有世人的见解存在。　说者:指见解。

[21]这样做了不少年之后,文章的思路开阔而气势也宏伟奔放了。

浩乎:浩浩荡荡,水势广大的样子。 沛然:充沛,水势汹涌的样子,这里用水的盛广来比喻文思和文势。

[22]杂:驳杂,不纯。

[23]迎上去阻挡那些不纯正的思想和文辞。意思是说,在写作过程中对思想内容和文辞还要反复斟酌,去掉驳杂的部分。 迎:迎上去。 距:通"拒",拒止。

[24]平心静气地考察它。

[25]文章的思想文辞都纯正了。 醇(chún):本指酒质纯厚,这里指文章纯正。 肆:放纵,指放笔写下去。

[26]虽然达到了这样的境界,但是还不能不继续修养充实自己。 养:修养,这里指继续深造充实自己。

[27]《诗》《书》:《诗经》和《书经》。这里泛指儒家经典。

气,水也[1];言,浮物也[2]。水大而物之浮者大小毕浮[3]。气之与言犹是也[4],气盛则言之短长与声之高下者皆宜[5]。虽如是,其敢自谓几于成乎[6]?虽几于成,其用于人也奚取焉[7]?虽然,待用于人者,其肖于器邪[8]?用与舍属诸人[9]。君子则不然。处心有道,行己有方[10],用则施诸人[11],舍则传诸其徒[12],垂诸文而为后世法[13]。如是者,其亦足乐乎?其无足乐也[14]?

【注释】

[1]气就好像是水。 气:指作家的思想修养。

[2]言语就好像漂浮在水面上的东西。

[3]要是水大,物当中凡是能浮起来的,不论大小,就完全能漂浮起来。 毕:完全。

[4]气和语言的关系就像是这样。 之:结构助词。 与:连词,联结"气"、"言"。 犹:如同,好像。

[5]要是气盛,那么语句的长短和声调的抑扬就都会恰当。 言之短长:指文章语句的长短。 声之高下:指声调的抑扬。这里是说作家的思想修养很强就能驾驭语言,运用自如。

[6]虽如是:虽然像上边所说的这样。 几(jī)于成:接近于成功。

几:近,接近。

[7]即使接近于成功,它被人用时又能从那里取什么呢? 奚:疑问代词作前置宾语,什么。 焉:于之,从它那里。"之"指"几于成"的文章。

[8]等待被人用的人,大概就像器物吧? 肖:像。 器:器物。

[9]用和不用都被别人决定。 属:归属,指取决。 诸:作用同"于"。

[10]对待自己的思想不离道,让自己的行动合乎准则。 处:处理,这里有"对待"的意思。 心:思想。 方:准则。

[11]被用时就把自己的道德学识施给世人。 施:施行,施加。 诸:合音词,之于。"之"指道德学识。

[12]不被用时就把它传授给弟子。 施:这里有"传授"的意思。 徒:门徒,弟子。

[13]垂诸文:把它表现于文章而留传下去。 垂:传下去。 为后世法:被后代的人所效法。 法:效法。

[14]是有可乐的呢,还是没有什么可乐的? 作者的意思是表示其中有至乐。 其:句首语气助词。 也:表示疑问的语气。

有志乎古者希矣[1],志乎古必遗乎今[2]。吾诚乐而悲之[3]。亟称其人,所以劝之[4],非敢褒其可褒而贬其可贬也[5]。问于愈者多矣[6],念生之言不志乎利[7],聊相为言之[8]。愈白。

【注释】

[1]有志于古的人少了。 乎:介词,相当于"于"。 希:"稀"的古字。

[2]遗乎今:被今人所遗弃。 遗:弃。乎:相当于介词"于","乎今"介宾词组,表被动。

[3]我确实为这样人而高兴,也为这样人而悲愤。 诚:副词,确实,实在。 之:指有志于古的人。

[4]我屡次称赞有志于古的人,是要以此勉励他们。 亟(qì):副词,屡次。 劝:勉励。

[5]不敢表扬那可以表扬的,而批评那可以批评的。 可褒:指可表扬的。 褒:表扬。 贬:批评。意思是不敢随意褒贬。

[6]向我询问的人多了。 问:询问。

［7］不志乎利：不志于利，不追求利。　乎：介词，相当于"于"。

［8］姑且对你讲这些。　聊：姑且。

本篇选词概述

1. 书　　**2.** 恭　　**3.** 道　　**4.** 宫

5. 膏　　**6.** 誉　　**7.** 宜　　**8.** 昭

〔书〕（書）　古今汉语一般指书籍。而古代汉语"书"的本义是写、写字。从聿（yù，笔），者声。《说文》："书，箸也。"段玉裁注："箸于竹帛谓之书。"《晋灵公不君》："太史书曰：'赵盾弑其君。'"《孙膑》："乃斫大树白而书之。"又《史记·陈涉世家》："乃丹书帛曰'陈胜王'。"由书写行为引申为书写的字或书籍。同一篇："得鱼腹中书。"又《孙膑》："读其书未毕。"这里读的是字，不是读的书籍。《论语·先进》："何必读书，然后为学？"这是书籍。又特指《书经》（《尚书》）。由文字还引申为"信"。如本篇："生之书辞甚高。""书辞"指书信中的文辞。

〔恭〕　现代汉语一般不单用，有复音词"恭敬"、"恭贺"。古代汉语"恭"指恭敬，有礼貌，这个意义古今相通。如本篇："而其问何下而恭也！"不过古代"恭"和"敬"尽管是同义词，但在凝结成复合词以前是有区别的。"恭"着重在外貌方面，而"敬"则侧重在内心方面。"敬"的意义比"恭"的意义宽泛，常指内心的修养。如《论语·公冶长》："其行己也恭，其事上也敬。"又如《论语·子路》："居处恭，执事敬。"

〔道〕　本义是道路。这个意义古今相同。《中山狼传》："有狼当道，人立而啼。"古代汉语"道"的引申义颇多。用于抽象的意义，指达到某一目的或完成某一行动的途径、方法。《孟子·梁惠王上》："交邻国有道乎？"引申为一般的道理，规律。《吕氏春秋·察今》："有道之士贵以近知远，以今知古。"又《孙子兵法·谋攻》：

"此五者,知胜之道也。"又为某种思想,学说。如本篇:"谁不欲告生以其道?"这里指仁义之道。又特指封建社会认为好的政治措施或局面。《史记·陈涉世家》:"伐无道,诛暴秦。"

〔宫〕 上古汉语"宫"泛指房屋,与"室"同义。甲骨文写作 或 。如本篇:"抑愈所谓望孔子之门墙而不入于其宫者。"《墨子·号令》:"父母妻子,皆同其宫。"秦汉以后,专指帝王居住的房屋,宫殿。《触龙说赵太后》:"愿令得补黑衣之数,以卫王宫。"又贾谊《过秦论》:"作阿房宫。""宫"又指五声之一。古代音乐以宫、商、角、徵、羽为五声。现在除了旧有名称外,文化活动或娱乐用的建筑物也称"宫",如少年宫,民族宫,劳动人民文化宫等。

〔膏〕 今天一般指很稠的糊状物,如药膏、梨膏等。古代指油脂、脂肪。如本篇:"加其膏而希其光。"又用如动词,读 gào,比喻滋润。如《诗经·曹风·下泉》:"芃芃黍苗,阴雨膏之。""芃"读 péng,茂盛的样子。"膏粱"连用,"膏"指肥肉,"粱"指上等小米,泛指美味饭菜。如《孟子·告子上》:"所以不愿人之膏粱之味也。""膏泽"连用,指恩泽。如王安石《答司马谏议书》:"以膏泽斯民。""膏腴"连用,指肥沃。如《过秦论》:"东割膏腴之地。""膏肓(huāng)"连用,"膏"指心尖脂肪,"肓"指横膈膜。成语有"病入膏肓"。

〔誉〕(譽) 古代汉语"誉"指称赞,赞美,与"毁"相对。如本篇:"誉之则以为忧。"引申为美名,荣誉。《五蠹》:"誉辅其赏,毁随其罚。"这个意义古今相同。现代有复音词"名誉"、"荣誉"等。

〔宜〕 合适,适宜。形容词。如本篇:"气盛则言之短长与声之高下者皆宜。"今成语有"因地制宜"。应该,应当。能愿动词。诸葛亮《前出师表》:"不宜妄自菲薄。"又《答司马谏议书》:"于反复不宜鲁莽。"

〔昭〕 明亮。《说文》:"昭,日明也。"《诗经·大雅·抑》:"昊(hào)天孔昭。""昊天"指上天,"孔"在此为明显,显著。如本篇:"昭昭然白黑分矣。""昭昭然"是清晰明白的样子。成语有"昭然若揭"。

34 张中丞传后叙

〔韩愈〕

【说明】

本篇是作者给时人李翰所作《张中丞传》写的序文,因置于正文之后,所以叫"后叙"。

唐玄宗天宝十四年(755)冬,朝廷将领安禄山在范阳发动叛乱,次年都城长安被安禄山叛军攻陷,玄宗弃城奔蜀避难。当时的地方官吏张巡、许远等合力拒守睢阳城,挡住了叛军攻掠江、淮的通路,为唐王朝保住抗击反叛的后方基地。张巡、许远等对唐王朝平叛、中兴是有功的,但是事后却遭到不公允的议论。本文对种种流言一一进行驳斥,为张巡、许远等抗拒叛乱的英雄伸张了正义。

张中丞,即张巡(709—757),中丞是他临死时的官职名。开元末年进士,曾出任蒲州清河(今河北清河)县令、真源(今江苏仪征)县令。安禄山叛乱,张巡起兵讨伐,多次取胜后,率部入睢阳(今河南商丘),和睢阳太守许远共守睢阳。至德二年(757)诏拜御史中丞。睢阳城被围数月,城中兵尽粮绝,将士们饥饿得难以自持。在久等救兵不至的情况下,睢阳城陷落,但已为唐王朝重整战力争得了时间。张巡、许远被俘后遭杀害。为襃扬他们坚守抗敌的精神,李翰写了《张中丞传》。韩愈为了伸张正气,批驳散播的流言,写了这篇序文。

元和二年四月十三日夜[1]，愈与吴郡张籍阅家中旧书[2]，得李翰所为《张巡传》[3]。翰以文章自名[4]，为此传颇详密。然尚恨有阙者[5]，不为许远立传[6]，又不载雷万春事首尾[7]。

【注释】

[1] 元和二年：公元 807 年。　元和：唐宪宗的年号。

[2] 张籍：和州乌江（今安徽和县）人。吴郡是指他的郡望（即有名的祖先的籍贯），吴郡张籍据说是汉张良的后裔，可谓望族，所以称和州张籍为吴郡人。

[3] 李翰：字羽，赵州赞皇（今河北元氏县）人，官至翰林学士。所写《张巡传》已亡佚。

[4] 以文章自名：以文章写得好而自负。　自名：自负。

[5] 恨有阙者：为传文中仍有缺失而感到遗憾。　恨：通憾。　阙：通"缺"，缺失，不足。

[6] 许远：杭州盐官（今浙江海宁）或新城（今浙江富阳）人。安禄山反叛后拜为睢阳太守。

[7] 雷万春：张巡部下偏将，勇敢善战，与本文后所记南霁云齐名。旧以为这里的"雷万春"为"南霁云"之误，恐非是。

远虽材若不及巡者[1]，开门纳巡[2]，位本在巡上[3]，授之柄而处其下[4]，无所疑忌[5]，竟与巡俱守死[6]，成功名[7]。城陷而虏[8]。与巡死先后异耳[9]。两家子弟材智下[10]，不能通知二父志[11]，以为巡死而远就虏[12]，疑畏死而辞服于贼[13]。远诚畏死[14]，何苦守尺寸之地[15]，食其所爱之肉[16]，以与贼抗而不降乎[17]？当其围守时，外无蚍蜉蚁子之援[18]，所欲忠者[19]，国与主耳[20]。而贼语以国亡主灭[21]。远见救援不至，而贼来益众[22]，必以其言为信[23]。外无待而犹死守[24]，人相食且尽[25]，虽愚人亦能数日而知死处矣[26]。远之不畏死亦明矣[27]。乌有城坏[28]，其徒具死[29]，独蒙愧耻求活[30]？虽至愚者不忍为。呜呼！而谓远之贤而为之邪[31]？

【注释】

[1]许远的才智虽然似乎赶不上张巡。 若:似乎。

[2]开门纳巡:打开睢阳城的城门,接纳张巡。 纳:接纳。

[3]位:职位。 上:指地位高。当时许远为州太守,张巡只是县令,许远的职位在张巡之上。

[4]授之柄:交给张巡权柄。 柄:权柄,指守卫睢阳指挥军队的权力。处其下:处在张巡的指挥之下。据《新唐书》记载:张巡入睢阳后,许远即将睢阳的军事指挥权交给张巡,自己负责后方勤务,接受张巡的指挥。

[5]没有一点点猜疑嫉妒之处。 疑:猜疑。 忌:嫉妒。

[6]竟:从头至尾。 俱守死:一起防守,一起死难。

[7]成功名:成就功名和荣誉。 成:成就,建立。

[8]虏:被俘虏。

[9]和张巡的死只有前后不同罢了。 耳:表示限止的语气助词,罢了。

[10]两家:指许远、张巡两家。 下:低下。

[11]通知:通晓、了解。 二父志:指张巡、许远的心志。 志:心志,志向。

[12]就虏:成为俘虏。 就:成为。

[13]据《新唐书》所载:大历年间,张巡的儿子张去疾上书唐代宗,凭许远、张巡在睢阳城各守一方,而敌人从许远设防处突破和张、许被俘后,张巡被杀而许远却没有立即被处死的事,推测许远是降敌,因此请求夺去许的官爵。 辞服:服罪。 辞:本指口供,这里指招供,认罪。

[14]诚:副词,果真,如果。

[15]尺寸之地:小小的地方,这里指睢阳城。

[16]据《新唐书》载:睢阳被贼人围困期间,城中粮食用尽,守城将士因饥饿疲病而死者甚多,张巡曾将爱妾送给战士们杀死吃肉,许远也杀了自己的奴僮给战士们吃。

[17]与贼抗:和反叛的贼寇抵抗。

[18]蚍蜉(pí fú):大蚂蚁。 蚁子:小蚂蚁。 蚍蜉蚁子:这里比喻力量弱小。

[19]忠:用作动词,效忠。

[20]国:指国家。 主:指君主。

383

[21]贼寇把唐王朝已灭亡,唐君主已经死去的消息告诉许远。　语:旧读 yù,用作动词,告诉。

[22]贼:指安禄山的反叛军队。　益:副词,越发。

[23]信:真实。

[24]待:等待,这里指所等待的援军。　死守:死命防守,即用性命防守。

[25]且:副词,将要。

[26]数(shǔ)日而知死处:计算出死亡的时日。　数日:计算日子,计算时间。　死处:死亡的地方,此指死亡的时日。

[27]明:明白,清楚。

[28]乌:通"恶(wū)",疑问代词,哪里。　城坏:指城池被攻破。

[29]徒:徒众,指守城的士卒。

[30]许远却独自含着羞愧和耻辱寻求活命。　蒙:蒙受,忍受。　愧:羞愧。

[31]像许远这样的贤者却肯做这样的蠢事吗?　谓:这里有"如同"、"像"的意思。　为之:做受辱求活一类的事。

　　说者又谓远与巡分城而守[1],城之陷,自远所分始[2],从此诟远[3]。此又与儿童之见无异[4]。人之将死,其藏腑必有先受其病者[5]。引绳而绝之[6],其绝必有处[7]。观者见其然,从而尤之[8],其亦不达于理矣[9]。小人之好议论,不乐成人之美如是哉[10]!如巡、远之所成就[11],如此卓卓[12],犹不得免,其他则又何说[13]?

【注释】

[1]分城而守:将睢阳城分成区域防守。当时张巡负责防守城的东北部,许远负责防守城的西南部。

[2]城池被攻陷是从许远所分担的防区开始的。　所分:所分担的防守区域。

[3]诟(gòu):辱骂。

[4]儿童之见:小孩子的见解,指没有见识的看法。　异:差异,不同。

[5]藏腑:指人体内的各个器官。　藏:"脏"(今写作脏)的古字。　病:病害。

· 384 ·

［6］引绳:拉绳子。　引:拉。　绝之:使之绝,使它断绝。　绝:使动用法,使……绝。

［7］绳子的断裂一定要有一个地方。意思是说绳子一定是从某一处断裂的。

［8］尤:责怪。

［9］其:语气助词,表示委婉语气。　达于理:通晓事理。达:通达,通晓。

［10］乐:乐意。　成人之美:成全别人的好事。　如是:像这样,到这种程度。

［11］成就:作出的贡献。

［12］卓卓:卓越,超出平常。

［13］别的人还有什么可说呢?　以上几句的意思是说,张巡、许远为国家建立了卓越的功勋尚且遭到指责,别人就更不必说了。

当二公之初守也[1],宁能知人之卒不救[2],弃城而逆遁[3]?苟此不能守[4],虽避之他处何益[5]?及其无救而且穷也[6],将其创残饿羸之余[7],虽欲去必不达[8]。二公之贤,其讲之精矣[9]。守一城,捍天下,以千百就尽之卒[10],战百万日滋之师[11],蔽遮江淮[12],沮遏其势[13]。天下之不亡,其谁之功也[14]?当是时,弃城而图存者[15],不可一二数[16],擅强兵坐而观者相环也[17]。不追议此,而责二公以死守,亦见其自比于逆乱[18],设淫辞而助之攻也[19]。愈尝从事于汴、徐二府[20],屡道于两州间[21],亲祭于其所谓双庙者[22]。其老人往往说巡、远时事云[23]。

【注释】

［1］当张巡、许远二公初守睢阳城的时候。　二公:指张巡、许远。

［2］怎么知道别人至死不来救援。　宁:副词,哪里,怎能。　卒:副词,最终。

［3］逆遁:预先退逃。睢阳城战之后,时人有的责备张巡等不应死守,而应弃城求生,以保全实力。文章在这里批驳了这种观点。

［4］假如此城不能守护。　苟:如果。

［5］虽:即使。　他处:别的地方。　何益:有什么好处。

[6]到了他们没有救援并实在没有办法时。　及:到。　穷:尽,没有办法。

[7]率领着他们的伤残、饥饿得瘦弱不堪的残部。　将:率领。　创:
　　伤。　赢(léi):瘦弱。　余:残余,这里指残余部队。

[8]去:撤离,指撤离睢阳城。　达:行得通。

[9]他们已经考虑得很精密了。　讲:研究,考虑。　精:精密,周详。

[10]就尽之卒:即将死亡的士卒。　就:即。　尽:指死亡,没有活路。

[11]日滋之师:一天天增多的部队。指敌人不断调集兵马围攻睢阳。
　　滋:增多。

[12]蔽遮:掩护。　江淮:指江淮流域。

[13]沮(jǔ)遏(è):阻止。　沮:义同"遏"。　其势:指敌人进攻的形势。

[14]天下:指李唐王朝的统治。　其:句首语气助词,表反问语气。

[15]图存者:希图活命的。　存:生存,活命。

[16]不能用一两名计算,指数量很多。　数(shǔ):计算。

[17]擅:独占,这里指独自掌握。　相环:互相环绕,指数量很多,随处
　　可见。

[18]自比于逆乱:自己和反叛者并列。　比:并列。

[19]制造邪说而帮助敌人进攻。　设:设置,制造。　淫辞:不正确的
　　言论。

[20]从事:官名,州刺史的佐吏。这里用作动词,做从事。　汴:汴州,今
　　河南开封。　徐:徐州,今江苏徐州。　府:指幕府,军事机关。在董
　　晋任宣武军节度使镇守汴州时,聘韩愈出任观察推官;张建封任武宁军
　　节度使镇守徐州时,聘韩愈为节度推官。这里的"从事"官当指此。

[21]屡道:多次取道。　道:用作动词,取道,路经。

[22]双庙:张巡、许远二人死后,朝廷赐张巡为扬州大都督,许远为荆州
　　大都督,并在睢阳立庙,二人合祀,故名"双庙"。

[23]其:指代睢阳城。　说:谈论。　巡、远时事:张巡、许远防守睢阳
　　城时的事。

　　南霁云之乞救于贺兰也[1],贺兰嫉巡、远之声威功绩出己上[2],
不肯出师救。爱霁云之勇且壮,不听其语[3],强留之[4]。具食与
乐[5],延霁云坐[6]。霁云慷慨语曰[7]:"云来时,睢阳之人不食月余

日矣。云虽欲独食,义不忍[8]。虽食且不下咽[9]。"因拔所佩刀断一指,血淋漓[10],以示贺兰[11]。一座大惊,皆感激为云泣下[12]。云知贺兰终无为云出师意[13],即驰去[14]。将出城,抽矢射佛寺浮图[15],矢著其上砖半箭[16]。曰:"吾归破贼,必灭贺兰! 此矢所以志也[17]。"愈贞元中过泗州[18],船上人犹指以相语[19]。城陷[20],贼以刃胁降巡[21]。巡不屈[22],即牵去[23],将斩之。又降霁云,云未应[24]。巡呼云曰:"南八[25],男儿死耳[26],不可为不义屈[27]!"云笑曰:"欲将以有为也[28]。公有言,云敢不死[29]?"即不屈。

【注释】

[1]南霁云:张巡的部将,魏州顿丘(今河北清丰)人。 贺兰:指贺兰进明,贺兰是复姓,当时为河南节度使,驻扎在临淮(今安徽泗县)。

[2]嫉:嫉妒。 声威:名声、威望。 出己上:超出自己之上。

[3]不听他乞师求救的话。

[4]勉强留住他。 强(qiǎng):竭力,勉强。

[5]准备好饮食和歌舞。 具:具备,摆设齐全。

[6]延:邀请。 坐:入座。

[7]慷慨:情绪激昂,充满正气。

[8]按理不忍心吃这里的饮食。 义:义理,这里用作状语,按义理。

[9]即使吃了也咽不下。 虽:即使。 下:名词用作状语,往下。

[10]淋漓:一滴滴地往下淌。

[11]以示贺兰:"以之示贺兰"的省略,把断指血淋漓的情况给贺兰看。 示:给……看。

[12]感激:因感动而激奋。 泣:眼泪。 下:活用为动词,落下。

[13]出师意:发出援兵的意图。 意:意图,想法。

[14]立即用力赶着马离去。 即:立即。 驰:用劲赶马。 去:离开。

[15]浮图:这里指塔。

[16]矢著(zhuó)其上砖:箭射进塔上的砖。 著:附着,这里指射入。 半箭:指箭没入砖中达半箭之深。

[17]这一支箭是用来作为我复仇的标志的。 志:标志,记号。

[18]贞元中:贞元年间。 贞元:唐德宗的年号(785—805)。 泗州:

治所在临淮,是贺兰当年屯兵的地方。

[19]相语:意为告诉我。　相:偏义副词。

[20]指睢阳城陷落。

[21]胁降巡:威胁让张巡投降。　降:使动用法,使……降。

[22]屈:屈服,指投降。

[23]立即拉走。　牵去:拉走。

[24]未应:没有回应,即未作答。　应:应答,回答。

[25]南八:南霁云排行老八,所以称他为"南八"。

[26]男子汉一死罢了。　男儿:男子汉,大丈夫。

[27]为不义屈:被不正义屈服。　为:介词,被。

[28]要想借机有所作为。意思是说,想通过假降来实现抱负,以有所作为。　以:介词,用,借。

[29]敢不死:怎敢不去死。

张籍曰:有于嵩者,少依于巡[1];及巡起事[2],嵩尝在围中[3]。籍大历中[4],于和州乌江县见嵩[5]。嵩时年六十余矣[6]。以巡初尝得临涣县尉[7],好学无所不读[8]。籍时尚小,粗问巡、远事[9],不能细也[10]。云巡长七尺余,须髯若神[11]。尝见嵩读《汉书》,谓嵩曰:"何为久读此[12]?"嵩曰:"未熟也[13]。"巡曰:"吾于书读不过三遍[14],终身不忘也。"因诵嵩所读书[15],尽卷不错一字[16]。嵩惊,以为巡偶熟此卷[17],因乱抽他帙以试[18]。无不尽然[19]。嵩又取架上诸书[20],试以问巡[21]。巡应口诵无疑[22]。嵩从巡久[23],亦不见巡常读书也。为文章[24],操纸笔立书[25],未尝起草[26]。初守睢阳时,士卒仅万人[27]。城中居人,户亦且数万[28],巡因一见问姓名[29],其后无不识者[30]。巡怒,须髯辄张[31]。及城陷,贼缚巡等数十人坐[32],且将戮[33],巡起旋[34],其众见巡起,或起或泣[35]。巡曰:"汝勿怖[36],死,命也[37]。"众泣不能仰视。巡就戮时[38],颜色不乱[39],阳阳如平常[40]。远宽厚长者[41],貌如其心[42]。与巡同年生,月日后于巡[43],呼巡为兄。死时年四十九。嵩贞初死于亳、宋间[44]。或传嵩有田在亳、宋间,武人夺而有之^[45]。嵩将诣州讼理^[46],为所杀^[47]。嵩无子,张籍云^[48]。

【注释】

[1]少(shào):年轻,这里用作状语,年轻的时候。 依于巡:依附张巡,
 指跟从张巡做事。

[2]起事:指起兵讨伐叛乱的事。

[3]于嵩曾在被围困的睢阳城中。 尝:副词,曾经。

[4]大历中:大历年间。 大历:唐代宗李豫的年号,值公元766—779年间。

[5]在和州乌江县见过于嵩。 和州乌江县:即今安徽和县。

[6]于嵩当时已经六十多岁了。 时:用作状语,当时。

[7]〔于嵩〕由于张巡的关系,当初曾经当过临涣县的县尉。 临涣:县
 名,在亳州(今安徽亳州)。 县尉:县令的属官,负责地方治安。

[8]没有不读的书,意思是什么书都愿意读。

[9]粗:粗略。

[10]细:详细,周详。

[11]胡须如同神像,指和神像所塑胡须一样。 髯(rǎn):长在两腮的
 胡须。

[12]何为:为什么。 久读此:长时间地读这一部分。

[13]未熟:没有读熟。

[14]不过三徧:不超过三遍。 徧:同"遍"。

[15]于是背诵于嵩所读《汉书》的这部分。 诵:指背诵。

[16]尽卷:终卷,整卷。指背诵一整卷。

[17]偶熟:偶然熟悉,碰巧熟悉。

[18]乱抽他帙(zhì):随意抽取别的卷。 乱:指随意。 帙:卷,篇。

[19]尽然:全是这样。

[20]诸:众,各。

[21]试以问:"试以之问"的省略,试着用它(指诸书)问。

[22]应口:随问随答。 疑:迟疑,踌躇。

[23]从巡久:跟从张巡很长时间。

[24]为:书写,撰写。

[25]操:持,拿起。 立书:立即就写。

[26]未尝:未曾,从来没有过。

〔27〕仅万人:近万人。 仅:将近。

〔28〕居人:居民。唐代避太宗李世民讳,以"人"代"民"。 户:户籍,户口。 且:副词,将近。

〔29〕因:因为。 一见:见一次面。

〔30〕其后:指一见问过姓名之后。 无不识者:没有不认识的。

〔31〕辄(zhé):总是。 张:张开。

〔32〕缚:束缚,捆绑。

〔33〕且:与"将"同义,将要。 戮:杀戮,指杀掉张巡。

〔34〕起:站起身。 旋:指小便。

〔35〕或:有的。

〔36〕怖:害怕。

〔37〕是命运。 命:这里充当判断句谓语。

〔38〕就戮:赴刑,指被杀。

〔39〕颜色:脸色。 颜:脸面。 不乱:不慌乱,不惧怕。

〔40〕阳阳:满不在意的样子。

〔41〕许远是位宽厚朴实的人。 长者:有德行而淳厚的人。

〔42〕外貌同他的内心一样淳朴。

〔43〕出生的日子比张巡晚。 后:落后,晚。

〔44〕贞初:贞元初年。贞元是唐德宗年号。亳(bó)、宋间:亳州、宋州一带。 亳:今安徽亳州。 宋:宋州,今河南商丘。

〔45〕武人:习武的人。 有之:占有了他的田地。

〔46〕诣(yì)州:赴州衙。 诣:动词,往,到……去。 讼理:告状讲理。讼:打官司。

〔47〕被〔武人〕杀害。

〔48〕以上是张籍所说。

本篇选词概述

1. 传　　2. 辞　　3. 绝　　4. 尤

5. 创　　6. 讲　　7. 壮　　8. 操

390

〔传〕(傳)　传授。读作 chuán。《论语·学而》："传不习乎?"又为宣扬、转达。如《夫子当路于齐》："速于置邮而传命。"又指移置。如《礼记·内则》："父母舅姑之衣、衾、簟、席、枕、几,不传。"引申为传达命令用的驿站或驿站的车马令。读作 zhuàn。如《史记·游侠列传》："条侯(周亚夫)为太尉,乘传车,将至河南,得剧孟。"又《后汉书·陈宠传》："发人修道,缮理亭传。"又指传述经义的文字。如《春秋》的《左传》,《诗经》的《毛传》。又为书传。如《孟子·梁惠王下》："于传有之。"记载人的生平事迹的也称传。如本篇:"得李翰所为《张巡传》。"又:"不为许远立传。"

〔辞〕(辭)　本义是讼辞、口供。《说文》:"辞,讼也。"《周礼·秋官·乡士》:"听其狱讼,察其辞。"柳宗元《刑断论》:"使犯死者自责而穷其辞,欲死不可得。"引申有争辩、辩解的意思。《左传·僖公四年》:"君非姬氏,居不安,食不饱。我辞,姬必有罪。"《段太尉逸事状》:"太尉曰:'无伤也,请辞于军。'""辞于军"意思是到军营中去说服。由口供义又活用为有罪过之义。如本篇:"疑畏死而辞服于贼。""辞服"意即服罪。

"辞"另有推辞、不接受的意思。《管子·形势解》:"海不辞水,故能成其大;山不辞土,故能成其高。"又《荀子·强国》:"拔戟加乎首,则十指不辞断。"又引申为辞退。《汉书·谷永传》:"愚窃不为君侯喜。宜深辞职,自陈浅薄不足以固城门之守。"由此又引申为告别的意思。《战国策·赵策》:"〔鲁仲连〕遂辞平原君而去,终身不复见。"李白《朝发白帝城》诗:"朝辞白帝彩云间,千里江陵一日还。"

"辞"又是我国古代的一种文体。曹丕《典论论文》:"王粲长于辞赋。"陶潜写有《归去来兮辞》。

〔绝〕(絕)　本义指绳索断。如《淮南子·天文训》:"天柱折,地维绝。"又如本篇:"引绳而绝之,其绝必有处。"引申为断绝。《史记·刺客列传》:"秦王惊,自引而起,袖绝。"又引申为割断,切断。《韩非子·内储说》:"临战而使人绝头刳腹而无顾心者,赏在兵也。"《战国策·楚策》:"今楚虽小,绝长续短,犹以数千里,岂特百里哉?"又引申为没有后代。《汉书·扬雄传》:"诸儒或讥:以为雄非圣人而作经,犹春秋吴、楚之君僭号称王,盖诛绝之罪也。"曹操《军谯令》:"将士绝无后者,求其亲戚以后之。"

"绝"又有横渡、横越的意思。《荀子·劝学》:"假舟楫者,非能水也,而绝江河。"又《北冥有鱼》:"绝云气,负青天,然后图南,且适南冥也。"

"绝"又引申有极限、非常的意思。柳宗元《罴说》:"罴之状,被发人立,绝有力而甚害人焉。"又引申有高超、绝妙的意思。《华佗传》:"佗之绝技,凡此类也。"

〔尤〕《说文》:"尤,异也。"《左传·昭公二十八年》:"夫有尤物,足以移人。"这一意义虚化为副词,表示程度,有尤其、更加的意思。《史记·五帝本纪》:"余并论次,择其言尤雅者,故著为本纪书首。"

"尤"的常用义是过失、罪过,《诗经·小雅·四月》:"废为残贼,莫知其尤。"郑玄笺:"尤,过也。"《聊斋志异·王成》:"此我数也,于主人何尤?"作为动词是责怪、怨恨的意思。如本篇:"观者见其然,从而尤之。"《诗经·鄘风·载驰》:"许人尤之,众稚且狂。"《论语·宪问》:"不怨天,不尤人。"《报任安书》:"顾自以为身残处秽,动而见尤。"李善注:"言举动必为人之所尤过也。"今成语"怨天尤人"仍为此义。

〔创〕(創)《说文》:"创,伤也。"如本篇:"将其创残饿羸之余。"《荀子·礼论》:"创巨者其日久,痛甚者其瘉迟。"《荆轲刺秦王》:"秦王复击轲,被八创。"引申有损伤,创害的意思。《韩非子·大体》:"万民不失命于寇戎,雄骏不创寿于旗幢。"又引申有斩、劈的意思。段成式《酉阳杂俎续集·支诺皋》:"其半,有薪者创成一蹬,深六七寸余。"

"创"有创造、首创的意思。《周礼·考工记·总目》:"知者创物,巧者述之。"郑玄注:"谓始闯端造器物。"又有创作、撰写的意思。《论语・宪问》:"为命裨谌草创之。"

"创"另有惩戒义。《尚书・益稷》:"予创若时。"孔传:"创,惩也。"《晏子春秋・内篇》:"身无所咎,行无所创,可谓荣矣。"

〔讲〕(講)　古代常用义指和解。《说文》:"讲,和解也。"《战国策・秦策》:"三国之兵深矣,寡人欲割河东而讲。"《史记・苏秦列传》:"已得讲于魏,至公子延,因犀首属行而攻赵。"司马贞《索隐》:"讲,和也,解也。"

"讲"的另一常用义是研究,商讨。如本篇:"二公之贤,其讲之精矣。"又《史记・太史公自序》:"讲业齐鲁之都。"引申有练习的意思。《左传・庄公三十二年》:"雩,讲于梁氏,女公子观之。"《国语・周语》:"三时务农,而一时讲武。"又引申有解释的意思。《梁书・阮孝绪传》:"后于钟山听讲。"另有重视、讲求的意思。《论语・述而》:"德之不修,学之不讲,闻义不能徙,不善不能改,是吾忧也。"

〔壮〕(壯)　壮年,古代指三十岁以上,老年以下。如《左传・僖公三十年》:"臣之壮也,犹不如人。""臣之壮"指自己在壮年的时候。特指服役年龄的男子,称"丁壮"。如《史记・项羽本纪》:"丁壮苦军旅,老弱罢转漕。"引申为强健,雄壮。形容词。如《易・大壮》:"大壮,利贞。"疏:"壮者,强盛之名。"又本篇:"爱霁云之勇且壮。"《伶官传序》:"其意气之盛,可谓壮哉!"又表示钦佩别人有气概。如《史记・淮阴侯列传》:"滕公奇其言,壮其貌。"又韩愈《送李愿归盘谷序》:"昌黎韩愈闻其言而壮之。"

〔操〕　本义指拿,持,握在手中。屈原《九歌・国殇》:"操吴戈兮被犀甲。"又本篇:"为文章,操纸笔立书。"引申为控制、掌握的意思。《韩非子・定法》:"操杀生之柄。"刘禹锡《天论》:"若知操舟乎?"

"操"的另一常用义是操守,品行。《论衡・知实》:"欲观隐者之操。"《汉书・张汤传》:"汤之客田甲,虽贾人,有贤操。"作为现代汉语"操行"、"节操"中的语素,其义与此同。

35 封 建 论

柳宗元

【说明】

本文选自《柳河东集》，是一篇反对藩镇、维护国家统一安定的著名论文。

柳宗元(773—819)，字子厚，河东(今山西永济)人，人称柳河东，是唐代著名的文学家和唯物主义思想家。唐德宗贞元九年(793)考中进士。顺宗即位后，王叔文执政，力图改革时弊，打击豪族地主以及与之相勾结的宦官、藩镇势力。柳宗元积极参与了这一改革，任礼部员外郎，成为王叔文革新集团的主要成员。不久这次革新便遭宦官、藩镇势力的联合攻击而失败。他先是被贬为邵州(今湖南邵阳)刺史，还未到任又改贬永州(今湖南零陵)司马，宪宗元和十年(815)又改任柳州(今广西柳州)刺史，因而人们又称他为柳柳州。元和十四年(819)病逝于柳州，年仅四十七岁。

柳宗元是唐代杰出的古文运动的倡导者之一，历史上他与韩愈并称。他在长期被贬生涯中有机会接触下层人民，更深刻地了解到唐王朝政治的腐败。他的许多作品反映了人民的疾苦，揭露了大地主官僚集团的贪婪，具有强烈的人民性和现实主义精神。他所写的政治、历史、哲学等方面的论文富有战斗性，还写了大量的散文和诗赋。他的著作现存《柳河东集》。

本文是作者被贬永州时写的。文中所提的封建，是指殷周时期"封国土，建诸侯"的分封制，与现今所说的"封建社会"含意不同。秦统一中国后,废除了分封制,建立了中央集权的郡县制,这是中国历史上的一大进步,作者充分肯定了秦始皇的这一功绩,从朴素的历史唯物主义观点出发,论证了郡县制取代分封制乃是历史发展的必然。他分析了各个历史时期的史实,从理论上阐述了郡县制的优越性,驳斥了当时各种主张恢复分封制的论调,在一定程度上打击了藩镇割据势力,维护了国家的统一。文章气势雄伟,高屋建瓴,逻辑严密,富于战斗性。当然,由于作者受时代和阶级的局限,尚不能正确阐释国家的形成、"君长刑政"的出现,不能真正理解社会发展的原因,这些方面则反映了他的唯心主义历史观。

天地果无初乎[1]?吾不得而知之也。生人果有初乎[2]?吾不得而知之也。然则孰为近[3]?曰:有初为近。孰明之[4]?由封建而明之也[5]。彼封建者,更古圣王尧、舜、禹、汤、文、武而莫能去之[6]。盖非不欲去之也,势不可也[7]。势之来,其生人之初乎[8]?不初,无以有封建[9]。封建,非圣人意也[10]。

【注释】

[1]自然界果真没有原始阶段吗? 天地:指自然界。 初:初始,原始阶段。

[2]生人:即生民,指人类。因避唐太宗李世民的讳,而改"民"为"人"。

[3]孰为近:哪一种说法是接近〔事实〕的。 孰:疑问代词,哪一种,是指有原始阶段还是没有原始阶段。

[4]怎么能说明它呢?

[5]从分封制的产生便可以说明它。 封建:指周代"封国土,建诸侯"的分封制。

[6]彼:那个。 更(gēng):经历。 莫能去之:没有谁能够废除它。 莫:否定性无定代词,没有谁。 去:废除,除掉。 之:指代封建制。

[7]不是不想把它废除掉,而是客观形势不允许。 盖:句首语气词,起承接上文的作用。 势:趋势,指客观形势。

[8]这种形势的产生,大概是人类的原始阶段吧? 其:句首语气词,大

概,恐怕,表示一种测度语气。

[9]不初:没有人类的原始阶段。　无以有封建:没有可能产生封建制。

　　无以:无〔之〕以,没有可能来。"无"后省略宾语,"以"是连词。

　　有封建:产生封建制。

[10]不是圣人的意思。

　　彼其初与万物皆生[1],草木榛榛[2],鹿豕狉狉[3],人不能搏噬[4],而且无毛羽,莫克自奉自卫[5]。荀卿有言,必将假物以为用者也[6]。夫假物者必争,争而不已[7],必就其能断曲直者而听命焉[8]。其智而明者[9],所伏必众[10],告之以直而不改[11],必痛之而后畏[12],由是君长刑政生焉[13]。故近者聚而为群[14],群之分,其争必大[15],大而后有兵有德[16]。又有大者,众群之长又就而听命焉[17],以安其属[18]。于是有诸侯之列[19],则其争又有大者焉。德又大者[20],诸侯之列又就而听命焉[21],以安其封[22]。于是有方伯、连帅之类[23],则其争又有大者焉。德又大者,方伯、连帅之类又就而听命焉,以安其人[24],然后天下会于一[25]。是故有里胥而后有县大夫[26],有县大夫而后有诸侯,有诸侯而后有方伯、连帅,有方伯、连帅而后有天子。自天子至于里胥,其德在人者死[27],必求其嗣而奉之[28]。故封建非圣人意也,势也[29]。

【注释】

[1]彼其初:人类在他们的原始阶段。　彼:指人类。　其:代词,他们的。　与万物皆生:同万物一起都在自然状态下生存。

[2]草木杂乱丛生。　榛(zhēn)榛:杂乱丛生的样子。

[3]鹿豕成群奔走。　狉(pī)狉:兽类成群奔走的样子。

[4]人不能像禽兽那样用爪抓扑用口去咬。　搏(bó):这里指禽兽用爪抓扑。　噬(shì):咬。

[5]莫克:不能够。　莫:否定副词,不。　克:能够。　自奉:自己供养自己。　奉:供奉,供养。　自卫:自己保卫自己。

[6]〔人类〕一定要凭借外物来为自己所用。这句话取意于《荀子·劝

学》中"君子生非异也,善假于物也"。 假物:借助外物。 假:凭借,借助。

[7]夫假物者必争:凭借外物的人难免发生争斗。 夫:发语词,表示要发表议论。 假物者:"者"字词组,借助外物的人。 争而不已:争斗起来又无休无止。 已:动词,休止。

[8]〔人们〕必定去找那能够判断是非的人而听从他的命令。 就:走向,走近。 能断曲直者:能够判断是非的人。 听命焉:等于说"听命于之",向他听命,即听从他的命令。 焉:兼词,相当于"于之"。

[9]那智慧而又明白事理的人。

[10]所收服的人一定众多。 所伏:"所"字词组,指所收服的人。

[11]用正确的道理告诉他,他仍不改正。 以直:用正确的道理,介宾词组作补语。 直:形容词,这里指正确的道理。

[12]痛之:使之痛,动词的使动用法。 之:指代理屈而又不改的一方。对这一方要惩罚。

[13]从这以后君长、刑法、政令便产生了。 由是:从这以后。 是:代词,这,充当介词"由"的宾语。 刑政:刑法和政令。

[14]近者:居住相近的人。 聚而为群:聚集起来而成一群。

[15]人群一划分,那种相互争斗的规模必然扩大。

[16]扩大以后便有了武力和威望。 大:用作动词,扩大。 兵:兵力,武力。 德:恩德,威望。

[17]又有大者:还有势力更大的人。 众群之长又就而听命焉:许多人群的首领又走到那里听从他的命令。

[18]来安定他的部属。 以:目的连词。 安:安定。 属:部属。

[19]于是产生一大批诸侯。 诸侯:古代分封的小国君主。 列:行列。

[20]指德望更大的人。

[21]诸侯们又走近他的跟前听从他的命令。

[22]以安其封:来安定他的封地。 封:封疆,封地。

[23]于是便有了方伯、连帅一类的人。据《礼记·王制》所载:"千里之外设方伯。五国以为属,属有长。十国以为连,连有帅。三十国以为卒,卒有正。二百一十国以为州,州有伯。"可知"方伯"是一方诸

侯的首领,"连帅"是十国诸侯的首领,但却没有史实可证。

[24]来安定他的百姓。　人:即民,百姓。

[25]这样以后权力集中于天子一人。　会于一:指权力集中于一人(天子)。　会:这里指权力集中。

[26]是故:因此。　里胥(xū):古代基层官吏。　里:相当于后代的乡或村。　县大夫:管理一县的长官。

[27]其德在人者:相当于"其德在〔于〕人者",即那些在百姓中有恩德的人。

[28]必定求得他的后代子孙来侍奉他。　嗣(sì):后代,子孙。　奉:侍奉。

[29]所以封建制的产生不是圣人的意思,而是客观情势所决定的。　势:趋势,形势。

　　夫尧、舜、禹、汤之事远矣,及有周而甚详[1]。周有天下,裂土田而瓜分之[2],设五等[3],邦群后[4]。布履星罗[5],四周于天下[6],轮运而辐集[7];合为朝觐会同[8],离为守臣扞城[9]。然而降于夷王[10],害礼伤尊,下堂而迎觐者[11]。历于宣王[12],挟中兴复古之德[13],雄南征北伐之威[14],卒不能定鲁侯之嗣[15]。陵夷迄于幽、厉[16],王室东徙[17],而自列为诸侯矣[18]。厥后问鼎之轻重者有之[19],射王中肩者有之[20],伐凡伯、诛苌弘者有之[21],天下乖戾[22],无君君之心[23]。余以为周之丧久矣[24],徒建空名于公侯之上耳[25]。得非诸侯之盛强,末大不掉之咎欤[26]?遂判为十二[27],合为七国[28],威分于陪臣之邦[29],国殄于后封之秦[30],则周之败端[31],其在乎此矣。

【注释】

[1]有周:周朝。　有:词头。

[2]裂:分割。　瓜分:像切瓜一样地分割。　瓜:名词作状语,像切瓜一样。

[3]设五等:设立五等爵位。　五等:即公、侯、伯、子、男五等爵位。周

朝把诸侯分为五等爵位,按爵位来分给相应的封地。

[4]邦群后:分封许多诸侯。　邦:国。这里用作动词,建立国家,即"分封"的意思。　后:君主,这里指诸侯。

[5]诸侯所管辖的疆域像星星那样罗列着。　布履(lǚ):分布的各诸侯封地。　布:分布。　履:践踏,这里指足迹所到之处,即诸侯的领地。　星罗:像繁星那样罗列。比喻其多。　星:名词用作状语,像繁星那样。

[6]四面遍布于天下。　周:遍布。

[7]轮运:像车轮一样围绕着中心转动。　辐集:像辐条一样集中在毂上。比喻周初各诸侯团结在周王的周围,服从统帅,听从指挥。轮、辐:名词用作状语,像车轮、辐条一样。

[8]朝觐(jìn):指诸侯定期朝见天子。据《周礼》记载,春天朝见叫朝,秋天朝见叫觐。　会同:指诸侯非定期朝见天子。据《周礼》所载,随时去朝见叫会,一同去朝见叫同。

[9]离:分离,指诸侯离开天子回到各自的封地。　守臣:守卫疆土的臣子。古代诸侯对天子称守臣。　扞(gān)城:即"干城",捍卫者。扞:通"干",盾。

[10]降于夷王:向下传到周夷王。　夷王:名燮(xiè),周朝第九代君主,公元前869—前858年在位。

[11]下堂而迎觐者:〔周夷王〕走下堂来迎接朝见的诸侯。　下堂:走下堂来。　觐者:"者"字词组,指朝见天子的诸侯。按周礼规定,诸侯来朝,周王在堂上接见。这时周王室衰落,夷王只好亲自下堂迎接朝见的诸侯,所以说"害礼伤尊"。

[12]传到周宣王。　历:经历。　宣王:名静,周朝第十一代君主,公元前827—前782年在位。

[13]挟:持有,倚仗。　中兴:复兴。　复古:指周宣王恢复了周初的强盛。　德:德威,威望。

[14]雄:这里用作动词,有"奋发"的意思。　南征北伐:指周宣王征伐南北各部族的战争,即征伐西北的西戎,北方的猃狁(xiǎn yǔn),南方的荆蛮等。

[15]卒:终究。据《国语·周语》记载:公元前817年,鲁武公带领儿子括和戏去朝见周宣王,宣王当时确立年纪较小的戏作武公的继承

人。鲁武公死后,鲁人杀戏,立括为国君。所以说卒不能定鲁国之嗣。

[16]陵夷:联绵词,一天天衰落。 幽、厉:是周朝的暴君。幽,指周幽王,周朝第十二代君主,公元前781年继承王位,公元前771年被西方一个部族犬戎杀死在骊山(在今陕西临潼东南)下。厉,指周厉王,周朝第十代君主,公元前857年继承王位,公元前842年国人暴动,将他流放到彘(zhì,今山西霍州)。 宋人引此文时,有将"幽厉"作"幽平"的,应为"幽平"。"平"指周平王,幽王的儿子,公元前770—前720年在位,东周第一代君主。

[17]东徙(xǐ):向东迁移。幽王被犬戎杀死后,为避免犬戎等部族的威胁,公元前770年周平王将国都从镐(hào,今陕西西安市西南)东迁到洛邑(今河南洛阳市),历史上称为东周。

[18]而自己列在与诸侯等同的位置上了。意为周王朝势力衰微,已无力统领诸侯。

[19]从此以后,有询问九鼎轻重的人。 厥:指示代词,此。 问:询问。 鼎:指九鼎,相传是夏禹所铸,是夏、商、周三代传国之宝。公元前606年,楚庄王攻打陆浑之戎(居住在今河南嵩县东北的一个部族),路过周都洛邑,在东周的边境上举行军事检阅,对东周王朝耀武扬威。周定王派大夫王孙满慰劳楚军,楚庄王便询问周朝宗庙里陈列的九鼎有多重,表明有灭周的企图。事见《左传·宣公三年》。

[20]也有射伤周桓王肩膀的。 公元前707年,周桓王带领蔡、卫、陈三国诸侯攻打郑国,郑国出兵反击,周军大败,桓王的肩膀也被箭射伤。事见《左传·桓公五年》。

[21]还有戎人攻打周朝卿士凡伯,周敬王被迫杀死周大夫苌(cháng)弘的。 公元前716年,周桓王派卿士凡伯出使鲁国,归途中在楚丘(今山东曹县东南)遭到戎人的攻打,被活捉而去。事见《左传·隐公七年》。公元前492年,晋国的贵族范吉射和晋国另一位大臣赵鞅相攻击,周大夫苌弘支持范吉射,范失败后,赵鞅责问周王朝,周敬王被迫杀死苌弘。事见《左传·哀公三年》。 诛:杀。

[22]天下大乱。 乖戾(lì):反常,不顺。

[23]君君:把君主当作君主。第一个"君"用作动词,是"当作君主"的

· 400 ·

意思。

[24]我认为周王朝丧失天子的威望已经很久了。　周之丧久：主谓词组作“以为”的宾语。　周之丧：指周王朝丧失天子威望。　之：用在主谓之间的结构助词，“周之丧”也是主谓词组，作“久”的主语。

[25]只不过在公侯之上白白地具有天子的虚名罢了。　徒：副词，白白地。　空名：指天子的虚名。　耳：表限止的语气助词，罢了。

[26]岂不是诸侯强盛，尾大不掉的过错吗？　得非……欤：岂不是……吗？　末大不掉：即尾大不掉。这里比喻上弱下强，指挥不动。作者旨在说明封建制的弊端。　末：指尾巴。　掉：摆动。　咎（jiù）：过错，过失。

[27]于是分为十二个诸侯国。　判：分。　十二：即鲁、齐、晋、秦、楚、宋、卫、陈、蔡、曹、郑、燕等十二个诸侯国。说明周王朝的权势在春秋时代前期就被瓜分了。

[28]又合并为七国。　合：合并，指战国时代大国逐步吞并小国。　七国：指战国时代的秦、楚、燕、齐、韩、赵、魏等七个强国。

[29]权威被陪臣建立的国家所分割。　威：权威。　分：分割。　于陪臣之邦：介宾词组作补语表被动，被陪臣建立的国家〔所分割〕。陪臣：诸侯的大夫对周天子的自称。　邦：国。具体指齐、韩、魏、赵。齐原是姜太公吕尚的封国，公元前386年被齐国的大臣田和夺取了君位，自立为齐侯。韩、魏、赵原是晋国的大夫，公元前403年韩虔、魏斯、赵籍三家分晋，自立为诸侯。

[30]国家被后封的秦国所灭亡。　殄（tiǎn）：绝，灭亡。　后封之秦：秦原是西周的附庸，周平王东迁以后才被封为诸侯，同其他诸侯相比，秦封为诸侯的时间最晚，所以说后封之秦。

[31]败端：失败的开始。

　　秦有天下[1]，裂都会而为之郡邑[2]，废侯卫而为之守宰[3]，据天下之雄图[4]，都六合之上游[5]，摄制四海[6]，运于掌握之内[7]，此其所为得也[8]。不数载而天下大坏，其有由矣[9]。亟役万人[10]，暴其威刑[11]，竭其货贿[12]，负锄梃谪戍之徒[13]，环视而合从[14]，大呼而成群。时则有叛人而无叛吏[15]，人怨于下而吏畏于上,天下相合,杀守劫令而并起[16]。咎在人怨,非郡邑之制失也[17]。

汉有天下,矫秦之枉,徇周之制[18],剖海内而立宗子[19],封功臣[20]。数年之间,奔命扶伤之不暇[21],困平城[22],病流矢[23],陵迟不救者三代[24]。后乃谋臣献画[25],而离削自守矣[26]。然而封建之始,郡国居半[27],时则有叛国而无叛郡,秦制之得亦以明矣[28]。继汉而帝者,虽百代可知也[29]。

唐兴,制州邑[30],立守宰[31],此其所以为宜也[32]。然犹桀猾时起,虐害方域者[33],失不在于州而在于兵[34],时则有叛将而无叛州。州县之设,固不可革也[35]。

【注释】

[1]秦有天下:秦始皇统一天下(前221)。

[2]裂:分。这里有"废除"的意思。 都会:都城,这里指诸侯的都城。 为之郡邑:在诸侯的疆域上设立郡县。秦始皇统一中国后,在全国建立三十六郡,郡下设县。 之:指代诸侯的疆域。

[3]侯卫:即诸侯。 守宰:郡守和县令。秦所设置的地方长官。秦制,郡置郡守、郡尉、监御史;县置县令。 宰:周代有邑宰,相当于后来的县令。这里的"宰"指县令。

[4]据:占据。 雄图:指险要之地。

[5]都:动词,建立都城。 六合:指全国。上、下和东、西、南、北四方。六合与"四海"、"天下"都指全国。 上游:秦建都咸阳,位置在中国的西北方,地势居高临下,像居于河水的上游。

[6]摄制:控制。

[7]在手掌里运转。这里比喻能有力地控制局势。 运:运转。 掌握:手掌,不是动词。

[8]这是它做得对的地方。 其:指秦。 为得:做得对。 得:合宜,恰当。

[9]不数载:没几年,时间不长。从公元前221年秦始皇统一中国到公元前209年陈胜、吴广起义,前后共有十二年。 坏:败坏,混乱。 由:原因。

[10]频繁地征发大批百姓服劳役。 亟(qì):频繁,多次。 役:动词,使之服役。 万人:形容人数之多。秦始皇和秦二世多次征调大批民工从事筑长城、造坟墓、修宫殿等劳役。

[11]使它的威严的刑罚残暴。 暴:形容词的使动用法,使……残暴。

[12]使百姓的财物竭尽。 竭:形容词的使动用法,使……竭尽。 货贿:财物。

[13]负锄梃(tǐng):扛着锄头棍棒。 负:背负,扛着。 梃:棍棒。 谪戍(zhé shù)之徒:被罚防守边境的人。这里指陈胜、吴广等起义农民。

[14]环视:向四周顾看。 合从(zòng):原指东方六国从南到北联合起来对抗秦国,这里指各地人民联合起来反抗秦国。

[15]时:当时。 叛人:即叛民,造暴秦反的百姓。下文的"人怨"即"民怨"。 叛吏:反叛的官吏。

[16]杀守劫令:杀掉郡守,劫持县令。 并起:一同起来造反。

[17]过错在激起民怨,不是郡县制的过失。 咎:过错。 人怨:民怨,意为由于秦的横征暴敛而激起百姓愤怒。 怨:恨,古代汉语"怨"的词义重。

[18]矫秦之枉:纠正秦朝的错误。 矫:矫正,纠正。 枉:弯曲,引申为错误,偏差。 徇周之制:沿袭周朝的制度。 徇:顺着,沿袭。

[19]剖海内:分割天下。 立宗子:指汉高祖刘邦统一全国后,分封自己的儿子、兄弟、侄儿等为王。 宗子:嫡长子。这里泛指同族子弟。

[20]封功臣:指刘邦分封异姓功臣韩信、彭越、英布等为王。

[21]奔命:听到命令急忙奔赴。 扶伤:救治伤病人员。 不暇:没有空闲时间。这里指汉诸侯王不断反叛,朝廷紧急调动军队,四处镇压,弄得手忙脚乱。

[22]指刘邦被匈奴军队围攻在平城。 公元前200年,韩王信叛汉,勾结匈奴进攻,刘邦率兵讨伐,在平城被匈奴军队围困七天。 平城:今山西大同市。

[23]〔刘邦〕被流箭射伤。 病:用作动词,射成重伤。 流矢:流箭,没有一定目标,意外射来的箭。 公元前196年,淮南王英布反,刘邦前往镇压,竟被流箭射中,第二年因伤病死。

［24］陵迟：与"陵夷"同，日渐衰落。　　不救者三代：不能阻止诸侯谋反
　　　　的情况已有三代。　救：阻止。　　三代：指汉高祖以后的汉惠帝、
　　　　汉文帝和汉景帝。在这三世中不时有诸侯谋反的情况发生。唐朝
　　　　以前，世代称"世"不称"代"，唐人为避李世民讳，改"世"为"代"，
　　　　后世沿用下来。

［25］后来谋臣就献计献策。　谋臣：指贾谊、晁（chǎo）错、主父偃等人。
　　　　贾谊曾向汉文帝建议，把一个诸侯国分成若干小国，分给最初受封
　　　　人的子孙；晁错向汉景帝献计，削弱吴、楚七国的封地；主父偃向汉
　　　　武帝献策，使诸侯王分封自己的子弟。这些措施旨在分散、削弱诸
　　　　侯各国的势力。　献画：献策。　画：计策。

［26］离：离析，分散。　削：指削减诸侯的封地。　　自守：指朝廷派官吏
　　　　来管理诸侯国的政务。《汉书·百官公卿表》："景帝中五年，令诸
　　　　侯不得复治国，天子为置吏。"

［27］然而汉初开始分封的时候，郡和国便各占一半。　国：指诸侯国。
　　　　　居半：占一半。指汉初的疆域一半分封给各诸侯国，一半仍实行
　　　　郡县制，由朝廷直接管辖。

［28］当时则有背叛朝廷的诸侯国，而没有背叛朝廷的郡县，秦朝郡县制
　　　　的正确也已经得到证明。　以：通"已"，已经。

［29］接续汉朝而做皇帝的，即使再过一百代也是可以知道的。意思是
　　　　历史将表明郡县制要比分封制好。语出《论语·为政》："虽百世可
　　　　知也。"因避讳而改"世"为"代"。　帝：用作动词，称帝，做皇帝。
　　　　　虽：即使。

［30］设置州县。　制：设置。　州邑：州县。唐代改郡为州，州设刺史。

［31］设立地方行政长官。　立：设立。　守宰：指刺史等地方官。

［32］宜：适宜，正确。

［33］虽然这样，还有凶恶狡猾的人不时起来，残害地方。　然：代词，这
　　　　　样。　桀猾：凶恶狡猾的人。这里指中唐时期不服从朝廷命令的
　　　　藩镇（地方军阀）。　虐害：残害。　方域：地方，指州、县。

［34］过错不在于郡县制，而在于节度使制度。　州：州县，指郡县制。
　　　　　兵：指兵制，即拥有重兵操纵地方大权的节度使制度。

［35］固：本来。　革：革除，废除。

或者曰[1]:"封建者,必私其土,子其人[2],适其俗,修其理[3],施化易也[4]。守宰者,苟其心[5],思迁其秩而已[6],何能理乎?"余又非之[7]。

周之事迹,断可见矣[8]:列侯骄盈,黩货事戎[9],大凡乱国多,理国寡[10]。侯伯不得变其政[11],天子不得变其君[12],私土子人者,百不有一。失在于制,不在于政[13],周事然也[14]。

秦之事迹,亦断可见矣:有理人之制,而不委郡邑,是矣[15]。有理人之臣,而不使守宰[16],是矣。郡邑不得正其制[17],守宰不得行其理[18]。酷刑苦役,而万人侧目[19]。失在于政,不在于制,秦事然也。

汉兴,天子之政行于郡,不行于国[20],制其守宰,不制其侯王[21]。侯王虽乱,不可变也[22];国人虽病,不可除也[23]。及夫大逆不道[24],然后掩捕而迁之[25],勒兵而夷之耳[26]。大逆未彰[27],奸利浚财[28],怙势作威[29],大刻于民者[30],无如之何[31]。及夫郡邑,可谓理且安矣[32]。何以言之?且汉知孟舒于田叔[33],得魏尚于冯唐[34],闻黄霸之明审[35],覩汲黯之简靖[36],拜之可也[37],复其位可也,卧而委之以辑一方可也[38]。有罪得以黜[39],有能得以赏。朝拜而不道,夕斥之矣[40];夕受而不法[41],朝斥之矣。设使汉室尽城邑而侯王之[42],纵令其乱人,戚之而已[43]。孟舒、魏尚之术莫得而施[44],黄霸、汲黯之化莫得而行[45];明谴而导之,拜受而退已违矣[46];下令而削之,缔交合从之谋周于同列[47],则相顾裂眦[48],勃然而起[49];幸而不起,则削其半[50],削其半,民犹瘁矣[51]。曷若举而移之以全其人乎[52]?汉事然也。

今国家尽制郡邑,连置守宰[53],其不可变也固矣。善制兵,谨择守,则理平矣[54]。

【注释】

[1]或者:有人。 或:无定代词。

[2]私其土:把土地当作自己的。 私:意动用法,以……为私。 子其

人:把百姓当作儿女。　子:意动用法,以……为子。

[3]适其俗:适应当地的风俗。　修其理:修整当地的政事。　修:修整,整治。　理:即"治",指政治,政事。唐人避高宗李治的讳,改"治"为"理"。下文的"理"字都应作"治"字解。

[4]施化:指施行教化。

[5]苟其心:使他的心志苟且。　苟:苟且,得过且过。用作使动,使……苟且。

[6]只想着升迁他的官位罢了。　迁:升迁。　秩:官的品位。

[7]非之:以之为非,认为这种说法不对。　非:意动用法,以……为非,认为……不对。

[8]毫无疑问地可以看清楚。　断:断然,毫无疑问地。

[9]列侯:指各诸侯。　黩(dú)货:贪财。　黩:随便,滥行无节。　事戎:从事战争,指好战。

[10]理国:治理好的国家。　理:治,治理好的,形容词。

[11]侯伯:诸侯的首领。　伯:长。　变其政:指改变乱国的政治措施。　其:指代乱国。

[12]变其君:指撤换那些不称职的诸侯国的君主。　变:变更,这里是"撤换"的意思。

[13]周朝的过失在于分封制,而不在于具体的政策措施。　制:政治制度,这里指分封制。　政:指具体的政策措施。

[14]周朝的政事就是这样。

[15]有理人之制:有了治理百姓的制度。　制:指中央集权制。　不委郡邑:不让郡县专权。　委:托付,委托。　是矣:这是对的。

[16]有理人之臣:有了治理百姓的官吏。　臣:指中央管理政务的大臣。　不使守宰:不让地方官各行其是,独断专行。

[17]郡县不能正确发挥郡县制的作用。　正:使动用法,使……正,即使其制正确发挥作用。

[18]郡守、县令不能很好行使治理百姓的职权。

[19]侧目:斜视,斜着眼睛看,形容百姓怨恨、恼怒的样子。

[20]天子的政令行使到郡,不行使到国。　国:指汉朝分封的诸侯国。

[21]制:控制。　侯王:诸侯王。　不制其侯:意思是天子的政令对侯国不起作用,不能控制诸侯王,可见其弊端。

〔22〕诸侯王虽然昏乱,〔朝廷〕也不能改变。　乱:昏乱。指诸侯王在封国内胡作非为。

〔23〕封国内的百姓虽然遭受乱政的祸害,〔朝廷〕也不能解除。　国人:指封国内的百姓。　病:指受侯王乱政的祸害。　除:解除,指解除百姓所受的痛苦。

〔24〕及:至,到。　大逆不道:指侯王反叛朝廷。

〔25〕掩捕:逮捕。　迁:贬谪,流放。

〔26〕勒兵而夷之:派兵而削平它。　勒:统帅,率领。　夷:削平,平定。

〔27〕大逆不道的事尚未显露。　彰:彰明,显露。

〔28〕奸利:非法取利。　浚(jùn)财:搜刮钱财。　浚:挖取,搜括。

〔29〕怙(hù)势:依仗权势。　怙:依靠,仗恃。　作威:逞威风,欺压百姓。

〔30〕大刻于民:对待百姓非常苛毒。　大:副词,非常。　刻:苛刻,苛毒。　"大逆未彰……大刻于民者"是"者"字词组,表示"大逆不道的事尚未显露……对百姓非常苛毒的侯王"。

〔31〕不能把他们怎么样。

〔32〕及夫:至于。　理且安:治理得很好而且社会安定。

〔33〕汉知孟舒于田叔:汉文帝从田叔那里了解到孟舒的德行。据《汉书·田叔传》记载,汉文帝继位,召见汉中郡(郡治在今陕西汉中市)太守田叔,田叔推荐了曾被免去云中郡(郡治在今内蒙古托克托)太守的孟舒,于是汉文帝又起用孟舒为云中郡太守。　知:了解。

〔34〕从冯唐的辩明中得到了魏尚。这里指魏尚得到赦免,官复原职。据《汉书·冯唐传》记载,汉文帝时,魏尚任云中太守,防御匈奴有功,因上报战功,多报了六颗首级,而被免官治罪。后经冯唐替他辩明了功过,得到汉文帝的赦免,而恢复原职。　得:得到。

〔35〕〔汉宣帝〕听到黄霸执法明察慎重。汉宣帝时,黄霸任颍川郡(郡治在今河南禹州)太守,朝廷认为他治理得好,调他任京兆(今陕西西安市)尹,后官至丞相。

〔36〕〔汉武帝〕看到汲黯(jí àn)简政安民,治理有方。汉武帝时,汲黯任东海郡(郡治在今山东郯城)太守,武帝认为他治理得好,赏识他简政安民,于是提升他为主爵都尉(主管封赏的长官),位列九卿之一。　觌:看到,发现。　简靖:简政安民。　简:简约。　靖:安

・407・

定。

[37]拜:任命。

[38]复其位:恢复他们原来的职位(如上文的孟舒、魏尚)。　卧而委之:〔汲黯〕卧病而〔武帝〕委托政事。汲黯晚年,汉武帝要他去做淮阳太守,他因病推辞,武帝对他说:"淮阳吏民不相得,吾徒得君之重,卧而治之。"意为淮阳地方官民关系不好,我只借重你的威望,你可以躺着治理淮阳。　辑一方:使一方和睦。　辑:和睦。这里是使动用法,使……和睦。

[39]黜(chù):罢免,贬斥。

[40]朝拜而不道:早晨任命而不能按朝廷意图办事。　朝:早晨。　不道:不行正道,即不按朝廷意图办事。　夕斥之:晚上便可以罢免他。　斥:斥退,罢免。

[41]晚上任命而违法。　受:"授"的古字,授予,任命。　不法:指违法。

[42]假使把汉朝全部的城邑都分封给侯王。　设:假设,假使。　尽城邑而侯王之:将全部城邑都分封给侯王。　侯王:名词用作动词,分封给侯王。　之:代词,指代所有城邑。

[43]即使他们危害人民,也只好面对这种情况发愁罢了。　纵令:即使。　其:指代侯王。　乱人:扰乱人民,危害人民。　戚:忧愁。　之:指侯王乱民的情况。　而已:罢了。

[44]孟舒、魏尚的治理方术不能得到实施。　术:指治理办法。　莫:副词,不。　施:实施。

[45]黄霸、汲黯的教化不能得到推行。　化:指教化。　行:推行。

[46]明谴而导之:公开谴责并开导他们。　拜受而退已违:当面表示接受而一转身又违反了。

[47]缔交:结交。　周于:遍于,遍及于。　同列:同位,指地位相同的诸侯。是说诸侯王联合起来,反叛朝廷。

[48]相顾裂眦(zì):指怒目相视。　裂眦:眼眶瞪裂,形容盛怒的样子。

[49]气势汹汹地起来叛乱。这里指公元前154年汉景帝采用晁错计谋削减诸侯封地,吴、楚等七国诸侯联合起来反叛朝廷的事。　勃然:发怒的样子。

[50]幸而不起:侥幸不起来反叛。　削其半:〔朝廷〕只能削减诸侯王一

半土地。

[51] 即使削去一半土地,封国内的百姓还是受苦。 瘁(cuì):病,这里
有"劳累"、"受苦"的意思。

[52] 何如全部废除诸侯王来保全那里的人民呢? 曷若:何如。 举
而移之:全部废除诸侯王。 举:全。 移:改变,这里是"废除"的
意思。 全其民:保全那里的人民。

[53] 国家:指唐朝。 尽制郡邑:全部实行郡县制。 连:连续不断。
置:设置。

[54] 善制兵:很好地控制军队。 谨择守:谨慎地选择州县长官。 理
平:即"治平",治理得好,国家安定。

　

　或者又曰:"夏、商、周、汉封建而延[1],秦郡邑而促[2]。"尤非
所谓知理者也[3]。

　魏之承汉也,封爵犹建[4];晋之承魏也,因循不革[5];而二姓
陵替,不闻延祚[6]。今矫而变之,垂二百祀[7],大业弥固[8],何系
于诸侯哉[9]?

　或者又以为:"殷、周,圣王也,而不革其制,固不当复议也。"
是大不然[10]。

　夫殷、周之不革者,是不得已也。盖以诸侯归殷者三千焉[11],
资以黜夏[12],汤不得而废;归周者八百焉,资以胜殷[13],武王不得
而易。徇之以为安[14],仍之以为俗[15],汤、武之所不得已也[16]。
夫不得已,非公之大者也[17],私其力于己也[18],私其卫于子孙
也[19]。秦之所以革之者,其为制,公之大者也[20];其情私也[21],
私其一己之威也[22],私其尽臣畜于我也[23]。然而公天下之端自
秦始[24]。

　

【注释】

[1] 延:长久。

[2] 促:短暂。

[3] 尤其不是所谓懂得治理国家的人。 尤:尤其。 知理者:"者"字

· 409 ·

词组,表示"……的人"。

[4]魏之承汉:曹魏继承汉制。　之:结构助词,标志其为分句。　封爵
　　犹建:分封诸侯,授予爵位还属封建制。

[5]承袭不改。

[6]二姓:指魏和晋。三国时魏国的皇帝姓曹,晋国的皇帝姓司马,所以
　　称二姓。　陵替:即"陵夷",衰落。　不闻延祚(zuò):没有听说他
　　们在位的时间很久。曹魏传了五代,共四十六年。司马氏西晋传了
　　四代,共五十二年,统治的时间都不长。　祚:帝位,王位。

[7]垂:将近。　祀:年。

[8]大业:国家的基业,这里指唐王朝的统治。　弥固:更加巩固。

[9]何系:有什么关系。

[10]是大不然:这种看法非常不对。　是:指示代词,指代上述看法。
　　　然:形容词,对。

[11]盖:连词,表示原因。　以:因为。　诸侯归殷者:诸侯中归服商朝
　　　的。"诸侯"与"归殷者"为部分复指关系。　归殷者:归服商朝的
　　　诸侯。　三千:概言其多。

[12]凭借归殷诸侯的力量来革除夏朝。　资:凭借,利用。　以:目的
　　　连词。　黜:这里是"革除"的意思。

[13]胜殷:战胜了商朝,意为周朝借助归周的八百诸侯战胜商朝。

[14]沿用这种分封制来求得国家安定。　徇之:沿用它。　徇:沿着,
　　　遵循。　之:指代分封制。

[15]因袭这种旧制度来作为习俗。　仍:因袭。

[16]〔这〕是商汤、周武王所得已采取的办法。判断句的主语省略,谓
　　　语是由名词性的"所"字词组充当的。

[17]非公之大者:不是公当中最大的,换言之,即不是大公。

[18]出于私心让诸侯为自己出力。　私:用作动词,出于私心,怀着私
　　　心。　其:指代那些归殷、归周的诸侯。　力于己:为自己出力。

[19]出于私心让诸侯保卫自己的子孙后代。　卫于子孙:保卫自己的
　　　子孙后代。

[20]秦之所以革者:秦朝用以革除分封制的办法,即郡县制。　其为
　　　制:它作为一种制度。　其:复指它前面的"者"字词组,即"秦之所
　　　以革者"。　公之大者:判断句,承前省略判断主语。〔它〕是最

[21]其情私也:判断句。他的动机是为私的。　情:情感,这里指内心
　　想法。

[22]私心在于树他自己的权威。

[23]私心在于要使天下的人全都臣服于自己。　臣:用作动词,臣服。
　　畜(xù):畜养,这里是"驯服"的意思。古代统治者轻视人民,把
　　人民看做都是自己所畜养的。

[24]然而以天下为公的发端是从秦朝开始的。　公天下:以天下为公,
　　这里指废除分封制。　端:发端,开始。

　　夫天下之道,理安斯得人者也[1]。使贤者居上,不肖者居
下[2],而后可以理安。今夫封建者,继世而理[3];继世而理者,上
果贤乎?下果不肖乎[4]?则生人之理乱未可知也[5]。将欲利其
社稷以一其人之视听[6],则又有世大夫世食禄邑[7],以尽其封
略[8],圣贤生于其时[9],亦无以立于天下[10],封建者为之也[11]。
岂圣人之制使至于是乎[12]?吾固曰[13]:"非圣人之意也,势也。"

【注释】

[1]至于天下的常理,是治理得好,政局安定,这才能得到人民的拥护。
　　夫:句首语气词。　道:常理。　理安:即"治安"。　治:治理得
　　好。　安:政局安定。　斯:指示代词,这。　得人:即"得民",指得
　　到人民的拥护。

[2]使贤德的人在上位,不贤德的人在下位。　不肖者:指不贤德的人。

[3]封建:指分封诸侯的制度。　继世而理:等于说"继世而治",一代继
　　承一代地统治下去。　继世:一代接续一代。

[4]既然是一代继承一代地治理,那么在上位的果真贤德吗?在下位的
　　果真不贤德吗?因为是世袭制,不能选择,在上位的难于保证是
　　贤者。

[5]那么百姓的治乱便不得而知。　则:承接连词,那么。　生人:即
　　"生民",百姓。　理乱:即"治乱",太平和动乱。

[6]如果想要做有利于国家的事而统一人民的思想。　欲:想要。

利:用作动词,有利。　　社稷:指国家。　　一:动词,统一。　　视听:见闻,指思想。

[7]那么又有世袭大夫世世代代统治他们的封地。　　世大夫:指父子相承的世袭大夫。　　禄邑:指在世卿世禄制下,世袭大夫食禄的采邑。

[8]占尽了诸侯国的全部土地。　　其:指诸侯。　　封略:疆界,这里指国土。

[9]就是圣贤生于那个时代。　　其时:那个时代。指实行分封制的殷、周时代。

[10]也没有办法在天下有所建树。　　无以立于天下:即"无〔之〕以立于天下"。"无"后省略宾语,没有办法。　　以:连词。　　立:树立,建树。

[11]〔这〕是由于分封制造成的情势。　　为:造成。

[12]岂:副词,表示反诘语气,难道。　　是:指示代词,这种情况。

[13]所以我说:"〔分封制〕不是圣人的意愿,而是那时的情势造成的。"　　固:通"故",因此。

本篇选词概述

1. 朝	2. 集	3. 迁	4. 功	5. 判	6. 理
7. 尊	8. 令	9. 拜	10. 假	11. 徙	12. 国

〔朝〕　本义是早晨,名词,读 zhāo。《说文》:"朝,旦也。"如本篇:"朝拜而不道,夕斥之矣;夕受而不法,朝斥之矣。""朝"与"夕"相对,"朝"指早晨。又《北冥有鱼》:"朝菌不知晦朔。"古代臣子在早晨拜见君主,所以引申为朝见,动词,读 cháo。如《晋灵公不君》:"盛服将朝。"又《史记·廉颇蔺相如列传》:"相如每朝时,常称病,不欲与廉颇争列。"又表示使朝见。如《孟子·梁惠王上》:"欲辟土地,朝秦楚,莅中国,而抚四夷也。""朝秦楚"指使秦楚朝见。古代朝见君主是在朝廷进行,于是引申出朝廷义,即朝见君主的处所。如《战国策·齐策》:"于是入朝见威王。"又引申为朝代。韩愈《柳子厚墓志铭》:"死高宗朝。"

〔集〕 本义指群鸟停留在树上,金文写作 ,三只鸟在树上,像群鸟集树状。如《诗经·周南·葛覃》:"黄鸟于飞,集于灌木,其鸣喈喈。"又范仲淹《岳阳楼记》:"沙鸥翔集。"这些"集"字用的是本义,都指群鸟栖聚。引申为一般的停落。如蒲松龄《促织》:"虫集冠上,力叮不释。"由群鸟停落引申为聚合。如本篇:"轮运而辐集。""辐集"指像辐条一样聚合在毂上。又为人的聚合。如贾谊《过秦论》:"天下云集而响应。""云集"指像云彩一样聚合。又引申为聚会,一般指亲友的聚会。如王羲之《兰亭集序》:"群贤毕至,少长咸集。"聚合在一起,引申为完成,成就。《齐晋鞌之战》:"此车一人殿之,可以集事。"由聚合又引申为诗文的汇集。如《文选序》:"故与夫篇什,杂而集之。"古人分著述为"经、史、子、集"四部。

〔迁〕(遷) 本义是由下往上的移动,所以从辵(chuò,行走)。动词。《说文》:"迁,登也。"《孟子·滕文公上》:"吾闻出于幽谷,迁于乔木者。"由此引申为升迁,升官。如本篇:"守宰者,苟其心,思迁其秩而已。"又《后汉书·张衡传》:"再迁为太史令。"升官的反面,降职、流放也叫迁,又称"左迁"(古代以右为尊,以左为下)。如本篇:"及夫大逆不道,然后掩捕而迁之,勒兵而夷之耳。"这个"迁"便是贬谪义。"迁客"指降职到外地做官的人。如范仲淹《岳阳楼记》:"迁客骚人,多会于此。"由向上移动泛指一般的迁移。王安石《答司马谏议书》:"盘庚之迁,胥怨者民也。"是说盘庚迁移国都,怨恨他的还有百姓。

〔功〕 工作,付出劳动、气力,所以从力从工。它包括农事,劳役,文武之事。如《诗经·豳风·七月》:"嗟我农夫,我稼既同,上入执宫功。""执宫功"就是服修缮宫室的劳役。同篇:"二之日其同,载缵(zuǎn,继续)武功。""武功"则指田猎之事。由工作的结果,有了成绩、成就。如《荀子·劝学》:"驽马十驾,功在不舍。"又《孟子·公孙丑上》:"故事半古之人,而功必倍之。"引申为

· 413 ·

功业,事业。《夫子当路于齐》:"管仲晏子之功,可复许乎?"这里的"功"指功业。又引申为功劳,功勋。如本篇:"矫秦之枉,徇周之制,剖海内而立宗子,封功臣。"

〔判〕 本义是剖分。《说文》:"判,分也。"所以从刀从半。"半"也是分义。如本篇:"遂判为十二,分为七国。"今成语有"判若天渊"。引申为区别,分辨,如苏洵《六国论》:"强弱胜负已判矣。"是说强弱胜负已经区分开了。又为分辨义,特指官府断案。柳宗元《段太尉逸事状》:"太尉判状,辞甚巽。""判状"指判决书。由分成两部分,引申为半、一半义。如《周礼·地官·媒氏》:"掌万民之判。"是说男女各为一半,配合而成夫妇。

〔理〕 今义多指治理,道理;古代汉语"理"的本义是雕琢玉。《说文》:"理,治玉也。"所以字从玉。《韩非子·和氏》:"使玉人理其璞,而得宝焉。"又《战国策·秦策》:"郑人谓玉未理者璞。"是说郑国人把未雕琢的玉叫璞。由治玉引申为治理,如本篇:"守宰者,苟其心,思迁其秩而已,何能理乎?"又"有理人之臣,而不使守宰,是矣"。又"今夫封建者,继世而理"。这些"理"字都是"治理"的意思。治理的积极结果是治理得好。形容词。如本篇:"大凡乱国多,理国寡。"又"善制兵,谨择守,则理平矣"。用作名词,指治理的措施。如本篇:"郡邑不得正其制,守宰不得行其理。"又指治理之事。如本篇:"尤非所谓知理者也。"又引申为疏理,整理。《木兰诗》:"当窗理云鬓,对镜贴花黄。"由玉石的纹理引申为物体的纹理。如《扁鹊见蔡桓公》:"君之疾在腠理。"又引申为道理。如王安石《答司马谏议书》:"名实已明,而天下之理得矣。"

〔尊〕 本义是酒器。甲骨文写作𓏸,像人以双手捧酒器。《说文》:"尊。酒器也。"《礼记·明堂位》:"尊用牺、象、山、罍。"祭祀周公,可用牺尊、象尊、山尊和罍尊,鲁国可用天子之尊。郑玄注:"尊,酒器也。"《庄子·马蹄》:"故纯朴不残,孰为牺尊?"意思是:完整的树木不被雕刻,怎么会有绘饰牺牛图像的酒器? 由于酒尊是用来祭祀和宴请宾客的,所以引申为尊贵、尊显义,与卑贱相对,形容词。如本篇:"然而降于夷王,害礼伤尊,下堂而迎觐者。"又《触龙说赵太后》:"位尊而无功。"用作动词,是使尊贵,使地位高。如同篇:"今媪尊长安君之位,而封之以膏腴之地。""至尊"是指地位极高的,封建时代指皇帝。如《过秦论》:"履至尊而制六合。""履至尊"指登上皇帝的位置。又《汉书·礼乐志》:"舞人无乐者,将至至尊之前不敢以乐也。""尊"引申为尊贵义后,又别制"罇"、"樽"二字表示酒器。如陶潜《归去来兮辞》:"有酒盈罇。"又《滕王阁序》:"气凌彭泽之樽。"

〔令〕 本义是发令。《说文》:"令,发号也。"如《诗经·齐风·东方未明》:"倒之颠之,自公令之。"又表示所发布的命令。如本篇:"下令而削之。"引申为使令义,《触龙说赵太后》:"有复言令长安君为质者,老妇必唾其面。"又同篇:"愿令得补黑衣之数,以卫王宫。"用作名词,又指法令。《史记·屈原贾生列传》:"王使屈平为令。"是说楚王让屈原起草法令。引申为发令的官名,如县令。本篇:"天下相合,杀守劫令而并起。"用作连词,表示即使,假使。如本篇:"纵令其乱人,戚之而已。"

〔拜〕 古今都指表示敬意的礼节,但内容与形式却有显著差别。古人实行跪拜礼,人先跪下,头下俯至手,与心平,所以《说文》上说:"拜,首至手也。"如《墨子·公输》:"子墨子起,再拜。"又《鸿门宴》:"哙拜谢,起,立而饮之。"引申为以礼拜见,谒见。《论语·阳货》:"孔子时其亡也而往拜之。"是说孔子趁阳货不在家的时候去拜见他。由以礼相见,引申为授予官职,因古代授予官职时伴有拜的礼仪。如本篇:"觌汲黯之简靖,拜之可也。"又同篇:"朝拜而不道,夕斥之矣。"相反相成,又引申为接受官职。文天祥《指南录后序》:"于是辞相印不拜。"是说在这种情况下,辞退了相印,不做丞相的官。

〔假〕 现代义指虚假,跟"真"相对;而古代义指借。如《宫之奇谏假道》:"晋侯复假道于虞以伐虢。"是说晋侯又向虞国借道来攻打虢国。引申为凭借。如本篇:"夫假物者必争,争而不已,必

· 415 ·

就其能断曲直者而听命焉。""假物"就是凭借外物。《晋灵公不君》一文中的"假寐"也不是假装睡觉,而是指不脱衣冠打盹儿。引申为临时的,非正式的。如柳宗元《送薛存义序》:"存义假令零陵二年矣。""假令"指临时代理县令,"假王"指代理的王。又引申为给予。《汉书·刘盆子传》:"视其乏者,则假衣裳。""假衣裳"指给予衣裳。借来的,就不是自己真有的,于是引申为虚假,虚伪。形容词。应该注意:真假的"假",先秦一般用"伪"来表示,两汉以后才用"假"。

〔徙〕 本义是迁移。《说文》:"徙,移也。"如本篇:"陵夷迄于幽、厉,王室东徙。"又柳宗元《捕蛇者说》:"非死则徙耳。"由空间上的迁移引申为变化,变动。如《吕氏春秋·察今》:"时已徙矣,而法不徙。"用在官职上的变化,则指职务调动,多指降职。如《史记·淮阴侯列传》:"徙齐王信为楚王。"又《后汉书·张衡传》:"所居之官,辄积年不徙。"应该注意:"徙"跟"迁"词义相近,但又有区别。"迁"指由下而上的迁移,"徙"是一般的迁移。因此,"迁官"与"徙官"有别:"迁"指升官,"徙"指调职或降职。

〔国〕(國) 古今义差别颇大。"国"是个历史概念,周代诸侯的领地称"国",《孟子·梁惠王上》:"寡人之于国也,尽心焉耳矣。"西汉时诸侯王的封邑也称"国",这个"国"相当于郡,所以"郡国"连称。不能用今天"国"的概念去理解诸侯的封国。如本篇:"然而封建之始,郡国居半,时则有叛国而无叛郡。"这里的"国"指诸侯王国。汉初的疆域一半分给诸侯王,一半仍实行郡县制。又同篇:"大凡乱国多,理国寡。"又"汉兴,天子之政行于郡,不行于国,制其守宰,不制其侯王"。这些"国"均指诸侯王国。上古汉语"国"又指国都,首都。如《郑伯克段于鄢》:"先王之制,大都不过参国之一。"又《冯谖客孟尝君》:"愿君顾先王之宗庙,姑反国统万人乎!"这些"国"都指国都。因此,不可把"国"都理解为国家。如《孟子·离娄下》:"遍国中无与立谈者。"不是指全国,而是指国都。

36 答韦中立论师道书

$\boxed{\text{柳宗元}}$

【说明】

本文选自《柳河东集》,是柳宗元写给韦中立的一封信。

韦中立于史无传,生平事迹不详。只知他是潭州刺史韦彪的孙子,于元和十四年中进士,曾拜柳宗元为师,这是柳宗元给他的复信。

信中的内容可分为两部分:前一部分,阐明师道之衰,慨叹魏晋以下师道颓微,人益不事师,已成为当时社会的流弊。称赞韩愈为振兴师道,而敢于犯笑侮、抗颜为师的精神。表示自己谦虚治学,不敢好为人师。后一部分,则着重阐述自己"文以明道"的文学主张,表明自己力求明道而不敢轻心掉之的创作态度。介绍自己的学习经验和提高过程,从为文工辞到知文者以明道,摈弃片面追求形式、华而不实的文风;并溯取道原,取法典范古文,学习前人的写作所长,加以融会贯通,运用于自己的创作实践。这封信实际上是一篇重要的古典文论。

二十一日宗元白[1]。

辱书云欲相师[2]。仆道不笃[3],业甚浅近[4],环顾其中,未见可师者[5]。虽常好言论,为文章[6],甚不自是也[7]。不意吾子自京师来蛮夷间[8],乃幸见取[9]。仆自卜固无取[10];假令有取[11],亦不敢为人师。为众人师且不敢[12],况敢为吾子师乎?

【注释】

［1］宗元白:柳宗元说。 白:告白,陈述,是当时书信的习惯用语。

［2］辱书:谦词,是古代书信中常用的词语,意思是您给我写信使您受
辱。 相师:把我作为老师。 相:副词,偏指。

［3］我的道德修养不够深厚。 仆:谦称,我。 道:指道德修养。 笃
(dǔ):厚实,这里指道德修养的深厚。

［4］学业也很浅薄。 业:学业,学问。

［5］其:指代德和业。 可师者:"者"字词组,作"见"的宾语,表示可以
学习的德或业。 可师:可以学习,可以效法。

［6］写文章,指著书立说。

［7］自己很不认为它是对的。 甚:副词,很,非常。 是:形容词,正
确,对。这里指文章内容的是非。

［8］不意:不料,没有料到。 吾子:对韦中立的尊称,比称"子"更亲切
些。 京师:指唐代首都长安。 蛮夷间:蛮夷中间。古代泛指华
夏中原以外的少数民族为蛮夷。这里指永州。当时柳宗元被贬为
永州司马,韦中立从长安来找他,所以说"自京师来蛮夷间"。

［9］幸:有幸。 见取:被〔您〕取法,指韦中立要拜柳宗元为师。 见:
表被动关系的助词。

［10］我自己估量本来就没有可取法的。 自卜:自己估量。 卜:估
计,猜测。 固无取:本来没有可取法的。 固:副词,本来。
取:名物化用法,指取法的德和业。

［11］假令:连词,假使。

［12］做一般人的老师尚且不敢。 众人:指普通的人。 且:副词,尚
且,还。

孟子称"人之患在好为人师[1]"。由魏晋氏以下,人益不事
师[2]。今之世不闻有师。有,辄哗笑之[3],以为狂人[4]。独韩愈
奋不顾流俗[5],犯笑侮[6],收召后学[7],作《师说》[8],因抗颜而为
师[9]。世果群怪聚骂[10],指目牵引[11],而增与为言辞[12]。愈以
是得狂名[13],居长安,炊不暇熟[14],又挈挈而东[15]。如是者数
矣[16]。屈子赋曰[17]:"邑犬群吠,吠所怪也[18]。"仆往闻庸蜀之

南[19]，恒雨少日[20]，日出则犬吠，余以为过言[21]。前六七年，仆来南。二年冬[22]，幸大雪踰岭[23]，被南越中数州[24]。数州之犬，皆苍黄吠噬狂走者累日[25]，至无雪乃已[26]，然后始信前所闻者[27]。今韩愈既自以为蜀之日[28]，而吾子又欲使吾为越之雪[29]，不以病乎[30]？非独见病，亦以病吾子[31]。然雪与日岂有过哉[32]？顾吠者犬耳[33]。度今天下不吠者几人[34]？而谁敢衒怪于群目[35]，以召闹取怒乎[36]？

【注释】

[1]孟子称说"人的毛病在于喜欢做别人的老师"。语出《孟子·离娄上》。

[2]益：更，更加。 事师：做老师。 事：从事。

[3]有：如果有〔师〕承上句省略宾语"师"。 辄（zhé）：副词，往往，常常。 诛（huá）笑：众人取笑。 诛：同"哗"，喧哗，声大而杂。 之：指代师者。

[4]即"以〔之〕为狂人"，认为〔他〕是狂人。

[5]独：副词，只，只有。限于某个范围。 奋：奋发，发扬。这里指发扬师道的正气。 流俗：流行的习俗。

[6]犯：冒犯。 笑侮：讥笑，轻视。

[7]后学：后生，学生。

[8]作《师说》：写成《师说》一文。 师说：即说一说从师之道。

[9]因：连词，于是，就。表示后一事紧接着前一事。 抗颜：仰面，表示很不客气的样子。 抗：举，抬高。

[10]社会上果然群起责怪，聚众谩骂。 群怪：群起责怪。 聚骂：聚众谩骂。 聚：动词用作状语，表示行为的方式。

[11]意思是众人对韩愈抗颜为师指手画脚，使眼色，互相拉扯示意，以表示对为师的轻视。 指目：用作动词，用手指，用目视。 牵引：拉拉扯扯。

[12]很多人参与编造〔毁谤韩愈〕的言论。 增与：参与此事的人不断增多。 为言辞：编造流言飞语。

[13]韩愈因为这个得了狂人的名声。 以是：介宾词组作状语，因此，

因为这个。 是:指示代词,指世人的毁谤。

[14]炊不暇熟:煮饭都没有工夫煮熟。比喻匆匆忙忙。 暇:空闲,这里指时间。

[15]挈(qiè)挈:孤独的样子。 东:方位名词用作动词,向东,指韩愈离开长安。

[16]如是者:"者"字词组,作句子主语,像这样的情况。 数:多次。

[17]屈子赋:屈原所写的诗,指《楚辞·九章·怀沙》,原文是:"邑犬之群吠兮,吠所怪也。" 赋:文体名,古诗的分支。

[18]邑巷的狗一起吠叫,是吠叫它们所怪异的事物。屈赋原意是比喻众小人非难俊杰,这里引诗是比喻世人沉溺流俗,愚昧无知。 邑:小城镇,这里指狭小的邑巷。 所怪:"所"字词组作"吠"的宾语,表示怪异的事物。

[19]往:以往,从前。 庸蜀:泛指四川。 庸:古国名,在今湖北竹山东南。

[20]恒雨少日:经常下雨,很少出太阳,即连雨天,连阴天。 恒:常。

[21]日出则犬吠:太阳一出来,狗就叫唤。谚语有"蜀犬吠日"。 余以为过言:即"余以〔之〕为过言",我以为〔日出则犬吠〕是言过其实的话。 过言:是言过其实的意思。

[22]二年冬:指元和二年的冬天。

[23]踰:越过。 岭:指五岭。岭南一般不下雪。

[24]被:被覆,覆盖。 南越:泛指今广东、广西一带。 数州:好几个州,雪的覆盖面很大。

[25]苍黄:同"仓皇",叠韵联绵词,惊惶失措的样子。 吠噬(shì):狂叫。 狂走:发疯似的奔跑。 走:奔跑。 累日:连日。

[26]已:动词,止,停止。

[27]然后:经过这场吠雪之后。 始信:才相信。 前所闻者:指从前所听到的日出则犬吠的话。 意思是经历了南越数州犬连日吠雪的情况才相信蜀犬吠日的传闻并不过分。

[28]即"今韩愈既自以〔之〕为蜀之日",如今韩愈既已自己把〔自己〕当做四川的太阳。是说成了群犬吠叫的对象,即成了群怪聚骂的目标。 以:介词,其后省略宾语"之",指代韩愈自己。 以〔之〕为:把〔自己〕当作。

[29]而您又要使我成为南越数州的雪。是说韦中立要让柳宗元成为"越之雪",也如同韩愈那样,为世人所怪。 欲:想要。 越:指南越数州。

[30]不也欠妥当吗? 以:通"亦",关联副词,也。 病:有毛病,不妥当。

[31]不仅对我不利,也因为它使您不利。 非独……,亦……:不仅……,也……。 独:仅,单。 以:介词,因为。其后省略宾语"之",指代"使我成越之雪"的情况。 病吾子:使吾子病,使您不利。 病:使动用法,使……病。

[32]然而雪与太阳难道有过错吗? 岂……哉:表示反问的句式。

[33]只是狂叫的是狗罢了。 顾:连词,只是,表示轻微的转折。 吠者犬:判断句,狂叫的是狗。 吠者:"者"字词组,作主语,狂叫的。

[34]度(duó):揣度,估量。

[35]衒(xuàn):通"炫",显露,显示。

[36]召闹:即招闹,招惹不安。

　　仆自谪过以来[1],益少志虑。居南中九年[2],增脚气病,渐不喜闹。岂可使咬咬者早暮咈吾耳[3],骚吾心[4]?则固僵仆烦愦[5],愈不可过矣[6]!平居望外遭齿舌不少[7],独欠为人师耳!

【注释】

[1]谪(zhé)过:即"谪〔以〕过",因为过错而贬官。 谪:罚罪。

[2]南中:泛指南方。

[3]怎么能使吵闹不休的人早晚拂逆我的耳朵。 咬(náo)咬者:"者"字词组,表示喧闹不休的人。 咈(fú):违背,抵触。

[4]骚:扰乱。

[5]固:本来。 僵仆:指困卧。 僵:向后倒下。 仆:向前倾跌。 烦愦(kuì):心烦意乱。

[6]愈不可过:越发不能过下去。

[7]望外:等于说意外。 齿舌:等于说口舌。

抑又闻之[1]，古者重冠礼[2]，将以责成人之道[3]，是圣人所尤用心者也[4]。数百年来，人不复行[5]。近有孙昌胤者，独发愤行之[6]。既成礼，明日造朝[7]，至外廷，荐笏言于卿士曰[8]："某子冠毕[9]。"应之者咸怃然[10]。京兆尹郑叔则[11]，怫然曳笏却立[12]，曰："何预我也[13]？"廷中皆大笑。天下不以非郑尹而快孙子[14]，何哉？独为所不为也[15]。今之命师者大类此[16]。

【注释】

[1]抑：连词，不过。　之：指代下面复行冠礼的事情。

[2]重冠礼：重视举行冠礼。　冠礼：古代男子成年时举行加冠的礼仪，《礼记·曲礼》上说男子二十而冠。

[3]意思是说通过冠礼对冠者提出成人要求。　以：介词，用。其后省略宾语"之"，指代冠礼。

[4]这是圣人所最关心的。判断句。　是：指示代词作主语，指冠礼。圣人所尤用心者："者"字词组作判断句谓语。　尤：最。

[5]复行：再举行〔冠礼〕。

[6]独：独自。　发愤：因愤激而决心努力。　行之：行冠礼。　之：指代冠礼。

[7]既成礼：已经举行完了加冠礼。　既：时间副词，已经。　成：完成，举行完毕。　造朝：到朝廷去。

[8]荐笏(hù)言于卿士：把笏版插到衣带上对卿士说。　荐：把笏版插入衣带。　荐：插。　笏：笏版，古代臣子朝见皇帝时所拿的用来记事的手版。　卿士：卿大夫。

[9]某子：孙昌胤自称。

[10]应之者：指听到的人。　咸：范围副词，全，都。　怃(wǔ)然：莫名其妙的样子。

[11]京兆尹：官职名，管理京城所在地的行政长官。

[12]怫(fú)然：不高兴的样子。　曳笏：指一手拿着笏版而下垂。曳：拖。　却：后退。

[13]何预我：与我有什么关系。　预：干预。

[14]天下的人不因为〔这件事〕认为郑叔则的话不对，也不以孙昌胤行

冠礼为快。　天下：指天下的人。　以：介词，因为。其后省略宾语"之"，指代上述在朝廷上发生的事。　非郑尹：以郑尹为非，认为郑叔则的话不对。　非：意动用法，以……为非。　快孙子：以孙子为快，也就是以孙昌胤行冠礼为快。　快：意动用法，以……为快。

[15]只是因为做了别人所不做的事情。　为所不为：动宾结构，做了别人所不做的事情。　所不为："所"字词组作"为"的宾语，表示〔别人〕所不做的事。

[16]类此：像这样。

　　吾子行厚而辞深[1]，凡所作，皆恢恢然有古人形貌[2]。虽仆敢为师，亦何所增加也？假而以仆年先吾子[3]，闻道著书之日不后，诚欲往来言所闻[4]，则仆固愿悉陈中所得者[5]。吾子苟自择之[6]，取某事去某事则可矣。若定是非以教吾子，仆材不足，而又畏前所陈者[7]，其为不敢也决矣[8]！吾子前所欲见吾文，既悉以陈之。非以耀明于子[9]，聊欲以观子气色[10]，诚好恶何如也[11]。今书来，言者皆大过[12]。吾子诚非佞誉诬谀之徒[13]，直见爱甚故然耳[14]。

【注释】

[1]行厚：指德行深厚。　辞深：指文辞的功底深。

[2]凡所作：所有写作的文章。　凡：副词，表总括。　恢恢然：宽广的样子。形容韦中立的文章气势恢宏。　然：形容词词尾，表示"……的样子"。

[3]假而：假如。　年：年岁。　先吾子：先于吾子，在您前面。

[4]往来：这里指书信往来。

[5]那么我本来愿意把心中所得的东西全部说出来。　悉陈：全部说出来。　悉：范围副词，全。　中：指心中。

[6]您姑且自己选择它。　苟：苟且，姑且。　之：指代悉陈的见解。

[7]畏前所陈者：害怕前面所说的那些情况。

[8]也：句中语气词，表顿宕。　决：决定，裁定。

[9]不是拿〔它〕在您面前炫耀显示。　以：介词，用，拿。其后省略宾语"之"，指代柳宗元的文章。　耀：夸耀，炫耀。

[10]姑且打算用〔这种办法〕来看看您的反映。　聊：副词，姑且。　气色：脸上的表情，这里指对文章的评价、反映。

[11]〔您对文章〕喜欢、讨厌的情况确实怎么样。　诚：副词，的确，确实。　好(hào)：动词，喜好，喜欢。　恶(wù)：动词，憎恶，讨厌。

[12]大过：太过分。

[13]佞(nìng)誉：巧言赞美。佞：花言巧语。　诬谀：假意奉承。诬：言语不真实，欺骗。　徒：同一类的人。

[14]直：只，只不过。　甚：厉害。　故然：所以这样。

　　始吾幼且少，为文章，以辞为工[1]。及长，乃知文者以明道[2]，是固不苟为炳炳烺烺[3]，务采色[4]，夸声音[5]，而以为能也。凡吾所陈，皆自谓近道[6]，而不知道之果近乎远乎[7]？吾子好道而可吾文[8]，或者其于道不远矣。故吾每为文章，未尝敢以轻心掉之[9]，惧其剽而不留也[10]；未尝敢以怠心易之[11]，惧其弛而不严也[12]；未尝敢以昏气出之[13]，惧其昧没而杂也[14]；未尝敢以矜气作之[15]，惧其偃蹇而骄也[16]。抑之欲其奥[17]，扬之欲其明[18]。疏之欲其通[19]，廉之欲其节[20]。激而发之欲其清[21]，固而存之欲其重[22]。此吾所以羽翼夫道也[23]。本之《书》以求其质[24]，本之《诗》以求其恒[25]，本之《礼》以求其宜[26]，本之《春秋》以求其断[27]，本之《易》以求其动[28]。此吾所以取道之原也[29]。参之穀梁氏以厉其气[30]，参之孟荀以畅其支[31]，参之庄老以肆其端[32]，参之《国语》以博其趣[33]，参之《离骚》以致其幽[34]，参之太史以著其洁[35]。此吾所以旁推交通而以为之文也[36]。

【注释】

[1]以辞为工：把文辞视为精巧。辞：文辞。工：巧。柳宗元早年喜欢骈体文，讲究词藻声律，以为语言华美就可以把文章写好。

[2]文者以明道：文章是用来阐明道的。者：用于主语后的语气助词。

· 424 ·

道:这里指儒家思想。

[3]是固:即是故,因此。 固:通"故"。 苟:苟且,随便。 炳炳烺
（lǎng）烺:语言文字很漂亮,形式上华美好看。 炳炳:明亮的样
子。 烺烺:义同炳炳。

[4]追求华丽的词藻。 务:致力于。 采色:指华丽的词藻。 采:
"彩"的古字。

[5]过分考究文章的声韵。 夸:夸大,夸张。 声音:指文章的声韵。

[6]凡是我所陈述的,自己说它都接近道。 近道:接近于道。

[7]但不知离道果真近呢还是远呢? 而:转折连词,但是。 果:果
真。 之:用于主谓词组主谓之间的结构助词,取消句子独立性。

[8]可吾文:认为我的文章还可以。 可:意动用法,以……为可,肯定
我的文章,认为我的文章还不错。

[9]以轻心掉之:用轻率之心随便对待它。 轻心:轻率之心。 掉:摇
摆,引申为放纵,随便。成语"掉以轻心"本于此。

[10]剽（piāo）而不留:指文章轻浮而不凝重。 剽:轻,浮滑。

[11]怠心:怠惰之心,指不严肃,不认真。 易之:轻率对待它。

[12]弛而不严:松弛而不严谨。

[13]从来没有在头脑不清醒的情况下写出文章来。 昏气:指头脑不
清醒。 出之:写出来。 出:使动用法,使……出,使文章出来,
即写出来。 之:指文章。

[14]昧没而杂:不明快而芜杂。 昧没:不明朗的样子。

[15]矜（jīn）气:骄气。 作之:创作它。

[16]偃蹇（yǎn jiǎn）:叠韵联绵词,本指高耸,引申为骄傲、傲慢。

[17]抑制它而不尽情发挥,是为了使文章深沉含蓄。 奥:深奥,这里
指深沉含蓄。

[18]尽情地发挥它,是为了使文章明快。 扬:发扬,这里指发挥。从
"抑之"到"欲其明",是说文章既要含蓄,又要明快。

[19]疏理文章想要使它畅通。 疏:疏理。 之:指文章。 通:畅达,
畅通。

[20]收敛文章想要使它简洁。 廉:收敛,指删削繁冗。 节:简要,简
洁。 从"疏之"到"欲其节",是说文章既要畅达,又要简洁。

[21]感情激越而奔放,想要使文章清新。

［22］感情凝聚而留存,想要使文章稳重。　固:凝聚。　存:保存,留
　　　存。　重:稳重,不轻浮。

［23］这是我用来辅助那道的方法。判断句。　羽翼:本指鸟的翅膀,从
　　　其助飞的功用引申为辅佐、辅助。　夫:指示代词,那。　道:即
　　　"文以明道"的"道"。

［24］把《尚书》作为文章的根基来求得它的朴实。　本:用作动词,作为根
　　　本、基础。　《书》:指《尚书》。　以:目的连词。　质:朴实。　柳宗
　　　元认为《尚书》文风朴实,不崇尚华丽的词藻,所以借鉴它的朴实。

［25］《诗》:指《诗经》。　求其恒:求得它永恒的艺术感染力,以陶冶人
　　　的性情。

［26］《礼》:指《周礼》、《仪礼》、《礼记》。　宜:合宜,合理。　柳宗元认
　　　为《礼》所叙述的事和阐发的道理都是合乎情理的。

［27］断:判断。柳宗元认为《春秋》能判断是非善恶,褒贬得当。

［28］《易》:指《周易》。　动:指事物的发展变化。　《易》中涵蕴朴素
　　　辩证法,阐述了很多发展变化的道理,所以柳宗元认为应该吸取
　　　《易》中"动"的优点。

［29］这些经典是我用来取得道的源泉。判断句。　此:判断句主语,指代
　　　上述《书》、《诗》、《礼》、《春秋》、《易》等儒家经典。　原:"源"的古
　　　字,源泉。　柳宗元把五经看做是取道的源泉,为文的范本。

［30］参之穀梁氏:参考穀梁氏的著作《穀梁传》。　厉其气:磨炼辞章的
　　　文气。　厉:磨,这里有"加强"的意思。　气:文气。　柳宗元认
　　　为《穀梁传》讲究文气。

［31］孟荀:指孟子、荀子的文章。　畅其支:使文章的文理畅达。　畅:
　　　使动用法,使……畅达。　支:"枝"的古字,这里指文章的脉络、条
　　　理。　柳宗元认为孟子、荀子的文章文理畅达。

［32］庄老:指庄子和老子的文章。　肆:放纵。　端:头,边际。《庄
　　　子·天下篇》:"荒唐之言,无端崖之辞。"　柳宗元认为庄子和老子
　　　的文章恣肆奔放。

［33］博:大,使动用法,使……博。　趣:情味。　柳宗元认为《国语》的
　　　文章富于情趣是它的风格特色。

［34］致:使之至,求得。　幽:隐微。　柳宗元认为《离骚》文意隐微。

［35］太史:指司马迁的著作。　著:彰明。使动用法,使……著。　洁:

干净利落,没有浮赘。　柳宗元认为《史记》的文章写得精练。

[36]旁推:从旁推助。　交通:这里指与取道之原的经文学习相互沟通。　从《穀梁传》以下,不是经,而属子史,所以说"参之"、"旁推交通",以与作为主体的五经学习相区别。柳宗元的意思是从五经取道,至于文章的作法、技巧则可以学习子史,广泛吸取写作经验。

　　凡若此者[1],果是邪?非邪[2]?有取乎?抑其无取乎[3]?吾子幸观焉,择焉[4],有馀以告焉[5]。苟亟来以广是道[6],子不有得焉,则我得矣[7]。又何以师云尔哉[8]?取其实而去其名,无招越蜀吠怪,而为外廷所笑,则幸矣。

　　宗元白。

【注释】

[1]所有这些道理。

[2]究竟是对呢,还是不对? 果:副词,果真,究竟。

[3]〔这些道理〕是有可取的呢,还是它没有什么可取的? 抑:选择连词,还是。

[4]幸:表敬副词,作状语。 观焉、择焉:意为观察它,选择它。经过观察,对的可以择取。 焉:兼词,相当于"于是",表示对这些道理。

[5]有馀:有闲暇的时候。 馀:指闲暇。

[6]苟:假如。 亟(qì)来:常来。 亟:屡次。 广是道:使这个道得以扩展。 广:使动用法,使……广。

[7]意为在交往中你不能有所得,我却有所得。这是客气话。

[8]又凭什么说相师呢? 云尔哉:语气助词连用,重点放在"哉"上。

本篇选词概述

1. 数	2. 累	3. 行	4. 立	5. 顾
6. 圣	7. 冠	8. 文	9. 言	10. 文章

〔数〕(數) 计算数目。《说文》:"数,计也。"读作 shǔ。《史

记·陈涉世家》：“楚兵数千人为聚者，不可胜数。”又指数目，数量。《触龙说赵太后》：“愿令得补黑衣之数，以卫王宫。”是说希望让舒祺能补充在黑衣禁卫军的数目里，这个意义读作 shù。引申为几。表示不确定的数目。如本篇：“二年冬，幸大雪踰岭，被南越中数州。”引申为定数，即法则，规律。名词。《史记·范雎蔡泽列传》：“语曰：‘日中则移，月满则亏，物盛则衰。’天地之常数也。”用作副词，表示行为的多次、屡次，读作 shuò，如《史记·廉颇蔺相如列传》：“秦数败赵军，赵军固壁不战。”这一意义现代汉语已经不用。由多而引申为密，跟“疏”相对。形容词。读作 cù。如《孟子·梁惠王上》：“数罟（gǔ）不入洿（wū）池。”是说密网不许到池塘打鱼。据说上古不满一尺的鱼不得食用，以助鱼的生长繁殖。

〔累〕 本义指绳索。读作 léi。《说文》：“累，……一曰大索也。”《汉书·李广苏建传》：“以剑斫（zhuó，砍）绝累。”“斫绝累”是砍断绳子。引申为用绳索捆绑，动词。《史记·项羽本纪》：“系累其老弱妇女。”是说捆绑起老弱妇女。又为叠累。读作 lěi。柳宗元《钴鉧潭西小丘记》：“其嵚（qīn）然相累而下者。”“相累”是一个叠着一个。今成语有“危如累卵”。由此引申出累积。如本篇：“数州之犬，皆苍黄吠噬狂走者累日。”由重叠又引申为连累，因被牵连而受损害。动词。蒲松龄《聊斋志异·促织》：“不终岁，薄产累尽。”用作副词，屡次，多次。《后汉书·张衡传》：“累召不应。”是屡次征召而不应。

〔行〕 本义是道路。名词。甲骨文写作 ，像四通八达的道路。读作 háng。《诗经·豳风·七月》：“遵彼微行，爰求柔桑。”是说沿着桑间小路，在这里采摘嫩桑叶。又《诗经·周南·卷耳》：“采采卷耳，不盈顷筐。嗟我怀人，寘彼周行。”“周行”指大路。路是供人行走的，于是引申为走路，走。动词。读作 xíng。《论语·述而》：“三人行，必有我师焉。”又引申为离开原地，走了。《子路从而后》：“使子路反见之，至则行矣。”等子路返回到老人的家，到家老人却外出了。用于抽象义，表示实施，施行。《孟子·

梁惠王上》:"夫我乃行之,反而求之,不得吾心。"由行走引申为运行,经过。动词。《天论》:"天行有常。""天行"指天体运行。又引申为出发,出行。柳宗元《送薛存义序》:"河东薛存义将行。"又引申为举行。如本篇:"数百年来,人不复行。"又:"近有孙昌胤者,独发愤行之。"这里指举行冠礼。

〔立〕 古今义都指站立。甲骨文写作 ,像人站立地面状。如本篇:"京兆尹郑叔则,怫然曳笏却立。"引申为树立,建立。《冯谖客孟尝君》:"立宗庙于薛。"又引申为存在。《资治通鉴·赤壁之战》:"孤与老贼势不两立。"古代汉语"立"又特指登上帝王或诸侯的位置。《商君书·更法》:"代立不忘社稷,君之道也。"又《史记·陈涉世家》:"陈涉乃自立为王。"又使人登上某一位置。《汉书·高帝纪》:"高祖乃立为沛公。"用作副词,表示立刻,马上。《史记·项羽本纪》:"沛公至军,立诛杀曹无伤。"

〔顾〕(顧) 本义是回头看,回头,所以从页(xié,人头)。甲骨文写作 ,表示人的头部。《说文》:"顾,环视也。"段玉裁注:"环视者,环而视也。"如本篇:"环顾其中,未见可师者。"又贾谊《论积贮疏》:"失时不雨,民且狼顾。"引申为关心,照顾。《诗经·魏风·硕鼠》:"三岁贯女,莫我肯顾。"又引申为拜访,如诸葛亮《前出师表》:"三顾臣于草庐之中。""三顾"指刘备三次拜访诸葛亮。用作连词,表示转折,只是,不过。《史记·廉颇蔺相如列传》:"相如虽驽,独畏廉将军哉?顾吾念之……"又本篇:"顾吠者犬耳。"

〔圣〕(聖) 本义指聪慧,通达事理,并没有神秘色彩。甲骨文写作 ,突出人的口耳,意为广其听闻,增长知识,方能通达事理。《说文》:"圣,通也。"形容词。如本篇:"是圣人所尤用心者也。"又《诗经·邶风·凯风》:"母氏圣善。"是说母亲聪慧而善良。活用为动词,意为以之为圣。《韩非子·难一》:"圣尧则去舜之德化。""圣尧"指以尧为圣,认为尧圣明。"圣人"指具有最高道德修养的人。后来封建统治者将"圣"的概念神秘化,变成无所不知、无所不能的含义了。

〔冠〕 古代帽子的总称。读作 guān。"元"表示人头,"∩"表示帽巾,"寸"表示用手戴冠。如本篇:"古者重冠礼。"又《楚辞·渔父》:"新沐者必弹冠。""弹冠"是弹掉帽子上的灰尘。用作动词,指戴冠,如《许行》:"许子冠乎?"即:许行戴帽子吗?又《战国策·齐策》:"衣冠而见之。"是说穿衣戴帽接见冯谖。应该注意:"冠"还表示古代的一种礼仪。古代男子二十岁时举行成人礼,开始戴帽子。如本篇:"〔孙昌胤〕既成礼,明日造朝,至外廷,荐笏言于卿士曰:'某子冠毕。'""冠毕"指举行冠礼完毕,续早已中断的古礼。又如《论语·先进》:"冠者五六人。""冠者"指成年人。古代"弱冠"指刚成年。《滕王阁序》:"无路请缨,等终军之弱冠。"帽子居于人首,所以引申为超群的,居第一位的。读作 guàn,形容词。《汉书·丙吉传》:"萧曹为冠。"是说萧何、曹参居第一位。

〔文〕 现代义指文章,文字;古代汉语的本义是指色彩交错的花纹。金文写成⊗,像刺画花纹的文身。周密《观潮》:"吴儿善泅者数百,皆披发文身。"引申为华丽,有文采。《墨子·公输》:"舍其文轩,邻有敝舆而欲窃之。""文轩"指带文饰的车子。用作动词,指增添文采。《论语·宪问》:"文之以礼乐。"引申为纹饰,掩饰。《天论》:"非以为得求也,以文之也。""以文之"指用迷信活动掩饰政事。又《论语·子张》:"小人之过也,必文。"今成语有"文过饰非"。引申为文章,文辞,如本篇:"吾子前所欲见吾文,既悉以陈之。"又同篇:"及长,乃知文者以明道。""此吾所以旁推交通而以为之文也。"应该注意:上古汉语"文学"的涵义与今不同,指文献和经典,如《五蠹》:"而诸先生以文学取。"

〔言〕 说,说话。如本篇:"日出则犬吠,余以为过言。"又《齐晋鞌之战》:"岂敢言病?"古代汉语特指谈论,发表意见。如本篇:"虽常好言论。"引申为所说的话,言论。名词。如本篇:"而增与为言辞。"这个意义古今相同。再引申为一句话叫一言。马中锡

《中山狼传》:"乞丈人一言而生。"又《论语·为政》:"《诗》三百,一言以蔽之,曰'思无邪'。"又一个字也叫一言。《史记·老子韩非列传》:"于是老子乃著书上下篇,言道德之意,五千余言。"五言诗、七言诗也是以一个字为一言。

〔文章〕 古今词义都指文辞——独立成篇的有组织的文字。如本篇:"始吾幼且少,为文章,以辞为工。"又《汉书·艺文志序》:"乃燔灭文章,以愚黔首。"但除此义外,古今义差别颇大。"文章"最初指"文绣"、"文采"。古代青与赤相配合称文,赤与白相配合称章。《庄子·胠箧》:"灭文章,散五采,胶离朱之目,而天下始人含其明矣。""文章"与"五采"并举。又《楚辞·九章·橘颂》:"青黄杂糅,文章烂兮。"又《荀子·礼论》:"雕琢刻镂黼黻文章,所以养目也。""黼黻文章"指礼服上的花纹。是说各种雕刻,色彩花纹,是用来满足目欲的。由此引申出文辞义。古代"文章"还特指礼乐法度。如《诗经·大雅·荡序》:"厉王无道,天下荡荡,无纲纪文章。"

37 肥水之战

《资治通鉴》

【说明】

本文节选自《资治通鉴》第104—105卷,记述东晋谢安和前秦苻坚等交战的一段历史。

《资治通鉴》是宋司马光(1019—1096)主持编写的。为了总结封建社会的统治经验,宋英宗赵曙下诏编写这部史书,历时十九年,于公元1084年即神宗元丰七年完成。神宗赵顼写序并命名为《资治通鉴》,意思是本书可以供统治国家借鉴,即"鉴于往事,资于治道"。

《资治通鉴》是一部编年体史书,记载了从战国周烈王二十三年(前403)到五代后周世宗显德六年(959)计千余年的历史。

公元四世纪末,前秦苻坚经过不断征战,统治了中国的北方地区,势力不断加强。这就助长了苻坚继续南下的野心。他不顾后方有民族矛盾和连续征战军队得不到休整的事实,悍然发动百余万大军攻击东晋王朝。双方交战在肥水一带。东晋军队在谢安等人的指挥下,抓住敌方将帅骄矜轻敌的弱点,巧妙应对,最终战胜强大敌手,成为历史上著名的以少胜多、以弱胜强的战例。

冬十月[1],秦王坚会群臣于太极殿[2],议曰:"自吾承业[3],垂三十载[4],四方略定[5],唯东南一隅未霑王化[6]。今略计吾士卒,可得九十七万,吾欲自将以讨之,何如?"秘书监朱肜曰[7]:"陛下恭行天罚[8],必有征无战[9],晋主不衔璧军门[10],则走死江海。陛下返中国士民[11],使复其桑梓[12],然后回舆东巡[13],告成岱宗[14],此千载一时也。"坚喜曰:"是吾志也。"

【注释】

[1]指晋孝武帝太元七年(382)的冬天十月。

[2]秦王坚:前秦首领苻坚。公元四世纪我国西部氐(dī)族人苻坚在长安建立秦王朝,史称前秦。苻坚先后消灭前燕、前凉、代等。统治了我国北方,成为对周边颇有影响的势力。　太极殿:此指前秦长安宫殿的正殿。

[3]承:继承。　业:指王业,君王的统治地位。

[4]垂:将,将近。苻坚于公元357年继承王位,到这一年已经二十六年,所以说近三十年。

[5]四方:全境。　略定:平定。

[6]霑:雨露濡湿,这里比喻受到恩德。　王化:指苻坚的恩惠影响。

[7]秘书监:秘书省的首长。秘书省是主管政府图籍文书的官署。　朱肜(róng):《晋书·载记》作朱彤(tóng)。

[8]恭行:奉行,意思是遵奉上天的使命而施行。　恭:奉。

[9]有征无战:有征伐的行动却没有交战的实质。意思是说攻伐东晋只出兵、不用交战就可以取胜。

[10]衔璧:口含璧玉。《周礼·天官·玉府》:"大丧共含玉。"疏:"大丧谓王丧,含玉璧形而小,以为口实。"口含璧玉有请死的意思,这是一种君王投降表示臣服的礼仪。

[11]返:返回,回来。　中国士民:中原流落到南方的百姓。

[12]复其桑梓(zǐ):重回他们的家乡。《诗经·小雅·小弁》:"维桑与梓,必恭敬止。"朱熹传:"桑梓,二木,古者五亩之宅,树之墙下,以遗子孙、给蚕食、具器用者也。"后以"桑梓"作为乡里的代称。

[13]舆:此指战车。　巡:天子出行巡视。

[14]告成:向上天报告成功。　岱宗:泰山。

尚书左仆射权翼曰[1]:"昔纣为无道[2],三仁在朝[3],武王犹为之旋师[4]。今晋虽微弱,未有大恶,谢安、桓冲皆江表伟人[5],君臣辑睦[6],内外同心,以臣观之,未可图也[7]。"坚嘿然良久[8],曰:"诸君各言其志。"

【注释】

[1]尚书左仆射(yè):尚书令的副手。东汉以后尚书令是直接对君主负责的首脑人物,即宰相。仆射即尚书令副手。魏晋时更置左、右仆射。 权翼:洛阳人。

[2]纣:商末君主。以暴虐无道闻名。

[3]三仁:三个贤人。指箕子、微子、比干。

[4]旋师:退回军队。周武王曾计划讨伐纣王,到孟津(今河南孟州附近),前来参加攻伐纣王的诸侯达八百人。但武王认为纣有三仁相辅,灭殷时机尚不成熟,便退兵而回。 旋:返还。

[5]谢安:字安石,阳夏(今河南太康)人。晋武帝时出任中书监,领尚书事。 桓冲:字幼子,龙亢(今安徽怀远)人,当时任江荆诸州都督军事,兼任荆州刺史。 江表:长江以外,即江南。

[6]辑睦:和睦,团结。 辑:和。

[7]图:图谋,谋划。

[8]嘿(mò):同"默",沉默不语。 良久:很久。

太子左卫率石越曰[1]:"今岁镇守斗[2],福德在吴[3],伐之必有天殃[4]。且彼据长江之险,民为之用[5],殆未可伐也[6]。"坚曰:"昔武王伐纣,逆岁违卜[7]。天道幽远[8],未易可知。夫差、孙皓皆保据江湖[9],不免于亡。今以吾之众,投鞭于江,足断其流,又何险之足恃乎[10]?"对曰:"三国之君皆淫虐无道[11],故敌国取之,易于拾遗[12]。今晋虽无德,未有大罪,愿陛下且按兵积谷[13],以待其衅[14]。"于是群臣各言利害,久之不决。坚曰:"此所谓筑舍道傍,无时可成[15]。吾当内断于心耳!"

【注释】

[1]太子左卫率:官名,负责护卫太子的官员。

[2]岁镇守斗:岁星、镇星守护在斗宿之间。 岁:岁星,即木星。 镇:
镇星,即土星。 斗:星宿(xiù)名,是二十八星宿之一,相对于北天
之北斗而言,故也称南斗。

[3]福德在吴:古人把星宿和地上方域联系起来,叫做分野。并认为天、
人可以感应,某星宿运行到某区域,与之对应的分野就会得到上天
福祐。斗宿属吴、越分野,东晋所处正是旧吴地,自可得上天福祐。

[4]天殃:上天降下的灾祸。 殃:灾祸。

[5]民为之用:百姓愿意为晋所驱使。 之:指东晋王朝。

[6]殆:副词,表示推测,可能,大概。

[7]逆岁:违犯岁星预示的吉凶。据《荀子·儒效》杨倞注引《尸子》:
"武王伐纣,鱼辛谏曰:'岁在北方,不可北征。'武王不从。" 违卜:
违背卜兆预示的吉凶。 据《史记·齐世家》记载,武王将伐纣,巫
师占得凶兆,武王在姜太公的鼓励下,照样出发征伐。

[8]天道:所谓天意。古人认为天有意志,能主管人间的成败祸福。
幽远:幽深渺茫。

[9]夫差:春秋时期吴国的国君,在和越王勾践的较量中,最终被灭亡。
孙皓:三国时期孙权的孙子,继承了吴国的政权,最终被司马氏灭
亡。 江湖:指江南一带。东晋王朝统辖地正是这一区域。

[10]〔东晋〕又有什么险隘足以倚仗? 恃(shì):依靠。

[11]三国之君:指殷纣、夫差、孙皓。

[12]拾遗:拾起丢落的东西。比喻容易做的事情。

[13]按兵:停止军事行动。 按:止住。

[14]衅:缝隙,裂痕。这里指破绽,过失。

[15]筑舍道傍:典出《诗经·小雅·小旻(mín)》:"如彼筑室于道谋,是
用不溃于成。"意思是说,如同有人要在路边建房时向路人征求建
筑方案,因路人意见分歧,最终什么房子也建不成。

  群臣皆出,独留阳平公融[1],谓之曰:"自古定大事者,不过一
二臣而已。今众言纷纷,徒乱人意[2],吾当与汝决之。"对曰:"今

伐晋有三难：天道不顺[3]，一也；晋国无衅，二也；我数战兵疲[4]，三也。群臣言晋不可伐者，皆忠臣也，愿陛下听之。"坚作色曰[5]："汝亦如此，吾复何望！吾强兵百万，资仗如山[6]。吾虽未为令主[7]，亦非闇劣[8]。乘累捷之势[9]，击垂亡之国[10]，何患不克？岂可复留此残寇，使长为国家之忧哉？"融泣曰："晋未可灭，昭然甚明。今劳师大举，恐无万全之功[11]。且臣之所忧，不止于此。陛下宠育鲜卑、羌、羯[12]，布满畿甸[13]，此属皆我之深仇[14]。太子独与弱卒数万留京师[15]，臣惧有不虞之变生于腹心肘掖[16]，不可悔也[17]。臣之愚顽，诚不足采；王景略一时英杰[18]，陛下常比之诸葛武侯，独不记其临没之言乎[19]？"坚不听。于是朝臣进谏者众，坚曰："以吾击晋，校其强弱之势[20]，犹疾风之扫秋叶，而朝廷内外皆言不可，诚吾所不解也。"……

【注释】

[1]阳平公融：阳平公苻融。　阳平公：封号。　融：苻融，苻坚的弟弟。

[2]意：此指思想，想法。

[3]天道不顺：指"岁镇守斗"的天时。

[4]数战兵疲：苻坚在此前三年内连续用兵，灭前凉、灭代、攻襄阳，同时与东晋也不断作战。

[5]作色：改变脸色，即表现出不高兴的样子。　色：指面部表情。

[6]物资兵器堆积如山。　资：资财，物资。　仗：兵仗，兵器。

[7]令主：贤主。　令：美善。

[8]闇（àn）劣：昏庸低能。　闇：通"暗"，不明事理。

[9]累捷：连续取胜。　累：连续不断。

[10]垂亡：将要灭亡。　国：指东晋。

[11]万全：意即万无一失。

[12]宠育：爱护培养。　宠：厚爱。　鲜卑、羌（qiāng）、羯（jié）：当时我国北方及西北方的少数民族。

[13]畿（jī）甸：京城附近的地区。　畿：京城附近。　甸：城郊以外的地方。

436

〔14〕深仇:指仇恨很深的人。鲜卑人所建前燕政权为苻坚所灭,并迁鲜卑王公贵戚与四万户百姓于长安,以便监管。苻坚还信用羌人姚苌(cháng)等,却又杀死其兄姚襄。

〔15〕京师:京城。前秦苻坚建都长安(今西安市)。

〔16〕虞(yú):预料,料想。 腹心肘掖:指京师及附近的要害地区。掖:通"腋",腋下。

〔17〕不可悔:来不及后悔。

〔18〕王景略:名猛,字景略,苻坚原丞相。

〔19〕临没之言:临死时的遗言。公元 395 年王猛临终时嘱苻坚不要攻晋,要灭鲜卑、羌等后患。 没:后写作"殁",死。

〔20〕校(jiào):比较。

〔太元八年,秋,七月〕秦王坚下诏大举入寇[1],民每十丁遣一兵[2],其良家子年二十已下[3],有材勇者[4],皆拜羽林郎[5]。又曰:"其以司马昌明为尚书左仆射[6],谢安为吏部尚书[7],桓冲为侍中[8]。势还不远[9],可先为起第[10]。"良家子至者三万余骑,拜秦州主簿赵盛之为少年都统[11]。是时朝臣皆不欲坚行,独慕容垂、姚苌及良家子劝之[12]。阳平公融言于坚曰:"鲜卑、羌虏,我之仇雠[13],常思风尘之变以逞其志[14],所陈策画,何可从也!良家少年皆富饶子弟,不闲军旅[15],苟为谄谀之言以会陛下之意[16]。今陛下信而用之,轻举大事,臣恐功既不成,仍有后患[17],悔无及也!"坚不听。

【注释】

[1]入寇:入侵。 寇:外敌入侵。《资治通鉴》作者以东晋为正统,所以称苻坚攻晋为"入寇"。

[2]丁:成年男子。 遣:差派。 兵:指兵员,参战人员。

[3]良家子:身世清白人家的子弟。 已:通"以"。

[4]材:才能。 勇:勇气。

[5]拜:任命。 羽林郎:禁卫军的军官。

[6]其:表示推测语气,将要。 司马昌明:名曜,字昌明,东晋统治者,

谥孝武帝。

[7]谢安:字安石,时任孝武帝尚书仆射,兼中书令。　吏部尚书:官名,吏部的长官。　吏部:是掌管官吏任用的中央机构。

[8]桓冲:东晋将领。　侍中:官名,门下省的长官,是在最高统治者身边出主意、提建议的重要官员。

[9]按照双方实力的形势,回师凯旋的日子不会太远。　还:指回师。

[10]起第:建造好宅院。　第:贵族的住宅。这种住宅有等级的差别,所以称"第"。　以上几句是苻坚的战前设想:将东晋的重要人物房来并任以高位,安置好他们的生活。

[11]秦州:今陕甘一带,州治在今甘肃天水。　主簿:主管文书档案的官员。　少年都统:前秦设置的统领良家子的长官。

[12]慕容垂:为鲜卑前燕君主之子,后逃至前秦,被任冠军将军。肥水战后,叛秦称王,史称"后燕"。　姚苌:羌族首领之一,其兄被苻坚杀死后,投降苻坚。肥水战后叛秦称王,并杀死苻坚,建都长安,号称大秦,史称"后秦"。

[13]仇雠:仇敌。　雠:对头,对手。

[14]风尘之变:战争变故。　逞:显现,实现。

[15]闲:后作"娴",熟悉。　军旅:指军旅之事,即军事。

[16]苟:随意,随便。　谄谀之言:逢迎讨好的话。　会:迎合。

[17]仍:副词,表示更进一层。　更:更加。

八月戊午[1],坚遣阳平公融督张蚝、慕容垂等步骑二十五万为前锋[2],以兖州刺史姚苌为龙骧将军[3],督益、梁州诸军事[4]。坚谓苌曰:"昔朕以龙骧建业[5],未尝轻以授人,卿其勉之[6]!"左将军窦冲曰:"王者无戏言,此不祥之征也[7]。"坚默然。

慕容楷、慕容绍言于慕容垂曰[8]:"主上骄矜已甚[9],叔父建中兴之业[10],在此行也!"垂曰:"然,非汝,谁与成之[11]。"

【注释】
[1]八月戊午:指太元八年(383)八月初二日。
[2]督:统率。　张蚝(cì):苻坚的前将军。

[3]兖(yǎn)州:州治在今河南陈留附近。　龙骧(xiāng)将军:将军名号。

[4]益:指益州,今四川大部分。　梁州:今陕西西南部。

[5]建业:建立帝业。

[6]勉:努力。

[7]征:征兆,预兆。

[8]慕容楷、慕容绍:都是慕容垂的侄儿。

[9]骄矜(jīn):骄傲自大。　矜:自尊,自大。

[10]中兴:衰落后又复兴。

[11]谁与成之:和谁一起完成中兴大业呢。　成:成就大业。"谁"作介词"与"的前置宾语。

甲子[1],坚发长安[2],戎卒六十余万[3],骑二十七万,旗鼓相望,前后千里。九月,坚至项城[4],凉州之兵始达咸阳[5],蜀汉之兵方顺流而下[6],幽冀之兵至于彭城[7],东西万里,水陆齐进,运漕万艘[8]。阳平公融等兵三十万,先至颖口[9]。

诏以尚书仆射谢石为征虏将军、征讨大都督[10],以徐、兖二州刺史谢玄为前锋都督[11],与辅国将军谢琰、西中郎将桓伊等众共八万拒之[12];使龙骧将军胡彬以水军五千援寿阳[13]。琰,安之子也。

【注释】

[1]甲子:距上文"戊午"七天之后,即初八日。

[2]发:出发。

[3]戎卒:步兵。

[4]项城:今河南项城附近。

[5]凉州:今甘肃黄河以西地区,治所在今甘肃武威市。　咸阳:今陕西咸阳市。

[6]蜀汉:今四川和陕南地区。　顺流:顺着长江的水流。

[7]幽:幽州,今京、津、河北北部、辽西一带。　冀:冀州,今河北中、南部和山东、河南部分地区。治所在今河北高邑。

[8]运漕:运送军粮的船只。 漕:经水道运输粮食。

[9]颍口:今安徽颍上附近,颍水入淮河处。

[10]本句主语是晋孝武帝。 谢石:字石奴,谢安的弟弟。 征虏将军:将军的名号。 征讨大都督:征讨前秦的军事指挥官。

[11]徐、兖二州:指晋王朝东渡以后所置的南徐州(今江苏镇江一带)、南兖州(今江苏江都一带)。 谢玄:谢安的侄儿。

[12]谢琰(yǎn):字瑗度,谢安的儿子。 桓伊:桓宣族子。当时任豫州刺史,又任两部统军将领(西中郎将)。

[13]寿阳:今安徽寿县。

　　是时秦兵既盛[1],都下震恐[2]。谢玄入,问计于谢安,安夷然[3],答曰:"已别有旨[4]。"既而寂然[5]。玄不敢复言,乃令张玄重请[6]。安遂命驾出游山墅[7],亲朋毕集,与玄围棋赌墅[8]。安棋常劣于玄,是日,玄惧,便为敌手而又不胜[9]。安遂游陟[10],至夜乃还。桓冲深以根本为忧[11],遣精锐三千人卫京师;谢安固却之[12],曰:"朝廷处分已定[13],甲兵无阙[14],西藩宜留以为防[15]。"冲对佐吏叹曰[16]:"谢安石有庙堂之量[17],不闲将略[18]。今大敌垂至,方游谈不暇[19],遣诸不经事少年拒之[20],众又寡弱[21],天下事已可知,吾其左衽矣[22]!"

【注释】

[1]既盛:已经很强大。 既:已经。

[2]都下:都城之下,指东晋首都建康(今南京市)。 震恐:吃惊害怕。

[3]夷然:坦然,平静的样子。

[4]别有旨:另有指示。 旨:旨意。

[5]寂然:寂寞无声。

[6]重(chóng)请:重新请示。

[7]驾:套好车马,即准备好车马。 山墅(shù):山间别墅,供游赏的园林建筑。

[8]同谢玄下围棋,以别墅做彩头赌输赢。

[9]便:连词,即便,即使。 敌手:指棋艺不分上下的对手。 敌:相

当,匹敌。

[10]陟(zhì):登山。

[11]根本:指东晋京城建康。

[12]固却:坚决拒绝。 却:拒绝,不接受。

[13]处分:处置安排。

[14]阙:通"缺",缺少。

[15]西藩:西部防线,指荆州。当时桓冲为荆州刺史。 藩:本指篱笆,这里指防线。

[16]佐吏:副官,助手。

[17]庙堂之量:在朝廷为官的度量。 庙堂:朝廷。

[18]将略:用兵的谋略。

[19]正游乐清谈不休。 方:正。 暇:空闲。

[20]不经事:没有战斗经验。 少年:指谢玄、谢琰等年轻人。

[21]众:兵众,战斗人员。

[22]左衽:指穿左开襟的衣服。 衽:衣襟。 按照中原的习俗,上衣为右开襟,古代少数民族才将衣襟左开。所以"左衽"就是穿左开襟的衣服,随从少数民族的习俗,意为将成为苻坚的俘虏,晋将灭亡。

冬,十月,秦阳平公融等攻寿阳。癸酉,克之,执平虏将军徐元喜等[1]。融以其参军河南郭褒为淮南太守[2]。慕容垂拔郧城[3]。胡彬闻寿阳陷,退保硖石[4],融进攻之。秦卫将军梁成等帅众五万屯于洛涧[5],栅淮以遏东兵[6]。谢石、谢玄等去洛涧二十五里而军,惮成不敢进。胡彬粮尽,潜遣使告石等曰[7]:"今贼盛粮尽,恐不复见大军!"秦人获之,送于阳平公融。融驰使白秦王坚曰[8]:"贼少易擒,但恐逃去,宜速赴之[9]。"坚乃留大军于项城,引轻骑八千,兼道就融于寿阳[10]。遣尚书朱序来说谢石等[11],以为"强弱异势[12],不如速降"。序私谓石等曰:"若秦百万之众尽至,诚难与为敌。今乘诸军未集,宜速击之;若败其前锋,则彼已夺气[13],可遂破也。"

【注释】

[1]执:拘捕,此指俘获。

[2]参军:官名,将军的幕僚,参谋军事。　淮南:郡名,郡治在寿阳。符
　　融攻下寿阳,便任郭褒为淮南太守。

[3]拔:取得,攻取。　郧(yún)城:今湖北安陆市附近。

[4]硖(xiá)石:地名,在今安徽寿县西北。

[5]屯:驻扎军队。　洛涧:河名,在今安徽寿县东。

[6]栅淮:以淮河为栅栏,即以淮河为险隘。　遏:遏止,阻止。

[7]潜:秘密地。

[8]白:报告。

[9]赴:奔赴。

[10]兼道:用加倍的速度赶路。　就:靠近,接近。这里指“会合”。

[11]朱序:原为东晋梁州(州治在湖北襄阳)刺史,太元四年(379)被俘,
　　在前秦做度支尚书(管理赋税的官员)。　说(shuì):说服。

[12]意思是敌我双方力量强弱不同。

[13]夺气:丧失锐气。

　　石闻坚在寿阳,甚惧,欲不战而老秦师[1]。谢琰劝石从序言。
十一月,谢玄遣广陵相刘牢之帅精兵五千趣洛涧[2],未至十里[3],
梁成阻涧为陈以待之[4]。牢之直前渡水,击成,大破之,斩成及弋
阳太守王咏[5]。又分兵断其归津[6],秦步骑崩溃,争赴淮水,士卒
死者万五千人,执秦扬州刺史王显等,尽收其器械军实[7]。于是
谢石等诸军,水陆继进。秦王坚与阳平公融登寿阳城望之,见晋兵
部阵严整,又望八公山上草木皆以为晋兵[8],顾谓融曰:“此亦劲
敌[9],何谓弱也!”怃然始有惧色[10]。

【注释】

[1]老秦师:使前秦军队疲惫。　老:疲惫,丧失战斗力。

[2]广陵相:广陵国的相,广陵在今江苏扬州市。　刘牢之:彭城人,谢
　　玄部属,战功卓著,因迁为广陵相。　趣:同“趋”,奔向。

[3]意思是相距十里未至,即距目的地只有不足十里的路程。

[4]阻涧为陈:以河水为阻碍布好战阵。 涧:指河水。 陈:"阵"的古
　　字,战阵,阵势。

[5]弋(yì)阳:郡名,治在今河南潢川。

[6]归津:回撤的渡口。 津:渡口。

[7]军实:军需物资。

[8]八公山:在寿阳北。

[9]劲(qíng)敌:劲敌,强大的对手。

[10]怃(wǔ)然:失意的样子。

　　秦兵逼肥水而陈[1],晋兵不得渡。谢玄遣使谓阳平公融曰:
"君悬军深入[2],而置陈逼水,此乃持久之计,非欲速战者也。若
移陈少却,使晋兵得渡,以决胜负,不亦善乎!"秦诸将皆曰:"我众
彼寡,不如遏之,使不得上[3],可以万全。"坚曰:"但引少却,使之
半渡[4],我以铁骑蹙而杀之[5],蔑不胜矣[6]!"融亦以为然,遂麾兵
使却[7]。秦兵遂退,不可复止。谢玄、谢琰、桓伊等引兵渡水击
之。融驰骑略陈[8],欲以帅退者,马倒,为晋兵所杀,秦兵遂溃。
玄等乘胜追击,至于青冈[9],秦兵大败,自相蹈藉而死者[10],蔽野
塞川。其走者闻风声鹤唳[11],皆以为晋兵且至,昼夜不敢息[12],
草行露宿[13],重以饥冻[14],死者什七、八。初,秦兵少却,朱序在
陈后呼曰:"秦兵败矣!"众遂大奔。序因与张天锡、徐元喜皆来
奔[15]。获秦王坚所乘云母车[16]。复取寿阳,执其太守郭褒。

　　……

　　谢安得驿书[17],知秦兵已败,时方与客围棋,摄书置床上[18],
了无喜色[19],围棋如故,客问之,徐答曰:"小儿辈遂已破贼[20]。"
既罢,还内[21],过户限[22],不觉屐齿之折[23]。

【注释】

[1]逼:逼近,靠近。 肥水:位在安徽省,源出于合肥,向北流至寿县北
　　入淮。

[2]悬军:孤军,远离友军的军队。 悬:孤悬,无依靠。

〔3〕上:指北渡过肥水。

〔4〕半渡:指晋军渡河到半路,即在渡河之时。

〔5〕铁骑:披挂铁甲的骑兵,指精锐的骑兵部队。　蹙(cù):逼近。

〔6〕蔑(miè):没有。

〔7〕麾(huī):本指古代将帅指挥作战的旗帜,这里指指挥军队。

〔8〕驰骑略陈:驱赶着坐骑巡视阵地。　驰:赶马。　略:巡行,巡视。

〔9〕青冈:地名,在肥水附近。

〔10〕蹈藉(dǎo jí):践踏。　藉:被踩在脚底下。

〔11〕风声鹤唳(lì):风发出声响,鹤鸟不停鸣叫。　唳:鸟叫。

〔12〕息:止息,停止。

〔13〕草行露宿:在草地上穿行,在荒野住宿。　草、露:名词作状语。

〔14〕重(chóng):加上。

〔15〕张天锡:曾据凉州等地,自称凉王。后降苻坚。　来奔:投向东晋。

〔16〕云母车:用云母装饰的车子。

〔17〕驿书:驿站传来的文书。

〔18〕摄(shè):收起。

〔19〕毫无高兴的样子。　了:完全。

〔20〕徐:慢慢地　遂:竟然。

〔21〕还内:回到内室。

〔22〕户限:门槛(kǎn)。

〔23〕屐(jī)木屐。鞋底带齿儿的木制拖鞋。　折:断掉。

本篇选词概述

1. 会　　2. 承　　3. 载　　4. 辑　　5. 图
6. 第　　7. 闲　　8. 诒　　9. 敌　　10. 趣

〔会〕(會)　本义为器物的盖子。《仪礼·士虞礼》:"命佐食启会。"郑玄注:"会,合也,谓敦盖也。"作为动词则为会合义。《封建论》:"德又大者,方伯、连帅之类又就而听命焉,以安其人,然后天下会于一。"又引申为集合、集会义。如本篇:"秦王坚会群臣于

444

太极殿。"又引申为迎合义。如本篇:"苟为谄谀之言以会陛下之意。"

会有机会、时机的意思。《论衡·命禄》:"逢时遇会。"调和、调配也称"会"。《周礼·天官·食医》:"凡会膳食之宜,牛宜稌(tú,稻),羊宜黍。"

〔承〕 本义为双手捧持。《左传·襄公二十五年》:"承饮而进献。"引申有接受、承受的意思。《礼记·礼运》:"是承天之祐。"《左传·僖公十五年》:"荀列定矣,敢不承命?"由承受引申有继承、接续义。如本篇:"自吾承业,垂三十载。"《后汉书·班彪传》:"汉承秦制。"

〔载〕(載) 读 zài,《说文》释作"乘也",即乘坐义。《史记·河渠书》:"陆行载车,水行载舟。"能乘载人、物的交通工具也叫"载"。《尚书·益稷》:"予乘四载,随山刊木。"孔安国传:"所载者四,谓水乘舟,陆行车,泥乘蕝(chūn),山乘樏(léi)。"用车等交通工具运输也叫"载"。《史记·张汤传》:"载以牛车。"把物品装入容器中,盛(chéng)东西也叫"载"。柳宗元《送薛存义序》:"柳子载肉于俎。"引申为充满的意思。《诗经·大雅·生民》:"厥声载路。"成语有"怨声载道",其中"载"即充满的意思。

读 zǎi,有"年"的意思。《史记·文帝本纪》:"汉兴,至孝文四十余载。"本文:"自吾承业,垂三十载。"

〔辑〕(輯) 车厢,泛指车子。《列子·汤问》:"推于御也,齐辑乎辔衔之际。"另有收敛、敛聚义。《尚书·舜典》:"望于山川,徧于群神,辑五瑞。"孔安国传:"辑,敛也。"

辑有和谐、和睦的意思。《诗经·大雅·板》:"辞之辑矣,民之洽矣。"本篇:"君臣辑睦,内外同心。"又《封建论》:"拜之可也,复其位可也,卧而委之以辑一方可也。"

〔图〕(圖) 杨树达《积微居小学述林》:"依形求义,图当训地图。"《周礼·夏官·职方氏》:"天下之图,如今司空舆地图也。"引申为图画。《庄子·田子方》:"宋元君将画图。"作为动词就是画图画。《梦溪笔谈》:"直以彩色图之。"

图有想、反复考虑义。《韩非子·存韩》:"愿陛下熟图之。"引申有图谋、谋取的意思。《史记·吴起列传》:"诸侯图鲁矣。"又本篇:"以臣观之,未可图也。"

〔第〕 次第、次序。《汉书·公孙弘传》:"时对者百余人,太常奏弘第居下,策奏,天子擢弘对为第一。"引申为按品级给王侯官宦修建的大宅院。《史记·卫将军骠骑列传》:"天子为治第,令骠骑视之。"又本篇:"势还不远,可先为起第。""治第"、"起第"都是修建大宅院。以后凡是高大的宅院都称第。《汉书·高帝纪》:"赐大第宅。""第"既有次第义,于是科举时代按考试成绩排列出先后,所以科考合格也称第。岑参《送胡象落第归王屋别业》:"看君尚少年,不第莫悽然。""不第"就是没有考入等第,即没考中。

〔闲〕(閑) 木制栅栏。《汉书·贾谊传》:"今民卖僮者,为之绣衣、丝履……内之闲中。"马厩也是"闲"。《魏书·常季贤传》:"仍主厩闲。"引申有防止义。《尚书·毕命》:"虽收放心,闲之惟艰。"

朱骏声《说文通训定声》:"闲,假借为娴。"有熟练、熟悉的意思。《战国策·燕策》:"闲于兵甲,习于战攻。"又本篇:"谢安石有庙堂之量,不闲将略。"另有文雅义。曹植《美女篇》:"美女妖且闲,采桑歧路间。"

〔谄〕(諂) 主动迎合,说出对方想要说却又没说出的话。《鬼谷子·权》:"先意成欲者,谄也。"是说揣摩对方意图后,主动迎合。《公羊传·隐公四年》:"公子翚谄乎隐公,谓隐公曰:'百姓安子,诸侯说(悦)子,盍终为君乎?'"鲁隐公是庶出,自以为是代昭公而出任鲁君,公子翚的这番话正是隐公想说又不便说的话,所以是谄。

谄和谀有别:谀只是不分是非、一味附和,而不是主动逢迎。《庄子·渔父》:"希意道言谓之谄,不择是非而言谓之谀。"后"谄谀"连用就不再分别。

〔敌〕（敵）　敌对、仇敌义是古今常用义。《新书·大政》："与民为敌者，民必胜之。"引申有抵抗的意思。《史记·项羽本纪》："剑，一人敌，不足学。学万人敌。"

敌另有匹、对的意思。《战国策·秦策》："四国兵敌。"说的是四国兵力相当，不分上下。又本篇："玄惧，便为敌手而又不胜。"成语有"势均力敌"。

〔趣〕　读 qū，奔赴、奔向。《史记·孙子吴起列传》："百里而趣利者，蹶上将。"又本篇："谢玄遣广陵相刘牢之帅精兵五千趣洛涧。"引申为快步走。《韩非子·杨权》："腓大于股，难于趣走。"这个意义与"趋"相同。

读 cù，有督促、催促的意思。《史记·陈涉世家》："〔陈王〕趣赵兵亟入关。"

读 qù，旨趣、志趣。《后汉书·蔡邕传》："圣哲之通趣，古人之明志也。"

38 伶官传序

欧阳修

【说明】

本篇选自作者编修的《五代史·伶官传》,是《伶官传》的序文。

欧阳修(1007—1072),字永叔,号醉翁,六一居士,北宋庐陵(今江西吉安)人。宋仁宗天圣年间中进士,历任县令、知州、按察使、谏官、翰林学士、史馆修撰,晚年官至枢密副使、参知政事。因与当朝者政见不合,辞官引退。

欧阳修是北宋中期文学革新运动的倡导者,他反对当时文坛上盛行的崇尚空洞形式的浮靡晦涩的文风,用自己的写作和文学批评提倡平实朴素的文风,强调内容重于形式。他在诗文创作上取得了很高的成就,在文学批评上为当时健康文风的形成和发展,为古文创作的繁荣,作出了积极的贡献,是中国文学史上有名的"唐宋八大家"之一。

伶官是宫廷内表演歌舞的艺人,是供最高统治者精神享乐的工具。本文通过对后唐统治衰败原因的分析,总结出"忧劳可以兴国,逸豫可以亡身"的历史教训。这一结论具有普遍意义。

呜呼!盛衰之理[1],虽曰天命[2],岂非人事哉[3]!原庄宗之所以得天下[4],与其所以失之者[5],可以知之矣。

世言晋王之将终也[6],以三矢赐庄宗而告之曰[7]:"梁[8],吾仇也;燕王[9],吾所立;契丹[10],与吾约为兄弟[11],而皆背晋以归梁[12]。此三者,吾遗恨也[13]。与尔三矢,尔其无忘乃父之志[14]!"庄宗受而藏之于庙[15]。其后用兵则遣从事以一少牢告庙[16],请其矢,盛以锦囊[17],负而前驱[18],及凯旋而纳之[19]。

【注释】

[1]盛衰:指国家兴盛衰落。

[2]虽然说是天命。 在封建社会中长期流传着君权神授、上天决定王朝盛衰的说法,作者在文章中强调"人事"的重要。

[3]人事:指人为。

[4]原:用作动词,推论,推究。 庄宗:指五代后唐的李存勖(xù)。龙德三年(923)称帝,同光三年(925)兵变被杀。 所以得天下:夺得天下的原因。

[5]所以失之者:失去天下的原因。

[6]晋王之将终:晋王将死的时候。 晋王:指李克用,西突厥沙陀部的首领,唐末因镇压黄巢农民起义有功,被唐王朝任命为河东节度使,后封为晋王。

[7]以:介词,将,把。 三矢:三支箭。

[8]梁:指后梁太祖朱温。朱温曾参加黄巢率领的农民起义军,后叛变降唐,被任命为河中行营招讨副使。因镇压农民起义有功,被封为梁王。朱温与李克用长期交战,双方结仇很深。天祐四年(907)朱温称帝,国号为梁。

[9]燕王:指刘守光。公元909年朱温封他为燕王。

[10]契丹:本指民族部落,这里指契丹族首领耶律阿保机。耶律后来创建辽王朝。

[11]约为兄弟:结为兄弟。李克用和耶律阿保机曾约为兄弟,商定共同举兵击梁。后耶律违背了约言,与梁交好。

[12]背晋:背叛后晋主李克用。

[13]遗憾:遗憾,遗留下的不满。

[14]给你三支箭,你不要忘记你父亲的遗愿! 其:句中语气助词,表示希望的语气。 乃:第二人称代词,你。

[15]庙:宗庙,祖庙。

[16]用兵:指打仗。　从事:官职名,此指办事官员。　少牢:祭品。古代祭祀,牛、羊、豕各一俱全的,称太牢;只有羊、豕的,称少牢。
告庙:向宗庙祈祷。

[17]盛(chéng):装进。

[18]负:背,指背着装有箭的锦囊。

[19]纳之:把箭送回。　纳:使……入,送回。

　方其系燕父子以组[1],函梁君臣之首[2],入于太庙[3],还矢先王[4],而告以成功。其意气之盛[5],可谓壮哉!及仇雠已灭[6],天下已定,一夫夜呼[7],乱者四应[8],仓皇东出[9],未见贼而士卒离散。君臣相顾不知所归[10],至于誓天断发[11],泣下沾襟[12],何其衰也!岂得之难而失之易欤?抑本其成败之迹[13],而皆自于人欤[14]?

【注释】

[1]当庄宗用绳索捆绑着燕王父子时。公元911年(后梁乾化元年)刘守光自称大燕皇帝。次年李存勖派兵攻打刘守光,生擒刘氏父子,并用绳索捆系送到宗庙祭灵。　方:副词,正值。　系:捆绑。
组:本指丝带或丝绳,这里泛指绳索。

[2]用木盒装着后梁君臣的头颅。　函:木盒,这里用作动词,用木盒装。公元923年10月,李存勖领兵攻梁,梁末帝朱友贞令其部将皇甫麟将其杀死,之后,皇甫麟也自杀。李存勖攻入汴京后,将二人人头装入木盒,藏于宗庙。

[3]太庙:宗庙。

[4]还:送还,送回。　先王:指李克用。

[5]意气:气概。

[6]仇雠:仇敌。

[7]一个人在夜里一呼叫。　一夫:这里指皇甫晖。后唐同光四年(公元926年),李存勖妻刘皇后听信了宦官诬告,杀死大臣郭崇韬,朝廷之内一时人心不定。军士皇甫晖借机作乱,攻入邺都(今河南安阳)。

［8］作乱的人便四处响应,指政局动荡不稳。

［9］李存勖自己仓皇往东出逃。皇甫晖作乱,李存勖令元行钦前往讨伐,但无果。于是派李存勖的养子李嗣源率兵讨伐,李嗣源到邺城后,叛变投向皇甫晖。李存勖只好自己东出。下句"未见贼而士卒离散"即指此。

［10］顾:看。　所归:归向之处。

［11］誓天断发:面对苍天发誓,割断自己的头发。李存勖出奔汴州,眼见诸军离散,无计可施,仰天痛哭。此时,随行将属相对饮泣,并拔刀断发,对天明誓,表示誓死效忠李存勖。

［12］多么悲哀呀!　衰:衰落,悲哀。

［13］抑:或者,还是。　本其成败之迹:探求成功、失败的原因。　本:用作动词,推求,探求。　迹:事物发展的过程,此指事物变化的原因。

［14］自于人:由于人事的原因。

　　《书》曰[1]:"满招损,谦得益[2]。"忧劳可以兴国[3],逸豫可以忘身[4],自然之理也[5]。故方其盛也,举天下之豪杰莫能与之争[6];及其衰也,数十伶人困之而身死国灭[7],为天下笑。夫祸患常积于忽微[8],而智勇多困于所溺[9],岂独伶人也哉?作《伶官传》。

【注释】

［1］书:指《尚书》。

［2］语出《尚书·大禹谟》,原作"满招损,谦受益",意思是说,骄傲自满招致灾祸,谦虚能得到益处。

［3］忧劳:忧虑劳苦。　兴国:使国家兴盛。　兴:用作使动,使……兴。

［4］逸豫:安逸享乐。　忘:通"亡"。

［5］是当然的道理。　自然:当然。

［6］举:全,整个。

［7］几十名歌舞乐工就使他困顿。指李存勖喜声色乐舞,致使自己经营的政权倾覆了。

［8］积:积累。　忽微:本为两个极小的度量单位,这里是"细小"的意思。

［9］所溺:指溺爱的人或事。

1. 约　　2. 益　　3. 驱　　4. 纳

5. 组　　6. 函　　7. 旋　　8. 举

〔约〕（約）　本义指缠束，捆缚。《说文》："约，缠束也。"《诗经·小雅·斯干》："约之阁阁，椓之橐橐。"毛传："约，束也。"约车是将马束缚在车辕上，所以"约"又有套〔车〕的意思。如《冯谖客孟尝君》："约车治装。"引申为约束，限制。《论语·子罕》："博我以文，约我以礼。"作为名词，是指用来缠束的绳索。如《左传·哀公十一年》："人寻约。"意思是说，每人一根八尺长的绳子。

"约"又指结盟。《战国策·秦策》："约从散横，以抑强秦。"引申为用言语缔结、约定。如本篇："契丹，与吾约为兄弟，而皆背晋以归梁。"

"约"的另一常用义是节俭、省略义。《论语·里仁》："以约失之者鲜矣。"《三国志·魏书·荀彧传》："约食畜谷。"又引申有简要义。《史记·屈原贾生列传》："其文约，其辞微，其志洁，其行廉。"由省略义又引申有少的意思。《孙子兵法·虚实》："能以众击寡者，则吾之所与战者约矣。"又《汉书·朱博传》："古者民朴事约。"又引申为隐微。《劝学》："《春秋》约而不速。"杨倞注："文义隐约，褒贬难明，不能使人速晓其义也。"

〔益〕　本义指水从器皿中漫溢出。甲骨文作 益，像水从器皿中溢出形。《吕氏春秋·察今》："荆人欲袭宋，使人先表澭水，澭水暴益，荆人弗知。"这一意义后来写作"溢"。由水溢引申为多。《战国策·齐策》："可以令楚王驱入下东国，可以益割于楚。"高诱注："益，多也。"又引申为增益，增加。《广雅·释诂》："益，加也。"《左传·襄公二十六年》："子木惧，言诸王，益其禄爵而复之。"《史记·高祖本纪》："秦益章邯兵，夜衔枚击项梁。""益"的另一常用义是利益、好处的意思。本篇引《尚书·大禹谟》:"满招损,谦受益。"

益虚化为副词有两个常用义:其一,更加。《孟子·梁惠王下》:"如水益深,如火益热。"其二,逐渐。如《礼记·坊记》:"使民富不足以骄,贫不至于约,贵不慊于上,故乱益亡。"孔颖达疏:"益,渐也。"

〔驱〕(驅) 本义是策马前进,所以字从马。如《冯谖客孟尝君》:"驱而之薛。"又同篇:"长驱到齐。"这里的"驱"都指策马拉车。所策不限于马,如《中山狼传》:"先生亦驱驴兼程而走。"引申为行进。如《聊斋志异·狼》:"两狼之并驱如故。""并驱"指一起向前走。引申为驱逐。动词。《礼记·月令》:"驱兽,毋害五谷。""驱兽"即把野兽赶跑。又为强迫,驱使。如《赤壁之战》:"驱中国士众远涉江湖之间。""前驱"连用表示前锋。如本篇:"请其矢,盛以锦囊,负而前驱。""驱驰"连用有二义:本指策马疾驰。如《史记·绛侯周勃世家》:"将军约,军中不得驱驰。"是说将军约定,在军中不许策马疾驰。引申为竭忠效命。如《前出师表》:"由是感激,遂许先帝以驱驰。"

〔纳〕(納) 是入、内的后起区别字。常用义指收藏,接纳。如本篇:"及凯旋而纳之。"又《诗经·豳风·七月》:"九月筑场圃,十月纳禾稼。""纳禾稼"即收藏庄稼。《庄子·刻意》:"吹呴(xǔ,呼气)呼吸,吐故纳新。""纳新"即接纳新鲜的空气。

"纳"还有交纳、贡献义。《尚书·禹贡》:"百里赋纳总,二百里纳铚,三百里纳秸服。"又《春秋·庄公二十二年》:"冬,公如齐纳币。"

〔组〕(組) 本义指宽而薄的丝带。朱骏声《说文通训定声》:"织丝有文以为绶缨之用者也……润者曰组为带缓。"引申为绳索。《史记·李斯列传》:"子婴与妻子自系其颈以组。"如本篇:"方其系燕父子以组。"

"组"另有编织的意思。如《诗经·邶风·简兮》:"有力如虎,

· 453 ·

执辔如组。"毛传："组，织组也。"现代有"编组"、"组阁"等词语。

〔函〕 本义当为盛矢之器，但此义文献中少见。多见为匣子之类的器物义。如《封氏闻见记·瓯使》："梁武帝诏于谤木、肺石旁各置一函，横议者投谤木函，求达者投肺石函。"用作动词，指用匣子装。如本篇："函梁君臣之首，入于太庙。"又《聊斋志异·乔女》："孟益贤之，向慕尤殷，使媒者函金加币，而说其母。"引申为陷入。如《国语·楚语》："若合而函吾中，吾上下必败其左右。"韦昭注："函，入也。"又有封套、套子义。张彦远《法书要录》："楷书每函可二十余卷。"

"函"另有铠甲义。《周礼·考工记·序》："粤无镈，燕无函，秦无庐，胡无弓车。"郑玄注引郑司农曰："函，铠也。"这一意义，后来写作"铪"。

〔旋〕 本义是旋转，转动。动词。《天论》："列星随旋。"即群星旋转。由旋转、回转引申为回归，返回。如本篇："及凯旋而纳之。""凯旋"即指胜利归来。今有复音词"凯旋"。因旋转时间短暂，于是引申为随后，不久。如沈括《活板》："旋刻之。"指不久便刻好。

〔举〕（舉） 本义指双手向上把东西托起来。《说文》："举，对举也。"段玉裁释为："以两手举之。"如《孟子·梁惠王上》："吾力足以举百钧，而不足以举一羽。"又《史记·刺客列传》："〔高渐离〕举筑扑（击）秦皇帝，不中。"由向上举起引申有拿持的意思。如《诗经·大雅·烝民》："德輶如毛，民鲜克举之。"孔颖达疏："举者，提持之。"又引申为发动义。如《韩非子·外储说左上》："举兵而伐中山，遂灭也。"又为推荐、选拔义。《左传·襄公三年》："君子谓祁奚于是能举善矣。称其雠，不为谄；立其子，不为比；举其偏，不为党。"

"举"另有攻取的意思。《穀梁传·僖公二年》："献公亡虢，五年而后举虞。"又《史记·项羽本纪》："不胜，则我引兵鼓行而西，必举秦矣。"

"举"虚化为副词,有全、皆的意思。如本篇:"故方其盛也,举天下之豪杰莫能与之争。"又《左传·哀公六年》:"僖子不对而泣,曰:'君举不信群臣乎?'"现代汉语仍有"举世"、"举座"、"举国"等,都是这一意义。

39 留 侯 论

苏轼

【说明】

本文选自《东坡七集·应诏集》。

作者苏轼(1037—1101),字子瞻,号东坡居士,四川眉山人,是北宋时著名文学家。宋神宗熙宁年间,王安石变法,苏轼反对,自己主动请求离京做地方官。后因诗文中被指责有"讥切时政"之义,被捕入狱。遭受长期审问折磨后,被贬为黄州团练副使。神宗死后,由司马光主政,苏轼被召还,历任翰林学士、翰林侍读学士等职。由于他不同意司马光等人全盘否定、取消王安石新法,又和司马光旧党产生矛盾。哲宗亲政后,新党再起,苏轼又一再被贬,最后贬到荒远的琼州(海南岛)。宋徽宗即位(1100),他被赦还,在返回途中逝世于常州。

苏轼政治斗争的遭遇和长期做地方官的经历,使他对社会和人民生活有更深的了解,对他的文学创作是有帮助的。他在文学艺术上的成就是多方面的,散文、诗、词、赋都有独特的风格,对后代的文学创作有较大的影响。书法和绘画也有很高的成就。

汉王六年封张良于留,为留侯。《史记·留侯世家》记载:张良年轻时刺秦始皇未成,逃亡隐匿于下邳。一次在桥上遇一老人,老人几次折辱他,最后授予他一部兵书。张良熟读兵书,后来辅佐刘邦成帝业。苏轼对此提出自己的见解,认为老人多次折辱年轻的张良是为了培养他的"忍",并反复论证只有"忍"才能成就大业。

古之所谓豪杰之士者,必有过人之节[1]。人情有所不能忍者[2],匹夫见辱[3],拔剑而起,挺身而斗,此不足为勇也。天下有大勇者,卒然临之而不惊[4],无故加之而不怒[5],此其所挟持者甚大,而其志甚远也[6]。

【注释】

[1]过:超过。 节:品德。

[2]人情:人们的情理。 忍:忍耐。

[3]见辱:被辱。

[4]卒(cù)然:突然。 临之:面对着他。 之:指代大勇者。 惊:惊惧。

[5]加之:加到他身上。

[6]这就是他的抱负非常大,而他的心志非常远。 此:指代上句"卒然临之……而不怒"。

夫子房之受书于圯上之老人也[1],其事甚怪[2]。然亦安知其非秦之世有隐君子出而试之[3]?观其所以微见其意者[4],皆圣贤相与警戒之义[5],世人不察,以为鬼物[6],亦已过矣[7]。且其意不在书。当韩之亡,秦之方盛也,以刀锯鼎镬待天下之士[8],其平居无罪夷灭者,不可胜数[9]。虽有贲、育,无所复施[10]。夫持法太急者[11],其锋不可犯[12],而其势未可乘。子房不忍忿忿之心[13],以匹夫之力,而逞于一击之间[14],当此之时,子房之不死者,其间不能容发[15],盖亦已危矣[16]。千金之子不死于盗贼[17],何者[18]?其身之可爱,而盗贼不足以死也[19]。子房以盖世之才[20],不为伊尹、太公之谋[21],而特出于荆轲、聂政之计[22],以侥幸于不死,此圯上老人所为深惜者也。是故倨傲鲜腆而深折之[23],彼其能有所忍也[24],然后可以就大事,故曰:"孺子可教也[25]。"

【注释】

[1]夫:句首语气助词,也叫发语词,表示下边要发表议论。 子房:张

良字子房。　受书于圯(yí)上之老人:从桥上老人那里接受赠书。
圯:桥。

[2]怪:怪异。

[3]安知:哪里知道。　其非秦之世有隐君子者出而试之:他不是秦代
隐居的有修养之士出来试探张良。

[4]微见其意:隐约显现其心意。　见:古"现"字。

[5]相与:共同。

[6]鬼物:鬼事,俗谓闹鬼。圯上老人赠送给张良兵书后说:十三年后到
济北榖城山下,见到一块黄色石头,那就是我。十三年后张良果然
在那里看到一块黄色石头。

[7]过:过分。

[8]刀锯鼎镬:酷刑工具。刀锯用来肢解人体,鼎镬用来烹人。

[9]胜(shēng)数(shǔ):尽数。

[10]贲育:孟贲、夏育,二人都是战国时期的勇士。　无所复施:没有再
施展的机会。

[11]夫:那,指示代词用作定语。

[12]锋:锋芒。

[13]忿忿之心:非常气愤之心。

[14]快心于一击之瞬间。　逞:快心,称意。　此指张良在博浪沙(今河南
原阳东南),用力士锤击巡行中的秦始皇,但误中副车而不果。

[15]子房之不死者:张良不死的原因。　其间:指死与不死的差距。

[16]盖:原来。

[17]千金之子:指富贵之家的子弟。

[18]何者:为什么。

[19]不足以死:不足以为之死。

[20]盖世:压倒一世,无出其右。

[21]伊尹:商汤的重臣,辅佐商汤灭夏建立商朝。　太公:姜太公吕尚,
辅佐武王伐纣,建立周期。

[22]特:只,仅。　荆轲:战国时卫人,为燕太子丹刺杀秦王。　聂政:
战国时韩人,为韩卿严仲子刺杀韩相韩傀。

[23]倨(jù)傲:傲慢。　鲜腆(tiǎn):指说话少,礼貌。　腆:美好。
折之:折磨他,即折磨他的刚勇急躁之气。

[25]小孩子可以教育了。这是圯上老人评说张良的话。

　　楚庄王伐郑,郑伯肉袒牵羊以逆[1]。庄王曰:"其君能下人,必能信用其民矣[2]。"遂舍之。勾践之困于会稽,而归臣妾于吴者,三年而不倦[3]。且夫有报人之志[4],而不能下人者,是匹夫之刚也。夫老人者[5],以为子房才有余而忧其度量之不足,故深折其少年刚锐之气,使之忍小忿而就大谋。何则[6]?非有平生之素[7],卒然相遇于草野之间[8],而命以仆妾之役[9],油然而不怪者[10],此固秦皇之所不能惊[11],而项籍之所不能怒也[12]。

【注释】

[1]是《左传·宣公十二年》所载原话。　肉袒牵羊以逆:是当时表示投降臣服之礼。　肉袒:光着上身。　逆:迎接。

[2]也是《左传·宣公十二年》所载原话。　下人:处于人之下。　信用其民:以诚信使用其百姓。"信"是名词,为动词"用"的状语。

[3]勾践:战国时期越国国王。　会稽:越国首都。　归臣妾于吴:使臣妾归于吴国。《国语·越语下》:"〔勾践〕卑事夫差(吴王),宦士(使士为宫中小臣,即奴仆)三百人于吴,其身亲为夫差前马(马前卒)。"　倦:厌倦。

[4]夫:指示代词,那。

[5]夫老人者:那老人。　者:句中语气助词,无义。

[6]何则:为什么,"则"无义。

[7]平生之素:平生的情谊。

[8]指突然遇于桥上。　草野:荒野。

[9]仆妾之役:奴仆的劳动,指为老人捡鞋穿鞋。

[10]油然:自然而然。

[11]不能惊:不能使之惊慌。

[12]项籍:字羽。　不能怒:不能使之怒。

　　观夫高祖之所以胜,而项籍之所以败者,在能忍与不能忍之间而已矣。项籍唯不能忍，是以百战百胜而轻用其锋^[1]。高祖忍之，养其全锋以待其毙^[2]，此子房教之也。当淮阴破齐而欲自王^[3]，高祖发怒，见于词色^[4]。由是观之，犹有刚强不能忍之气^[5]，非子房其谁全之^[6]？

【注释】

[1] 锋：指武力。

[2] 毙：倒下，指失败。

[3] 淮阴：淮阴侯韩信。 王（wàng）：做王。

[4] 见于词色：显现于言辞脸色。 《史记·淮阴侯列传》载：淮阴侯韩信平定齐国之后，上书刘邦愿为假王（代理王）以镇之。当时刘邦正被项羽困于荥阳，见书大怒，经张良、陈平指点，就说："大丈夫定诸侯即为真王耳，何以假为？"并派张良前往，立韩信为齐王。

[5] 指刘邦如此。

[6] 全之：使刘邦全而无差错。

太史公疑子房以为魁梧奇伟^[1]，而其状貌乃如妇人女子，不称其志气^[2]。呜呼！此其所以为子房欤！

【注释】

[1] 疑：猜疑。 魁梧奇伟：见《史记·留侯世家》篇末太史公论赞之语："余以为其人计魁梧奇伟，至见其图，状貌如妇人好（美）女。"

[2] 称（chèn）：相称。

本篇选词概述

1. 过　　2. 节　　3. 忍

4. 惊　　5. 微　　6. 察

〔过〕（過）　本义是经过、走过。《许行》："禹八年于外，三过

其门而不入。"引申为超过、胜过。《夫子当路于齐》:"夏后殷周之盛,地未有过千里者也。"又本篇:"古之所谓豪杰之士者,必有过人之节。"又为过分。如本篇:"世人不察,以为鬼物,亦已过矣。"又为过错。《晋灵公不君》:"人谁无过?过而能改,善莫大焉。"前一"过"为过错,后一"过"为犯错误。引申为责备。《史记·项羽本纪》:"闻大王有意督过之,脱身独去,已至军矣。"又为过访、探望。《魏公子列传》:"臣有客在市屠中,愿枉车骑过之。"

〔节〕(節) 本义为竹节。《说文》:"节,竹约也。"段玉裁注:"约,缠束也,竹节如缠束之状。"《史记·龟策列传》:"竹,外有节理,中直空虚。"引申为动植物骨骼或枝干交结处。《庖丁解牛》:"彼节者有间而刀刃者无厚。"这是关节。杜甫《建都十二韵》:"风断青蒲节,霜埋翠竹根。"这是草木节。又引申为季节、节气。《史记·太史公自序》:"夫阴阳四时,八位、十二度、二十四节各有教令。"节的另一常用义是气节、节操。如本篇:"古之豪杰之士,必有过人之节。"古代还有符节,用来证明使者身份的信物。《周礼·地官·掌节》:"掌节,掌守邦节,而辨其用,以辅王命。守邦国者用玉节,守都鄙者用角节。"《汉书·苏武传》:"乃遣武以中郎将使持节送匈奴使留在汉者。"又有节俭、节省义。《论语·学而》:"节用而爱人,使民以时。"

〔忍〕 忍心、狠心。《论语·八佾(yì)》:"孔子谓季氏,八佾舞于庭,是可忍也,孰不可忍也?""八佾",舞蹈,只有天子才能用。季氏舞于庭是僭越。《孟子·梁惠王上》:"百姓皆以王为爱(吝啬)也,臣固知王之不忍也。"又为忍耐,容忍。本篇:"使之忍小忿而就大谋。"《论语·卫灵公》:"巧言乱德,小不忍则乱大谋。"又为残忍。《左传·文公元年》:"且是人也,蠭(蜂)目而豺狼声,忍人也,不可以立。"

〔惊〕(驚) 马受惊。《左传·襄公二十八年》:"庆氏之马善(易)惊,士皆释甲束马而饮。"又指惊骇,震惊。如本篇:"天下有大勇者,卒然临之而不惊。"另有惊动、震动义。《左传·昭公十三年》：“国每夜骇曰：‘王入矣！’……国人大惊。”

〔微〕　隐蔽，藏匿。《左传·哀公十六年》：“使与国人以攻白公，白公奔山而缢（上吊），其徒微之。”又为暗暗地。《左传·襄公十九年》：“齐侯疾，崔纾微逆（迎）光，疾病（病重）而立之。”引申为不显露。《孟子·万章上》：“孔子不悦于鲁卫，遭宋桓司马将要而杀之，微服而过宋。”又为小，稍微。《孟子·告子下》：“乃孔子则欲以微罪行，不欲为苟去。”如本篇：“观其所以微见其意者，皆圣贤相与警戒之义。”又为衰败、衰弱义。《论语·季氏》：“故夫三桓（鲁国的三卿）之子孙微矣。”用在假设分句句首，相当于“如果不是”。《论语·宪问》：“微管仲，吾其被（披）发左衽（左开襟）矣。”

〔察〕　观察、仔细看。如本篇：“世人不察，以为鬼物，亦已过矣。”《韩非子·奸劫弑臣》：“世主美仁义之名而不察其实，是以大者国亡身死，小者地削主卑。”引申为了解、清楚。《曹刿论战》：“小大之狱，虽不能察，必以情。”《韩非子·孤愤》：“智术之士必远见而明察，不明察，不能烛私。”

40 滕王阁序

王勃

【说明】

王勃(649—676),字子安,绛州龙门(今山西河津)人,初唐杰出的诗文家。王勃聪明多才,传说他7岁时就能写一手好文章,14岁就已出名,不久应举及第,做朝散郎、沛王府修撰。高宗上元二年(675),王勃往交趾省亲,在渡海时溺水而死,年方28岁。王勃是个才华横溢的诗人,在政治上也有远大的抱负。由于他性情孤傲,一直官运难通。因此他对现实愤懑不平,为自己的境遇而忧郁,这些都反映在他的诗文中。

滕王阁是唐高祖的儿子李元婴任洪州都督时,在赣江畔建造的楼阁。楼阁落成时,李元婴被封为滕王,于是用封号命名楼阁。唐高宗时洪州牧阎伯屿又重修楼阁。王勃赴交趾省亲途中正遇阎伯屿在楼阁宴宾,他应邀参加了宴会,并写了这篇序文和诗。序,是一种文人间互相赠言的文体。本文用铺陈的手法描绘了楼阁的雄伟和山川的秀丽景色、宴会的盛况,并抒发了自己在求取功名而未得后的痛苦不平和悲怆自慰的心境。

豫章故郡[1],洪都新府[2]。星分翼轸[3],地接衡庐[4]。襟三江而带五湖[5],控蛮荆而引瓯越[6]。物华天宝[7],龙光射斗牛之墟[8];人杰地灵[9],徐孺下陈蕃之榻[10]。雄州雾列[11],俊采星驰[12]。台隍枕夷夏之交[13],宾主尽东南之美[14]。都督阎公之雅望[15]，棨戟遥临[16]；宇文新州之懿范，襜帷暂驻[17]。十旬休假[18]，胜友如云[19]；千里逢迎[20]，高朋满座[21]。腾蛟起凤，孟学士之词宗[22]；紫电青霜，王将军之武库[23]。家君作宰[24]，路出名区[25]；童子何知[26]，躬逢胜饯[27]！

【注释】

[1] 此地过去是豫章郡。　豫章：一本又作"南昌"，汉代郡名，郡治今江西南昌。唐代改为洪州郡，设都督府。因为汉代叫豫章，所以说"豫章故郡"。

[2] 现在叫做洪州都督府。

[3] 在天上属于翼、轸两个星宿的分野。古人用二十八宿的方位来划分地面，按其方位，用相应的星宿命名。根据这个划分，豫章一地属于翼、轸两个星宿区域。　翼轸（zhěn）：两个星宿名。"翼"是古二十八宿之一，属于朱雀星七宿的第六宿。"轸"是朱雀星的最末一宿。

[4] 在地上连接着衡山和庐山。　衡庐：衡山和庐山。

[5] 以三江为衣襟，以五湖为衣带。　襟：衣襟，处动用法，把……作为衣襟。　三江：指长江下游一带。据说上古时代，长江流经现在的鄱阳湖之后，分三支入海。所以这一带传统上叫做"三江"。　带：衣带，处动用法，把……作为衣带。　五湖：可能指太湖、鄱阳湖、青草湖、丹阳湖、洞庭湖。洪州在五湖中间，五湖如同衣带缠身一样，绕围着洪州。

[6] 控制着荆楚，连接着闽越。　蛮荆：周代称楚为蛮荆，相当于现在的湖北、湖南一带。　瓯越：泛指现在浙江、福建一带。　瓯（ōu）：古代把今闽北、浙南一带叫瓯。　越：泛指闽越、南越地区，包括今天的福建、广东一带。

[7] 万物中的精华是上天的珍宝。判断句。"物华"是主语，"天宝"是谓语。

[8] 龙光：指宝剑放射的光芒。　斗牛之墟：指斗、牛两个星宿的分野。斗牛：二十八宿中的两个星宿。按照星宿的分野，牛、斗当指吴地。豫章郡地在江西南昌，正好处在斗、牛和翼、轸分野之间，所以前面说"星分翼轸"，这里又讲"斗牛之墟"。　据《晋书·张华传》记载：西晋张华见到牛斗之间有紫气，便去问雷焕，雷焕认为是丰城（今江西丰

464

城)有宝剑,精气上通于天的缘故。后张华命雷焕为丰城令,并得两把宝剑,一名龙泉,一名太阿。这里用这个典故说洪州有奇宝。

[9]人杰:人多俊杰。 地灵:地有灵气。

[10]徐孺:即徐稚,名稚,字孺子,南昌人,东汉时的名士。由于骈俪文对仗的缘故,这里简作“徐孺”。 下陈蕃之榻:使陈蕃落下特设的一张床。据《后汉书·徐稚传》载,豫章太守陈蕃素不待客,只有徐稚来访才接待,并为他专设一榻,来时落下,走时悬起,不许别人使用,以示尊敬。作者用此典说明洪州确实有杰出的人才。 下:使动用法,使……下。 榻(tà):低而略窄的床。

[11]雄州:雄伟的洪州。 雾列:云雾缭绕。 列:众多。

[12]俊采:人才出众。 星驰:星宿在天空运行。这里比喻人才众多,就像在天空中运行的繁星。

[13]台隍:指城池,这里指洪州城。 台:本作“臺”,指用土木石修筑的高台,城门上的门楼也是高台上的建筑,所以城门也叫“台门”。这里指城。 隍:护城河。 枕:这里有“扼守”的意思。 夷夏之交:南方与中原相交接之处。 夷:本指东方的民族部落,这里指荆楚、瓯越等地。 夏:指中原地区。

[14]客人和主人全是东南地区的俊杰。 美:这里指俊杰,杰出人士。

[15]阎公:据张逊业校正《王勃集》序,当指阎伯屿。 雅望:好的名声。

[16]棨戟(jǐ):一种有戟衣的武器,用作官吏外出时的仪仗。这里指阎都督走马赴任。 遥临:远道前来。

[17]有美好的德行,堪称榜样的新任州官到此暂住,也来赴宴。 宇文新州:一位复姓宇文的新任州官。 宇文:名、事均待考。 懿(yì)范:美好德行的榜样。 懿:美好。 范:榜样。 襜(chān)帷:车子的帷帐,这里指车。 暂驻:短暂的停留。

[18]正值旬休之日。 旬:十天。与“十”是同义连属。唐代官吏十日一休,阎公设宴正值官吏的旬休日。

[19]胜友:有杰出才华的朋友。 胜:优秀的。 如云:比喻众多。

[20]千里:指有人行千里路。 逢迎:会面。

[21]高贵的宾客满座。指高贵的朋友来了很多。

[22]如同蛟龙腾空、凤凰起舞般多姿多彩的是孟学士词章的风格。《西京杂记》:“董仲舒梦蛟龙入怀,乃作《春秋繁露》词。”又“扬雄著

· 465 ·

《太玄经》,梦吐凤凰,集《玄》之上,顷而灭"。因此人们常用"腾蛟起凤"形容文才之高、文采之富。 孟学士:未详,可能是用典,不是实指参加宴会的人。 词宗:诗词被推崇为起模范作用的宗师。

[23]紫电:宝剑名。《古今注》说,孙叔有六把宝剑,其中一把叫"紫电"。 青霜:宝剑名。《西京杂记》:"高祖斩白蛇剑,十二年一加磨莹,刃上常若霜雪。" 王将军:可能指王僧辩。梁徐陵《为贞阳侯(萧明)与王太尉(王僧辩)书》:"霜戈雪戟,无非武库之兵。"可证。这两句是说紫电青霜是王将军武库中的宝器。

[24]家父任交趾县令。 家君:家父。 作宰:作县宰,即县令。

[25]我省亲路过驰名的地区。 名区:有名的地方,这里指洪州。

[26]童子:小孩子。这里是王勃自谦的称呼。

[27]躬逢:亲临,亲自到达。 胜饯:盛大的宴会。 饯(jiàn):用酒食送行,这里指宴会。

时维九月[1],序属三秋[2]。潦水尽而寒潭清[3],烟光凝而暮山紫[4]。俨骖騑于上路[5],访风景于崇阿[6]。临帝子之长洲[7],得天人之旧馆[8]。层峦耸翠[9],上出重霄[10];飞阁流丹[11],下临无地[12]。鹤汀凫渚[13],穷岛屿之萦迴[14];桂殿兰宫[15],列冈峦之体势[16]。披绣闼[17],俯雕甍[18],山原旷其盈视[19],川泽纡其骇瞩[20]。闾阎扑地[21],钟鸣鼎食之家[22];舸舰迷津[23],青雀黄龙之舳[24]。云销雨霁[25],彩彻区明[26]。落霞与孤鹜齐飞[27],秋水共长天一色[28]。渔舟唱晚[29],响穷彭蠡之滨[30];雁阵惊寒[31],声断衡阳之浦[32]。

【注释】

[1]时间是九月。"时"作判断句主语,"九月"是判断句谓语。 维:句中语气助词。

[2]序:季节顺序。 三秋:指季秋。一年四季,每季三个月,古人分别用孟、仲、季标志,季秋,即秋季的最后一个月份,即农历的九月。

[3]地面的积水已经消失了,寒凉的潭水格外清澈。 潦(lǎo)水:地面上的积水。 寒潭清:深秋时节,潭水水温渐凉所以说"寒潭"。一

切浮游生物都减少活动或转入深水下,水的含沙量减少,看上去潭水格外清澈。

[4]天空中凝结着淡淡的云烟,暮色中山峦呈现出深紫色。　烟光:指山间水上漂浮着的雾气透过阳光的景象。　凝:凝结。指水汽凝结不动,从侧面写出这个环境静得连一丝风都没有。

[5]驾好车马在山路之上。　俨骖騑:驾好车马。　俨(yǎn):整肃的样子,这里作动词,使……整肃。　骖騑:古代驾车一般用四匹马,这四匹马分别并排地套在车辕两侧(古代的车多为单辕),在两边的外套马叫做骖或騑,这里泛指驾车的马。　上路:地势高的山路。

[6]在崇山峻岭中寻访风景。　崇阿(ē):高峻的山峦。　阿:大山。

[7]来到帝子滕王的长洲。　帝子:指滕王。　长洲:古苑名,春秋时是吴王阖闾游猎的地方,这里用来指滕王阁所在地。

[8]天人:才能杰出的人。《三国志·魏书·邯郸淳传》裴松之注引《魏略》:"淳归,对其所知叹植(曹植)之材,谓之'天人'。"这里指滕王李元婴。有的版本作"仙人"。　旧馆:指滕王阁。

[9]层峦:重叠的山峦。　耸翠:指长满绿色树木的高耸山峰。

[10]山峰往上直刺云霄。　重霄:指高空。

[11]凌空的阁道闪烁着朱红色。　飞阁:驾空修筑的楼房间的阁道,像在天空腾飞一样。　流丹:闪烁红光。　流:指闪烁。

[12]从楼阁上往下看,因为太高,看不到地面。　王巾《头陀寺碑文》:"层轩延衮,上出云霓;飞阁逶迤,下临无地。"以上四句仿用此文。

[13]鹤汀(tīng):仙鹤所止息的水边平地。　汀:水边的平地。　凫渚(fú zhǔ):野鸭所栖息的小州。　凫:野鸭。　渚:水中的小块陆地。

[14]达到了岛屿萦迴曲折的极点。　穷:极,尽。　萦(yíng)迴:曲折。

[15]用桂木修造的殿堂,用兰木筑成的宫室。桂、兰都是极珍贵的植物。这里是形容建筑物的高雅华丽。　桂:指桂木。　兰:指兰木。

[16]建筑物排列成像起伏的冈峦一样。　冈峦:山冈。

[17]推开绘饰华美的门。　披:开。　绣闼(tà):有彩饰的门。　闼:门。

[18]俯视有彤饰的屋脊。　俯:俯视。　雕甍(méng):彤饰的屋脊。　雕:通"彤",指彤饰。　甍:屋脊。

[19]山峰和平原使得人的视野十分开阔。　原:平原,平地。　旷:空旷,开阔,这里是"使……开阔"的意思。　盈视:满视野,这里指

“视野”。

[20]河流曲折迂回，使人看了之后感到惊讶。　纡(yū)：曲折。　骇瞩(zhǔ)：为所瞩而惊骇，为见到的景象感到惊讶。

[21]闾阎：里巷的门，这里指住宅。　扑地：仆伏地面。这里有“遍地”的意思。

[22]鸣钟列鼎而食的富贵人家。张衡《西京赋》：“击钟鼎食，连骑相过。”本句原此。

[23]船只塞满了渡口。　舸(gě)：大船。　迷津：迷乱了渡口，使渡口看不清。是说渡口的船只多。

[24]〔渡口停满了〕绘饰青雀黄龙花纹的大船。　舳(zhú)：船后执舵的地方，这里指船。

[25]销：通“消”，散失，散去。　雨霁(jì)：雨停止，雨过天晴。

[26]阳光照耀，天空通明。　彩：光彩，这里指阳光。　彻：通，达。　区：区宇。这里指天空。

[27]鹜(wù)：鸭，这里指野鸭。

[28]长天：即长空，天空。　以上两句源于庾信《马射赋》：“落花与芝盖同飞，杨柳共春旗一色。”

[29]傍晚归来的渔人在船上唱着歌。　唱晚：指傍晚唱的歌。

[30]穷：尽，彻。　彭蠡(lǐ)：鄱阳湖。

[31]大雁排成行阵在飞翔，不时地为寒气侵袭而惊叫。　雁阵：大雁在飞行时常排成一字形或人字形的行阵，所以把雁群叫做“雁阵”。　惊寒：为寒冷所惊。

[32]雁鸣声直到衡阳水边才停止。也就是说，大雁飞到衡阳才停下来，不再飞了。　断：这里有“停止”的意思。　浦：水边。据《一统志》载，衡阳有回雁峰，雁至此不过，遇春而回。

遥吟俯畅[1]，逸兴遄飞[2]。爽籁发而清风生[3]，纤歌凝而白云遏[4]。睢园绿竹[5]，气凌彭泽之樽[6]；邺水朱华[7]，光照临川之笔[8]。四美俱[9]，二难并[10]。穷睇眄于中天[11]，极娱游于暇日[12]。天高地迥[13]，觉宇宙之无穷；兴尽悲来，识盈虚之有数[14]。望长安于日下[15]，指吴会于云间[16]。地势极而南溟深[17]，天柱高而北辰远[18]。关山难越[19]，谁悲失路之人[20]？萍水相逢[21]，尽是他乡之客。怀帝阍而不见[22]，奉宣室以何年[23]？

【注释】

[1] 远望长吟，登高俯视，感到格外舒畅。　遥：远，这里指远望。　吟：一本作“襟”。　俯：一本作“甫”。　畅：畅快。

[2] 意思是超逸不群的兴致顿时而起。　逸：超逸，不同凡常。　遄（chuán）：急速，立即。

[3] 排箫的音响引来徐徐清风。　爽籁（lài）：排箫。排箫的竹管长短参差不齐，所以叫“爽籁”，“爽”是参差不齐的意思。

[4] 柔美清细的歌声袅袅不绝，歌声阻遏了流动的白云。　纤歌：柔细的歌声。　凝：指歌声悠长。　白云遏：流动的白云被歌声阻止。《列子·汤问》写秦青的歌声是“声振林木，响遏行云”。

[5] 睢园：西汉梁孝王在睢水畔所筑竹园。梁孝王常和一些文人在此游乐宴饮。

[6] 气凌：豪气胜过。　彭泽：指彭泽令陶渊明。　樽：酒具。　以上是用汉代梁孝王宴饮和陶渊明的善饮来恭维主办这次宴会的阎公和参加宴会的文士。

[7] 邺水：指邺地的荷花池。曹操受封魏王，建都邺地，建西园，置芙蓉池。　朱华：指莲花。　曹植《公谳诗》：“朱华冒绿池。”

[8] 意思是说这里的文人墨客都像谢灵运一样有文采。　临川之笔：指谢灵运的文采。　临川：地名，在今江西临川。因谢灵运曾做过临川内史，所以这里用“临川”指代谢灵运。

[9] 四美：指音乐、调味酒食、诗文、言谈。一说是指良辰、美景、赏心、乐事之美。主前一说的，以刘琨《答卢谌》诗“音以赏奏，味以殊珍，文以明言，言以畅神。之子之往，四美不臻”为据。主后一说的以谢灵运《拟魏太子邺中集诗序》“天下良辰、美景、赏心、乐事，四者难并”为据。

[10] 二难：指贤主、嘉宾。

[11] 极目远望天地之间。　穷：尽，极力。　睇（dì）眄（miǎn）：斜视，这里指目光左右流动着看。　中天：天中间，这里泛指天空、天地之间。

[12] 在闲暇时尽情欢娱游玩。

[13]迥(jiǒng)：遥远。

[14]盈虚之有数：人事及自然界兴衰变化是有定数的。　盈虚：指人事、自然事的兴衰变化。《易·丰卦·彖辞》：“日中则是，月盈则食，天地盈虚，与时消息，而况于人乎？况于鬼神乎？”

[15]长安：唐代都城，今西安市。　日下：指都城。《世说新语·排调》：“荀鸣鹤、陆士龙二人未相识，俱会张茂先坐，张令共语，以其并有大才，可勿作常语。陆举手曰：‘云间陆士龙。’荀答曰：‘日下荀鸣鹤。’”这里的“云间”、“日下”都是指地名，荀鸣鹤是颍川人，与西晋都城洛阳相近，故以“日下”为京都，因古人把人君比作日。这句的意思是远眺京都长安。

[16]吴会：地名，唐代苏州治，在今苏州市。　云间：地名，古属吴郡治。

[17]意思是陆地已到尽头，再往南走就是极深的南海了。　地势极：指陆地到了尽头。　南溟：南海。《庄子·逍遥游》：“南溟者，天池也。”“南溟”，即南海。

[18]天柱高：天柱高耸。《山海经·神异经》说昆仑山上有一铜柱，高入长天，是为顶天的立柱。　北辰：北极星。《论语·为政》：“为政以德，譬如北辰，居其所众星共(gǒng)之。”　以上四句从东西南北四方写作者所见，表达了作者的悲怆与苦闷。

[19]关隘山川难以通过。　越：通过，越过。

[20]悲：同情，怜悯。　失路之人：迷失路途的人。这里比喻不得志，仕途不通的人。

[21]萍水相逢：比喻偶然相遇。以“萍水”比喻流浪的生活如同萍草随水浮沉。

[22]怀帝阍(hūn)：怀恋朝廷。　帝阍：宫门，这里指朝廷。

[23]什么时候才能像贾谊那样在宣室得到接见呢？　奉：承奉，受到。　宣室：汉代未央宫前的正室。汉文帝曾在宣室召见贾谊。　这是说，王勃想得到唐高宗的召见，入朝做官。

嗟乎！时运不齐[1]，命途多舛[2]。冯唐易老[3]，李广难封[4]。屈贾谊于长沙[5]，非无圣主[6]；窜梁鸿于海曲[7]，岂乏明时[8]？所赖君子见几[9]，达人知命[10]。老当益壮[11]，宁移白首之心[12]？

穷且益坚[13]，不坠青云之志[14]。酌贪泉而觉爽[15]，处涸辙以犹欢[16]。北海虽赊[17]，扶摇可接[18]；东隅已逝[19]，桑榆非晚[20]。孟尝高洁[21]，空怀报国之情；阮籍猖狂，岂效穷途之哭[22]！

【注释】

[1]啊！命运机遇不好。　嗟乎：感叹词。　不齐(jì)：不理想，不好。齐：和，美好。

[2]命途：命运。　舛(chuǎn)：不顺，错乱。

[3]冯唐：西汉人，汉文帝时，冯唐以高龄出任职位低下的郎官。后来文帝提升他做车骑都尉，景帝时又被免职。武帝时有人推荐冯唐，但他已逾九旬，无力再做官了，所以说他"易老"，意思是说他始终没有好的时运。

[4]李广：汉武帝时名将，曾多次立下战功，有"飞将军"之称。但他终生未得封侯。

[5]在长沙委屈了贾谊。汉文帝想任用贾谊做执政大臣，因朝中权贵的反对，文帝疏远了他，最后被贬到长沙做长沙王的太傅。　屈：委屈。

[6]意思是说贾谊不是没有遇到圣明的君主。　圣主：圣明的君主。

[7]意思是说梁鸿逃匿到齐鲁海滨。　窜：逃匿，使动用法，使……逃匿。梁鸿：东汉人，他在路过京师时，作《五噫歌》，讽刺帝王奢侈与滥用民力，汉章帝对此很不高兴，派人找他。他带着妻子躲到齐鲁之间，后来又迁往吴地。　海曲：齐鲁海滨。

[8]难道缺少政治上清明的时代？意思是说梁鸿被迫躲藏起来也不是因为政治上不清明。反过来说，政治上清明的时代，也会出现迫害贤才的事情。

[9]君子所依仗的是能洞察事物细小的动向。　所赖：所依仗的。　见几：能见到细小的动向。《易·系辞下》："君子见几而作，不俟终日。"

[10]通达事理的人，了解自己命运。《易·系辞上》："乐天知命，故不忧。"这是作者在感伤时的自慰。

[11]年岁虽然老了，志气更应旺盛。《后汉书·马援传》："〔援〕尝谓宾客曰：'丈夫为志，穷当益坚，老当益壮。'"

[12]难道在老年时改变心情？　宁(nìng)：难道。　移：一本作"知"。

白首:指年老。　这两句是说年岁越老,志气应该越旺,白首时也不能改变这种志向、心情。作者用此作喻是说自己建功立业的心志不变。

[13]意思是处境越是困厄,志向越应该坚定。　穷:处境困厄,不得施展抱负。

[14]不能抛弃凌云壮志。　坠:失落,失。　青云之志:崇高的志向。

[15]即使舀来贪泉之水喝也仍然觉得清爽。　酌:斟酒,这里有"舀来喝下"的意思。　贪泉:泉名。《晋书·吴隐之传》载,广州北二十里有石门,水名贪泉,据说喝了这里的泉水,就要有不得满足的贪欲。吴隐之到广州任刺史,路经贪泉,特意喝了贪泉之水,并作诗说:"古人云此水,一歃怀千金。试使夷齐饮,终当不易心。"

[16]身处涸(hé)辙之中,心中是喜欢的。　涸辙:干涸了的车辙,比喻困境。《庄子·外物》:"庄周昨来,有中道而呼者,周顾视车辙中,有鲋(fù)鱼焉。周问之曰:'鲋鱼来,子何为者邪?'对曰:'我东海之波臣也。君岂有斗升之水而活我哉?'周曰:'诺,我且南游吴越之王,激西江之水而迎子,可乎?'鲋鱼忿然作色曰:'吾失我常与,我无所处,吾得斗升之水然活耳。君乃言此,曾不如早索我于枯鱼之肆。'"作者在这里是比喻自己虽然处境不好,但是并不失志和愁苦。

[17]赊(shē):遥远。

[18]驾着旋风就可到达。　扶摇:旋风。　可接:指可接北海,即到达北海。

[19]早晨的大好时光虽然已经过去了。　东隅:东方日出的地方,这里指太阳刚刚升起的时候,即早晨。　逝:消逝。

[20]日落黄昏为时也不算晚。　桑榆:日落的地方,这里指太阳落山的时候。　以上两句用早晨、黄昏比喻自己的年华,作者勉励自己要成就功名。

[21]孟尝:字伯周,汉代会稽上虞人。汉顺帝时曾任合浦太守,后辞官回家。桓帝时,尚书杨乔多次推荐他,说他"清行出俗",但桓帝始终没有任用。

[22]阮籍放浪不拘礼节,我怎能学习他穷途的哭泣!这是说自己虽然仕途不通,但绝不像阮籍那样放任自己。　阮籍:魏晋时人,因不

满时政,伪装疯癫,时常坐车独游,不顺着路走,车子走不通,便痛哭返回,"穷途之哭"即指此典。　猖狂:放浪不拘礼节。　效:效法,学习。

　　勃三尺微命[1],一介书生[2]。无路请缨[3],等终军之弱冠[4];有怀投笔[5],慕宗悫之长风[6]。舍簪笏于百龄[7],奉晨昏于万里[8]。非谢家之宝树[9],接孟氏之芳邻[10]。他日趋庭,叨陪鲤对[11];今兹捧袂[12],喜托龙门[13]。杨意不逢,抚凌云而自惜[14];钟期既遇,奏流水以何惭[15]?

【注释】

[1]意思是我王勃地位卑微。　三尺:指衣带在腰前系结后下垂部分的长度。《礼记·玉藻》:"绅长制,士三尺。"　微命:指地位卑微。

[2]一介:一个小小的。　介:通"芥",草芥,此指渺小。

[3]请缨:请求赐给长缨。意思是请求赐给杀敌的命令。　缨:本指系在马颈用来驾车的皮条,这里指绳索。

[4]等:齐,相同。　终军:字子云,西汉人。他在二十多岁时,请武帝"受长缨,必羁南越王而致之阙下"。　弱冠:二十多岁。　以上两句是说王勃虽然和终军同年龄,却无处去请命杀敌,报效国家。

[5]有班超投笔从戎的志向。　投笔:指投笔从戎。　班超:东汉人,本作文字抄写工作,为傅介子、张骞等人感召,决心立功异域,便投笔从军,为东汉发展同西域的关系作出贡献。

[6]意思说自己羡慕宗悫(què)的"乘长风,破万里浪"的气概。　宗悫:字元干,南朝时南阳人。年少时曾说他的志向就是"愿乘长风破万里浪"。

[7]舍簪笏(hù):放弃做官,即不做官了。　簪:固定帽子和发髻的首饰,只有戴帽子才需用簪,只有做官的人才戴与职务相称的帽子。这里指做官。　笏:古代官吏上朝奏议时拿的手版,用来写奏议提纲或记事。这里指做官。　百龄:百岁,一生。

[8]晨昏:古人早晚都要向父母问安,所以用"晨昏"代替父母。《礼记·曲礼》:"凡为人子之礼,冬温而夏清,昏定而晨省。"　以上两句的意

思是:我放弃了一生的功名到万里之外去探望父亲。

[9]谢家之宝树:指谢玄。《世说新语·言语》载,谢玄在回答谢安的问题时说,人们希望子弟好,是因为"譬之芝兰玉树,欲使其生于庭阶耳"。所以称谢玄为谢家宝树。

[10]孟氏之芳邻:孟子的好邻居。据说孟子的母亲为了找到好邻居,曾多次搬家,以便于孟子从小接受好的影响。这里是说王勃有幸和参加宴会的人接触。

[11]意思是不久我就会到父亲面前,接受父亲的教诲,回答他的考问。
　　趋庭:在庭中快步走。古人见到长辈或位尊者时,行路要"趋",不可安步。"趋"就是快步。　叨(tāo):辱,这里是自谦之词。
　　鲤对:本指孔鲤回答父亲孔丘的问话,这里指王勃和父亲见面交谈。《论语·季氏》曾记有鲤趋过庭,并听从孔子关于要学《诗》、学《礼》的教诲。本文用此典。

[12]今兹:指今天,现在。　捧袂:指手捧衣袖,这是对长者表示恭敬的一种方式,《礼记·曲礼》:"长者与之提携,则两手奉长者之手。"捧袂即"奉长者之手",意思是说今天我有幸赴宴,恭敬地奉陪诸公。

[13]高兴地得到有高名硕望的人的接待。　托龙门:登龙门。指得到高人的接待。《后汉书·李膺传》说,李膺的名望高,被他接见的,"名为登龙门",这里也是对阎公邀请的恭维。

[14]杨意不逢:即"不逢杨意"。　杨意:杨得意。据《史记·司马相如列传》载:武帝"读《子虚赋》而善之",杨得意在旁告诉武帝说,这是司马相如所作。武帝于是召见司马相如,并任他为郎官。后来司马相如又写《大人赋》,"天子大说(悦),飘飘有凌云之气,似游天地之间意"。　凌云:本指"超出尘世,飘乎神游"的意思,司马相如的赋使汉武帝"飘飘有凌云之气",所以"凌云"又指司马相如的赋。这两句的意思是司马相如如果不遇到杨得意的推荐,也只好对着自己的文章叹惜。这是感慨自己没遇到推荐的人。

[15]钟期:钟子期,春秋楚国人。楚国的伯牙最善鼓琴,钟子期最能体会、欣赏伯牙所表达的思想感情,钟子期死了以后,伯牙以为知音已无,终生不再鼓琴。　奏流水:典出《列子·汤问》:"伯牙鼓琴,志在流水。钟子期曰:'善哉!洋洋兮若江河。'"这里用弹奏比喻王勃自己写文章。　这两句的意思是,既然遇见了钟子期这样的知

音,演奏一番又有什么羞愧的呢？言外之意是参加宴会的人都是王勃的知音,所以他才写《滕王阁序》一文。

　　呜呼！胜地不常,盛筵难再[1]。兰亭已矣[2],梓泽丘墟[3]。临别赠言[4],幸承恩于伟饯[5];登高作赋[6],是所望于群公[7]。敢竭鄙诚,恭疏短引[8]。一言均赋[9],四韵俱成[10]。请洒潘江,各倾陆海云尔[11]！

【注释】

[1]意思是名胜之地不能常在,盛大的宴会很难再逢。　筵:本指宴会所铺用的席子,这里指酒宴。

[2]兰亭:在会稽郡山阴(今浙江绍兴)境,晋代王羲之曾在此集宴,并写有《兰亭集序》文。　已:完了,此指不存在。

[3]梓泽:晋代石崇的金谷园又叫梓泽。故址在今河南洛阳西北。石崇以奢侈名世,著有《金谷诗序》。　丘墟:废墟。　这句是说,名声显赫的金谷园现在已经成为一片废墟。

[4]赠言:指所写的这篇序文。

[5]伟:盛大。　饯:这里指宴会。

[6]登高作赋:《韩诗外传》:"君子登高必赋。"《汉书·艺文志》:"登高能赋,可以为大夫。"作赋的人都不是凡人,所以下句说"是所望于群公"。

[7]这只能指望在座的诸位了。　群公:指赴宴的人。

[8]这两句的意思是:冒昧地写出我的心意,写成短短的序文。　疏:用作动词,陈述。　引:本指一种文体,这里指序文。

[9]一言:一字。　古人集会赋诗,常常限定一个韵或某个字分给各人作为赋诗的韵字,这里的"一言"即指指定的韵字。　均赋:每人都写诗。

[10]四韵:诗一般都是偶句入韵,四韵指八句诗。　王勃所成的八句《滕王阁诗》是:滕王高阁临江渚,佩玉鸣鸾罢歌舞。画栋朝飞南浦云,朱帘暮卷西山雨。闲云潭影日悠悠,物换星移几度秋。阁中帝子今何在?槛外长江空自流。

[11]潘:指潘岳,西晋文学家,长于诗赋,与陆机齐名。　陆机:西晋文

学家,善骈文诗赋。　　江、海:比喻潘岳、陆机才学渊博,如江似海。钟嵘《诗品》:"晋平原相陆机诗,其源出于陈思(曹植)。晋黄门郎潘岳诗,其源出于仲宣(王粲)。余尝言陆才如海,潘才如江。"　　云尔:语气助词连用,表示结束。　　这两句的意思是各自都发挥自己的才华,写出惊人之笔吧!

本篇选词概述

1. 墟　　**2. 宰**　　**3. 访**　　**4. 阿**　　**5. 具**

6. 几　　**7. 移**　　**8. 介**　　**9. 奏**　　**10. 伟**

〔墟〕(虚)　　古今汉语"虚"都有空虚,虚假的意思,而古代汉语中"虚"的本义指大的土山。《说文》:"虚,大丘也。"古书多作"虚"。《诗经·鄘风·定之方中》:"升彼虚兮,以望楚矣。"是说登上山丘眺望楚地。当"虚"字被借作写空虚义后,便造"墟"字写"虚"的本义。柳宗元《观八骏图说》:"古之书记周穆王驰八骏升昆仑之墟者。""升昆仑之墟"即登上昆仑山。又指废墟。如本篇:"兰亭已矣,梓泽丘墟,"又表示居住的地方。如本篇:"物华天宝,龙光射斗牛之墟。"这里指星座。"墟里"、"墟落"在古书中指村落,陶潜《归田居诗》:"暧暧远人村,依依墟里烟。"王维《渭川田家》:"斜阳照墟落,穷巷牛羊归。"

〔宰〕　　本义指奴隶主家中的总管。《礼记·曲礼》:"问大夫之富,曰:'有宰食力。'"以后把主管事务的人都称宰,其中有的指管理某一地方的长官。如本篇:"家君作宰,路出名区。"是说自己的父亲作县令。又《左传·定公五年》:"子泄为费宰。"是说子泄做费地的长官。有的卿大夫的家臣也叫宰。《论语·子路》:"仲弓为季氏宰。"有的指协助最高统治者统治国家的官吏。董仲舒《诣丞相公孙弘记室书》:"窃见宰职任天下之重,群心所归。""宰职"指宰相的职位。引申为治理、主宰义。《荀子·正名》:"心也者,道之工宰也。"

〔访〕（訪）　古今义差别细微,今义指访问,上古汉语指咨询,征求意见。《说文》:"访,汎谋曰访。"即广泛地征询。《左传·僖公三年》:"穆公访诸蹇叔。"是说穆公向蹇叔征询意见。汉魏以后始有看望、拜访义。《魏书·冯熙传》:"使人外访,知熙所在。"引申为寻求、探求义。如本篇:"访风景于崇阿。"今成语有"明察暗访"。

〔阿〕　读作 ē,本义指大山。《说文》:"阿,大陵曰阿。从阜,可声。一曰阿,曲阜也。"如本篇:"访风景于崇阿。"是说在崇山峻岭中寻求美景。山陵是起伏曲折的,所以"阿"又有曲折义。如《楚辞·九歌·山鬼》:"若有人兮山之阿。"这是指山的曲折处。《淮南子·本经》:"乔枝菱阿。"是指曲折多姿的房屋。《古诗十九首·西北有高楼》:"阿阁三重阶。"是指曲迴多变的阁楼。引申为谝袒,迎合。《韩非子·有度》:"法不阿贵。"今有成语"刚直不阿"。

〔具〕　准备饭食。甲骨文写作𤔔,像双手捧持食具(鼎),以此事象表示准备饭食。《汉书·灌夫传》:"请语魏其具。"是说让魏其准备好饭食。引申为饭食,名词。《冯谖客孟尝君》:"食以草具。"即用粗劣的饭食给冯谖吃。引申为具备,完备。如本篇:"四美具,二难并。"现代复音词有"具备","具全"。"具"在数量上的完备无缺,又引申出述说完备,清晰。如《宋史·梁克家传》:"命条具风俗之弊。"是说命令逐条述说清楚风俗方面的弊端。用作副词,指全,都。《鸿门宴》:"具以沛公言报项王。"

〔几〕（幾）　读 jī,隐微,不明显。《说文》:"幾,微也。"如本篇:"所赖君子见几,达人知命。"这个"几"指细微的征兆。又指接近,将近。《论积贮疏》:"汉之为汉,几四十年矣。"是说将近四十年。现代汉语"几乎"一词与此义接近。"几"又有危险义。《左传·宣公十二年》:"利人之几,而安人之乱。""几"与"乱"对文,都有"危险"的意思。"幾"和"几"在古汉语中本是两个不同的词,简化后合并为一个。《说文》:"几,凥(居)几也。"指用作陈放物品或凭依休息的矮小桌子。

〔移〕 在"迁移"、"移动"的意义上古今一致。但现代汉语多为复音词。"移"只作为一个语素存在,如"迁移"、"移动"。古书中则为单音词。《尚书·多士》:"我乃明致天罚,移尔遐逖(tì,远)。"引申为改变,变化。如本篇:"老当益壮,宁移白首之心?"现代有成语"壮志不移"。

〔介〕 甲,甲衣。甲骨文写作𠕚,像人披甲衣形。如《史记·老庄申韩列传》:"宽则宠名誉之人,急则用介胄之士。""介胄"即甲胄,铠甲和头盔。又指穿铠甲的人,甲士。《晋灵公不君》:"既而与为公介。""介"是"界"的古字。《诗经·周颂·思文》:"无此疆尔介。""疆"、"介"并称,"介"即指"界"。古书中常用"一介"表示一个,在自称的时候,含有谦敬的意味,表示渺小,低微不足道。如本篇:"勃三尺微命,一介书生。"

〔奏〕 进。《庖丁解牛》:"奏刀騞然。""奏刀"指进刀,《尚书·舜典》:"敷奏以言。"指进言。进言用的文稿也叫奏。如《后汉书·赵充国传》:"作奏未上,会得进兵玺书。""作奏"是写奏章。作乐也叫奏。如本篇:"钟期既遇,奏流水以何惭?"这一意义在现代汉语"演奏"、"伴奏"等复音词中还保留着。

〔伟〕(偉) 本指人才壮美,不同凡俗。《说文》:"伟,奇也。从人,韦声。"《三国志·蜀书·诸葛亮传》:"身长八尺,容貌甚伟。"引申为盛大。如本篇:"临别赠言,幸承恩于伟饯。""伟饯"指盛大的宴会。

郑 重 声 明

　　高等教育出版社依法对本书享有专有出版权。任何未经许可的复制、销售行为均违反《中华人民共和国著作权法》，其行为人将承担相应的民事责任和行政责任，构成犯罪的，将被依法追究刑事责任。为了维护市场秩序，保护读者的合法权益，避免读者误用盗版书造成不良后果，我社将配合行政执法部门和司法机关对违法犯罪的单位和个人给予严厉打击。社会各界人士如发现上述侵权行为，希望及时举报，本社将奖励举报有功人员。

反盗版举报电话：(010)58581897/58581896/58581879

反盗版举报传真：(010)82086060

E－mail：dd@hep.com.cn

通信地址：北京市西城区德外大街 4 号

　　　　　　高等教育出版社打击盗版办公室

邮　　编：100120

购书请拨打电话：(010)58581118

图书在版编目（CIP）数据

古代汉语.上册/朱振家主编.—3版.—北京:高等
教育出版社,2010.5(2020.8重印)

ISBN 978-7-04-017123-5

Ⅰ.①古… Ⅱ.①朱… Ⅲ.①汉语-古代-高等
学校-教材 Ⅳ.①H109.2

中国版本图书馆 CIP 数据核字(2010)第 048626 号

策划编辑	于晓宁	责任编辑	刘新英	封面设计	张 楠	版式设计	王 莹
责任校对	俞声佳	责任印制	刘思涵				

出版发行	高等教育出版社	网　址	http://www.hep.edu.cn
社　址	北京市西城区德外大街 4 号		http://www.hep.com.cn
邮政编码	100120	网上订购	http://www.landraco.com
印　刷	山东德州新华印务有限责任公司		http://www.landraco.com.cn
开　本	850×1168　1/32		
印　张	15.375	版　次	1988 年 4 月第 1 版
字　数	390 000		2010 年 5 月第 3 版
购书热线	010-58581118	印　次	2020 年 8 月第 16 次印刷
咨询电话	400-810-0598	定　价	28.70 元